主编简介

丁煌,法学(政治学)博士,公共管理学和国际法双学科博士生导师,武汉大学二级教授、"珞珈学者"特聘教授,曾任武汉大学政治与公共管理学院院长,现任武汉大学国家治理与公共政策研究中心主任、武汉大学机关事务管理研究中心主任、湖北省改革智库——武汉大学政府治理创新研究中心主任,兼任国务院学位委员会公共管理学科评议组成员兼联合召集人、全国公共管理专业学位研究生(MPA)教育指导委员会委员、教育部高等学校公共管理类学科专业教学指导委员会委员、国际行政科学专家委员会委员、中国行政管理学会常务理事、中国大百科全书(公共管理学卷)编委兼综论分支主编、全国政策科学研究会副会长、中国公共管理研究会副理事长、湖北省公共管理专业学位研究生教育指导委员会主任委员和国内外多所高校兼职或客座教授以及《公共事务评论》(台湾)、人大复印资料《公共行政》《公共管理学报》《公共管理评论》《公共管理与政策评论》《中国公共政策评论》《公共行政评论》《行政论坛》《复旦公共行政评论》等核心期刊学术委员或编委;曾应邀赴美国、英国、法国、德国、俄罗斯、加拿大等20余国和港澳台地区访学,发表学术论文150余篇,提交政策咨询报告多份,出版《西方行政学说史》等个人专著6部,合著《公共政策分析》等6部,译著《新公共服务》等8部,主编《极地国家政策研究报告》(系列)以及《公共行政与公共政策研究学术论丛》等丛书;主持承担国家重大专项研究课题以及国家社会科学基金和国家自然科学基金各类项目等课题多项;荣获高等学校优秀科研成果奖等科研教学奖励多项;独著《西方行政学理论概要》入选国家级规划教材,是国家精品课程暨国家级一流本科专业课程"行政学原理"负责人和国家级一流本科专业建设点行政管理专业负责人;入选教育部新世纪优秀人才、国家"马工程"重点项目首席专家。

高等学校公共管理类系列教材

行政学原理

The Principles of Public Administration

■ 丁煌 主编

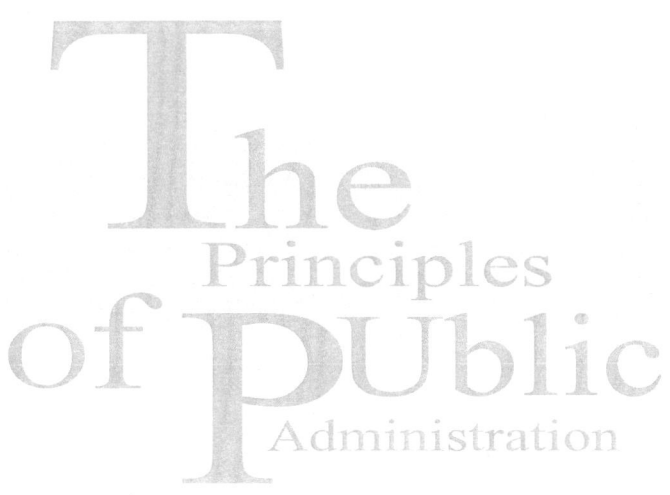

武汉大学出版社

图书在版编目(CIP)数据

行政学原理/丁煌主编. —武汉：武汉大学出版社,2007.11(2024.12重印)
高等学校公共管理类系列教材
ISBN 978-7-307-05984-9

Ⅰ.行… Ⅱ.丁… Ⅲ.行政学—高等学校—教材 Ⅳ.D035

中国版本图书馆 CIP 数据核字(2007)第 164609 号

责任编辑：王雅红　金诗灿　　责任校对：刘　欣　　版式设计：詹锦玲

出版发行：武汉大学出版社　　(430072　武昌　珞珈山)
　　　　　(电子邮箱：cbs22@whu.edu.cn　网址：www.wdp.com.cn)
印刷：湖北云景数字印刷有限公司
开本：720×1000　1/16　印张：23.75　字数：413 千字　插页：3
版次：2007 年 11 月第 1 版　　2024 年 12 月第 10 次印刷
ISBN 978-7-307-05984-9/D·774　　定价：56.00 元

版权所有，不得翻印；凡购我社的图书，如有质量问题，请与当地图书销售部门联系调换。

目 录

导 论 行政学的产生与发展 1
  一、行政学在西方的产生 1
  二、行政学在西方的发展 4
  三 行政学在中国的勃兴 7

第一章 行政概念论 10
  第一节 行政的概念阐释 10
    一、古代中西方不同的行政理念 10
    二、近、现代的几种典型界定 12
    三、本书对行政概念的定义 20
  第二节 行政的界限 22
    一、行政与政治 22
    二、行政与私营管理 28
    三、行政、立法与司法行为 38
  第三节 公共利益与行政的目标导向 39
    一、管理主义公共利益观 40
    二、宪政主义公共利益观 47
    三、价值导向的综合趋势 53

第二章 行政生态论 56
  第一节 行政生态的特点与类型 56
    一、行政生态的含义及特点 56
    二、行政生态的类型 59
    三、行政生态模式 61

第二节　行政生态及其对行政系统的影响 …………………… 64
　　　　一、经济生态及其对行政系统的影响 ………………………… 64
　　　　二、政治生态及其对行政系统的影响 ………………………… 69
　　　　三、文化生态及其对行政系统的影响 ………………………… 74
　　第三节　当代中国行政生态与行政系统的互动影响 ………… 82
　　　　一、中国现行经济生态的基本特点及其对我国行政系统的影响 …… 82
　　　　二、中国现行政治生态的基本特点及其对我国行政系统的影响 …… 85
　　　　三、中国现行行政文化生态的基本特点及其对行政系统的影响 …… 87

第三章　行政功能论 ……………………………………………… 91
　　第一节　行政功能及其演变 ……………………………………… 91
　　　　一、行政功能的概念辨析 ……………………………………… 91
　　　　二、行政功能理论的演变 ……………………………………… 94
　　　　三、行政功能研究的必要性 …………………………………… 97
　　第二节　行政功能的构成 ………………………………………… 99
　　　　一、各国学者对行政功能构成的不同阐述 …………………… 100
　　　　二、行政功能的分类 …………………………………………… 103
　　　　三、行政功能的实现方式 ……………………………………… 106
　　第三节　当代中国政府行政功能 ………………………………… 109
　　　　一、当代中国政府行政功能的变迁 …………………………… 109
　　　　二、当代中国行政功能发展的趋势 …………………………… 113
　　　　三、当代中国行政功能发展的途径 …………………………… 119

第四章　行政结构论 ……………………………………………… 123
　　第一节　行政结构概述 …………………………………………… 123
　　　　一、行政结构的内涵 …………………………………………… 123
　　　　二、行政结构的特点 …………………………………………… 126
　　　　三、合理行政结构的意义 ……………………………………… 127
　　　　四、合理行政结构的标准 ……………………………………… 128
　　第二节　行政结构构成 …………………………………………… 130
　　　　一、行政结构的层级化 ………………………………………… 130
　　　　二、行政结构的分部化 ………………………………………… 132
　　　　三、管理层次与管理幅度的关系 ……………………………… 138

第三节 行政结构设计 ································ 140
一、行政结构理论的演变 ···························· 140
二、影响行政结构设计的因素 ······················ 143
三、行政结构设计原则 ····························· 146
四、几种典型的行政组织结构形式 ················ 149
五、行政结构设计的发展趋势 ······················ 153

第五章 行政过程论 ···································· 156
第一节 行政决策 ···································· 156
一、行政决策的内涵 ································ 157
二、行政决策的影响因素 ···························· 158
三、行政决策模式 ··································· 159
四、行政决策体制 ··································· 164
第二节 行政执行 ···································· 167
一、行政执行的内涵 ································ 168
二、行政执行的影响因素 ···························· 169
三、行政执行的过程 ································ 170
第三节 行政监督 ···································· 173
一、行政监督的内涵 ································ 173
二、行政监督制度构建的缘由 ······················ 175
三、行政监督类型 ··································· 178
四、行政监督体系 ··································· 179

第六章 行政资源论 ···································· 186
第一节 人力资源 ···································· 186
一、人力资源的含义及特性 ························ 186
二、人力资源管理及其历史演变 ···················· 188
三、人力资源管理的特点 ···························· 190
四、行政系统人力资源管理的功能 ················ 192
五、公务员制度 ····································· 193
第二节 财政资源 ···································· 196
一、财政资源及其管理 ····························· 197
二、财政管理的功能 ································ 198

三、财政管理的主要内容 199
第三节 物质资源 204
一、物质资源的含义与类别 204
二、物质资源管理的主要特点 204
三、物质资源管理的基本原则 205
四、物质资源管理的主要内容 206
五、物质资源管理体制改革 208
第四节 权力资源 209
一、权力与行政权力 209
二、行政权力的性质 210
三、行政权力的来源 211
四、行政权力的类型 212
五、行政授权 213
第五节 信息资源 215
一、信息资源的含义 216
二、行政信息资源的特性 216
三、行政信息资源的分类 217
四、行政信息资源管理的原则和程序 218
五、电子政府 220

第七章 行政关系论 224
第一节 行政关系概述 224
一、行政关系的涵义 224
二、行政关系的基本构成 227
三、行政关系的研究意义 230
第二节 行政关系的具体构成与内容 230
一、宏观行政关系的具体构成与主要内容 230
二、微观行政关系的基本构成 242
第三节 中国行政关系的发展与展望 244
一、中国行政关系的传统模式 244
二、中国行政关系的新发展 248
三、中国行政关系的展望 253

第八章 行政方法论 …… 259

第一节 传统行政方法 …… 260
一、行政手段 …… 260
二、经济手段 …… 261
三、法律手段 …… 263
四、思想教育手段 …… 265

第二节 政府目标管理方法 …… 267
一、目标管理的内涵 …… 267
二、目标管理实施的基本程序 …… 268
三、目标管理方法在政府部门应用的适用性 …… 271
四、目标管理方法在政府部门应用的局限性 …… 272

第三节 政府标杆管理方法 …… 273
一、标杆管理的内涵 …… 274
二、标杆管理的实施 …… 276
三、政府部门标杆管理实施的障碍 …… 278

第四节 政府全面质量管理方法 …… 279
一、全面质量管理的内涵 …… 279
二、政府全面质量管理的实施 …… 281
三、政府全面质量管理中的质量标准 …… 283
四、全面质量管理方法在政府部门的应用原则 …… 284
五、政府部门实施全面质量管理的约束 …… 285

第五节 政府战略管理方法 …… 286
一、战略管理的内涵 …… 287
二、政府战略管理的实施 …… 289
三、战略管理方法在政府部门应用的限制 …… 290

第六节 政府绩效管理方法 …… 291
一、绩效管理的内涵 …… 292
二、政府绩效管理兴起的影响因素 …… 293
三、政府绩效管理的程序 …… 294
四、政府绩效管理的限制因素 …… 296

第九章 行政规范论 …… 298

第一节 行政规范的内容与作用 …… 298

一、行政规范的含义与特征⋯⋯⋯⋯⋯⋯⋯⋯⋯⋯⋯⋯⋯⋯ 298
　　二、行政规范的内容与构成⋯⋯⋯⋯⋯⋯⋯⋯⋯⋯⋯⋯⋯⋯ 300
　　三、行政规范的地位和作用⋯⋯⋯⋯⋯⋯⋯⋯⋯⋯⋯⋯⋯⋯ 305
　第二节　两种行政规范的功能构成与相关性⋯⋯⋯⋯⋯⋯⋯⋯⋯ 307
　　一、行政法律规范的特点与功能⋯⋯⋯⋯⋯⋯⋯⋯⋯⋯⋯⋯ 307
　　二、行政道德规范的特点与功能⋯⋯⋯⋯⋯⋯⋯⋯⋯⋯⋯⋯ 312
　　三、行政法律规范与行政道德规范的关系⋯⋯⋯⋯⋯⋯⋯⋯ 315
　第三节　依法行政与以德行政⋯⋯⋯⋯⋯⋯⋯⋯⋯⋯⋯⋯⋯⋯ 319
　　一、依法行政及其重要意义⋯⋯⋯⋯⋯⋯⋯⋯⋯⋯⋯⋯⋯⋯ 319
　　二、以德行政及其意义⋯⋯⋯⋯⋯⋯⋯⋯⋯⋯⋯⋯⋯⋯⋯⋯ 323
　　三、依法行政与以德行政的关系⋯⋯⋯⋯⋯⋯⋯⋯⋯⋯⋯⋯ 330

第十章　行政发展论⋯⋯⋯⋯⋯⋯⋯⋯⋯⋯⋯⋯⋯⋯⋯⋯⋯⋯ 334
　第一节　行政发展概述⋯⋯⋯⋯⋯⋯⋯⋯⋯⋯⋯⋯⋯⋯⋯⋯⋯ 334
　　一、行政发展的含义与特征⋯⋯⋯⋯⋯⋯⋯⋯⋯⋯⋯⋯⋯⋯ 334
　　二、行政发展的目标与内容⋯⋯⋯⋯⋯⋯⋯⋯⋯⋯⋯⋯⋯⋯ 338
　　三、行政发展的一般程序⋯⋯⋯⋯⋯⋯⋯⋯⋯⋯⋯⋯⋯⋯⋯ 342
　第二节　行政效率⋯⋯⋯⋯⋯⋯⋯⋯⋯⋯⋯⋯⋯⋯⋯⋯⋯⋯⋯ 343
　　一、行政效率的含义⋯⋯⋯⋯⋯⋯⋯⋯⋯⋯⋯⋯⋯⋯⋯⋯⋯ 343
　　二、行政效率的类型⋯⋯⋯⋯⋯⋯⋯⋯⋯⋯⋯⋯⋯⋯⋯⋯⋯ 347
　　三、行政效率的影响因素⋯⋯⋯⋯⋯⋯⋯⋯⋯⋯⋯⋯⋯⋯⋯ 349
　第三节　行政改革⋯⋯⋯⋯⋯⋯⋯⋯⋯⋯⋯⋯⋯⋯⋯⋯⋯⋯⋯ 351
　　一、行政改革的动因⋯⋯⋯⋯⋯⋯⋯⋯⋯⋯⋯⋯⋯⋯⋯⋯⋯ 351
　　二、行政改革的理论基础⋯⋯⋯⋯⋯⋯⋯⋯⋯⋯⋯⋯⋯⋯⋯ 357
　　三、行政改革的内容⋯⋯⋯⋯⋯⋯⋯⋯⋯⋯⋯⋯⋯⋯⋯⋯⋯ 360

参考文献⋯⋯⋯⋯⋯⋯⋯⋯⋯⋯⋯⋯⋯⋯⋯⋯⋯⋯⋯⋯⋯⋯⋯ 365

后　记⋯⋯⋯⋯⋯⋯⋯⋯⋯⋯⋯⋯⋯⋯⋯⋯⋯⋯⋯⋯⋯⋯⋯⋯ 372

导 论
行政学的产生与发展

一、行政学在西方的产生

"行政管理"是英文"Public Administration"一词的汉译，传统上亦称"公共行政"或"公共行政管理"。最近一个时期，随着公共管理学科和公共管理硕士（MPA）学位项目在中国的设立和发展，也有人将其译为"公共管理"。作为一种专门以社会公共事务为管理对象的社会管理活动，行政管理如同其他社会管理一样，具有十分悠久的历史，无论是在东方国家，还是在西方世界，自古都不乏行政管理的思想。例如，古代中国的《贞观政要》（唐代吴兢著）、《资治通鉴》（宋代司马光著）和《续通鉴论》（明末清初王夫之著）等，古希腊柏拉图的《理想国》、亚里士多德的《政治学》，古罗马谢雪卢的《共和国》，文艺复兴时期意大利政治家马基雅弗利的《君主论》，法国政治家布丹的《共和六论》以及近代英国政治思想家洛克的《政府论》和法国启蒙思想家孟德斯鸠的《论法的精神》和卢梭的《社会契约论》等著作中，都蕴含着十分丰富的行政管理思想。然而，这些早期的行政管理思想因缺乏系统化和理论化而尚未成为一种专门的学科。行政管理真正形成一个相对完整的理论体系，成为一门独立的学科，是19世纪末20世纪初的事情。

众所周知，在奴隶社会和封建社会中，社会生产力低下，社会生产和社会关系比较简单，与此相适应，国家事务和社会公共事务均不太复杂，行政管理还不可能形成一门独立的学科。即便是到了资本主义国家发展的初期，国家普遍奉行的是消极主义和放任主义政策，政府职能十分有限，其任务主要是消极地保护个人财产，维护社会秩序，保卫国家免遭侵略，行政管理也尚缺乏作为一门独立学科产生的必要条件。然而，当自由资本主义发展到19世纪中叶以后，开始了第二次科学技术革命，生产技术方面发生了巨大的变革和进步，重工业取代轻工业在国民经济中占据主导地位，资本积累以前所未有的速度向前推进。到了19世纪末，资本主义自由竞争向垄断过渡，由生产和资本集中所引起的垄断统治逐渐形成，美国就是一个典型的垄断资本主义国家。在这一时期，不仅社会生产力的迅速发展和经济结构的巨大变化使政府管理社会经济的任务越来越繁重，而且社会关系的日益复杂化也带来了一系列带有公共性的社会问题，各种社会矛盾和冲突甚至演变成为一种普遍的社会现象。为了缓和、消除各种社会矛盾，解决各种带有公共性质的社会问题，维持社会的稳定和促进社会的发展，政府开始转变过去那种消极、被动的状态，进而积极、主动地干预社会公共生活和处理社会公共事务，行政管理活动变得越来越重要。据有关资料统计，在1866年到1914年期间，美国联邦政府用于行政管理的费用支出约从4100万美元增长为1.7亿美元，即增加了3倍；联邦政府各行政管理部门的职工总数，1971年约为5.4万人，到1914年增加到48.3万人左右。① 在这种背景下，原有的行政管理方法已经不能适应时代发展的要求，迫切需要有一门科学从理论上来指导国家的行政管理活动，以使政府能够更好地履行其职能和完成其使命。于是，行政学便应运而生。

在19世纪末20世纪初，不仅西方资本主义国家政府职能的扩张和行政权力的扩大提出了行政学研究的要求，而且科学管理运动的兴起也对西方行政学的形成与发展起到了推波助澜的作用。19世纪末，在以美国为代表的资本主义发达国家，工业的进一步迅速发展面临着一系列新的矛盾和问题：资本积累的惊人增长与管理利用巨量资金的陈旧方式不相适应；生产技术的进步和企业规模的扩大与传统的经验管理发生了尖锐的冲突；工人的"有意磨洋工"使劳动生产率低下；劳资之间的对立情绪和"不融洽关系"严重地影响着生产和利润的增长；缺乏严格的责任制度以及专门化的管理知识和管理人才使专业化协作生产陷入混乱。这些矛盾和问题归结到一点，就是要建立适应社会化大生产迅速发展的管理制度和管理方法。这种历史性的要求促使西方国家的管理思想获得了长足进展，迎来了一个崭新的科学管理时代。这一时代的佼佼者首推美国的泰勒。泰勒所开创的科学管理理论主要探讨的是如何在工厂中提高劳动生产率的问题。在泰勒看来，要提高劳动生产率，就必须在工厂企业推行"科学管理"，包括实行预先计划；用科学的方法挑选工人；对工人进行科学教育和培训，以使他们掌握标准化的操作方法，使用标准化的工具、机器和材料，在标准化的作业环境中，完成经测算规定的工作定额；管理部门和工人之间保持密切友好的合作关系等。泰勒所倡导的科学管理理论最终形成了一场对

---

① 菲特·里斯：《美国经济史》，辽宁人民出版社1981年版，第555页。

美国乃至整个西欧工商企业管理界均具有重要影响的科学管理运动。尽管科学管理理论最初是针对企业而提出的，但是它同时也为政府的行政管理改革提供了线索和方法。正是在科学管理运动兴起之后，一些行政学家便开始重视通过科学管理来寻求政府行政效率的问题。例如，莱芬韦尔就把科学管理的原则运用于机关办公室的管理；库克也曾将科学管理运用到教育和市政机构；而怀特则进一步用科学管理理论研究政府行政管理。而且美国政府也将科学管理运动提供的科学原理和方法应用于政府的行政管理，精简政府、调整机构，促进了政府工作的改革，提高了行政效率。因此，西方行政学的出现，与西方科学管理运动密切相关，在某种意义上甚至可以说，正是科学管理运动的兴起才促成了西方行政学的形成和兴盛。

此外，相关学科的理论发展和政府长期的行政管理实践也为行政学的产生奠定了重要的基础。西方近代史上的政治学，君主制时代德、奥两国的官房学以及资产阶级革命以后形成的行政法学，是西方行政学的理论渊源。这里尤其值得一提的是政治学，政治学是行政学的直接理论基础，以至于人们把这两门学科比作根与树、花与果的关系，即行政学之树源之于政治学之根；行政学之果结之于政治学之花。从学科发展的历史来看，行政学也是从政治学中分离出来而成为一门独立学科的。在行政学产生以前，其有关内容就包括在政治学之中。政治学的发展是促进行政学产生和发展的一个重要因素。17~18世纪，在资产阶级革命中涌现出一批杰出的政治学家，如洛克、孟德斯鸠、卢梭等，他们所鼓吹和确立的天赋人权、社会契约、三权分立等思想，把政治学理论推到了一个新的发展阶段，为资产阶级国家政权体制的建立奠定了理论基础。经过资产阶级革命或民族民主革命所建立起来的资产阶级国家，普遍采用立法、行政、司法三权分立并互相制约的政治制度。在这种制度下，行政机关成为独立的体系行使其管理国家政务的权力。到了19世纪末20世纪初，随着资本主义社会自由竞争走向垄断，社会经济关系发生了重大变化，一系列社会问题变得愈益重要和复杂起来。垄断势力的扩张、劳资矛盾的加深、贫富两极分化的加剧、社会经济生活的混乱、进步运动的高涨等，就是这一时期很突出的社会矛盾。垄断资产阶级为了维护其经济、政治统治，更加重视对政治问题的研究。同时，由于工业的发展和工人阶级队伍的增长，教育的普及以及普选权的扩大，社会各界人士对政治也越来越关心了。随着政治学的不断发展，一批政治学家着眼于经济和效率，从政治学的角度研究政府的行政管理职能。行政学正是在像政治学这样一些相关学科理论的促进下形成并发展起来的。除了理论基础之外，行政学的形成还得益于政府长期的行政管理实践所提供的有益经验。

我们知道，理论本质上源于实践，科学的理论是对丰富实践经验的概括和总结，行政理论同样也是如此。如前所述，行政管理和行政管理的思想古已有之，自有了国家以来，便有了政府管理社会公共事务的行政管理活动。政府在长期的行政管理实践中不仅积累了丰富的行政管理经验，而且也形成了一系列行之有效的行政管理制度，例如18世纪初期普鲁士创立的任官制度和19世纪50年代英国建立的文官制度，这一切不仅为行政学的理论研究提供了素材，而且也为行政学理论体系的建立提供了重要的范畴和规范。所以，相关学科的理论发展和政府的行政管理实践也是行政学形成的重要前提条件。

作为一门独立的学科，行政学正是在上述深刻的社会历史背景下于19世纪末20世纪初首先在美国产生，然后迅速扩及到西方各国的。

行政学在美国产生的公认标志是曾任普林斯顿大学校长的美国第28届总统伍德罗·威尔逊于1887年在《政治学季刊》上发表的《行政学研究》一文。在该文中，他主张政治与行政分离，第一次明确地提出应该把行政管理当作一门独立的学科来进行研究。该文开行政学理论研究之先河，被公认为是行政学的开山之作。

二、行政学在西方的发展

自美国行政学家威尔逊率先提出建立行政学的主张之后，行政学在西方经历了一百多年的发展历程，日渐成熟，迄今已经成为一门既具有丰富的理论内涵，又不乏重要的实践价值的综合性学科。

关于行政学的发展阶段，国内外学者的认识不尽相同，划分方法也有所差异。有的学者划分得比较详细，阶段多一些；有的学者则划分得比较概括，阶段自然就少一些；有的学者划分得抽象一些，时间界限比较模糊；有的学者却划分得比较明确，时间起止清楚。比较具有代表性的划分方法有：美国著名管理学家丹尼尔·A·雷恩把整个管理思想的演变分为三个时代：(1) 科学管理时代（19世纪末到20世纪初）；(2) 社会人时代（20世纪20年代开始）；(3) 当前时代（第二次世界大战以后）。[①]我国台湾有的学者将行政学的发展划分为三大阶段：(1) 传统理论时期（X理论时期，1900~1930年）；(2) 行为科学时期（Y理论时期，1930~1960年）；(3) 系统理论时期（Z理论时期，1960年至目前）。[②]我国大陆著名行政学家夏书章教授主编的《行政管理

[①] 参见丹尼尔·A·雷恩《管理思想的演变》，中国社会科学出版社1986年版。
[②] 参见张润书《行政学》，台湾三民书局1979年版。

学》根据国外学者比较一致的看法,把西方行政学的发展历史概括为三个时期:形成阶段——传统管理时期(19世纪末到20世纪20年代);(2)成长阶段——科学管理时期(20世纪20年代以后);(3)科学化阶段——现代化管理时期(始于20世纪40年代)。① 诚然,上述这些划分方法在某种程度上均具有一定的合理性,但是它们主要都是参照西方经济管理思想和企业管理思想的演变过程进行划分的。尽管西方行政管理思想的发展同西方经济管理思想和企业管理思想的演变在很大程度上具有联系,在某种意义上甚至可以说存在着互相交融、亦步亦趋的密切关系,但它们毕竟具有不同的研究对象,作为以政府的行政管理活动为研究对象的行政学,其发展历程自然应该有其自身的特点。因此,笔者在此更倾向于结合西方行政学发展的基本特征将行政学在西方的发展分为初创、演进、深化、拓展四个主要阶段。

(一)行政学在西方的初创。如前所述,公共行政管理如同其他管理一样,具有十分悠久的历史,无论是在东方国家,还是在西方世界,自古都不乏公共行政管理的思想。然而,早期的这些十分丰富的公共行政管理思想因缺乏系统化而尚未成为一种学科化的专门理论。公共行政管理真正形成一个较为完整的理论体系并成为一门独立的学科,则是到了19世纪末20世纪初,在威尔逊、古德诺等人的政治与行政二分法和韦伯的官僚制理论基础上,经过泰勒的科学管理理论和法约尔的一般管理理论等工商企业管理理论的推波助澜,最终通过怀特的系统化理论框架而逐渐创立起来的。

(二)行政学在西方的演进。虽然威尔逊和古德诺在政治—行政二分法的基础上提出了建立公共行政管理学的必要性并大致框定了公共行政学研究的独立领域,韦伯的官僚制理论从组织体制的角度为公共行政学的创立提供了理论支撑,泰勒的科学管理理论和法约尔的一般管理理论从外部对公共行政学的创立起到了推波助澜的作用,而且怀特也通过自己的不懈努力开创性地为公共行政学提出了一个系统化的理论框架,然而,对于作为一门独立学科的公共行政学来说,他们只是完成了公共行政学创立的第一步,只是为我们大致勾画出了公共行政学这门新兴学科的概貌,而西方公共行政学相对完整的理论体系则是在其后很长一个时期的演进过程中通过对公共行政管理的科学原则和普遍原理的不断探寻而逐渐充实、完善起来的。

(三)行政学在西方的深化。尽管西方行政学经过长期的演进过程而在探寻科学的公共行政管理原则和普遍的公共行政管理原理方面取得了长足的发

---

① 夏书章主编:《行政管理学》,山西人民出版社1985年版,第24~27页。

展，进而在很大程度上充实和完善了早期创立的公共行政学科的理论框架，但是，这一时期的公共行政管理理论正是由于过于关注对公共行政管理普遍原则和原理的追求而在研究视野和研究内容上均存在着局限性。到了20世纪六七十年代，一方面，科学技术突飞猛进，以原子能技术、空间技术、电子计算机技术的利用和发展为主要标志的第三次科学技术革命，尤其是系统论、信息论、控制论等新兴方法论学科的发展和应用，不仅极大地促进了管理的现代化，而且也为公共行政管理科学注入了新的活力；另一方面，英、美等西方国家的经济陷入"滞胀"的困境，尤其是美国经济的低速增长与结构性经济危机相交织，结束了美国历史上第二个经济高速发展时期（1939~1969年）和美国称霸资本主义世界的黄金时代；公民权运动、越南战争、水门事件、能源危机等带来的社会政治问题，使公众对政府丧失了信心，现实对行政学理论提出了挑战，人们纷纷提出所谓"新的模式"或"中心理论"，以取代"旧的传统理论"。这一时期的公共行政管理学摆脱了长期以来对政治科学的过分依赖，由纯理论研究转向应用研究，许多相关学科的理论方法和研究成果纷纷被引入公共行政学的研究，不仅衍生出了诸如行政生态学、比较公共行政学、政策科学以及新公共行政学等公共行政学的新兴分支学科和理论流派，而且使公共行政学在研究视野和研究内容上均得到了进一步的深化，进而成为一门融多学科的理论与方法于一体的综合性学科。

（四）行政学在西方的拓展。进入20世纪八九十年代以来，随着西方国家政府再造运动的兴起和公民社会的不断发育，西方公共行政管理出现了一些新的发展特点：一方面，在新管理主义思潮的影响下，许多在工商企业管理领域行之有效的新管理理论与方法又一次被引入公共行政管理领域；而另一方面，在新一波的民主政治思潮的推动下，出现了一些更加关注公共行政管理的公共本质、更加强调公民参与的新型公共行政管理理论。在这一时期，行政学在西方国家无论是在广度上还是在深度上都得到了进一步的拓展，并且最终出现了由传统意义上的公共行政学向现代意义上的公共管理学转型的发展趋势。

纵观行政学在西方一百多年来的发展历程，不仅涌现出了一大批行政学经典著作，而且也形成了一系列对于行政学科体系的完善具有重要价值的行政学理论。行政学在西方国家取得的理论成果，不仅对于西方国家政府行政管理实践的改进具有重要的推动作用，而且对于我国行政学的勃兴具有重要的借鉴意义。

三、行政学在中国的勃兴

如前所述，中国自古都不乏行政管理的思想，而且，作为世界上为数甚少的几个文明古国之一，中国的行政管理有着悠久的历史，在两千多年的封建社会中，逐步形成了一套以大一统的国家行政组织体制、官吏管理制度和监察制度为主要内容的行政管理制度。我国封建社会的行政制度和方法对西方国家的行政管理产生过重要影响，并且在一定程度上为西方行政学的建立和发展提供了经验和素材，至今仍然受到外国学者的关注和重视。

到了近代，随着西学东渐，行政学被介绍、引入中国。早在1896年，梁启超在《论译书》中就提出"我国公卿要学习行政学"的倡议。中国江南制造局于19世纪末20世纪初翻译出版了《行海要术》、《行政纲目》、《行政学总论》、《行政法撮要》等著作，使西方行政学在中国传播开来。孙中山先生参考国外行政学的理论与实践，结合中国实际，提出了许多有创见的行政管理思想。例如，对中央与地方分权、地方自治、选拔人才的见解，特别是提出了立法、司法、行政、考试、监察五权分立制度。自20世纪30年代开始，我国有不少学者致力于行政学研究，并开设行政学课程，创办行政学刊物，出版行政学著作，建立行政学会。罗隆基曾发表《我们要什么样的政治制度》等论文，提出了行政管理的系列主张。1935年，商务印书馆出版张金鉴教授的《行政学之理论与实践》一书，这是我国第一部行政学专著，代表了20世纪30年代我国行政学研究的成就。与此同时，行政学开始步入高等院校的殿堂，被列为政治学系的必修课程，有的学校还招收行政学的硕士研究生，并选派一定数量的留学生出国深造。除了理论界的行政学研究之外，当时的国民政府从政治需要出发，也进行了行政学研究。1934年，行政院内部设立行政效率委员会，并出版《行政效率》半月刊，编译了行政学丛书。该委员会后改为行政效率促进委员会，由国民政府行政院直接领导。

然而，现代意义上的行政学在我国的起步相对较晚，作为一门独立学科的行政学从根本上来说实属"舶来品"，而且，行政学在我国大陆和港台地区的发展情况亦有很大的差异。

谈到行政学在现代中国的发展，首先不能不提及情况比较特殊的我国港台地区。在我国的香港和台湾地区，由于众所周知的原因，它们的政府管理体制、高等教育体制以及学术研究体制更多地是受到英国和美国的影响，它们高等学校行政学专业的人才培养体系基本上是对英、美相应专业人才培养体系的沿袭和移植，尤其是它们的专业师资队伍和学术研究队伍大多要求在英、美等西方发达国家受过系统的专业学习和训练,他们基本上可以及时地了解英、美等西方发达国家行政学发展的最新研究成果。客观地讲,我国香港和台湾地区的行政学一直都处在对英、美行政学的跟踪发展过程之中,其行政学的发展水平与英、美等西方发达国家相差不是很大。

相比之下,我国大陆地区的行政学发展则是在经过了一段十分曲折的艰难历程之后而勃兴的。

在我国大陆,尽管新中国建立以后中国共产党及其领导的人民政府从我国国情和不同阶段的不同任务出发,对改善我国的行政管理状况作出了巨大的艰苦努力并且积累了一定的行政管理的历史经验和教训,但是,由于众所周知的原因,作为一门学科的行政管理学却在1952年我国高校院系调整时与某些学科一样被撤销了。实事求是地讲,这在相当程度上影响了我国政府行政管理科学化的进程,也影响了我国行政学的历史积累和发展,更影响了我国行政管理理论与实践的有效结合。

客观地说,我国关于政府行政管理的学科研究是改革开放的产物,行政学也是伴随着中国改革开放的进程而勃兴的。1979年3月30日,邓小平在理论务虚会上谈到了至今中国政治和行政学界依旧难忘的一段话:"政治学、法学、社会学以及世界政治的研究,我们过去多年忽视了,现在需要赶快补课。"① 中共十一届三中全会以来,经过拨乱反正,纠正"左"的错误,为政治学、法学、社会学以及行政学等社会科学的恢复和繁荣发展创造了良好的政治条件。1980年12月中国政治学学会的成立,酝酿了恢复和发展行政管理学的氛围,一些研究者开始公开撰文呼吁和讨论有关行政管理学的问题。1982~1984年我国行政改革过程中暴露出来的缺乏系统的科学行政管理理论指导的缺陷,则对恢复和发展行政管理学提出了现实要求。这就从理论和实践两个方面为恢复和发展行政管理学创造了充分的条件。自此,行政学这门学科得到了非常迅速的发展,受到了党和国家领导同志的高度重视。1984年8月,国务院办公厅和当时的劳动人事部在吉林联合召开了行政管理学研讨会,发表了《行政管理学研讨会纪要》。9月,国务院办公厅正式发文,号召各省、市、自治区政府高度重视行政管理学的研究,并于该年年底成立了中国行政管理学会筹备组,进而开创了行政管理学研究的新局面。1985年,当时的国家教育委员会决定在我国的高等教育体系中设置行政管理本科专业,并且选定武汉大学和郑州大学作为试点高校于1986年正式招生。随后,在全国范围内很快掀起

---

① 邓小平:《邓小平文选》第2卷,人民出版社1994年版,第180~181页。

了一股学习和研究行政管理学的热潮，不少大学和研究单位也相继设置了行政管理学专业或开设了行政管理学课程，同时成立了一批行政管理干部学院，行政管理学甚至被视为我国几千万党政干部的必修课程。1988年10月13日，中国行政管理学会正式成立，并且发行了会刊《中国行政管理》，标志着行政学作为一个独立学科已获得公认并明确肯定下来，也标志着中国行政学的恢复和重建工作初战告捷。进入20世纪90年代以来，特别是伴随着社会主义市场经济体制的建立和经济全球化进程的加快，我国的行政学研究以加速度的节律迅速发展，表现为学科体系、学科分化、应用研究不断扩大和深入，尤其是研究领域开始触及世界公共行政研究的某些前沿问题。可以这么说，改革开放每前进一步都对行政学理论提出了新的要求，更推动了中国行政学的理论创新和学科发展。

回眸中国行政学二十几年的发展历程，我们不难发现，中国行政学从无到有、逐步完善，无论是对西方行政学研究成果的引介，还是对中国行政管理学理论体系的探索，无论是对学科基础理论的建设，还是对现实行政管理问题的研究，都取得了可喜的成绩，迄今为止，不仅基本上确立了行政管理学的理论框架，取得了斐然的科研成果，而且还形成了从专科、本科、硕士研究生和博士研究生以及博士后研究等多层次的相对完备的专业人才培养体系，为我国的社会主义现代化建设作出了重要贡献。

当今的时代是人类社会发生深刻变革的时代，是中国实现现代化战略目标、中华民族全面振兴的重要历史时期。回眸过去，沐浴着改革开放的春风、伴随着现代化建设的步伐、适应中国社会发展的需要而勃兴的中国行政学已经走过了二十几个年头，在这发展迅速的二十几年中，中国的行政学既在开展理论研究、促进学科发展、培养行政人才、为党和政府提供决策咨询和智力支持等方面取得了显著的成果，也在学科基础、研究方法、课程设置、研究体制、成果转化等诸方面有待于进一步完善。展望未来，我们应该清醒地认识到，中国的行政学面临着机遇与挑战并存的客观现实，只要我们正确地处理好行政学的理论研究与现实研究、国际化与本土化以及继承与创新之间的关系，着重从加强理论研究、夯实学科基础，强化"问题"意识、关注行政现实，改进研究方法、提高研究质量，优化课程设置、培养专业人才等诸方面推进中国行政管理学科的进一步发展，我们就可以预见，伴随着我国改革开放和社会主义现代化建设事业的进一步推进，作为一门方兴未艾的学科，行政学必将继续焕发出勃勃生机，显现出更为强大的生命力，发挥出更加重要的作用。

第一章
行政概念论

行政，又称为公共行政或行政管理①，是人类社会发展史上普遍存在的基本社会现象之一。随着社会发展阶段的不断演进，行政在经济社会生活中的地位与作用日益突出，成为当代社会生活中不可或缺的存在形态。那么，什么是行政？具体地说，行政概念的基本内涵是什么？行政的界限何在？行政行为以及特定行政系统的价值与目标定位有何依据？又将走向何方？这些构成了行政学原理最基本的研究课题，也是本章主要探讨的内容。

第一节 行政的概念阐释

作为一个专业术语，行政概念是在行政学这个特定研究领域形成之后产生的。然而，作为一种人类社会现象，行政的出现却经历了一个长期的历史演变过程。伴随着这一演变，人类意识领域产生了一些相应的理念。现代意义的行政概念正是在行政现象与理念的演变过程中逐渐形成与发展起来的。无论中外，行政理念都经历了一个演化过程。当然，由于历史实践过程的差异，行政现象在不同文化历程中出现了分野，也就形成了各具特色的相应理念。

一、古代中西方不同的行政理念

要想对当前主流的行政概念进行全面理解，从理论上来讲，有必要对不同文化下形成的相关理念进行系统、深入的研究。不过，由于行政学主要源于西

---

① 在行政学中，行政与行政管理这两个概念是通用的。在国内行政学教材中，早期多使用"行政管理"，近几年来则越来越多地使用"行政"或者"公共行政"。英文中相关词汇的标准用语是"administration"，翻译成"行政"似乎更贴切一些。因此，在本书中，除了引用文献，一般使用"行政"这个称谓。

方,同时,基于研究本土化的考虑,这里我们只对中西方行政理念加以比较研究。

(一)中国古代的行政理念

据考据,早在两千多年前,中国古代文献就有关于行政的记载。其中,《左传》中有"行其政令"、"行其政事"的记载,也就是管理国家事务的意思。尽管其中"行"、"政"二字分开述及,这一记载却代表了几千年间中国文献中行政概念的基本含义。此后,首次出现"行政"字样的可查古文献是《史记》,其中的《周本纪》载有"成王少。周初定天下……公乃摄行政当国"。而两千年后清代《纲鉴易知录》中更是直接记载"召公、周公行政"。其实,后两处所记载的与《左传》记载的是同一件事情。一般认为,这一词源发展过程正好代表了中国古代文献中行政一词基本含义的词源。简言之,在古代中国文献中,"行政"一词的基本含义就是管理国家事务,统治天下。其中,"行"是行使、管理、实施、推行的意思,"政"则是指国家政务。

近代以来,较为典型的是孙中山的政治观。他认为,"政者,众人之事也;治者,治理也","政治就是管理众人之事"。由此可见,孙中山的政治观与古代行政观一脉相承。因此,古代中国的行政理念其实是一种混沌的政府管理理念,其中包含了古代中国政府的一切统治职能,现代意义的立法、司法与行政职能都囊括其中。

(二)西方古代的行政理念

英文中很早就出现"administration"一词,源于拉丁文"administrare",意为执行事务。古希腊时期,亚里士多德在其名著《政治学》中明确指出:"一切政体皆有三要素……其二为行政机能部分……行政机能有哪些职司,所主管的哪些事,以及他们怎样选任,这些问题都须一一论及。"① 由此可见,古代西方的行政理念只与政府诸多活动中的一种——也就是行政机能相对应,意指国家事务中各种政策法令的具体管理与执行活动。由于近现代西方文明的许多理念直接源于古希腊,亚里士多德的理念可视为现代行政观点的起源。

事实上,文艺复兴以来,近现代政治文明与理论体系的主要缔造者,像霍布斯、洛克、卢梭、孟德斯鸠等人的论著中,有关行政的理念基本上类似于亚里士多德的观点。其中,洛克认为国家职能分为立法、执行与外交三种,而孟

---

① 亚里士多德:《政治学》,商务印书馆1996年版,第214~215页。

德斯鸠更是确立为立法、司法与行政三种。二者共同确立了近现代西方政治体制基本类型与基本政府结构理论体系。一般认为，他们的理念直接渊源于古希腊时期，尤其是亚里士多德的政治理论。相应地，西方的行政理念也就一脉相承，构成一种基于分工与权力制约基础之上的分工型行政观。

因此，古代中西方的行政理念存在很大差异，个中原因不是本书所能穷尽。不过，至少有几点可以提出。首先，是相关理念产生的社会经济环境不同的决定性影响。古希腊城邦，尤其是雅典共和国先进的商业文明导致的分工理念与社会结构分层事实对于行政理念的影响不同于自给自足的农业经济占主导地位的古代中国。其次，是古代希腊朴素民主和权力制衡思想与古代中国家国一体以及"内圣外王"精英治国理念完全不同的影响。最后，还有古希腊城邦中民主政制体制与古代中国高度个人集权的封建政制体制决然不同的政制现实的影响。很明显，这两类决然不同的经济、社会、政治与文化环境的制约与影响，正是古代中西方两种不同的行政理念得以形成的基本历史原因。

二、近、现代的几种典型界定

作为行政学领域的一个核心概念，学者们从不同视角出发对"行政"一词进行了多元的界定。总体说来，较为典型的有如下几种。

（一）从政治体制中的权力配置角度，把"行政"界定为基于权力分工与制约理念而构建起来的现代国家权力体系中特定类型的权力——行政权力的运行活动

较为典型的就是魏劳毕的界定。在其所提出的"五权论"基础上，他明确指出："行政乃政府组织中行政机关所管辖的事务。"① 其中，所谓行政机关，是指政府官僚组织体系。这一理念的基本来源正是亚里士多德的行政机能观，近代则以洛克、孟德斯鸠的分权理念为前身。究其实质，行政乃"执行部门所做的事"，"行政乃行政权力的执行"。具体地说，这一理念的基本内涵在于以下几点：首先，行政活动主体局限于狭义的行政机关，也就是纯粹承担法律执行活动，不具有政治创制功能的官僚组织；其次，行政活动的存在形态就是各种法律法规的执行性活动，其中，由司法机关承担的审判职能活动还要排除在外；最后，根据这类界定，行政活动的本质正在于行政权的运用与行

---

① W. F. Willoughby, Principles of Public Administration, 1928, p.1. 转引自张金鉴《行政学新论》，台湾三民书局1984年版，第6页。

使，是一种不同于其他国家权力的独特国家权力的实施行为。

这一界定的出发点在于实现与认同各种国家权力的区分与制衡，构建民主的国家公权体系，是政治民主意识的制度体现与反映。从视角上，我们可以把这种行政理念看成是一种基于分权哲学与民主意识的政治学理论结果。但是，作为对行政学核心概念——行政的一种基本解读方式，把行政界定为行政权力活动，其实是基于制度主义方法论的必然结果。简言之，由于当今世界主要国家基本上都从宪政体制角度把国家公共权力分解为立法、司法与行政三种，相应地，行政概念便往往被理解为行政权力及其活动。其实，在古德诺看来，即使是分权理论的集大成者孟德斯鸠，其三权理论的形成也很可能就是对当时世界上唯一一个现代民主政治体制——英国宪政体制进行制度主义研究的结果。① 然而，正如通常对制度主义的批判所指出的一样，把行政的事务范围局限于"执行"，这一理念存在与各国行政管理实际不符的弊端。首先，现实并不存在单纯地只履行执行职能的政府组织。即使是典型地实行分权制衡体制的美国联邦政府，其官僚组织在履行行政权力的同时，几乎是全方位地参与了其他公权的履行活动，尤其是立法权力的实施过程。其次，还有一些主要是履行行政权力的政府组织存在于官僚组织之外，比如美国的总统，英国的内阁。最后，就制度主义方法论本身而言，传统制度主义过分局限于国家体制的形式结构，但由于制度结构严重受限于法制化程度等外在环境因素，使得这种分析方法存在脱离现实的弊端。事实上，对于正处在社会转型时期的现代中国，这一行政理念的上述三种弊端表现得十分明显。因此，这样的行政理念难以适用于我国的行政理论与实践研究。

（二）从国家职能分工的角度，把"行政"看成是国家意志的执行功能

这就是所谓的政治—行政二分法观点。被视为首先系统提出这种观点的是美国行政学者古德诺。在《政治与行政》这一经典的行政学著作中，他明确指出："在所有的政府体制中都存在着两种主要的或基本的政府功能，即国家意志的表达功能和国家意志的执行功能……这两种功能分别就是：政治与行政。"② 这就是所谓的政治—行政二分法的行政管理理论。它从功能主义角度出发，把国家的基本功能分为两类，而行政就是其中之一——国家意志的执行功能。

---

① F.J.古德诺：《政治与行政》，华夏出版社1987年版，第7页。
② F.J.古德诺：《政治与行政》，华夏出版社1987年版，第12~13页。

这一界定是运用功能主义方法论对政府运行实际进行分析的结果。根据古德诺的观点，由于"政治情况的极端复杂，使得人们不可能在实践中把这两种功能的行使在同等的程度上委托给同一个政府机关"，而"分工的需要又使得这两种功能之间作出区分成为不可避免的"，同时，"这种方法也是由于心理上的需要以及经济上的便利而不可避免地采取的"①。因此，所谓政治—行政二分法其实正是从社会分工需要与经济、心理上的便利而产生的政治社会现实出发，而提出的一种关于国家功能的专业化理念。它强调了国家职能分工与专业化的要求与必然性。这一理念是早期行政学者从社会历史事实研究中得出的结论。其实，古德诺认为，政治—行政二分现象正是一种国家功能现实。不过，这一界定并没有强调行政功能的主体结构。古德诺一再强调："尽管人们能够区分政府的两种主要功能，但却无法严格地规定这些功能委托给哪些政府机关去行使。"在他看来，"把这两种功能委派给两个分立的机构行使是不可能的"。如此一来，就产生了一些问题。正是这些问题导致了后来学术界对基于二分法的行政理念提出了颠覆性的批判。其中，最为根本的是，政治与行政的功能分立假设缺乏与国家功能的直接承担者——也就是各种国家机构的直接对应性。事实上，古德诺等人也已经认识到，实践中没有一个机构只是单纯地行使行政管理功能。这就使得二分法成为一种纯粹的理论假设，在实践中找不到对应的行政管理主体，从而造成了理论假设与实践的脱节，丧失了说服力与应用价值。对于应用取向的行政研究而言，这一弊端无疑是致命的。而且，随着行政权力的扩张，行政机关日益卷入立法、司法等权力领域，各种传统国家职能之间的界限在历史上从没有截然分开过，并且逐渐变得日益模糊。这些都使得这种早期主流的行政理念与社会实践愈益脱节，愈益为学术界所抛弃。

（三）从管理主义视角，行政与其他管理活动在目的上是一致的，就是"在官员与雇员的处置下，对各种资源加以最有效能的利用"②

在这种观点的早期代表人物伦纳德·D.怀特看来，"公共行政是完成国家的各个目标过程中对人和物的管理"，"这一定义强调的是行政的管理方面，而对行政的法律与形式方面极轻视"。"该定义将政府政务行为与其他任何社会组织，如商业、慈善、宗教或教育等组织的事务行为联系在一起，认为都应

---

① F.J.古德诺：《政治与行政》，华夏出版社1987年版，第6页。
② Jay M. Shafritz, et al., *Classics of Public Administration*，中国人民大学出版社2004年影印版，第45页。

以优良的管理（good management）作为它们成功的要素。"事实上，怀特认为："公共行政就是公共事务的管理；其目的就是使得公共计划得以最迅捷、最经济、最完满地完成。"①

在早期管理主义视角看来，行政与其他组织管理行为实质上是一致的，都是追求组织目标最优实现的一种组织活动。这一观点主要特征在于：其一是强调行政的目的性，也就是各种公共计划的实现；其二是强调行政的组织理性，也就是通过各种管理活动促成组织目标的有效实现，以尽可能少的资源耗费取得尽可能好的目标实现结果。最后，这一观点忽视了行政的主体特性。管理主义视角是过程取向的，怀特就认为行政与其他社会组织管理活动本质上是相同的。对主体的忽视还体现在对行政范围的界定上。怀特认为，行政并不限于狭义的行政执行活动。在他看来，"尽管严格意义上的分权理论把行政管理局限于执行事务，但行政管理活动却涉及（立法、司法与行政等）所有三种国家权力活动"②。

管理主义视角在当今行政学界得以继续，表现为所谓新公共管理运动及其理论。在《改革政府：企业精神如何改造着公营部门》这一代表作中，作者就公然宣称："本书的主题不是政府应做什么，而是政府如何运作。"③ 他们认为："我们说到企业家式的模式时，指的就是习惯性地这般行事的公营部门的机构，不断地以新的方式运用资源来提高其效率和效能"，"'企业化'的政府追求更加有效率和效用的管理方式"，而他们"相信我们提出的十条原则对于今日世界的任何机构的成功都是至关重要的，不管它是公营的、私营的、还是非赢利的"。④ 很明显，除了具体的所谓管理原则有所不同之外，新公共管理运动与早期管理主义在精神实质上是一致的，也就是不问组织的主体特性，只是追求适用于所有组织的一般管理原则。实际上，由于这些原则据说往往源自具有创新精神的企业界，它们的运用也就是所谓企业化或说是用企业家精神来改造想要优化的组织管理行为，而不论它是公营的、私营的或是非赢利的。

---

① Jay M. Shafritz, et al., *Classics of Public Administration*，中国人民大学出版社 2004 年影印版，第 44~46 页。

② Jay M. Shafritz, et al., *Classics of Public Administration*，中国人民大学出版社 2004 年影印版，第 46 页。

③ 戴维·奥斯本等：《改革政府：企业精神如何改造着公营部门》，上海译文出版社 1996 年版，第 7 页。

④ 戴维·奥斯本等：《改革政府：企业精神如何改造着公营部门》，上海译文出版社 1996 年版，第 6~23 页。

管理主义视角侧重于组织目标的有效实现，而不在于组织目标的具体构成及其形成原因。然而，目的与手段的区分是相对的。手段只是在手段—目的链条中处于相对较低位置的目的，而目的则是处于较高位置。① 即使是管理主义视角的提倡者，一般也认为不同组织存在的目的是不同的。因此，从理论上来讲，这就使得管理主义视角面临着目的—手段关系的悖论。简言之，特定事物，当处于目的—手段链条较低层次时，目标是管理者可以忽略不计的。一旦进入较高层次，作为手段的原有目标则成了关注重心。比如说，今天的目标可能是明天目标赖以实现的手段，下级单位的目标可能是上级单位的目标实现手段，管理主义侧重的究竟是目标还是手段呢？或者说，当研究下一层次的行政管理运行过程时不是关注重点的目标在研究较高层次的管理过程时则成了关注重点。这在理论上不能说不是一个悖论。

在实践上，目的其实对手段有着重要的影响。即使是作为管理主义在新时期代表的企业家政府理论倡导者的托德·盖布勒与戴维·奥斯本也承认，政府与企业是根本不同的两种机构组织，政府不能像企业一样运行。其中，一个重要原因在于，"政府必须常常替每个人平等服务，不管这个人支付的能力和对服务的需要如何，于是政府也就做不到公司企业那样的市场效率"②。毫无疑问，正是不论支付能力与需要的平等服务这一价值目标使得政府不能像企业那样运行，不能采取与企业一样的运行机制与手段。因此，完全否认目标重要性的管理主义同样缺乏实践的说服力。原因在于，实践中并不存在不计目标与环境的普遍原则。更为重要的是，管理主义忽视了民主宪政的基本价值，忽视了行政组织及其活动过程在捍卫这些基本价值方面的正当角色，也使得行政存在沦为"暴政"工具的可能与现实。③ 此外，管理主义的"泛管理化"或"管理一般化"倾向使得"公共行政在'更大的'概念范畴里失去了它原有的认同和独特性"④，也就失去了作为一个独立研究领域的可能性与重要性。

---

① 西蒙：《管理行为》，北京经济学院出版社1991年版，第32页。
② 戴维·奥斯本等：《改革政府：企业精神如何改造着公营部门》，上海译文出版社1996年版，第21~22页。
③ 戴维·H·罗森布鲁姆等：《公共行政学：管理、政治和法律途径》，中国人民大学出版社2002年版，序言第2页。
④ 尼古拉斯·亨利：《公共行政与公共事务》（第8版），中国人民大学出版社2002年版，第68页。

(四) 从政治学角度，行政只是政治的一个专业领域，或是政治行为的一种

美国行政学者诺顿·E·朗认为："行政的第一个目标——根本的爱国主义除外——就是获得并保持权力，行政官员占据公职的条件就是建立在这个基础之上的。这个目标是完成所有任何其他目标的必不可少的先决条件。"原因在于，"行政管理的生命线就是权力，权力的获得、保持、增长、削弱和丧失是实践工作者和研究者不能忽视并承受不了这种后果的问题。其后果几乎总是丧失现实性和导致失败"。而且，在美国这类政治体系中，行政组织成为"政策在体制上的体现者，是有实际能力或潜在能力动员支持政策的各种力量的长期性组织"，从而成为各种利益集团"寻找代表的一种主要途径"。① 毫无疑问，权力问题是一个政治问题，权力的获得、保持、增长、削弱和丧失过程也就是一个政治过程，而政治利益的代表组织无疑又是一种政治主体。行政组织成为政治体系中重要组成部分，行政也就成为一种特殊的政治权力——行政权力的运行活动。

由于政治学流派众多，使得不同学者从不同政治理论出发，得出多种政治学视角的行政定义。其中，最值得关注的就是所谓新公共行政学派，它主要是从社会公平与政治代表性等理念出发提出的一种基于现代民主政治理念的行政学流派。这一理论认为，传统的仅仅局限于良好管理的管理主义行政管理主流理论是不够的，行政学应该增加一个新的理念作为其核心目标与理论根基，这就是社会公平理念。所谓社会公平，主要是指用以增进社会弱势群体政治权力和经济福利的系列权力活动。② 行政学的研究目的在于促成这样一种政治体制，在该体制中，政治选举产生的政府官员主要代表优势社会群体的利益，而法院与行政机构则作为社会弱势群体的代言人而存在。如此，则该流派不仅关心管理主义关心的传统问题——行政系统有能力干什么，尤其是如何做好这一问题，而且关注行政机构增进了社会公平没有。正因为如此，该流派的视角不再局限于行政组织的内部管理过程，而是强调行政对公共产品与服务的社会分配过程以及行政组织与社会系统之间的边际交换过程。传统行政研究所聚焦的行政组织内部管理行为尽管还是研究对象，但已经降到次要地位。

---

① 彭和平、竹立家：《国外公共行政理论精选》，中共中央党校出版社1997年版，第167~172页。

② Jay M. Shafritz, et al., *Classics of Public Administration*，中国人民大学出版社2004年影印版，p.330.

政治学视角的行政理念关注的是行政活动过程的政治层面。在新公共行政理论看来,"在公共行政中,管理,即我们如何做事,是重要的,但更重要的是我们要做什么和为什么要这样做"①,"公共行政研究者和实践者所面临的问题是,如何将关注的焦点放在公共行政上,而不是仅仅放在政府行政上"②。不过,由于政治学视角一般忽视了行政的管理层面,很有可能走上另外一个极端,就是忽视了行政的管理价值特性。因此,正如美国学者亨利所言,由于政治学者很少努力把行政行为的实证研究结果与确定共同的行为模式相联系,政治科学与行政理论和行政人员培训关系都不大,所以,"除了提供民主价值的基础外,政治科学过去和现在对公共行政人员的教育都缺乏效用"。此外,由于政治学的成熟性以及政治学者对行政领域的忽视,使得行政作为一个研究领域日益丧失重要性。③

(五)从现实的行政主体角度,认为行政是一种特殊的国家权力主体现象,是各种行政主体作为或不作为的各种活动的统称

典型是当代美国行政学者罗森布鲁姆的界定:"公共行政乃是运用管理、政治以及法律的理论和过程来实现立法、行政以及司法的指令,为整个社会或社会的局部提供所需的管理与服务的功能。"④ 这一界定从美国行政管理实践出发,是对既有的、基于三权分立体制而产生的三种主要研究途径——管理、政治与法律途径——进行整合而得出的一种全新理解。

首先,必须强调的是,在这一理解中,还是有侧重点的。正如罗森布鲁姆在同一本教材中所指出的,"公共行政的确包含有计划的活动,它关注政治与政策制定,主要集中于政府的行政部门,它不同于私营部门的行政,它主要关心法律的执行"⑤。而且,在他看来,就目的而言,"美国公共行政的终极目

---

① 乔治·弗里德里克森:《公共行政的精神》,中国人民大学出版社2003年版,第13页。
② 乔治·弗里德里克森:《公共行政的精神》,中国人民大学出版社2003年版,第24页。
③ 尼古拉斯·亨利:《公共行政与公共事务》(第8版),中国人民大学出版社2002年版,第62~67页。
④ 戴维·H·罗森布鲁姆等:《公共行政学:管理、政治和法律途径》,中国人民大学出版社2002年版,第6页。
⑤ 戴维·H·罗森布鲁姆等:《公共行政学:管理、政治和法律途径》,中国人民大学出版社2002年版,第5页。

标是管理取向的和政治取向的价值的结合体，而政治与管理取向的价值与宪政原则和价值又是和谐一致的。这是所有公共行政者努力达到的目标"①。原因在于，美国公共行政制度"它仍需改善。但改善在一定程度上取决于公共行政者能够整合公共行政领域出现的不同价值和观点，能够协调不同层级政府之间的行政活动。制度的运行经常依赖于这样的整合"②。在罗森布鲁姆看来，行政主要是国家行政机关为实现政治与管理等多方面公共价值取向而实施的各种执行活动的总和；这类执行或说管理活动涉及立法、司法与管理等多种途径，而不仅只是其中一种。

目前，国内主流教材中，所采取的主要就是这样一种理解方式。较早的版本中，由黄达强与刘怡昌主编的《行政学》就认为，"把行政解释为国家政务的管理活动是为人们所共同接受的，至少是多数人所能接受的"；而"行政学是研究国家行政组织对社会事务进行有效管理的规律的科学"。这两个相关定义"突出了国家行政组织在行政学中的主体地位，突出了行政管理是以整个社会为对象的管理"③。由夏书章主编的《行政管理学》也认为，"行政是国家权力机关的执行机关依法管理国家事务、社会公共事务和机关内部事务的活动"。其中，"行政管理主体是国家权力机关的执行机关，即行政机关"，而"行政管理的客体是国家事务、社会公共事务和行政机关内部事务"④。其他的一些较新版本的国内行政学教科书基本也持相类似观点。比如，胡象明认为："所谓行政管理，就是指政府行政机关依法对公共事务及其内部事务管理的总和。"⑤ 应松年也认为："公共行政是指以国家行政机关为主的公共组织管理公共事务和提供公共服务的活动。"⑥

依据上述分析，我们不难发现，这一视角的行政观其实是对各国行政实践进行现实主义理论抽象的结果。相对于其他理解，可以把它看成是一种有关行政概念的综合理解。根据这种理解：（1）行政的价值取向是多元的，应该是政治价值与管理价值取向的综合。上述其他各种有关行政管理的概念界定或许

---

① 戴维·H·罗森布鲁姆等：《公共行政学：管理、政治和法律途径》，中国人民大学出版社2002年版，第518页。

② 戴维·H·罗森布鲁姆等：《公共行政学：管理、政治和法律途径》，中国人民大学出版社2002年版，第145页。

③ 黄达强等：《行政学》，中国人民大学出版社1988年版，第3~5页。

④ 夏书章：《行政管理学》（第2版），中山大学出版社1988年版，第2~7页。

⑤ 胡象明：《行政管理学》，高等教育出版社2005年版，第3页。

⑥ 应松年：《公共行政学》，中国方正出版社2004年版，第2页。

都是有益的，但也都是片面的。它们都只是关注了行政价值取向体系诸多系列中的某一系列。(2) 行政的主体主要是国家行政机关。尽管可能会有其他主体参与国家行政管理活动，但行政活动实质上就是国家行政权力活动。只不过，现实中的行政权力并不局限于分权制衡理论所主张的狭义行政权力范畴，而是往往涉及立法、行政与司法等多种国家权力领域。(3) 相应地，行政活动的范围就不只是局限于狭义的行政管理领域，而是包括国家事务、社会公共事务和国家行政机关内部事务。简言之，行政活动是国家行政机关对政治事务、社会公共事务与机关内部事务等诸种事务管理活动的综合。

很明显，这是立足于各国行政现实而提出的一种理解方式。相对于上述其他理解方式，这些学者所提出的概念具有更强的现实对应性。用西蒙的话来讲，这样提出的行政理念具有更强的可操作性。西蒙认为："管理理论的首要任务，就是要建立一系列的概念，而且是能够从理论角度描述管理问题的概念。为了使这样的概念科学化，就必须使之具有操作性；也就是说，它们的含义必须对应于在经验上可以观察到的事实或局面。"[1] 简言之，这一界定方式具有较强的现实对应性，能够较好地解释各国行政现实。不过，即使如此，正如罗森布鲁姆所言，"对公共组织和公共行政管理者而言，同时满足所有管理的、政治的及法律/宪政的要求（几乎）是不可能的事情"[2]。原因在于，根据这样的理解，行政官员的身份同时兼有管理者、决策者、精通宪法的人等不同类型，而要成功整合这些角色是极为困难的。

三、本书对行政概念的定义

从不同角度出发，不同学者对行政这个概念作出了具有较大差异的界定。其中，最为关键的就是他们对行政现象的价值认定不同。政治体制权力配置视角的落脚点在于不同政治权力之间的分权制衡与政治约束；国家职能分工视角的目的在于职能的专业分工，确保行政的技术化与专业化；管理主义视角尽管存在传统与新型之分，最终目的却都在于资源的最佳配置与运用，也就是效率问题；政治主义视角也是纷繁复杂，但是政治代表性与公共利益确实是核心宗旨。至于综合视角，则是对现实行政系统多元价值追求的一种更为现实的综合抽象。正是因为目的认定或者说价值取向的不同，就导致对行政现象认识视

---

[1] 西蒙：《管理行为》，北京经济学院出版社1991年版，第37页。
[2] 戴维·H·罗森布鲁姆等：《公共行政学：管理、政治和法律途径》，中国人民大学出版社2002年版，第41页。

角、理解层次、概念认知的差异。不过,这些界定之间并不是不相干的。由于这些视角试图认识与解释的领域大致相当,他们有关"行政"概念的界定必然存在一些相通之处。具体地,有关概念认定的共性方面主要包含以下几个方面特征。

(一)概念认识对象或曰行政主体基本相同。无论哪一界定视角,对于行政概念所涉及研究对象的范围大致相同。简言之,行政概念所涉及的主体一般被限定于行政主体,行政研究的客体对象一般被从理论上限制于研究国家行政机关及其工作人员。当然,由于各国政治体制不同,行政主体范围也有很大不同。由于行政研究是与实际紧密相关的,不同国家行政研究所理解的行政主体范围也就往往存在很大差异。

(二)概念涉及内容基本上限于行政主体的职务行为。这主要包括各国行政主体为实现特定行政目标,依法或实际展开的各项行政权力活动,也就是所谓行政行为。不过,在各国现实与历史发展过程中,行政职务行为范围无论在制度上还是在实际上都存在很大差异。行政概念所涉及职务行为的具体外延也就存在程度不同的差异性。其中,最为明显的是存在着这样一个趋势:从传统行政仅限于执行性行为发展到以后包括行政决策行为乃至政治代表行为以及相关行为。

(三)概念界定具有较强的目的性。无论是何种视角,它们都是基于一定的价值取向来认识与界定行政概念的。这是行政本身作为一种人类行为自身属性的必然反映。另一方面,由于种种原因,不同视角对于行政实践或者行为的价值认定存在很大差异。其实这正是行政研究存在众多流派的根源所在。正因为如此,有关行政概念的界定对于行政行为目的构成的认定存在较大不同。相应地,行政研究的理论与实践目的也存在较大差异。但是,有一点却是一致的,即它们都把行政视为一种目的性行为。

(四)适应性与动态性。一方面,有关行政研究对于行政概念的界定是与所研究对象,亦即特定行政系统的实际情况相适应的。一般学者普遍认为,行政研究必须与行政实践相一致,行政概念的内涵与外延认定必须与行政现实相适应。这就是西蒙所谓概念的可操作性要求的具体体现。另一方面,由于各国行政实践不是一成不变的,行政实践的涉及主体与职务范围、价值追求与侧重点都有着一个不断演变的历史动态过程。相应地,有关行政概念的认定也具有历史动态性。不同学者有关行政概念的认定之所以存在如此之大的差异,在很大程度上正是这种历史动态性的理论反映与表现。

综上所述,对于行政概念的理解与界定不可能是完全抽象的,也不存在一成不变的有效认定。借用威尔逊的话来说，理论只是时代精神的反映。行政概念认定也只能是各国行政实践的理论抽象。结合中国国情，笔者认为，行政概念可以作如下界定：所谓行政，或曰行政管理，就是国家行政机关及其工作人员为了实现各种行政目标与价值追求，依法应该或实际展开的各种职务行为的总和，它主要包括行政机关及其工作人员有关国家事务、社会公共事务与行政机关内部事务的管理与服务行为。

第二节 行政的界限

一种现象之所以能够构成一门学科的核心对象，应该具有其内在特殊性，从而构成该学科的特殊研究对象。另一方面，一个具有操作性的概念不仅要具有现实的对应性，其本身也应该具有独特的内涵与边界，以与其他概念区分开来。因此，对于行政这个核心概念，我们不仅要了解其一般内涵，还应该掌握它与其他概念之间的界限所在。我们至少应该理解行政与其他社会现象，尤其是密切相关的一些社会现象的相关性，找出这些现象及其相关概念之间的边界所在。其中，最为重要的就是要确定行政与政治、行政与管理、行政与立法以及司法等密切相关的社会现象及其概念体现之间的相互关系。

一、行政与政治

行政与政治都是重要的社会行为与现象。关于二者之间的关系，在行政理论发展不同阶段，有着种种不同的看法。总体看来，可以把这些观点分为两类，分别就是管理主义的政治—行政关系观和宪政主义的政治—行政关系观。

（一）管理主义的政治—行政关系观

管理主义被许多学者视为行政理论的主流观点。根据这一思潮，行政是一种纯粹技术行为与现象。这一理念在不同历史时期呈现出不同的表现形态。一般地，我们可以把这一基本理念的历史发展分为三个基本阶段，分别是早期的政治—行政二分法阶段，西蒙为代表的事实—价值二分法阶段，以及最近的新公共管理主义运动阶段。

作为一种行政基本哲学理念的管理主义，其最为著名的表现正是早期行政研究得以产生的理论基础——政治—行政二分法。根据古德诺的观点，政治与行政是两个完全不同的领域，政治涉及国家意志的表达活动，而行政则涉及国家意志的执行。前者是一种价值观的互动与决策过程，后者则是一种纯粹技术过程。借用威尔逊的说法，提倡行政研究，正是要把行政活动从纷繁复杂而混乱的政治实践中摆脱出来，从而使得政治活动的后果，也就是各种政策法规得以有效率地贯彻落实。

然而，政治—行政二分法这一假设与行政实践脱节过大。随着行政国家的兴起，国家政治活动与行政活动界限更是日益模糊，交织不清。这使得对二分法的批判成为一种必然。其中，最为典型的就是西蒙的批判。西蒙认为决策本身就是管理活动的应有之义，更是核心构成功能，甚至提出了"管理就是决策"的著名理念。这就意味着行政活动必然包含了国家决策行为，传统的政治—行政二分法也就成为不可能的理论假设。不过，西蒙并未彻底抛弃管理主义的政治—行政观，他只是用所谓事实—价值二分法取代了传统的政治—行政二分法。从其所坚持的逻辑实证主义基本方法论与科学主义思维出发，西蒙认为管理学研究对象只能是事实，而价值问题则是个人的价值判断问题，属于政治问题，不是作为科学的管理学所能研究的领域。正如奥斯特罗姆所说，在完成对传统理论的"挑战之后，西蒙又回到了官僚组织的世界，社会世界分为政治与行政两大领域，他在这一为人熟知的约束之内进行研究"[1]。可以看成是价值—事实二分法理念继承者的公共选择学派代表人物布坎南甚至认为，如果把价值等同于事实问题，从而"当政治学错误地被解释为等同于科学，解释为发现真理的过程时，那些自称对问题有杰出见解的人就会把高压政治看作在道德上是合理的"[2]。

新公共管理理论公开宣称，其目标在于创立一个花费更省、管理更好的政府运行机制。事实上，新公共管理关注的是如何通过实现政府管理机制的管理自由化与市场化，从而实现政府效率、效能与效益的优化问题。一方面，他们力图确立行政主体的管理自主化，"让管理者去管理"，而不是像从前那样主要是处于受限制对象的地位；另一方面，他们又从自利人假定出发，重拾"政府要好，管理要少"的传统自由主义政府理念，力图引入市场竞争机制与减少政府的社会干预力度。很明显，根据这一理念，新公共管理者的目的在于通过运用市场机制与管理者个人管理技能解决行政效率低下等管理危机。

由此可见，如同美国行政学者登哈特所言："尽管老行政与新公共管理明

---

[1] 文森特·奥斯特罗姆：《美国公共行政的思想危机》，上海三联书店1999年版，第52页。

[2] 詹姆斯·M·布坎南：《自由、市场和国家：20世纪80年代的政治经济学》，北京经济学院出版社1988年版，第41页。

显地存在着差异，但是行政与公共政策的这两个'主流'表现形式在基本理论和基础事实上非常相似。"① 也就是说，他们都力图利用理性选择作为行政的首要理论基础，从而力图把行政界定为一项专业技能性行为，结果是：行政，无论他们强调的重点是如何的不同，一个是事务性的执行行为，一个是技能性的理性决策行为或说企业家行为，但是实质上都是理性技能行为，从而都不是以公共利益为直接导向的公共政治行为。

（二）宪政主义的政治—行政关系观

宪政主义是近代以来西方人文社会学界一种基本的人文精神与政治意识形态，其基本理念包括天赋人权、人民主权、代议民主制、分权制衡的国家权力体制等核心制度主张。宪政主义的政治—行政关系观正是这一基本理念在行政领域的体现与具体化。

其实，早在所谓行政学诞生与形成之前，在行政研究的发源地——美国就存在了这两种思潮之间的争议，其中，杰斐逊与汉密尔顿之间的政府模式之争通常被看成是这一争端的渊源所在。汉密尔顿为首的早期联邦党人的主要目标是要建立一个强有力的有权威的中央政府，构建自私自利的人类之间的"协调的互相抑制的制度"，以实现对人类私利与自私激情的驾驭，从而实现人类社会的有序化。在这套制度体系中，行政"从其最普通，或即是最准确的意义上讲，则限于行政细节，具体属于行政部门的范畴"②。也就是说，为了实现秩序这一最高价值，行政机关的职责在于确保对各种行政性事务进行"强而有力的"管理③。由此可见，基于秩序需求，联邦党人所追求的正是一个以"权能和效率"为目标的，独立于立法部门，具有相当自主权的强有力的行政机关。反之，以杰斐逊为代表的早期共和党人坚持宪政民主主义，认为应该把行政机关的行为局限在立法机关与其他国家机关的严格控制之下，在他们看来，共和国政府的首要职责是维护各种基本的人权，而把秩序的维持看作是政府确保人类基本权利得以实现的工具。也就是说，民主价值才是其根本使命。

诚然，早期争端的直接结果是管理主义倾向的现代行政理念的确立与现代行政研究的诞生。在此后相当长的一个时期内，管理主义长期占据了行政研究

---

① 珍尼特·V·登哈特等：《新公共服务：服务，而不是掌舵》，中国人民大学出版社2004年版，第25页。
② 汉密尔顿等：《联邦党人文集》，商务印书馆1982年版，第367页。
③ 汉密尔顿等：《联邦党人文集》，商务印书馆1982年版，第356页。

领域的主导地位。不过，宪政主义思潮仍然存在，且不断地伺机崛起。在20世纪60年代末期，也就是传统行政研究出现危机时，西方行政学界出现的两条路径之争，也就是所谓新公共管理学派与新公共行政学派之争，正是宪政主义与管理主义两种思潮之争在新的历史条件下的体现与反映。尽管在内容与价值趋向上有着明显的差异，新公共管理学理论其实就是管理主义在新时期的特殊表现形式。有些学者就直接称之为新管理主义流派。而在这一时期崛起的所谓新公共行政学派则是宪政主义的主要表现形式。当然，必须指出的是，这一流派由于其提倡者彼此间常常有着很大的不同而从未形成一个很连贯的学术运动。① 事实上，这一流派究竟包含了哪些理论观点与主张，目前尚缺乏系统的整理，也无定论。但是，一般认为，这一运动应该包括乔治·弗雷德里克森的早期理论、特里·L·库珀与约翰·A·罗尔等人的行政伦理学理论以及登哈特的新公共服务理论。这些理论有着种种不同，但是，它们在价值取向上基本都否认或者反对行政价值中立，都反对纯粹的工具理性论，认为行政的终极目标不在于效率，而在于民主、公平、责任、回应性等政治价值或者说所谓民主公民权与公共利益的实现②；在理论上，它们一般也都反对传统的行政研究科学理论框架，侧重于规范理论与宪政主义理论传统的继承；在行政实践上，它们一般也都强调公民参与与行政过程民主化，强调行政责任与行政行为的伦理化。

总之，尽管这一流派在理论主张上存在种种不同，但是他们从价值取向到认识论，从核心概念理解、研究方法到基本理论架构，都不同于坚持科学主义与理性传统的管理主义流派。就政治与行政关系而言，他们一般都否认政治与行政截然区分的可能，认为它们都是现代社会实现各种人类基本价值，尤其是民主政治价值的不同活动形式。

（三）政治与行政的界限

关于政治与行政的关系问题，在行政研究领域是一个基础性课题。正是对这一问题的不同假定，导致了行政研究的不同路径与理论结构。事实上，由于"行政官员所采取的行动基于其所依据的假定和原则的类型不同而明显地有所

---

① 珍尼特·V·登哈特等：《新公共服务：服务，而不是掌舵》，中国人民大学出版社2004年版，第36页。
② 珍尼特·V·登哈特等：《新公共服务：服务，而不是掌舵》，中国人民大学出版社2004年版，第165～166页。

差别"①，有关政治与行政活动关系的不同认识也从根本上影响与制约着行政机关的运行方式与价值取向。不过，政治与行政的界限判定需要考虑多方面因素。

(1) 理论渊源。理论是人们用以说明、解释与预测特定研究对象及其运行机理的认识工具。不同的理论依据往往意味着对行政活动的不同认识方式。在行政学发展的不同阶段以及不同理论体系，研究侧重点与解析方式存在很大不同，有关政治与行政关系的认识与结论存在着不同程度的差别。比如说，就研究导向而言，管理主义坚持的是效能、效率与效益取向，否认公平、公正等价值的存在，它所强调的就是实现行政活动的理性化，力图将行政从被认为是混乱不堪、非理性化的政治活动中摆脱与区分出来。即使是新管理主义论者，尽管他们已经意识到政治与行政的现实不可分性，但由于强调的仍然是技术理性和效益理性，他们关注的仍然只能是"政府如何有效地运行"，而不是民主地、公正地运行。正因为如此，恰如登哈特所言："如果你看一看《改革政府》这本书的索引，你就不会找到诸如'公平'或'正义'这样的术语。你就不会发现'公民'或'公民权'这样的词语。"② 另一方面，宪政主义由于从一开始就以各种政治价值为导向，坚持相应的政治学研究传统，主要是规范研究传统，这类理论处理政治与行政的关系时就一般把行政看成是一个特殊的政治领域。在这类学术著作中，类似公正、公平、公民参与与公民权、政治责任与权利，乃至于完善的人性或者国家最高的善这些政治学术语一般比比皆是。登哈特的《新公共服务：服务，而不是掌舵》、库珀的《行政伦理学：通往行政责任的途径》等著作就是明证。

(2) 制度渊源。从宏观上来讲，一国或地区的制度现状会直接影响着人们对政治与行政关系的认识与理解。正如威尔逊所言，当一个社会处于宪政化早期或者说制度建构阶段时，人们首先关心的是关于权利与权力关系、权力配置等基本层次宪政课题，行政活动一般不会纳入研究视野。只有当社会发展进入制度实施阶段，运行效率问题才会为人们所关注。其实，行政研究也正是在类似背景下纳入威尔逊的研究视角的。另一方面，特定社会制度体系中，行政权力的扩张情况或者说在整个制度体系中所承担的角色与所处的地位，也会直

---

① 珍尼特·V·登哈特等：《新公共服务：服务，而不是掌舵》，中国人民大学出版社2004年版，第165页。
② 珍尼特·V·登哈特等：《新公共服务：服务，而不是掌舵》，中国人民大学出版社2004年版，第90页。

接影响人们对于政治与行政二者之间关系的看法。

在美国宪政发展早期，政府的职责不仅范围狭窄，而且涉及的活动相当简单，主要都是一些执行性活动，没有或者很少有自由裁量权。此时，行政活动就顺理成章地定位为专业技能性活动，而且要求有不偏不倚的立场。由此，政治—行政二分法观点自然成为主流理论。但是，随着行政部门在国家权力体制中地位的不断扩张，主要是行政决策权与自由裁量权的不断强化，行政活动中政策决策与利益分配的角色承担责任日益突出。这时候，即使是管理主义论者，也难以再坚持政治—行政二分观点。事实上，他们通过运用将政治行为理性化——也就是运用所谓公共选择理论以及相关理论把政治行为分析为一种个人理性行为的集体形式——这种方法回避了政治与行政关系之争。简言之，他们通过将这一问题虚化而回避了这一问题。但是，这正是行政部门在制度领域角色转换的一种理论体现。

（3）实践格局。这里的实践，既针对理论，又针对制度而言，也就是特定行政系统运行现实。理论源于实践而又指导实践，制度是实践的形式化、规范化而又不同于实践。正如威尔逊所言，理论不过是时代精神的体现，行政理论一般要体现行政的基本主题和问题。具体行政运行实践中所面临的急迫问题一般构成行政研究人员优先考虑的课题。相应地，现实行政与政治领域的相关性，尤其是行政领域核心主题与政治生活的各种相关性，便构成各种政治—行政关系的实践根源。在行政研究成为一个独立研究领域的百余年时间内，美国行政实践领域的核心主题一直在发生着演变，并进而推动着行政研究主题的演变。

其实，几十年前，美国学者赫伯特·考夫曼就明确指出，有关行政理论的演变，"可以把它解释为一个在我国政府机构的行政史上连续发生的进程。每发生一次这样的变化就导致一种变革，而这些变革分别强调代议制、政治中立权和行政领导地位这三方面内容之中的某一个方面"①。尽管对于行政史具体演变内容可能会有所争议，但是，考夫曼的观点是很有见地的。就美国行政实践而言，由于管理实践与美国行政部门制度和实际地位所决定，强调效能、效率与效益的管理主义一直占据着主导地位。但是，在行政研究独立化之前，民主宪政价值确实占据着主导地位；而随着管理主义及其所导致的种种弊端的逐渐显现，更由于现代行政活动的日益复杂化、政治化以及民众参与意识的不断

---

① 彭和平、竹立家：《国外公共行政理论精选》，中共中央党校出版社1997年版，第278页。

强化，公平、公正、参与与民主等各种政治价值的实现，也就逐渐成为行政领域必须考虑并且力图加以实现的实践问题。20世纪60年代末开始的新公共行政运动，尤其是80年代以来方兴未艾的行政伦理学、新公共服务理论等宪政主义倾向的行政理论的兴起，都是新型政治—行政关系出现并得到逐渐认同的理论表现。事实上，以上有关理论与制度两个方面因素的变迁分析，从根本上可以看成是政治—行政关系实践在理论与制度两个领域的体现。

二、行政与私营管理

行政与私营管理之间的关系也是行政学研究必须解决的一对基本范畴关系。同样地，我们似乎也可以找到许多不同观点，而这些观点最终似乎也可以分为两类，即宪政主义与管理主义。

（一）管理主义的有关观点

管理主义强调行政的工具性，"管理总是与资源的配置有关"，"管理就是管理"。这些都是管理主义的经典论调。在管理主义看来，无论是公共行政管理，还是私营企业管理，最终落脚点都是管理，都是以资源的有效配置为直接目标的一种人类理性行为。这是管理主义对各种管理现象进行比较时的基本论点。其根本看法是，管理就是管理，就是资源的优化配置，无论其最终目的是什么，管理的实质是相同的。

早期管理主义的典型是怀特的观点。他认为："行政就是为了达成国家的各种目的而对人与物力资源的管理。这一界定强调的是行政的管理层面，而不是强调其法律与形式的层面。它把行政这一政府事务行为与商业、慈善、宗教或是教育等其他任何社会组织的事务性行为相联接，在所谓这些行为中，良好的管理被看作是获得成功的必要条件。"[①] 这一定义强调的是公共事务的执行与实施，其目标在于公共项目最快、最经济与最完美的完成，也就是公共事务的有效实现。其实，早期管理主义持有的基本就是一种完全理性的思维模式，追求效率实现的最理性途径。归根结底，这些理论的最终目的，都如同泰勒主义一样，主张充分发挥行政组织及其工作人员的机械效率。在这些理论看来，这些管理实践本质上是相同的，都是对资源的最有效使用或者说管理效率的最大化问题。这也正是管理主义的基本含义。

---

① Jay M. Shafritz, et al., *Classics of Public Administration*, 中国人民大学出版社2004年影印版，第45页。

到了20世纪40年代中后期,随着行政国家的不断壮大,传统行政理论的基石——政治—行政二分法日益显得与美国政治实践相脱节,官僚体制的低效率弊端也不断显现。人们开始反思传统行政理论的有效性。这一时期主流的仍然是基于理性主义的理论,西蒙的管理决策理论是其中的代表。西蒙认为,行政及其研究的最基本原则仍然是效率原则,效率是良好的行政的内在要求;行政及其研究的核心问题正是在什么条件下才能实现行政过程的高效化问题,作为这一过程关键的"管理决策的根本准则必定是效率准则……管理者的任务,就是谋求对于有限资源而言的最大社会价值"①。与早期管理主义相类似,西蒙强调的仍然是组织理性,即相对于组织目标实现而言的合理性。这种理性把个人动机与组织目标相分离,对于组织理性与角色行为而言,个人目标与动机不是决定性的,甚至是不相干的,因为"个人考虑决定着一个人是否参与某一组织;但是,只要他决定了参加某一组织,他的个人考虑就不再决定他在组织中的行为内容了"②。而且,"个人不论最初是如何出于某种动机而首先扮演某一角色的,适合于该角色的目标和约束均称为存储在他的记忆中的决策程序的一部分。这些目标和约束,界定了他的角色行为"③。简言之,尽管在侧重点方面有重大区别,与早期管理主义一样,西蒙的管理理论仍然是以组织理性的实现为归依,是以组织目标的最有效实现为宗旨。实质上,尼古拉斯·亨利指出,20世纪60年代中期的行政学者认为,组织理论照理说或应该是行政的基本焦点;而其前提假设则认为,公共的、工商的和组织的行政并无区别,行政就是管理。④

管理主义发展的第三阶段,也就是所谓新公共管理运动时期。一般认为,新公共管理运动及其众多流派的直接目标也是理性主义的,就是各种公共资源的有效运用;具体到政府管理领域强调的仍然是政府如何有效运行的问题。尽管认识到政府与私人企业存在着根本不同,新公共管理理论仍坚持认为,就运行机制而言,基于市场竞争的私人管理运行机制仍然是改进政府管理,促进政府运行效率的根本途径;公共管理关注的是公共部门的运作机制。他们认为:"今天我们问题的根本之处不是政府太大或者政府太小……我们问题的根本之

---

① 西蒙:《管理行为》,北京经济学院出版社1991年版,第206页。
② 西蒙:《管理行为》,北京经济学院出版社1991年版,第197页。
③ 西蒙:《管理行为》,北京经济学院出版社1991年版,第260页。
④ 尼古拉斯·亨利:《公共行政与公共事务》(第8版),中国人民大学出版社2002年版,第68页。

处在于我们政府的类型错了。我们不需要什么大政府或者小政府，我们需要一个更好的政府。"① 奥斯本强调指出，为了更好地实现组织目标，"一个商品或劳务的所有权并不那么重要，不管是公有或私有的；更为重要的是生产商品和提供劳务的市场或机构的内部动力机制"②，或者说，"问题不在于公营对私营，而在于竞争对垄断"③。具体地说，就是要建构起管理自由化与市场化的"市场导向的政府运作模式"。因此，与早期管理主义者如出一辙，新公共管理理论坚持认为，就组织运作机制的管理实践而言，追求更有效率和更有用的运作方式是这些组织的管理过程的共性所在；这些管理过程在根本上是相通的，就是要"不断地以新的方式运用其资源来提高其效率和效能"④。正如有学者所言："新公共管理理论认为，私营部门和管理时间和技术优越于公共部门并且可以用于公共部门，公私管理之间的区别是一种假象，'管理就是管理'。"⑤

由此可见，尽管在侧重点与具体理论主张等方面存在不同程度的差异，由于都坚持了工具主义方法论与认识论，从早期科学主义行政理论，到西蒙的决策理论，再到所谓新公共管理理论，它们从本质上都以良好的管理或说更好的治理作为实践与理论的出发点与归依，追求的是管理过程或结果的合乎理性。因此，这些理论都被纳入所谓管理主义流派之中。相应地，对于组织类型或说组织终极目标的忽视和对运作机制的重视，亦成为它们的共性，进而在有关行政与私营管理的关系判定认知结果方面，基本是相等同的。正如罗森布鲁姆所言，市场模型或者说新公共管理理论，"和传统途径相类似，其本质是管理主义的，对效率或成本效益，给予很高的评价"⑥。

---

① 戴维·奥斯本等：《改革政府：企业精神如何改造着公营部门·序》，上海译文出版社1996年版，第25页。

② 戴维·奥斯本等：《改革政府：企业精神如何改造着公营部门》，上海译文出版社1996年版，第24页。

③ 戴维·奥斯本等：《改革政府：企业精神如何改造着公营部门》，上海译文出版社1996年版，第54页。

④ 戴维·奥斯本等：《改革政府：企业精神如何改造着公营部门·前言》，上海译文出版社1996年版，第6页。

⑤ 珍妮特·V·登哈特等：《新公共服务：服务，而不是掌舵》，中国人民大学出版社2004年版，译者前言，第3页。

⑥ 戴维·H·罗森布鲁姆等：《公共行政学：管理、政治和法律途径》，中国人民大学出版社2002年版，第214页。

（二）宪政主义的有关观点

一般认为，宪政主义在行政研究中的真正出现是在行政的公共性问题提上理论研讨议程之后的事情。"管理范式的一个清晰的影响是推动行政学者开始反思行政的'公共'真正意味着什么"①。具体地，早期行政实践与理论研究都侧重关注如何提高行政运行效率，效率成为其核心价值，也是唯一的终极目标。但是，随着行政部门及其活动日益深入地卷入社会政治决策过程，政治—行政二分法以及建立在其基础上的相关行政理论日益遭到否定与抛弃。很自然地，无论行政实践领域，还是理论研究过程，有关行政的本质问题就再不能像伦纳德·怀特所坚持的那样被行政研究所回避。在这一理论背景下，原先不曾引起关注的行政与私营管理的关系问题，尤其是二者的界限区分问题，成为从事行政研究的学者和行政实践人士不得不加以思考与澄清的焦点问题。

在20世纪50年代以后，宪政主义研究传统逐渐兴起，并且发展到今日有与管理主义并驾齐驱甚至取而代之的趋势。宪政主义传统，无论其具体主张如何，其内在逻辑存在明显的一致性。那就是，行政实践及其研究所追求的终极目标，并不仅仅限于效率价值，社会公平、程序正当等社会性或者宪政价值同样构成其价值追求。而且，相对于效率价值，其他价值类型属于更高层次的价值目标，效率目标只是第二位的、工具性的行政目标。有些学者甚至认为，就美国宪政体制而言，效率从来就不是这一宪政体制的核心价值追求，恰恰相反，"美国人民正是为了实现民主价值而付出低效率的高昂代价的"②。不过，关于行政与私营管理的区分，宪政主义理论也经历了一个较为明显的发展过程。具体地，早期宪政主义者主要运用行为主义结构—功能研究方法，从组织运行的过程机制角度探讨行政的特性所在。晚近学者则试图运用各种民主主义理论，乃至于构建所谓后现代主义行政学理论，以便探寻行政运行实践不同于私营管理的特殊运行实践属性。其中，罗尔、库珀等学者的行政伦理理论，以及登哈特的新公共服务理论都可以被视为后者的典型。至于新公共行政学理论，从其代表人物弗里德里克森标榜为新公共行政学的理论看来，由于强调组

---

① 尼古拉斯·亨利：《公共行政与公共事务》（第8版），中国人民大学出版社2002年版，第71页。

② 戴维·H·罗森布鲁姆等：《公共行政学：管理、政治和法律途径》，中国人民大学出版社2002年版，第31页；乔治·弗里德里克森：《公共行政的精神》，中国人民大学出版社2003年版，第299页。

织结构的健全与变更,可以视为早期代表的典型。而罗伯特·默顿的官僚制理论、诺顿·朗的行政权力理论以及赫伯特·考夫曼的相关理论更是早期宪政主义行政理论的主要代表。

总体上,宪政主义理论一般认为,尽管效率同样构成行政活动的运行目标之一,但是,公共性才是行政活动的灵魂所在。罗森布鲁姆认为:"对公共行政的任何定义均须强调行政之公共性特质。即使公共行政与私营部门的管理有许多相似点,但彼此在关键之处却存在很大的差异。"① 也就是说,行政与私营管理的区别是主要的。综合各方面观点,宪政主义学者的相关观点主要体现在以下几个方面。

首先,就目标而言,"企业与政府最大的不同在于,企业是利润驱动的,而政府则是在特定服务的固定预算和规定的绩效标准基础上运行的"②。也就是说,私营管理的目标是盈利,使私营利益的最大实现,而"就行政而言,其关切的焦点在于公共利益"③。

其次,就组织文化与驱动力而言,尽管在政府和私营企业中工作的个人都有广泛的信仰、价值观和经历,但是在行政与私营管理领域,存在这样一个连续统一体,它"把那些具有公民精神倾向的人放在一端,而把那些具有私益倾向的人放在另一端"。具体地,由于"具有公民精神倾向的人有更大的善或者公共利益的观念,而具有私益倾向的人对通过商务活动获得经济利益更感兴趣"④。也就是说,在宪政主义者看来,行政作为政府管理的重要领域之一,其组织文化的自然构成与组织内在驱动力应该是具有更大的善或者说公共利益倾向的公民精神。而私营管理部门则不然,占主流的是自利倾向,其内在驱动力则在于通过商务活动获得经济利益的自利主义。

再次,在组织对外运行机制——也就是组织主体与外界环境之间的互动机制方面,行政更加强调开放性,"政府工作要受到广泛的立法和司法监督,而

---

① 戴维·H·罗森布鲁姆等:《公共行政学:管理、政治和法律途径》,中国人民大学出版社2002年版,第14~15页。
② 乔治·弗里德里克森:《公共行政的精神》,中国人民大学出版社2003年版,第156页。
③ 戴维·H·罗森布鲁姆等:《公共行政学:管理、政治和法律途径》,中国人民大学出版社2002年版,第15页。
④ 乔治·弗里德里克森:《公共行政的精神》,中国人民大学出版社2003年版,第156页。

且还要受到新闻媒体的广泛关注"①。在宪政主义者看来，开放性既是行政系统性的体现，更是其民主性的内在要求。由于现代行政活动日益复杂，具有系统性，它必须与外界环境之间进行有序的交流，方能不断与环境之间进行维持系统存在所必需的各种信息与能源。同时，更为重要的是，现代行政民主化所要求的代表性、透明性以及回应力等公共价值要求的满足与实现，要求以一个更为开放的行政运行机制为必要前提。

最后，就内部运行机制而言，行政活动运行实践也与私营管理存在较大差异。在《公共行政的精神》一书中，弗里德里克森从政府采购、人事管理、监督机制与职责配置等方面较为简要地列举了二者在内在运行机制方面的差异。结合其他学者观点，宪政主义者认为，行政内部运行机制具有更强的规范化与制度化，而企业管理或说私营管理相对更具有弹性，主要体现为更为灵活的竞争机制的运用。其原因与这两类活动的目标与运行特性差异密切相关。

值得强调的是，在监控机制方面，宪政主义者认为，政府的监控机制主要目的在于控权，是通过严格的分权制衡体制加以实现的，其核心目标不是效率。宪政主义者一般相当认同美国联邦最高法院大法官路易斯·布兰代斯的名言："1787年宪法对三权分立原则的采用，其目的并非促进效率，而是防止专断权力之行使；其目的不是要消除摩擦，而是同时把政府权力分配给三个不同的部门这种方式所带来的不可避免的摩擦，真正使人民免于暴政之苦。"② 在宪政主义者看来，"政府对效率的考虑就必须从属于许多政治原则之下，包括代表性、责任与透明性等。效率原则同样需让位于某些法律考量，如正当程序等"③。另一方面，企业内部监管的核心目标则在于绩效的最优化，是要确保组织运行过程的有效率化，其终极目标就是赢利，"以赚钱为第一要务"。因此，其监管机制相当灵活，弹性管理、分权与组织结构扁平化等新型监管机制成为当今私营管理领域的主流。

由此可见，在宪政主义论者看来，从本质到运行机制等各个方面，行政都与私营管理存在着差异。不过，值得强调的是，与管理主义者基本一致的效率至上与所谓价值中立趋向相比较，宪政主义者并不排斥效率价值的重要性。只

---

① 乔治·弗里德里克森：《公共行政的精神》，中国人民大学出版社2003年版，第156页。

② 戴维·H·罗森布鲁姆等：《公共行政学：管理、政治和法律途径》，中国人民大学出版社2002年版，第31页。

③ 戴维·H·罗森布鲁姆等：《公共行政学：管理、政治和法律途径》，中国人民大学出版社2002年版，第8页。

不过，在他们看来，相对而言，效率价值只是行政所追求的众多价值之一，而且往往是更为次要的价值。

(三) 行政的界限与模糊化问题

就行政与私营管理的关系而言，宪政主义者与管理主义者在认识上存在根本性分歧。究其实质，在于二者对行政的价值定位不同。宪政主义者把行政视为一个复杂的社会政治—技术过程，其价值体系是一个复杂的层级价值体系。相应地，作为手段性价值的行政效率仅仅构成该体系较低层次的组成部分。另一方面，管理主义者则力图实现行政工具主义化，无论是政治—行政二分法，还是事实—价值二分法，以至于最近新公共管理主义的决策—执行二分法，就像格雷厄姆·T.奥尔森在其那篇著名的论文《公共事业和私营企业管理：它们在所有不重要的方面是否基本上是相同的》中所言："这种企图反映了一种为了使问题简单化而进行的一种共同探索，以便将带有利益的政见方面的争论放到一边（谁获得什么，在何时，如何获得），而将争论的范围进一步限制在如何更为有效地完成工作方面。"① 简言之，管理主义者力图将行政价值追求单一化，将宪政主义者视为手段性价值的效率视为终极目标。其实，管理主义者认为行政与私营管理具有同一性，主张建构所谓一般管理理论，其基本前提正在于此。所谓"管理就是管理，无论公共，还是私营"这类的论断，都是建立在这一前提基础上的。不过，除了强调技能一般通用性的所谓工具主义价值取向外，管理主义者大多认识到行政与私营管理在管理活动运行载体与动力机制上存在着根本性区别。被视为美国新管理主义圣经的《改革政府：企业精神如何改革着公营部门》一书就公开承认："政府和企业是根本不同的两种机构组织。"②

结合上述论点，行政与私营管理存在着较为明显的界限。在这方面较为科学的研究成果，目前公认较为系统的是美国学者斯坦利·I.本恩与杰拉德·F.高斯关于复杂结构理念的分析。他们主张从三个维度对社会生活的私人性与公共性进行区分：行为者、利益和可进入性。③ 结合其他理论观点，我们可

---

① 彭和平、竹立家：《国外公共行政理论精选》，中共中央党校出版社1997年版，第334~335页。
② 戴维·奥斯本等：《改革政府：企业精神如何改造着公营部门》，上海译文出版社1996年版，第21页。
③ 尼古拉斯·亨利：《公共行政与公共事务》（第8版），中国人民大学出版社2002年版，第71~72页。

以从以下几个方面对行政与私营管理进行更明确的区分：

（1）主体，或者说行为者。行政与私营管理都是一种社会活动，具有必然的主体性。即使是管理主义者，也不否认行政与私营管理的主体差异。关键在于，管理主义者在界定行政概念时，从认识论层次根本性地剔除了主体差异对两个不同概念进行界定时的影响。"管理就是管理"这句经典论断就是明证。然而，正如对政治—行政二分法以及对随后取而代之的事实—价值二分法乃至于行政决策—执行二分法的批判一样，是否有人能够真正否定"如何"这个问题能够充分地排斥"谁"这个问题的影响呢？答案是否定的。其实，宪政主义者在阐述二者的差异时一般也正是从主体及其结构的差异开始的。

（2）功能定位，或者说直接价值目标构成。对于私营管理者，其管理目标很简单，就是效率。如何实现以最小的投入取得最大的产出，是管理主义者公认的管理活动基本价值定位。但是，行政活动能否单一地以效率作为直接价值目标呢？很明显，随着行政活动的日益复杂化，行政主体及其行政活动日益加入各种公共管理价值实现过程。各国实践与理论研究逐渐证明，效率不是行政活动的唯一价值，甚至于不是根本价值，而只是手段性价值。当然，这并不否定效率仍然是行政活动的重要价值追求之一，有时候甚至成为关键性价值目标。

（3）盈利性。西方行政理论，无论是宪政主义，还是管理主义者，都否认行政组织与民争利的合法合理性。宪政主义者从根本上反对一个以权谋私的政权的合宪性。对于管理主义者，尤其是新管理主义者，似乎有人误认为，他们主张行政组织是可以乃至要盈利的。比如，或许有人会把奥斯本等人有关把利润动机转向公共部门使用的观点理解为行政部门也应该以盈利为动机和目标。这其实是一种误解。他们其实是主张在公共资源配置与使用过程中要有投资意识，最终目标在于确保公共资源的最有效利用，而不是允许行政主体运用公共资源谋取个体私利。因此，关键在于对盈利性的理解，是什么利益？若属于公共利益，则行政活动必然是要有盈利性的；反之，以权谋私，则是任何现代民主法制国家所不允许的。

（4）开放性，也可以称为公众性。从权力来源来看，现代行政权力源于民众，或者源于其代表组织。这就决定了行政活动必须以公众认同为归宿。与此不同，私营管理的权力源于董事会或者企业拥有者，私营管理活动以所有者的认同为归依。相应地，行政权力的运用必须公开、透明，能够确保民众通过各种途径了解、参与行政活动过程。私营管理过程相比较而言更为独立，一般也无需对普通公众开放，为了企业的利益甚至于享有法律保护的商业保密权利。因此，无论从权力来源或者说责任对象，还是从运行机制的开放程度上讲，行政相对于私营管理一般具有更强的开放性与公众性特征。

(5) 规范性。行政运行的是公共权力。历史证明，由于公共管理权力存在委托—代理关系，存在所有者缺位与委托者—代理人信息不对称现象，结果是，"不受制约的权力导致绝对的腐败"。公共权力的运行必须规范化，否则会导致权力的滥用。因此，严格的法律规范是行政权力得以有效运行的起码前提。与此不同，私营管理者虽然由于现代管理专业化的需要，与所有者之间往往也存在着委托—代理关系，存在着规范性问题。不过，由于现代企业管理制度的构建，除了同样确立了较为规范的权力运行机制之外，所有者与管理者之间往往通过各种薪酬制度构建起利益共担机制，在一定程度上减轻了委托—代理矛盾。相应地，就行政与私营管理的运行机制而言，私营管理更具有弹性，而行政则更具有规范性。

(6) 权威性。所谓权威性，就管理活动过程中的主体与客体之间的关系来说，是指主体对客体行为的约束力或者说客体对主体的遵从意愿。在行政活动过程中，管理者的权力源于严格的法律规范，无论是何种权力的运用，一般都是强制性、单方面的法律实施行为。在这种情况下，尽管存在确保权力合法合理行使的各种救济机制，主客体之间一般是非平等的、无偿性的强制性关系。相反，在私营管理过程中，管理主客体之间是一种契约关系，二者之间的法律地位是平等的，是一种权利义务对等的交易关系。客体的服从一般直接与他所取得的报酬相关。当然，这种区分不是绝对的。尤其是随着市场竞争机制的引入，在行政活动中，契约型或者类似契约化的主客体关系模式的引入成为一种至少在理论领域的主导型发展倾向。不过，相对于私营管理而言，行政活动中主客体之间的关系更具有权威性与强制性，主要表现为不平等性与直接无偿性，这一点应该是现代管理领域的基本常识之一。

上述这些用以区分行政与私营管理活动的标尺，反映的其实是管理活动的不同维度。这些区分都只是相对的。其实，很多学者认为，各种管理活动可以认为是构成了一个管理行为连续体，在所有这些维度上，行政与私营管理构成这一连续体的不同位置。由于实践中二者往往具有较为醒目的差异，一般可以视为处于连续体的两端。但是，这种差异的程度是动态的。比如，就规范性而言，随着现代企业制度的构建，私营管理活动日益呈现出规范化特色；另一方面，在法制化过程中的行政系统中，规范化特征甚至于可能并不明显，而现代西方国家所谓放松管制运动也使得弹性化成为行政运行机制追求的革新方向之一。

推行公共行政市场化是20世纪后20年间西方各国行政改革的一个重要发展导向。这主要包括新西兰的民营化改革运动、英国标榜行政决策与执行相分离的"下一步行动"、美国的"重塑政府运动",等等。所谓公共行政市场化,或称为公共管理市场化,是指通过政府与社会之间的合作,利用竞争机制调动社会资源参与公共服务的生产与供给过程,实现以较少资源与较低成本来实现提供数量更多、质量更高的公共服务之目的。这主要有两方面的内容:一是在政府的公共事务管理方面,尤其是各种公共产品的供给管理方面,通过民营化、BOT方式(Building—operating—transfering)和供给主体多元化等措施,引入社会主体与资源参与原本由政府直接生产与供给的公共产品的生产与供给过程,以实现公共产品的更有效并且是更多的供应。在这一过程中,政府仍然担负着公共产品的最终供给责任,但其直接生产与供给过程则尽可能实现市场化。二是行政机关内部事务管理方面,主要是通过改革传统行政机关内部僵化的层级节制与财政、人事、政府采购等规制体制,引入建立在利益诱导机制基础之上的内部竞争机制,以便构建更具弹性的激励管理机制,促成内部管理效率的提高。

这一改革运动主要发生于对政府能力的不信任氛围与相关理论指导之下,力主引入企业化管理机制,实现行政的企业化。改革的主流理论主张恰恰是所谓新管理主义理论。在改革实践中,许多行政工作越来越多的是靠为数众多的私人团体和个人协作来完成,各种传统上属于私营管理领域的管理理念、方法与机制不断地被行政部门吸纳和运用。其结果是,无论是在主流理念,还是在政府运行实践中,"私营"与"公共"的界限正变得日益模糊不清。这正是管理主义思潮得以蓬勃发展的理论与实践根源,反过来又为行政与私营管理界限的模糊化趋势提供了基本动力。必须指出的是,公共行政市场化在西方国家的兴起,只是这些国家行政机关及其官僚制组织体制在近一个世纪的扩张性发展之后的反思性改进行径。事实上,这一改革路径近年来已经在理论上受到了越来越多的质疑,在实践上也几近于停滞。更为重要的是,在广大发展中国家,由于有着与西方国家根本性差异的行政发展背景,与其社会发展相类似,其行政往往还处于法制化与现代化过程之中,有着与西方国家行政完全不同的发展主题。因此,西方国家主流的行政改革理论能否适用本身就是一个值得研究的课题。相应地,在这些国家,行政与私营管理之间界限应该存在很大不同的演化趋势。

三、行政、立法与司法行为

作为国家基本职能行为，行政、立法与司法行为，可以说是自从国家与政府产生以来，就是一种历史事实。在中国上古时期，比如早在《尚书·舜典》中，就有了专事不同治理职能的官员分工以及这些职能内容的记载，其中设有专事各种行政与刑政（司法）职能的官员。在西方，古希腊亚里士多德的《政治学》一书中就有关于希腊城邦政府审议、执行与审判三种功能类型的记载。其实，打个比方，如果把国家治理行为看作是一种完整的人类理性行为，则决策、执行是必然的组成部分。从理论上推理，任何政府治理，尽管称呼或内容有所差异，但都应该包含相类似的功能及其行为构成。

在近代国家产生之前的漫长人类国家发展史中，行政、立法与司法职能及其行为表现之间的区分主要是表现在理念上的。原因在于：其一，在古代社会，独裁制构成了绝对主导的地位，国家治理权力从根本上是统率于少数乃至于单一独裁者个人的，典型的是古代中国、埃及、巴比伦以及罗马等帝国的中央君主集权制体制中，君主集所有国家统治权力于一身。其二，古代国家治理或许在有些民族或者国家有了一定的分工趋势，但却几乎都没有实现专业化。在这种情况下，尽管有些国家甚至出现了专门从事某种职能的政府机构，比如中国古代的三省六部制中央政府体制，三省之间就有立法与执法之分，而六部之间也有专司行政与司法的不同职能部门，但是，总体说来，在漫长的人类社会古代类型国家治理发展史上，还没有出现现代意义的行政、立法与司法职能的区分。现代意义的行政、立法与司法等政府职能行为的明确区分是世界各国政府治理体系民主化与专业化发展趋势的产物。一方面，治理体系民主化发展要求实现政府治理的必要分权，以防止过于集中的政府治理权力形成对人民的暴政。历史证明，过于集中的权力，不论其有何等优势，对于人民民主总是一种威胁。事实上，建立在行政、立法与司法权力相分立基础之上的当今世界主流分权制衡政府体制正是几百年人民民主运动历史较为普遍的结果与选择。另一方面，现代政府治理体系的专业化发展趋势则是明确三种职能之间界限的理性化基础。原因在于：由于行政、立法、司法，仅从职能行为的内在特性出发，由于有着各自不同的运行机理、行为模式与职业要求，自然会从合理化角度提出了专业分化分工的内在要求。

在当今主要国家，主要是自20世纪展开的大工业化与现代化运动以来，随着政府职能活动的不断复杂化与技能化，以技能为核心的官僚制组织——行政部门在各国政府体系中的地位以及自身规模不断膨胀，以行政部门职能规模、组织规模以及人员队伍规模不断扩张为特征的所谓行政国家得以兴起，结果是行政活动不断摆脱仅仅局限于政策与法律技能性执行活动的传统行政理念与职能界限。一方面，行政部门不断加入国家立法领域，成为各国事实上最大份额国家法制规章的制定者，以及几乎所有立法活动的主要参与者。行政主体与立法主体之间的职能界限日益模糊；另一方面，各国立法机关、司法机关也不断通过各种途径渗透进传统的行政领域，使得行政活动成为各种传统的立法与司法价值的履行者与承担者。因此，通过研究，罗森布鲁姆等人甚至认为，效率这一传统上被认为是行政活动核心的价值"就必须从属于许多政治原则之下，包括代表性、责任与透明性等。效率原则同样需让位于某些法律考量，如正当程序等"①。也就是说，行政行为日益与立法、司法等其他政府行为相互渗透、融合。这既使得行政既复杂又更开放，也使得其与立法、司法等政府行为之间的界限趋向模糊。

由此可见，行政与立法、司法等国家治理行为的界限关系并不是一成不变的，这些不同维度的界限在各国行政职能行为发展的不同历史时期和不同情境下，呈现出不同的界限特征，包括界限的可渗透性与相对稳定性。因此，使这一界限明确化，构成各国行政发展必须不断加以解决的实践难题，也成为行政学研究领域必须不断重新面对的一个基本课题。

第三节 公共利益与行政的目标导向

德怀特·沃尔多曾经指出，在给行政下一个正式定义之后，我们又面临这样一个问题：什么是"公共"行政？"公共"（public）这一修饰词表示什么特征？公共行政怎样区别于一般行政，种（the species）怎样区别于属（the genus）？② 罗森布鲁姆认为，行政与私营部门管理的核心区别在于：政府有义务增进社会的公共利益。用他的话来说，即使社会大众对于公共利益的具体内容不断有争议，但是其作为行政的职责所在和行动指南，却是毋庸置疑的。不过，公共利益的基本内涵应该如何理解？行政行为的目标定位究竟何在？这些问题既构成行政学研究必须加以解决的哲学性命题，也是有效把握行政这一核

---

① 戴维·H·罗森布鲁姆等：《公共行政学：管理、政治和法律途径》，中国人民大学出版社2002年版，第8页。

② Waldo, Dwight, *The Study of Public Administration*, New York: Random House, INC., 1955. p. 8.

心概念的基本要求。事实上，自从有文字记载以来，关于公共利益的争议就贯穿始终，不同历史时期，不同视角，人们提出的具体界定方式以及内容有着较大的差异。弄清楚行政领域有关公共利益概念的各种理解是我们解决上述问题的基本理论前提。根据这些界定出发点与视角的差异，可以把有关界定基本划分为管理主义和宪政主义两类，还有一些则可以纳入综合类型。

一、管理主义公共利益观

管理主义公共利益观是行政学界的主流观点。这类观点把行政视为达成目标的一种资源管理机制，是不论主体性的一种社会行为，因此，公共利益的实现不是或者不构成行政领域的直接行动目标。相对于管理效率、效益与效能（通称为"三E"）等工具性目的而言，公共利益要么不在行政学研究范围之内，要么被视为行政直接目标有效实现之后的间接后果。其中，工具性目标构成直接目的，占主导地位。不过，由于具体侧重点不同，管理主义公共利益观在不同时期有着不同的理论形态，主要包括传统管理主义与新管理主义两种。

（一）传统管理主义的公共利益观

传统管理主义公共利益观是20世纪60年代以前主流的行政学基础理论。由于所持有的科学主义或者说实证主义基本分析模式，这段时期的理论总体上坚持所谓价值中立原则。由于具体理论形态有着较大区别，有些学者甚至把这些理论划分为传统科学主义与行为主义两个界限分明的时期。但是，就公共利益观而言，由于所持有的分析模式基本都是实证主义，其理论主张实质上差别不大，这个时期的主流理论都把公共利益视为价值问题，排斥于行政学研究之外。

20世纪30年代之前，也就是行政学形成时期，传统科学主义思维的影响占据主导地位。在这一基本方法论的影响之下，行政学得以形成的理论基石就是政治—行政二分法。这一理论较早由伍德罗·威尔逊提出。在威尔逊看来，"行政的领域是一种事务性的领域，它与政治领域的那种混乱和冲突相距甚远"，为此，"经由研究，我们能够给予民主政治以充分的荣誉，即基于大多数人意志基础之上的政策架构，民主政治通过辩论方式对所有影响公共利益的重大政策问题做出决定；但是对于一切政府，我们却只能找到唯一一种实现良好行政的规则"[1]。威尔逊强调，这种行政观并不会影响公共利益的实现。原

---

[1] Jay M. Shafritz, et al., *Classics of Public Administration*, 中国人民大学出版社2004年影印版，第20~24页。

因在于，影响公共利益的政策"它不会是出自常任文官的创造，而是直接并且必然要对公共舆论负责的政治家的杰作"①。也就是说，根据政治—行政二分法的基本理论假设，公共利益这一价值问题属于政治问题，"权衡事实、审查议题并最终为价值目标的实现抉择系列行动方案，这些都被视为政治的功能"②。相应地，持二分法观念的行政学者不承认行政及其研究存在包括公共利益在内的价值问题，因为它在概念界定中就已经被排除在行政之外。

从20世纪30年代起，西蒙以"管理就是决策"这一著名论断结束了行政就是国家意志执行的传统二分法论断。更为重要的是，他还从社会学中引入了基于另一种形式的二分法观点——事实—价值二分法的重要方法论，即逻辑实证主义，从而使得行政学研究的哲学基础发生了重大转变。根据这一理论体系，行政过程是应用性而不是纯粹科学性的实践过程，其中，价值与事实、政治与行政都不可避免地融为一体。不过，在对事实问题与价值问题进行明确区分之后，这一理论基础仍然认为："价值领域是偏好、道德或者伦理的领域。道德与伦理命题的最显著特征就是它们不可能被经验所证实。"③ 西蒙认为："人类社会生活资料是适合于以与物理学和生物学相同的方式进行科学研究的，只要我们能小心的区分'实然'（is）与'应然'（ought），并与科学家们一样把研究的注意力限定在前者方面。"④ 也就是说，西蒙认为科学研究的对象只能是事实问题；至于行政过程中的价值问题，西蒙的观点与做法似乎都跟早期行政学者一样——不予考虑。相类似地，属于价值范畴的公共利益问题也就被排除在行政学研究之外。

值得指出的是，与早期行政学者类似，西蒙等学者的这种公共利益观是由于事实—价值这一新形式的二分法科学方法论所决定的。公共利益本身的存在与否，属于价值问题，这并非科学主义行政研究的可能课题，自然也就不在其研究范围之内。但是，在社会政治领域，甚至在行政实践中，传统管理主义者一般并未直接否认公共利益问题的存在。比如，威尔逊就曾多次提出过"公

---

① 转引自珍尼特·V·登哈特等《新公共服务：服务，而不是掌舵》，中国人民大学出版社2004年版，第72页。

② Waldo, Dwight, *The Study of Public Administration*, New York: Random House, INC.. 1955, pp. 60-61.

③ Waldo, Dwight, *The Study of Public Administration*, New York: Random House, INC.. 1955, p. 44.

④ 转引自 Waldo, Dwight, *The Study of Public Administration*, New York: Random House, INC.. 1955, p. 44.

益"(public weal)这个具有强烈功利主义色彩的概念。西蒙更是明确指出，作为其理论分析最基本单位的概念所对应的现实——"决策既有事实成分，又有伦理（价值）成分"，而"政策制定过程则必须以某个'取定'的伦理（价值）前提为起点。这个伦理（价值）前提表述了所研究的组织的目标"①。也就是说，西蒙认为，行政实践不仅包含了价值内涵，而且还必须以特定价值前提作为目标所在；而决策过程科学研究的目的正在于这一过程中的事实部分，主要在于判断为实现特定价值目标所采取的措施是否恰当。而且，作为西蒙所谓有限理性理念基础的组织理性概念所参照的终极目标体系正是所谓社会价值，"指的是较大的组织或社会结构的目标；确切地说，指的是较大的组织或社会结构相对于其组成部分的'组织目标'而言的目标"②。这一概念是西蒙用以考察特定政策社会后果的价值标准。用他的话来说，"一项政策如果与一般的社会价值标准相吻合，如果从社会角度看是可取的，那么，它就是'正确的'"③。毋庸置疑，这一社会价值类似于功利主义公共利益的概念。

由此可见，传统管理主义者尽管从方法论层面把公共利益问题从行政学研究领域给排除出去，但从理念上讲，他们普遍把行政视为公共利益得以实现的一种手段，把公共利益视为行政的终极目标，但不是直接目标。其内在逻辑在于，公共利益的确定是个价值判断问题，"使价值判断得以成立的程序，是民主机构证明自己有必要存在的主要理由。然而，用于价值判断的'科学'方法或'专门'技巧，是根本不存在的"④。威尔逊把它归之于民选官员，而西蒙则归之于民主机构。而行政及其研究则研究在公共利益得以确定并且成为政治机构制定的政策目标之后，经由何种途径或手段才能最有效率地加以实现这一基本课题。

（二）新管理主义的公共利益观

20世纪60年代以后，在吸纳私营管理，尤其是经济学领域的一些理论观点之后，管理主义思潮又以新管理主义的面目占据西方行政学界的主导地位。如果说传统管理主义主要是由于方法论的制约而把公共利益问题排斥出行政研究领域，新管理主义的最显著特征则在于否定了公共利益在行政实践中的实际

---

① 西蒙：《管理行为》，北京经济学院出版社1991年版，第45~49页。
② 西蒙：《管理行为》，北京经济学院出版社1991年版，第194页。
③ 西蒙：《管理行为》，北京经济学院出版社1991年版，第193页。
④ 西蒙：《管理行为》，北京经济学院出版社1991年版，第56页。

存在，其极端形式就是所谓公共利益废止论。

公共选择理论一般被视为新管理主义理论的基石。它建立在古典自由主义，尤其是亚当·斯密等18世纪古典经济学家所提出的基本理论假设基础之上。用领军人物詹姆斯·布坎南的话来说，"他们的伟大发现是：只要有适当的法律与制度的框架，个人追逐他们自己利益的行动可以无意识地产生有利于整个'社会'利益的结果"①。遵循这一理论传统，布坎南认为，尽管利他主义常常进入公共审议过程之中，但是政治机构的设计目的是要最大限度地降低机构依赖利他主义的程度。其内在逻辑是，"使用或多或少自然地扩大交换经济学的方法，经济学家便能按照交换范例来观察政治和政治过程。只要集体行动以个人决策者作为基本单位的模式进行，只要这样的集体行动基本上被想象为反映了一个适当的人们社团全体成员之间的复杂交换或协议，这种行动或行为或选择可以很容易地列入经济学的范畴"。简言之，"公共选择是政治上的观点"，"它从经济学家的工具和方法大量应用于集体或非市场决策而产生"②。在这个过程中，"个人必须承认，利益（价值，喜爱）是个别地获得的，是由私人持有的"③，或者说，"对选择对象的估价和喜爱依旧是参加交易个人内部的事情，没有出现向超越内部估价而存在的某种东西辐集的现象"④。而且，"在这样的过程，个人投身于社会相互作用以图推进他们自己的目标（不管目标是什么）。在参与社会活动的个人的目标或目的以外不存在别的目标或目的。在正确理解的公共选择观点中，根本没有'社会目的'、'国家目标'、或'社会福利机能'诸如此类的东西"⑤。

由此可见，所谓公共选择，其实就是对政治过程进行经济学理解而得出的基本概念；而公共选择理论则是运用古典经济学的交换范例与经济人假设对政治现象和政治过程进行分析而形成的一种理论框架。根据这一理论，"政治必

---

① 詹姆斯·M·布坎南：《自由、市场和国家：20世纪80年代的政治经济学》，北京经济学院出版社1988年版，第23~24页。
② 詹姆斯·M·布坎南：《自由、市场和国家：20世纪80年代的政治经济学》，北京经济学院出版社1988年版，第18~20页。
③ 詹姆斯·M·布坎南：《自由、市场和国家：20世纪80年代的政治经济学》，北京经济学院出版社1988年版，第47页。
④ 詹姆斯·M·布坎南：《自由、市场和国家：20世纪80年代的政治经济学》，北京经济学院出版社1988年版，第53页。
⑤ 詹姆斯·M·布坎南：《自由、市场和国家：20世纪80年代的政治经济学》，北京经济学院出版社1988年版，第88页。

然被说成是这样一个过程,在这个过程中,具有各自的和潜在的不同利益和价值的个人,为了获得对合作努力的各自估价的利益而相互作用"①。其中,"在政治上寻找到的东西不是也不可能是独立于组成政治社会的个人价值而存在的东西。政治的目的是推进或达到个别地参与集体事业的个人的分散的目的。"② 总之,布坎南认为在政治过程中,由于政治主体——公务人的行为特性,不可能追求种种独立于或超越个人利益而存在的公共利益。如此一来,在公共选择研究中,公共利益概念既不相关,又由于缺乏现实的对应存在而难以界定。正因为如此,公共选择理论往往被认为是公共利益废止论者。③

值得指出的是,布坎南并没有绝然否定现实中公共利益一类概念的存在及其必要性。他指出:"尽管个人选择是私人性的,然而全体个人的行动的确会产生可以称为'社会效果'、'资源配置'、'收入分配'的那种作用。此种总体效果不是任何人选择和挑选的,它是从分散的私人进行的选择中自发出现的,并没有任何人对选择的总体效果给予有意识的注意。"④ 其实,这正是斯密社会利益观在公共选择理论中的传承与发展。根据这种理论,尽管社会交易过程中的主体追求的是各自个人利益的最大化——"他通常既不打算促进公共的利益,也不知道他自己是在什么程度上促进那种利益",但是,在合适的制度安排——自由竞争的市场交易制度这只"看不见的手"的约束下,"在这场合,像在其他许多场合一样,他受着一支看不见的手的指导,去尽力达到一个并非他本意想要达到的目的……他追求自己的利益,往往使他能比在真正出于本意的情况下更有效地促进社会的利益"。或者说,"各个人都不断地努力为他自己所能支配的资本找到最有利的用途。固然,他所考虑的不是社会的利益,而是他自身的利益,但他对自身利益的研究自然会或毋宁说必然会引导他选定最有利于社会的用途"⑤。因此,实际上,公共选择理论并不必然排斥公

---

① 詹姆斯·M·布坎南:《自由、市场和国家:20世纪80年代的政治经济学》,北京经济学院出版社1988年版,第243页。
② 詹姆斯·M·布坎南:《自由、市场和国家:20世纪80年代的政治经济学》,北京经济学院出版社1988年版,第255页。
③ 珍尼特·V·登哈特等:《新公共服务:服务,而不是掌舵》,中国人民大学出版社2004年版,第74页。
④ 詹姆斯·M·布坎南:《自由、市场和国家:20世纪80年代的政治经济学》,北京经济学院出版社1988年版,第240页。
⑤ 亚当·斯密:《国民财富是性质和原因研究》下卷,商务印书馆2002年版,第25~27页。

共利益概念的存在。只不过，根据其自身理论逻辑，公共利益概念没有存在价值。

新管理主义公共利益观受到越来越多的批评。首先，许多学者认为，公共选择理论所持有的公共利益观作为一种描述性理论，并不完全准确，因为它并没有注意到或者无法否认，"一大批政府官员、利益集体和公务员都在竭尽全力促使他们心目中的公共利益的最大化"①。其次，这种公共利益观所依赖的公务人员观念具有极大的危害性。以将公共选择相关理论引入官僚体制和行政领域而著名的美国学者唐斯认为，官僚行为的唯一动机"就是为了从担任公职中得到收入、声望和权力；这样，在我们的模式中，政客从来就不把公职视为执行政策的手段；他们唯一的目标就是从担任公职中得到好处。他们把政策纯粹视为实现私人目的的手段，而他们只有当选上了官员，这些目的才能实现"②。这种官僚形象，无论描述性的还是规范性的，都会对公务行为造成严重的伤害。毫无疑问，这种对个人追逐自我利益的动机予以肯定并承认其合法性的理念认知很有可能成为公共官员不道德行为的重要起因。弗里德里克森的研究指出："在一个组织中，当占优势地位的人数是从公民精神倾向的人转向具有利益倾向的人时，腐败和不道德的行为有增加的倾向。"③ 更为重要的是，人民对政府官员的动机和行为所持有的信念，极大地影响着他们对政府的支持程度，影响着他们遵纪守法的意愿。弗莱希曼认为："如果人们确信民选的或者任命的公共官员所关心的并非选民们的利益，而是这些官员的自我利益的话，再也没有任何一种事情，如判断的失误、浪费、低效、高税率、过度的管制、甚至战争的伤亡，会比这种信念更能动摇代议制政府的根基。如果选民长时间普遍持有这样的信念，那么，公众不仅会对从事治理的官员失去信任，而且会对整个政府本身失去信任。"④ 一旦人民对政府失去了信任，就会对政策与法令的执行持不合作态度，甚至导致官民对抗的严重局面。最后，这种公共

---

① 乔治·弗里德里克森：《公共行政的精神》，中国人民大学出版社 2003 年版，第 32 页。

② 转引自乔治·弗里德里克森《公共行政的精神》，中国人民大学出版社 2003 年版，第 32 页。

③ 乔治·弗里德里克森：《公共行政的精神》，中国人民大学出版社 2003 年版，第 157 页。

④ Fleishman, J. "Self-Interest and Political Integrity." In J. Fleishman, L. Liebman, and M. H. Moore (eds.), *Public Duties: The Moral Obligations of Government Officials*. Cambridge, Mass.: Harvard University Press, 1981, p. 58.

利益观严重忽视了弱势群体的利益要求。公共选择理论强调自由选择的价值，然而，这种形式上的自由对于社会弱势群体而言是毫无意义的。市场会淘汰弱者，无法拥有市场资源的社会弱势群体的利益在公共选择过程中将无法得以保障。弗里德里克森有点诙谐地说："的确，公共选择的观点只适用于一些精英人士，如果你拥有资源，你就可以做出'公共选择'……可是如果你没有资源，你想做出这种选择，连门儿都没有。"①

一般认为，公共选择理论模式，以及旨在促成公共机构效率与经济化的各种决策理论分析模式，其有关公共利益的观点本质上都可以纳入功利主义公共利益观这一范畴。前面也曾提到，传统管理主义者所持有的公共利益观其实也是功利主义的。因此，管理主义公共利益观基本都可以视为功利主义公共利益观在行政领域的具体体现。社会学家边沁曾以社会利益的概念形式对公共利益作出了代表性的功利主义界定。他指出："社会是一个虚构的组织，它是由被看作是社会成员的个人所组成的。社会的利益为何物？它是组成社会的个体成员的利益的总和。"② 这种理解把社会或者公共利益视为个人利益的简单累加。这种观点认为，如果行政行为能够增加社会福利的净损益，而社会福利又囊括了所有社会个体的话，那么这种行为就代表了公共利益。换句话说，如果行政使社会每个人的生活都稍有改善，甚或是一些个体，无论社会地位如何，由于该行政行为而使得其福利有轻微恶化，只要社会总福利净损益为正，仍然是合乎公共利益的。③ 简言之，功利主义要求把这种简单累加式的社会整体利益放在首要的位置，而不顾社会上特定成员乃至于最穷困群体成员的后果。实际上，正如弗里德里克森所指出的，典型功利主义观点追求的是个人的利益、自我快乐和幸福，它并不特别关注社会的价值和观念，诸如伦理、更大的善或公共利益的可能性。④

---

① 乔治·弗里德里克森：《公共行政的精神》，中国人民大学出版社 2003 年版，第 33 页。

② Bentham, *The Principles of Morals and Legislation*. Riverside, N.J.: Hafner Press, 1948, p.3.

③ 尼古拉斯·亨利：《公共行政与公共事务》（第 8 版），中国人民大学出版社 2002 年版，第 703 页。

④ 乔治·弗里德里克森：《公共行政的精神》，中国人民大学出版社 2003 年版，第 31 页。

二、宪政主义公共利益观

所谓宪政主义公共利益观，也就是从行政主体——政府作为一种宪政主体角度来论证其运行过程中公共利益问题的存在及其影响的一种行政理论主张。这类观点的普遍共性在于，它们都承认行政是政治利益、从而也是公共利益实现过程中的一种重要角色与运行机制。不过，这类理论的共性或许也就仅仅表现在这一点上，它们之间的差异则五花八门。一般来说，根据出发点不同，我们可以把这类观点大致划分为描述性的与规范性的两类。

（一）描述性的宪政主义公共利益观

所谓描述性宪政主义公共利益观，主要是指这样一类理论，其研究的出发点是描述性的，也就是要解决"是什么"的问题。通过研究，这类理论把公共利益问题的存在视为对行政运行实践的一种客观描述，认为行政实践活动中确实存在公共利益现象。这类观点主要表现为政治多元主义公共利益观及其在行政研究中的体现。

政治多元主义认为，公共利益是政治利益集团通过政府与政治过程进行相互作用的结果，是妥协的产物。多元主义认为，社会个体利益并非一致的，而是多元互异的；然而，当代国家政治过程普遍的公民直接参与既不现实，也不可行，公民个体利益往往不能直接通过公共权力过程得以实现。在政策过程中代表和保护公民利益的最佳媒介不是个别的公民或者作为一个整体的人民，而是利益集团。所谓公共利益，就是追求各种不同个体利益的利益集团之间相互作用过程的结果。根据这个观点，公共利益就是通过一种允许个体利益得以聚集、协调和妥协的特定过程得以实现的。由此，这种公共利益观认为，这种互动过程得以发生的组织和程序才是关键所在，公共利益的内容并没有实现公共利益的方式重要。

政治多元主义理论在行政学领域的体现主要是行政组织代表性角色理论。诺顿·朗较早提出了行政体系中的政治代表性问题。[①] 在他看来，由于美国宪政体制的限制，行政组织的生存利益与利益集体的利益要求相结合，"官僚机构被所有利益集体视为寻找代表的一种主要渠道"。事实上，朗认为："（美国）总统的任务在于找出与保持和促进集团支持相一致可供选择的政策方案，

---

① 彭和平、竹立家：《国外公共行政理论精选》，中共中央党校出版社1997年版，第167~180页。

行政就是靠这种支持来维持的。"在这种情形之下,行政过程就是一种行政机构与各种利益集体之间互动的政治过程,"(行政机构)他们一方面在领导,另一方面又在很大程度上受着不同的集体的支配,就是这些集体的影响维持着它们"。而且,在这一过程中,由于利益多元,"构成支配地位的多数派的各个相互冲突组织之间的广泛联盟,很少能够就任何明确的目标取得一致",结果使得"行政机构通过一个总的目标并按照其规定的任务和重点达到的一体化,是一种在非常时刻(才能)出现的现象",而"在正常时期,我们这个多元化的社会中的多种多样的压力,是根据国会中和各种政府机构占优势的各种力量的平衡发生作用的"。在这种情况下,很显然,所谓公共利益或者说一体化的总的目标,只是占优势的利益集团意志的体现罢了。

本质上,多元主义公共利益观是个人主义的。多元论的一个基本假定是,公民将会被利益集团或是政党正确地加以代表。然而,事实表明,利益集团并没有真正充分地对全部公民的偏好、态度和需求作出反应。特别是对于那些在经济上和政治上处于弱势的群体,他们的偏好几乎得不到有效的表达。行政领域的"铁三角"理论正是对行政过程中利益集团与立法及行政机构之间互动关系的一种理论分析与描述。根据这种理论的描述,行政机构成为不同利益集团在政府中的利益代言人,从而至少在一些范围狭窄、较为特殊的问题上造成了"政府的分裂"。希尔斯曼甚至认为,由利益集团控制的"默契的小三角",就是一些自我管理的政府。① 而特鲁迪·米勒则认为,就公务员遵循着这种多元论的政治观而言,他们实际上对于破坏和腐蚀自由的民主政体起到了促进作用。原因在于,多元论模式的优势支配地位使得"共同的公共利益观变得没有意义和不重要而'颠覆了'自由的民主政体,并且它否定了构成民主政体制基础的价值观"②。简言之,按照多元论的观点,民主政体关注特殊利益集团的相互作用,但是却不关注或承认共同的公共利益观。由此,在多元论模式中的政府"并不关注公民集体认为他们所需要的东西"。它代表的是特殊利益集团获胜联盟的意志。

对行政过程中的利益多元互动现象提出更为系统研究成果的是詹姆斯·威尔逊。在《美国官僚政治》一书中,威尔逊较为系统地研究了行政行为中的

---

① 希尔斯曼:《美国是如何治理的》,商务印书馆1986年版,第325页。
② Trudi Miller, "The Operation of Democratic Institutions", Public Administration Review, 1989, 49 (6): 511-21. p. 511.

利益动因，尤其是有关利益集团与官僚机构的互动机制①。不过，在他的研究中，利益集团仅仅是影响行政行为的诸多因素之一。他的结论是，利益集团对政府机构的影响程度不仅要受诸多政治环境因素的制约，而且，"一旦众多政治观察家确认政府机构受到私人利益集体的控制，政治制度就会随之变化，从而为这种控制设置障碍"。他最后指出，"政府机构并不是台球，它不会被势力和利益集团影响的冲力推近或推远"。无论如何，他的研究对于单纯强调利益集团影响的多元主义论调是一种有力的批判。

（二）规范性的宪政主义公共利益观

规范性宪政主义公共利益观认为，在行政过程中存在着公共利益现象，而且公务人员的行政行为还要受到这种特殊利益形态的指导与制约。简言之，公共利益就是一个行政行为的道德与伦理标准，对行政行为具有规范作用。

在行政学研究历史中，美国行政学者彭德尔顿·赫林较早从规范角度研究公共利益问题。在1936年出版的《行政与公共利益》一书中，从美国政治现实出发，赫林认为："公共利益就是指导行政官员执法时的标准。"② 在他看来，"在民主制度下，公共利益所基于的不是一个阶级的福利而是许多团体利益的妥协。我们能够实现不同社会力量和不同经济力量的平衡"③。因此，公共利益"这是一个词语性的符号，目的在于把统一、秩序和客观性引入到行政之中"④。赫林认为："主张把公共利益作为标准或许是提出了一个不可量物。它的价值是心理性的，并且没有超出每一个有责任心的行政官员独立地位在这个概念中所感到的意义。在按照这个主观概念并在法令权限规定的范围内行事时，官僚从其面临的各种特殊利益中进行综合性的选择并正式批准这种选择结果。"⑤ 也就是说，行政官员所依赖的公共利益标准的具体内容其实是由

---

① 詹姆斯·Q·威尔逊：《美国官僚政治：政府机构的行为及其动因》，中国社会科学出版社1995年版，第97~109页。
② 彭和平、竹立家：《国外公共行政理论精选》，中共中央党校出版社1997年版，第58页。
③ 转引自珍尼特·V·登哈特等《新公共服务：服务，而不是掌舵》，中国人民大学出版社2004年版，第66页。
④ 彭和平、竹立家：《国外公共行政理论精选》，中共中央党校出版社1997年版，第58页。
⑤ 彭和平、竹立家：《国外公共行政理论精选》，中共中央党校出版社1997年版，第58页。

行政官员主观认定的，是有责任心的行政官员的一种内在的、主观的标准。不过，登哈特认为，在赫林的公共利益理念中，"行政官员的角色明显地是一种被动的角色"，因为"赫林是把行政官员描述成为当利益集团之间的冲突导致一种不明确的后果或者好像排除了某些重要利益集团时的最后手段——'控制器'"①。简言之，在赫林看来，公共利益其实是在面对特殊利益冲突时，为了履行自身道德与法律义务，行政官员被迫主观确定其基本内涵与意义的一种行为标准。

新公共行政学派以及随后兴起的行政伦理学都对传统行政理论进行了猛烈的抨击。他们认为，这些理论不仅存在着基本理论上的严重缺陷，而且忽视了处于弱势地位穷人的利益与价值要求，并实际上追求不平等政府体制的永久化。为此，新公共行政学派呼吁行政研究应该"切合实际，追求社会公正，建立起行政人员新的道德规范"②。弗里德里克森指出："行政者不是中性的。应责成他们承担起责任，把出色的管理和社会公平作为社会准则、需要完成的事情或者基本原理。"③这一理论力图说明，行政官员"要不断地努力与民选的代表和公民一起去发现和明确表达一种大众的利益或共同的利益并且促使政府去追求那种利益"④。类似地，行政伦理学认为，官僚们是以人民的名义进行治理的，要承担根据人民的价值要求进行治理的伦理义务。与新公共行政学不同的是，行政伦理学的研究侧重点主要"集中在组织内部的行政人员的行为上"⑤，其目的在于通过对明确的、具体的行政事务中的职业责任的界定，创立实用的行政伦理学理论，最终促成行政人员遵循"一直存在于公民的传统伦理习惯中"的行政制度伦理。其代表人物库珀认为："该传统的核心概念是：强调公众利益、公民参与的重要性和最终的民治。行政人员就是要将民主

---

① 珍尼特·V·登哈特等：《新公共服务：服务，而不是掌舵》，中国人民大学出版社2004年版，第73页。

② Keith M. Henderson, *The Study of Public Administration*. Boston: University Press of America, Inc., 1983, p. 42.

③ 彭和平、竹立家：《国外公共行政理论精选》，中共中央党校出版社1997年版，第301页。

④ 珍尼特·V·登哈特等：《新公共服务：服务，而不是掌舵》，中国人民大学出版社2004年版，第79页。

⑤ 特里·L·库珀：《行政伦理学：实现行政责任的途径》，中国人民大学出版社2001年版，第86页。

社会公民的这些伦理标准作为自己的伦理标准。"① 而罗尔则主张："我们的目标是要确保官僚们对美国人民的价值具有回应性"，主要是对体现在公法中的所谓政体价值负责。② 因此，行政伦理学强调的是对不同形态的公共利益——人民的价值或政体价值的遵从。

总体上，新公共行政学与行政伦理学都强调公共利益的实现与研究，而且它们对公共利益的理解普遍强调其主观性。新公共行政学坚持行政人员需要作出回应的"人民的价值"不是事先规定好的，而是以自己的价值观所"预期的东西"，是一种主观概念。行政伦理学者则在一定程度上认识到了价值的客观性。比如，罗尔再三强调官僚们所要遵循的是政体价值，但政体价值是美国宪法的制定所确立的，而且一项价值也只有经历一定的历史确认才能得以形成③。不过，罗尔坚持认为："我们所关心的不是说服官僚们为了某种利益而要采取某一特定的方式。相反，我们是要为他们提供一种思路，使得他们能自行发现这些价值，并在他们觉得合适时把它们付诸实施。"④ 也就是说，在对政体价值作出回应前，官僚们必须自行决定这些价值的具体内涵。用库珀的话来说，这是一个行政人员发挥"伦理自主性"的过程。因此，他们最终还是把公共利益的界定看成是行政主体的主观个体行为，行政伦理学所关注的焦点就只能是通过促成行政人员的负责任行为来确保公共利益的实现，他们持有的公共利益观也只能被归于主观性公共利益观的行列。

共识论公共利益观是更为系统的规范性公共利益观。共识论者把公共利益视为一个含糊而有价值的词语，这个词语涉及的是为了达成一种公共利益而进行的政策争论。"这些公共利益概念既可以引导表达这些利益的过程，又可以引导公共利益本身的实质。"⑤ 其实，这是一种超越个人利益之上的基于整体观念的公共利益观。在行政学研究领域，较早提出类似公共利益观的是保罗·

---

① 特里·L·库珀：《行政伦理学：实现行政责任的途径》，中国人民大学出版社2001年版，第16页。

② John A. Rohr, *Ethics For Bureaucrats: An Essay on Law and Values* (second ed.). New York and Basel: Marcel Dekker, INC., 1989, pp. 74-76.

③ John A. Rohr, *Ethics For Bureaucrats: An Essay on Law and Values* (second ed.). New York and Basel: Marcel Dekker, INC., 1989, p. 78.

④ John A. Rohr, *Ethics For Bureaucrats: An Essay on Law and Values* (second ed.). New York and Basel: Marcel Dekker, INC., 1989, p. 74.

⑤ 珍尼特·V·登哈特等：《新公共服务：服务，而不是掌舵》，中国人民大学出版社2004年版，第69页。

阿普尔比（Paul Appleby）。阿普尔比曾明确指出："公共利益决不仅仅是所有私人利益的加总，也不是消去私人利益的各种加号和减号之后剩下的和。尽管公共利益并没有与私人利益完全分离，而且它源于具有许多私人利益的公民，但它是从私人利益内部和私人利益之间产生并且离开和超越了私人利益的某种有特色的东西，它可以使人类所能实现的某些最高抱负和最深切的信仰成为政府工作的焦点。"① 他甚至认为："除非具备有着特定属性的公共利益观，一个人不能像政府官员应该提供的服务那样服务于民众"，而"政府存在的主要理由在于，社会需要某些特定的人员掌管促进和维护公共利益的职责"②。

相对而言，登哈特提出的共识论更为系统。在其理论体系中，"新公共服务的核心原则之一就是重新肯定公共利益在政府服务中的中心地位"③。他否认公共利益能够被理解为个人自我利益的聚合，"在新公共服务中，其目标是要超越自身利益进而发现共同利益——公共利益并且按照共同利益——公共利益行事"④。具体地说，"公共利益最好被视为社区对话和参与的一个过程。这个过程可以使人们了解政策制定的情况，又可以培育公民意识"；而行政官员的使命就在于接触公民和为公共对话创造"无拘无束真诚对话的背景"，"在促进公民界定公共利益和按照公共利益行事时应该扮演一种积极主动的角色"⑤。简言之，所谓公共利益，其实质就是在这种政治评议过程中，人们得以为社区、国家或民族确立的"一种愿景"，这种愿景"为未来提供一套指导思想（或理想）"。不过，"与这种愿景使行政官员、政治家以及公民参与对其社区和国家的理想未来进行思考的过程相比，这种过程所产生的单独一套目标就不太重要了"。在这一过程中，"政府的角色将定位于确保公共利益居于支配地位，即确保这些解决方案本身以及公共问题解决方案的产生过程都符合

---

① Appleby, *Paul. Morality and Administration in Democratic Government*. Baton Rouge：Louisana State University Press. 1950. pp. 34-35.
② Jay M. Shafritz, et al, *Classics of Public Administration*，中国人民大学出版社 2004 年影印版，第 123～124 页。
③ 珍尼特·V·登哈特等：《新公共服务：服务，而不是掌舵》，中国人民大学出版社 2004 年版，第 62 页。
④ 珍尼特·V·登哈特等：《新公共服务：服务，而不是掌舵》，中国人民大学出版社 2004 年版，第 77 页。
⑤ 珍尼特·V·登哈特等：《新公共服务：服务，而不是掌舵》，中国人民大学出版社 2004 年版，第 77～78 页。

民主规范和正义、公正与公平的价值观"①。由此可见，基于共识的公共利益观强调的不是这个概念所包含的实质性内容，而是"一个不仅仅包含特殊利益团体的相互作用而且还包括共同的民主和宪政价值的过程"。更为重要的是，共识论认为，人们不仅能够超越自身利益，而且政府应该且能够"培育和开发人们这种能力"。毫无疑问，这是一种建立在公民对政府信心基础之上的积极行政观，而这种信心建立在认为政府正在为响应公共利益而行动的信念之上的。

三、价值导向的综合趋势

关于公共利益及其与政府关系的看法其实就是有关行政目标定位不同价值认知的理论体现。经由前述分析，我们的结论是，持有管理主义公共利益观的理论与学者对公共利益概念要么持回避态度，要么持否定态度。他们坚持的是一种工具论行政理念。如此，尽管在对于效率衡量指标的具体构成方面可能有着很大的认知差异，尤其是在传统管理主义者与新管理主义者之间，有过程趋向、结果趋向等方面的重要区别，但总体上，行政实践以及行政研究的直接目标均定位于行政效率的优化。相反，对于宪政主义者而言，正如阿普尔比所言，"政府存在的主要理由在于，社会需要某些特定的人员掌管促进和维护公共利益的职责"，本质上，"政府之所以不同，在于政府就是政治"②。他们认为，行政实践的根本目标就在于公共利益的实现，而行政研究的开展也在于探寻促成公共利益更好实现的途径与方法。

相对于管理主义者，宪政主义者一般不认为行政活动及其研究的目标是一元的、单目标的。他们只是把公共利益视为行政活动的根本目标所在，但并不否认其他目标，尤其是像良好管理——效率这类目标。在他们看来，公共利益的实现是首位的价值所在，但各种工具性目标也是必不可少的。比如，弗里德里克森主张："行政者并非价值中立的。他们应该被责成既把良好管理，也把社会公平作为价值定位，所要完成的义务，或者说存在理由。"③ 也就是说，他只是把公平作为旨在促成公共利益实现的行政价值目标之一，只是强调要将

---

① 珍尼特·V·登哈特等：《新公共服务：服务，而不是掌舵》，中国人民大学出版社 2004 年版，第 63 页。

② Jay M. Shafritz, et al, *Classics of Public Administration*，中国人民大学出版社 2004 年影印版，第 124~126 页。

③ Jay M. Shafritz, et al, *Classics of Public Administration*，中国人民大学出版社 2004 年影印版，第 330 页。

这一价值引入行政实践中来，而并未排斥效率等其他社会价值目标的存在与实现问题。

其实，大多数当代行政学者意识到，行政及其研究所追求的不再像传统上那样仅仅是单一价值体系，而是一个综合价值体系。行政及其研究在价值定位方面出现了综合化趋势。考夫曼曾经指出，在美国行政史上，存在着某种"依次强调代表性、政治中立能力与强大的行政领导权限等三种价值内容当中的某一个方面"的演变趋势。他强调指出："无论特定时期对某种价值的追求如何生机勃勃，其余二者的追求从来也没有遭到否认。"也就是说，在美国过去的政府组织结构调整中，尽管在不同发展时期各有侧重，但是这三种价值无一被忽视。在他看来，当今人们已经开始要求"重建这三种价值之间的平衡"①。而罗森布鲁姆则更是竭力主张，政府仍需要改善。在他看来，改善在一定程度上取决于行政人员能否有效整合行政领域出现的不同价值和观点，能否有效协调不同层级政府之间的行政活动。而要实现这些目标，"问题的关键只是一个在管理的、政治的以及法律的向度之间寻求某种平衡而已"②。根据这一逻辑，这其实正是一个在与考夫曼提倡的价值体系相类似的价值体系的不同构成成分之间寻求平衡的过程。

总之，尽管在不同发展时期有所偏重，行政理论与实践所追求的其实并不是一种单一价值成分，而是经历了一个不同价值之间的竞争与互动发展过程。更为重要的是，正如越来越多的学者认识到的那样，行政理论与实践领域逐渐出现了一种价值综合的趋势。诚然，史实表明，管理主义取向的行政之价值与宪政主义取向的行政之价值间存在着冲突。而且，正如罗森布鲁姆所指出的，要严肃地证明行政的最终目标是管理主义与宪政主义的结合这一观点是困难的。但是，他坚持认为，实现不同研究途径、从而实现由这些途径所追求的各种价值之间的结合与有机平衡，"这是所有行政者应该努力达到的目标"③。另一方面，德怀特·沃尔多同样从行政学的角度看到了宪政主义与管理主义之间的紧张关系，并且认为，"在我们（美国）现有宪政体制、宪政理论和民主意识形态下，这一问题不可能得到圆满的——能够被接受且可操作的——解

---

① Jay M. Shafritz, et al, *Classics of Public Administration*，中国人民大学出版社 2004 年影印版，第 289~290 页。

② 戴维·H·罗森布鲁姆等：《公共行政学：管理、政治和法律途径》，中国人民大学出版社 2002 年版，第 152 页。

③ 戴维·H·罗森布鲁姆等：《公共行政学：管理、政治和法律途径》，中国人民大学出版社 2002 年版，第 518 页。

决。我们所能期望的是渐进的解决和暂时的妥协"①。也就是说,行政理论与实践中,宪政主义与管理主义两种途径之间的争端是一个不同价值追求及其理论表现之间竞争性互动的过程。在这一过程中,只能通过二者之间不断妥协、渐进地实现某种平衡结构来解决纷争。

---

① Dwight Waldo, *The Administrative State*, 2d ed. New York: Holmes and Meir, 1984, p. XVIII.

第二章
行政生态论

系统论与生态学认为，任何事件都是在具体的生态环境中发生与运行的，且只能在与生态环境的互动过程中实现自身的维持与发展。我们也只能结合具体生态环境，才能真正有效地理解和把握行政行为与实践。但是，究竟什么是行政生态？行政生态基本构成如何？有何特征？行政生态与行政系统之间的互动关系是如何发生的？具体地，当代中国行政生态又是如何与其行政系统之间实现互动平衡的？本章将具体介绍这些方面的基本理论与实践现状。

第一节 行政生态的特点与类型

一、行政生态的含义及特点

（一）含义

1. 生态的含义

所谓生态，也就是生态环境，是针对特定系统而言的，是处于特定系统的边界之外，占据一定空间，构成该系统存在条件的种种物质条件和形势因素的统称。其中，所谓"边界"，是系统、生态环境这两个基本概念得以产生的理论前提。美国管理学者卡斯特（Fremont E. Kast）与罗森茨韦克（James E. Rosenzweig）认为，边界的作用在于说明组织的特性及了解组织与外在环境间的关系；而且，边界的有无渗透性是判别封闭与开放组织理论的重要标志。若边界是刚性、不可渗透的，则该组织或系统是一个孤立的、自我封闭的系统，与外在环境无任何关系；反之，则是一个开放的系统。① 不过，无论如何，生

---

① 弗莱蒙特·E·卡斯特、詹姆斯·E·罗森茨韦克：《组织与管理政治；系统方法与权变方法》（第4版），中国社会科学出版社2000年版，第160~163页。

态环境就是指处于特定系统边界之外的一切因素的集合。

根据一般系统论的观点,任何组织都不可能是绝对封闭的刚性系统。它们必须在一定的生态环境中存在、发展或延续。在自然界中,任何一种物体都要与外在生态环境不断地进行物质、能量与信息的交流,否则就会很快走向瓦解与崩溃。就各种社会组织或个体而言,社会系统理论更是认为确实如此。自人类社会产生以来,在社会发展过程之中产生的任何一种组织或人类个体都是具体的,离不开特定外在生态环境而独立存在。他们的存在及其他任何行为都要在一定的生态环境中发生,都要受到具体外在环境的影响与制约。

2. 行政生态

行政生态问题的提出是在系统理论,尤其是在生态学理论引入到行政学研究领域之后的事情。相应地,行政生态是针对特定行政组织而言的,不存在抽象性的行政生态。所谓行政生态,也就是行政生态环境,是处于特定行政系统边界之外的,能够对该系统的存在、运行与发展产生直接或间接影响的各种实体、情势与事件的总和。具体地,行政生态这一基本概念包含有以下几方面内涵:

(1) 行政生态是针对具体行政系统而存在的。不存在抽象的、一成不变的行政生态。行政生态总是针对特定的行政系统而言的。要想研究行政生态,就只有结合特定行政系统进行具体的特定的研究。

(2) 行政生态通过边界与行政系统相区分。要想确定行政生态环境的构成,首先就必须界定特定行政系统的边界。从另一角度来讲,行政生态不包括边界之内的因素。也就是说,凡是属于行政系统自身构成成分的因素,都处于行政生态系统之外。

(3) 行政生态构成成分的关键属性在于能够对行政系统的存在、运行与发展产生影响。这种影响可以是直接的,也可以是间接的。根据系统论的普遍联系观点,任何一种处于系统边界之外的因素都或多或少地对系统的存在产生影响。不过,在现实行政生活和行政学研究中,往往只需对其中一部分生态环境因素进行研究即可。这一点在下文还将做进一步分析。

(4) 行政生态因素是有形的实体因素、无形的情势因素的特定组合——各种社会—自然事件的总和。除了各种看得见的实体性因素之外,像狭义的文化现象、机遇等不可见的情势因素也是行政生态不可忽视的基本构成因素。事实上,就行政组织而言,情势因素往往构成当代行政实践与研究过程中越来越重要的对象。比如,当前中国行政领域面临的公共危机管理问题就主要涉及情势因素的判断与把握问题。至于事件,作为实体因素与情势因素不同结构的组合体，它是行政行为研究最直接的对象。事实上，西蒙认为行政科学的研究对象就是各种事件（events）。各种社会事件与自然事件是促成行政行为发生的最直接因素，自然也是行政生态环境的主要构成部分。

（二）行政生态的特征

一般系统论认为，行政生态与行政系统相互作用，共同构成一个更为高级的行政生态系统；行政生态本身即构成一个与行政系统相并列的有机系统。具体地，行政生态一般具有以下基本属性。

1. 特定性与复杂性。行政生态是行政系统边界之外能够对该系统产生直接或间接影响的各种因素的集合。一方面，它是针对特定行政系统而言的，不同行政系统与不同行政生态相对应，不同行政系统的环境构成不同。另一方面，任何行政系统的生态环境在范围上囊括了该系统边界之外的所有因素集合，这使得行政生态的构成成分极其复杂。

2. 相关性与综合性。构成行政生态的各种因素之间都具有程度不同的相关性。美国生物学家康孟勒（Barry Commoner）指出："生态学的头一条定律是：世界上万事万物直相互关联。"① 这也正是系统论的基本论点。事实上，除了极少数例外情况，特定行政系统的各种常见生态因素，比如政治、经济与文化因素之间通常都是紧密相关的。另一方面，行政生态因素对行政系统产生的影响是综合性的。行政生态构成因素并不是单独地、个别地对行政系统产生影响力的。各种因素所产生的影响力也许会在性质上、方向上、程度上，在一切方面有着不同程度的差异甚至是根本的不同，但是，它们对行政系统的影响最终要以合力的形式表现出来。行政生态影响上的综合性可以看成是生态环境因素之间相关性特性在与行政系统相互作用过程中的体现。

3. 层次性。就在生态环境系统中的地位、相互隶属关系以及对行政系统所产生影响的直（间）接程度及影响规模等方面而言，行政生态不同因素之间都存在着差异性和层次性。首先，就结构而言，生态环境系统本身就是一个有着不同层级结构的多层系统。比如，政治生态就是由国体、政体、政党制度、政党运行机制等不同层级和具有不同重要性程度的多层结构构成的一个行政生态次级系统。其次，就影响而言，行政生态不同因素对特定行政系统产生作用的直（间）接程度一般也有所差异。此外，就影响的规模或者说影响力度的大小而言，行政生态各因素之间也往往表现出层级性特征。比如，在现代

---

① 余谋昌：《生态学哲学》，云南人民出版社1991年版，第36页。

中国，就一项公共水利枢纽工程建设方面的行政决策而言，经济因素的影响力度就往往比其他因素的影响力度要大得多。

4. 动态性。行政生态的构成、影响不是一成不变的，呈现出动态性特性。就构成来说，行政系统的边界是动态的，行政系统的构成成分与行政生态的构成成分不可能固定不变。当情况发生变化时，生态因素可能会成为行政系统的构成成分。反之亦然。类似地，行政生态内部结构也具有动态性，对于同一行政系统的不同发展时期或者对于不同行政系统，行政生态的内在结构都会有所不同。此外，对于行政系统的不同发展阶段或者说不同行政系统，同一环境因素或结构相同的行政生态的影响不同。比如说，同样的居民人口与素质结构因素，对处于自由放任时期与国家干预时期这两个不同发展阶段的行政系统的影响性质及程度很可能存在明显的差别。事实上，在当代中国，与计划经济时期相比，外资企业对政府行为的影响可以说有天壤之别。

二、行政生态的类型

为了理解与研究的需要，人们常常对纷繁复杂的行政生态因素进行分类。理解与研究的角度不同，分类的标准也就不一样。这就使得行政生态因素可以被划分成许多不同的类型，常见的类型有以下几种。

（一）自然行政生态与人造行政生态

以生态因素的形成过程及其与人类活动的关系为标准，行政生态可以划分为两种基本类型，即自然行政生态与人造行政生态。

自然行政生态是各种非人造的行政生态因素的集合或统称。天气、地质结构、原始森林等环境因素的形成都是自然界运行的表现与结果，一般来说也不依赖人类而存在与发展。但是，自然生态却构成了人类活动最基本的外在环境因素，如何维持一种和谐的人与自然关系成为现代世界各国政府与社会面临的一个基本的、也是非常棘手的问题。相应地，自然生态的运行及其影响在行政理论与实践研究中越来越受到重视。

人造行政生态，就是在人类社会活动过程中形成与发展起来，且能够对行政系统的存在与运行产生影响的各种生态环境因素的总和。这也就是通常所说的社会生态。在这类生态环境因素中，有些是人类自觉行动的产物，如宪政制度、公司制度、各种宗教文化活动等；也有些是人类活动的副产物甚至是非理性行动的结果，如环境污染、侵略战争、文化遗产，等等。根据各种因素作用领域的不同，人们通常又把人造生态因素细分为政治、经济与文化环境三个较小的类别。毫无疑问,人造行政生态或曰社会行政生态是与行政系统的产生与发展过程关系更为密切,影响更为直接的行政生态类别。

(二) 宏观行政生态、中观行政生态与微观行政生态

美国社会学家帕森斯认为,一个社会组织可以被看成是由策略、管理与操作等三个层次的子系统构成的一个有机系统。① 相应地,根据对特定行政系统的作用与影响层次,我们也可以把行政生态划分为宏观、中观与微观三种类型。

(1) 宏观行政生态。它是能够对行政系统策略层次的存在与运行产生直接或间接影响的行政生态因素的集合。在这里,所谓策略层次有三重含义:其一是就受影响的行政系统的空间与时间范围而言的,是指空间范围上的全域性与时间范围上的战略性、长远性;其二是指影响的全局性与全面性,这与第一重含义密切相关;其三是指影响的导向性与决定性。简言之,宏观行政生态就是对特定行政系统的战略性、长期性与全局性存在与运行产生根本性影响的各种生态环境因素集合。

(2) 中观行政生态。所谓中观层次,在这里并不仅仅指对行政系统的管理层次产生影响。它首先是指特定行政系统的各种局域性构成成分而言,包括组织与空间上的局域性结构、运行过程中的政策执行监管部门及活动和时间上的阶段性;此外,它还应该包含影响方面的局部性与非全面性。很明显,一个行政系统在组织、空间、时间与运行过程结构上通常都存在着的中间层次就是这里所谓的中观层次,这一概念具有极强的相对性。

(3) 微观行政生态。特定组织内部作为个体的工作人员在具体行政活动中必定要与之接触的各种物理、生理与心理因素的总和,主要是对特定行政行为或行政人员个体发生作用。比如,特定行政组织的办公环境、人际关系、组织士气等,这些因素构成具体行政行为或特定行政人员的直接生态环境。一般而言,微观行政生态涉及空间与时间范围较为狭小、短暂,往往存在或发生于行政行为主体感官范围之内;其对具体行政行为的影响也更为真实、直接与实在。

值得强调的是,尽管这里所分析的三个层次是相对于同一个行政系统而言的,但是,与所提出的三种行政生态类型概念相对的却是三个不同的行政系统,也就是该行政系统的三个层次性子系统。由此,这三种行政生态在构成上应该都不同于该行政系统自身的生态环境。因此,我们在使用这几种行政生态

---

① 傅明贤:《行政组织理论》,高等教育出版社2000年版,第72页。

类型时，一定要注意其针对对象，更不能把它们与作为参照对象而假定的特定行政系统混为一谈。

(三) 国际行政生态、国内行政生态与地方性行政生态

以行政区划为标准，行政生态因素还常常被分成国际生态、国内生态以及地方性生态三种类型。以中国国家行政系统为例，处于中国国家主权管辖范围之外，能够对中国各级行政系统产生影响的环境因素共同构成了中国国家行政系统的国际生态；而处于国家主权管辖范围之内的全部行政生态因素则属于国内行政生态范畴，也就是通常所说的"国情"。至于地方性行政生态，则是指处于国内某一特定行政区划之内，能够对国家行政系统的存在、运行与发展产生影响的环境因素的集合。由于地方行政区划在不同国家往往不只一个层级，有必要就还可以进一步纵向划分成更细的若干层级。就实际情形而言，我国地方性行政生态就可以细分成省级、地市级、县级和乡镇级等几个层级。应该指出的是，这种分类并不只是适用于国家一级的行政生态，各种地方性行政系统同样也面临着国际、国内与地方性行政生态。很明显，这几种类型实质上是针对同一个行政系统而言的，是把该系统的环境因素根据区域性特征进行结构分层而形成的几种行政生态因素类型。

根据研究与理解的需要，还有许多其他的分类方法，比如根据生态因素的存在形态可以划分为有形（看得见的）与无形（看不见的）生态，根据其性质可划分成精神（文化）生态与物质生态。雷格斯根据对行政系统影响的直接程度把环境因素划分为敏感因素与非敏感因素，而敏感因素又可以进一步细分为独立因素、互依因素与依变因素。

三、行政生态模式

(一) 行政生态研究的提出

行政生态属于行政生态理论的研究范畴，是生态学理论与研究方法引入到行政学领域后产生的一个新兴研究领域。20 世纪 30~60 年代，西方主要是美国学术界兴起了把生态学理论与研究方法引入行政学研究中来的研究趋势，并产生一门新的行政学分支学科——行政生态学。一般认为，首先提出行政生态问题并予以研究的是美国学者高斯（J·M·Gaus）。在 1936 年发表的《美国社会与公共行政》一文中，高斯提出了行政与行政生态之间的关系这一课题。1947 年，他又在《公共行政学之我见》这一著作中阐述了如何运用生态学方

法研究公共行政学这一主题。高斯明确地指出："研究公共行政，必须研究它的生态问题。"① 以此为启端，一些年轻的学者更为广泛地探讨了生态研究方法的运用。不过，真正使行政生态研究成为一门系统的行政学分支学科的，则是雷格斯（Fred·W·Riggs）。在以《行政生态学》（1961年）为代表的论著中，雷格斯通过运用生态学理论和方法来分析社会环境因素与公共行政之间的相互影响，建立起了较为系统的行政生态学理论体系。雷格斯认为："要了解一个社会的行政行为，就必须跳出行政本身的范畴，而从其社会背景去了解，也即是去了解公共行政与其环境之关系。"② 也就是说，进行行政生态研究，实质上是要研究行政系统与其生态环境之间的相互关系。

正如"行政学之父"伍德罗·威尔逊所言，除非社会发展的需要，否则任何实践科学都不可能产生。同理，行政生态研究也绝非某个学者一时兴起或偶然心得的产物。事实上，它的产生与发展正是特定时期社会生活实践所产生的时代要求与新的研究方法及理论体系相结合的结果，是相关社会实践与理论背景因素共同作用的产物。

（二）雷格斯的行政生态学模式理论

作为行政生态研究的集大成者，雷格斯的行政生态理论源于比较行政学研究。在1961年出版的《公共行政生态学》一书中，雷格斯以传统泰国、现代泰国、菲律宾以及现代美国作为分析对象，通过分析其各自的经济、社会、文化、政治以及沟通系统等主要环境因素的结构和历史变迁与各自行政系统之间的相互作用过程及其结果表现，成功地引入生态理论与分析方法，提出了一种被认为能够解释各种类型社会公共行政的理论模型（model），即著名的"融合—棱柱—衍射的行政模型"③。国内学者通常称之为雷格斯的行政生态学模式理论。该模式理论的提出也标志着公共行政学一个新的分支学科或者说新的研究流派的形成。

(1) 当今各国社会的三种存在形态

雷格斯认为，当代世界存在三种基本社会形态，也就是农业社会、工业社会，以及处于二者之间的一个"中间的"或称之为"过渡的"社会形态。这

---

① R.J.斯蒂尔曼：《公共行政学》，中国社会科学出版社1988年版，第177页。
② F.W.雷格斯：《行政生态学》，商务印书馆股份有限公司1985年版，第3页。
③ F.W.雷格斯：《行政生态学·序》，商务印书馆股份有限公司1985年版，序言部分。

三种社会形态构成了一个社会形态连续体。具体而言，三种社会形态的差别主要体现在社会结构的分化程度及其功能的实现程度方面。其中，在农业型社会里，社会结构混沌未分，社会组织是融合型而不是专业化的，缺乏明确细致的社会分工，社会交往是特殊主义或者说是人情取向的；在工业型社会则完全相反，社会结构有着明确而细致的分工，专业化程度高，社会组织从事不同的专业化功能，讲求行政效率与科学性，社会交往则表现出所谓普遍主义或者说平等理性取向。

至于过渡型社会，雷格斯较为详细地分析了其在社会结构方面表现出来的三种主要特性。首先是异质性特性，即在同一社会中不同乃至于完全相反的制度、行为规范与观点并存，传统与现代并存。用雷格斯的话来说，就是牛车与汽车、茅屋与高楼并存。其次是所谓重叠性特性，即不同性质的社会结构或组织上相重叠。尽管专业化职能机构及相关制度已建立，但功能不能很好地发挥，而不得不由诸如同乡会、宗教团体等传统组织，乃至于依赖黑社会组织来实现。最后是形式主义特性，其主要表现是正式的法律与政策规定不能付诸实施，形同虚设。一方面存在堂皇的法律制度，另一方面又"人情大于法"。

(2) 三种行政模式

通过对不同社会环境与各自行政系统的相互关系进行分析，雷格斯逐渐提出了一套较为系统的行政理论模型，也就是著名的"融合—棱柱—衍射的行政模型"。在这一模型中，根据各种社会因素结构上的专业化分工发达程度、特点及在其影响下形成的行政系统结构上的专业化分工发达水平，与上述三种社会形态相对应，雷格斯把现代各国行政系统归纳为三种行政模式或者说类型。

农业社会的行政模式，又称为融合型行政模式。雷格斯认为，就像自然光一样，传统农业社会的社会结构是混沌未开的，与之相适应，其行政行为与诸如立法、司法、军事、宗教乃至于社会经济活动等其他社会行为是混杂在一起的，根本就没有出现过专业化的行政机构。因此，雷格斯把这种类型的行政系统称之为"融合型行政"。由于缺乏专业化分工，雷格斯认为这种模式下的行政效率极为低下。

工业社会行政被称为衍射型行政模式。雷格斯认为，就像自然光线经过光学三棱镜折射过后所形成的单色光谱一样，工业社会各种环境因素的结构与功能实现了高度的分工与专业化，相应地，其行政系统也在结构与功能上形成了专业化分工体系。行政系统由有着高度分工的不同行政机构所组成，它们各自执行不同的专业化职能，分工明确，各司其职，以科学性与效率为追求目标。

与过渡型社会相对应，处于融合型与衍射型行政模式之间的是所谓的棱柱型行政模式。类似于处于三棱镜折射过程之中的自然光线，雷格斯认为，由于其特定社会环境的影响，在过渡型社会里，行政行为有几种常见特性。首先，该社会的行政行为已出现专业化分工趋势，但又未能有效实现完全的或者说真正的专业化分工，往往难以与其他社会行为区分开来。其次，专业化的行政机构已设立，但不能正常运作，功能有限，许多职能的发挥还需要由其他社会机构，甚至是宗族、同乡会等传统机构来完成。最后一个特点是由于各种传统势力的影响，正式建立起来的行政制度不能起到应有的规范及约束作用，往往成为摆设，形同虚设。事实上，这些特性正是与这种行政系统所处社会形态的基本属性相一致的，且呈现出由融合型行政模式向衍射型行政模式过渡的趋势。因此，雷格斯称之为"过渡型行政模式"，借用光学术语，又称之为"棱柱型行政模式"。

(3) 模式的性质及其演变问题

雷格斯强调，现实生活中，纯粹的融合或衍射型是不太可能的。上述的行政模式都具有理念属性，是理想模型（ideal model）。也就是说，在当今世界，纯粹的农业型或工业型行政模式都是不存在的。无论哪个国家，其行政系统都或多或少存在一些过渡性因素。因此，雷格斯模式理论只是为理解与说明不同国家行政系统的差异性提出的一种理论假设。

值得指出的是，雷格斯一再强调，"棱柱的≠发展中的"。他所用的"棱柱的"实际上是指一种特殊的"结构的配置"（structural configuration），是一个静态的描述性概念。称一个社会或行政系统为"棱柱的"、"过渡的"决不等于说它就是"发展中的"。在他看来，由融合型向衍射型的转变也是难以预测的。只有在棱柱型社会或行政系统里，才能发现农业社会与工业社会之间的关系及其影响。实际上，雷格斯认为，特定社会或行政系统可以无限期地停留在棱柱型这一形态中，并不必然存在向一般认为更为发达的"衍射型"过渡的发展趋势。这是由于它有着自己的"平衡机制"（equilibrating mechanism），或者说，它能够与自己的环境保持一种适应性关系的缘故。它因而有可能持续地保持目前这种状态，以至于永久。

第二节 行政生态及其对行政系统的影响

一、经济生态及其对行政系统的影响

经济活动是人类社会最基本的社会活动，作为人类公共权力活动主要存在形态之一的行政活动，自然要受到各种经济活动的影响。雷格斯认为，社会经济机制和生产发展水平是影响行政最主要的生态环境因素，行政模式基本上是由该国经济结构所决定、塑造的，故称之为行政第一环境因素。如果把特定行政系统的各种生态环境因素看成是一个与行政系统相并列的环境系统，那么其中的各种经济因素共同构成了特定行政系统的经济生态子系统。

具体地，特定行政系统的经济生态子系统，通常称为经济环境或者经济生态，是能够对特定行政系统的存在、运行和发展产生直接或间接影响的各种经济力量、活动、行为方式以及制度规定的统称，是特定行政系统所处国家或地区经济力量与经济活动方式的总和。一般来说，尽管在具体内涵或存在形式上会有不同程度的差别，当今各国行政系统所面临的经济生态仍然存在着一些共同的基本构成成分。结合学术界相关观点，行政系统的经济生态基本构成应该包括经济力量、社会经济结构、经济体制以及科技发展水平等基本经济因素。

（一）经济力量

所谓经济力量，即指行政系统所处社会系统的总体经济实力，包括总体社会生产能力与社会财富总量。比如，一国行政系统的经济力量因素就是指这个国家的社会总生产能力与国民财富总量。经济力量是特定行政系统最基本的总量经济因素，它直接决定该系统所处的社会经济发展阶段，决定着行政系统赖以生存的社会物质财富基础。因此，经济力量因素从根本上制约着行政系统的规模、体制结构与运行方式等基本结构因素。这种关系可以用以下箭头关系较为直观地表现出来：

```
        ↗社会经济发展阶段          ↗系统规模：职能、支出与组织规模
经济力量因素    （决定着）→体制结构：内容及排列组合方式
        ↘财富总量                ↘系统运行机制：官僚制与和民主制
```

具体地，一方面，由于社会经济力量直接决定着社会的社会生产力发展水平，从而也决定着社会经济发展阶段。根据政治经济学基本常识，作为上层建筑一部分的行政系统必然要与该社会所处的社会生产力发展水平和社会经济发展阶段相适应。在不同社会历史发展阶段，行政系统的系统规模、体制结构以及运行方式都会存在根本区别。另一方面，经济力量还包括特定社会的国民财富总量，这也就意味着，它还决定着行政系统可能获得的财政收入总量与支出总量，决定着该系统可能的职能与组织规模。马克思主义认为，只有当社会生

产力发展到一定阶段，产生了足够多的社会剩余产品之后，才会产生公共权力活动，这当然包括行政活动。与此同时，只有当国民财富总量，从而这种社会剩余产品在规模上不断扩张时，行政活动包括其职能、收入、支出与组织规模才能实现有效的扩展。行政发展的历史证明，超过了国民财富承载能力的行政系统最终只能走向变革，乃至破产。

不过，行政系统并不只是单方面地接受经济力量因素的制约与影响作用。无论处于何种社会发展阶段，行政系统总会采取一定的行政手段与措施对社会经济力量施加影响。这些手段、措施的性质及实施效果会在不同程度上推动或阻碍社会经济力量的发展进程。事实上，许多发展经济学与现代化理论认为，在发展中国家，往往只有行政系统才是现代化进程的主导力量①。这种观点尽管日益受到批判，但是，当今许多发展中国家所采取的政府主导型发展模式正是基于行政系统对社会经济发展的反作用功能而产生的一种现代化模式。

（二）社会经济结构

社会经济结构是一个国家或地区国民经济中一系列相关经济结构性因素的集合，它包括不同所有制经济主要是国有经济与私有经济或者说公私经济力量比例关系，国民财富在全体国民中的分配情况，以及社会分工与专业化发展程度。

社会经济结构对行政系统的影响主要可以从三个方面加以分析。首先，社会经济结构实质上体现了一个社会的社会生产关系构成，即生产资料归谁所有、生产过程中的地位关系（阶级关系）以及产品如何分配这些问题。社会生产关系属于社会基础建筑，它必然要对作为上层建筑主要成分之一的行政系统产生基本性的影响和制约作用。其次，社会经济结构还直接影响着行政系统在整个社会经济生活中的参与性质和参与程度，直接影响着行政职能结构、经济管理方式及管理手段的选用②。一般地，国有经济所占比重越高，国民财富分配越不均衡，行政职能扩展、政府干预社会经济生活的频率就越高；反之，则频率越低。最后，社会经济结构还包含有社会分工与专业化发展程度这一重要社会经济结构性因素。这是一个标志社会中"职业主义"和"技术专业化"发达程度的社会经济结构性因素。事实上，雷格斯正是以这一因素为主要标准对各国社会环境进行分类，进而形成其著名的"农业型—过渡型—工业型"

---

① 黄高智：《参与式行政与内源发展》，中国对外翻译出版公司1988年版，第2页。
② 谢庆奎等：《中国政府体制分析》，中国广播电视出版社1995年版，第62~63页。

社会形态模型的。在雷格斯看来，各国行政模式的结构特征或所属类型正是由其所处社会环境的结构性特征，尤其是社会分工与专业化结构所决定的①。

不过，行政系统同样可以通过各种手段促成特定社会经济结构的巩固甚至变更。行政系统所确定的各种社会经济发展目标，以及为实现这些目标所采取的有关政策措施的制定及执行情况，都会促成社会经济结构不断进行新的重组。社会经济史表明，在政府实现放任主义政策的自由资本主义时期，国有经济成分微乎其微；及至国家干预主义及福利主义盛行时，国有经济在资本主义国民经济体系中的比重明显上升，一般达到10%~20%，有时也高达30%以上；而在立志于社会完全平等的社会主义计划经济国家，其国有经济成分往往占整个国民经济的90%以上②。此外，由于行政系统在整个社会生活中的特殊地位，社会分工与专业化发达程度往往首先要通过行政系统来体现，行政系统功能与组织结构的分化程度强有力地制约或促成整个社会系统"职业主义"和"技术专业化"的实现程度。

（三）经济体制及其影响

经济体制是一个国家或地区以社会经济组织为中心的各种具体经济制度与行为规范的总和。其核心就是所谓的社会资源调配制度，也就是社会资源的调配是以市场机制为主，还是以政府调节机制为主的有关制度规定及其实际运行状况问题。

改革开放以前，国内大多数学者一般把计划与市场这两种经济体制对立起来，把计划经济体制看成是社会主义国家的本质特征，而把市场经济体制看成是资本主义国家的本质特征，进而顺理成章地认为高度中央集权，严重政企、政社、政事不分的行政体制是社会主义国家行政系统的应有之义。但是，正如1992年春邓小平在南方谈话中所指出的："计划多一点还是市场多一点，不是社会主义与资本主义的本质区别。计划经济不等于社会主义，资本主义也有计划；市场经济不等于资本主义，社会主义也有市场。计划和市场都是经济手段。"③ 如果把各国经济体制结合起来考察，我们就会发现，既不存在纯粹的

---

① F. W. 雷格斯：《行政生态学》，商务印书馆股份有限公司1985年版，第147~156页。

② 郭吴新等：《世界经济》第1册，高等教育出版社1989年版，第52~54、360~361页。

③ 邓小平：《邓小平文选》第3卷，人民出版社1993年版，第373页。

计划经济体制国家，也不存在纯粹的市场经济体制国家，各国经济体制都分布在一个从纯粹市场体制到纯粹计划体制之间的社会资源调配机制连续体之中。这种体制上的差别也会在各国行政系统的职能范围、运行方式及手段等各方面体现出来。经济学家刘国光曾经根据计划与市场的不同组合方式，对各国经济体制进行排序。与从纯粹的市场经济体制到纯粹的计划经济体制这个社会资源调配机制连续体相对应，各国行政系统所担任的角色也构成一个由消极放任的"守夜警察"到唯一的社会经济活动组织者的角色连续体，其经济职能呈现出由弱到强、由简单到复杂的序列趋向性。同时，行政系统的运行方式、手段也随之作相应变化[1]。因此，一国或地区行政系统的职能范围与规模、运行方式、行政手段与方法一般都是与该国家或地区的经济体制有着密切联系。

当然，行政系统并不是消极地跟随经济体制而变迁的，它也能不同程度地对经济体制产生影响，乃至于进行积极的改造。一方面，有些国家特定经济体制的确立往往是有意识地选择某种行政体制的结果，或者说是通过特定行政体制予以实现的。比如，人类史上出现过的接近纯粹类型的计划经济体制的形成，在很大程度上是通过行政系统对私营经济的强制性赎买，乃至于直接没收，以及随之而来的大规模政府直接投资，才得以实现的。事实上，制度主义经济学家往往认为制度的产生是一种带有较强偶然色彩的经济人的理性选择过程；然而，一旦作出选择，就会对人类经济社会发展进程产生根本性影响[2]。另一方面，当今各国无论何种经济体制，都要依赖于一定的行政机制才能有效运行。计划经济体制离不开强有力的集权式行政体制及相应的运行机制的存在，市场经济体制的健康运转也需要行政系统有效的经济与社会秩序维护功能予以保障。

（四）科技水平及其影响

科技水平是一个国家或地区科学与技术的发展发达程度。由于科技水平从根本上决定着一个国家或地区的社会生产能力，因此邓小平称之为"第一生产力"。国内学术界大多把这一个因素视为经济力量因素的应有之义，往往将其作为一种经济力量因素进行分析。不过，科技水平，也就是科技发展发达程度有相对与绝对之分。绝对水平很好理解，是特定社会的科技能力绝对总量，

---

[1] 刘国光：《中国经济发展战略问题研究》，上海人民出版社1984年版，第508~510页。

[2] 道格拉斯·斯诺等：《西方世界的兴起》，华夏出版社1999年版，第5~13页。

是一个数量与总量概念；相对水平则是一个比较的概念，含纵向相对水平与横向相对水平。无论是绝对科技总量，还是相对科技水平，都会对该社会的行政系统产生重要的影响。除了发挥与其他社会生产力因素相同但更为基本的影响作用之外，仅仅从技术手段层次，科技水平因素也会对行政系统产生越来越重要的影响能力。

首先，行政系统运转的协调，行政效率的提高，不仅需要良好的组织功能、结构、运行程序与规则等制度化保障，也离不开高效技术系统的支持。尤其是在知识经济方兴未艾，社会信息量急剧膨胀的今天，行政系统日益离不开由各种高科技手段和产品建立起来的高效率信息搜集与处理系统，以及在这一平台上构建起来的公共服务系统，其典型是电子政务的发展现实。

其次，科学技术的不断进步，也会对行政系统结构产生巨大冲击。高科技机械设备的运用，自动办公与信息处理系统软件的引入，将节省许多中下层人力资源的使用需求；但在高层，却因为需要处理的信息与决策事务在质与量两个方面的剧增，行政系统对高层决策及专业人才资源的需求大大扩张。其结果是，在不久的将来，目前仍为大多数专业人士所诟病的行政系统"官多兵少"现象将很有可能成为一种正常现象。这不仅有助于实现行政组织结构的拉平化，而且使得其结构有可能由传统的金字塔型结构转化为上、中、下层规模相近的梯形乃至于长方形结构。

最后，这些结构变量的改变又会对行政权力的配置和行使方式产生重要影响，产生与其相适应的以分权化为取向的变革。①

不过，行政系统对社会科学技术水平往往也会产生重要的推动或阻止作用。当今世界主要国家大多数实行过或正在实施"科教兴国"或类似的科技发展政策。这些政策措施对各国科学技术水平的加速发展产生了明显的促进作用。其典型是二战后日本自20世纪60年代以来实施的"教育立国"与"科技立国"政策及其效果。另一方面，许多发展中国家，尤其是一些政教不分的国家，其行政系统坚持实施与现代科学技术发展要求相抵触的带有很强宗教成分的政策立场与制度，使得本国或地区的科技水平长期得不到发展与提高。一些坚持原教旨主义的宗教国家一般可以看作是这种类型的典型。

二、政治生态及其对行政系统的影响

行政的政治生态，也就是政治环境，是处于行政系统边界之外，能够对行

---

① 彭文贤：《行政生态学》（修订版），台湾三民书局1992年版，第215页。

政系统的产生、存在、运行与发展过程产生直接或间接影响的各种社会政治因素的集合。一般都认为，行政系统是政治系统的一个次级系统，是国家意志的执行系统。因而，在特定政治系统之中，与其行政系统相并列的其他部分共同构成了该行政系统的政治生态。相对于其他因素，政治生态因素与行政系统的关系更为密切，政治生态对行政系统的影响往往也更为直接。事实上，当代行政学界普遍认为，很难把行政行为从政治行为中区分开来，政治与行政密不可分。

对于行政系统政治生态的构成，国内学术界有狭义与广义之分。二者的区别主要在于是否要把法律制度包含在内。持狭义政治生态观的学者直接把法律作为一个独立的行政系统环境因素来分析，比如，黄达强与刘怡昌主编的《行政学》教材就采取了这种立场。而持广义政治环境观的学者则明确指出："（行政系统的）政治环境包括政治制度和法律制度两个方面。"[①] 不过，法律制度其实就是社会政治系统的制度化表现，是社会政治制度的一种存在形态，难以与政治制度分开进行分析。因此，把二者当成并列的两种生态环境因素来分析并不合适。当然，在对政治生态因素进行研究时，我们必须把正式的制度规定与制度的实际运行状况结合起来进行分析。只有这样，我们才能真正理解和把握政治生态因素对行政系统的实际影响情况。总体上，现代各国政治系统中，对行政系统影响最为明显的政治生态因素主要包括国家政权组织形式及其实际运行状况、政党制度、社会团体发达程度以及社会流通性等组成部分。根据系统论的基本观点，行政只是政治系统的一个次级系统，行政系统的内部构成及其运行方式必然要受到其母系统及其他并列子系统的制约与影响。

（一）国家政权组织形式及其实际运行状况

国家政权组织形式，是国家权力的排列组合方式。具体而言，就是国家权力在政府横向各部门及纵向各层级政府间的具体划分方式、互相关系及其制度体现。在现代国家政治体系中，国家权力组织形式包括两个方面的内容：其一，它包括狭义的政体概念所包含的内容，也就是某一层级政府内部国家权力在立法、司法与行政等权力机构之间的配置方式及其制度体现。这方面内容实质上就是国家权力的横向配置形式及其制度体现。其二，它还包括国家结构形式这个概念所包含的内容，也就是国家权力在不同层级政府之间的配置关系及其制度体现。这方面内容的实质是国家权力的纵向配置形式及其制度体现。

---

① 王乐夫、许文惠：《行政管理学》，高等教育出版社2000年版，第28页。

行政活动是国家公共权力活动之一。行政系统的存在、运行与发展总是围绕行政权力的行使这项基本国家职能展开的。作为国家权力配置方式及其制度体现的国家政权组织形式，直接决定着行政系统在整个国家公共权力体系中的地位。它从根本上，也就是从宪政制度层面决定着行政系统的基本结构、功能、运行程序及规则，以及与其他公共权力主体间的互动关系。政权组织形式不同的国家，行政系统的权力来源、行使方式、在整个国家政治生活中的地位都存在着很大的差异。

　　当今世界各国的政权组织形式基本可以分成两大类型，也就是纵向上的联邦制与单一制，横向上的分权制衡体制与议行合一体制。在联邦制国家与单一制国家之间，比如美国与中国，它们在纵向各层级行政系统之间的相互关系方面就存在着很大的差异。类似地，在实行分权制衡体制的国家与实行议行合一体制的国家之间，比如大多数现代西方国家与一些社会主义国家之间，它们各自的行政系统在与其他国家权力机构之间的关系方面同样存在着巨大差异。具体地，在实行议行合一体制的社会主义中国，行政系统与包括法院和检察院在内的司法系统相并列，都由同时是立法机关的国家代表机关产生，从属于国家代表机关，对它负责，受它监督。而在实行分权制衡体制的美国、法国等西方国家，行政、立法与司法机关都是并列分权，相互制衡，共同行使国家公共权力的平行机构。事实上，即使是在西方各国或是社会主义国家阵营内部，由于政权组织形式上存在着不同程度的差别，使得各国行政系统在国家政治生活中的地位与作用也有较为明显的差异。

　　值得注意的是，政权组织形式这个因素既包含了制度规定层面，也包含了制度实际运行层面的内容。制度层面是法律制度，往往就是宪政制度对国家公共权力配置方式的制度规定与体现，而制度的实际运行状态则决定了实际的权力布局及权力主体间的真实互动关系。我们在分析特定政权组织形式对行政系统的影响时，不仅要分析制度层面的影响，更要分析实际运行层面的影响。当然，制度的运行层面是与所在社会法律制度的发达程度密切相关的。在具有高度发达法律制度的国家或地区，由于具有健全的立法、执法与法律监督体系，法制化程度较高，基本实现了依法治国，行政系统的实际运行状况与法律制度的规定基本一致。相反，在法律制度不健全的社会里，类似于雷格斯所说的棱柱型行政模式基本上在所难免，只是程度上有所区别而已。相应地，即使存在各种现代宪政制度的形式规定，也很难得到有效的贯彻落实，行政系统往往很少受到正式制度规定的限制，并在大多数情况下成为社会最有权势的公共部门。

（二）政党制度

现代意义的政党是指在某种政治体系中，通过控制或影响政府决策，以期取得和行使政治权力的社会政治组织。一般认为，通常所说的政党制度是从较为广义的角度来讲的，主要包括两方面内容：一方面是现实中的政党政治格局及其运行情况；另一方面则是指经由法律规定或实际政治运作形成的，有关政党的社会政治地位、作用，尤其是执（参）政的方式、方法与程序等方面的制度性规范体系。后一方面的内容是狭义政党制度的内涵所在，这就是政党制度作为一种正式制度类型时的含义。

当代著名美国政治学者塞缪尔·亨延顿认为，现代与传统政治体系的关键性区别就在于现代政治体系建立起了现代政党体系①。事实上，尽管政党制度千差万别，当今世界各国基本上都存在政党。这些政党在不同程度上参与国家政治生活，行使政治权力与权利，成为现代政治生活中的一个基本组成部分。具体地，政党组织主要通过三个途径对行政系统施加影响：其一，是通过自身的利益表达与利益综合功能，为行政系统提供有关社会民众的政治要求等方面较为专业、系统的信息，为行政系统的决策与管理活动提供依据。一般来说，政党力图形成人们对问题的某种倾向性，并在动员人们支持和联合时发现新问题。其二，是运行自身所具有的政治社会化功能，在政府与社会之间建立起一座重要的桥梁，及时地把行政系统的有关政策信息反馈给政策制订与政策对象双方。这日益成为当代行政系统得以有效运行、改善政民关系的重要保证。其三，或许是最重要的，就是政党的执政功能，也就是通过成为执政党，从而能够直接地运用行政权力来实现自身政治主张。在民主政治国家或地区，行政系统在功能取向、组织规模、运行方式等方面往往都带有明显的执政党色彩。比如，在当代美国，民主党执政时的美国政府往往带有较强的干预主义色彩，而共和党政府则一般要反对过多的政府干预，有时甚至叫嚷着要恢复传统美国的自由放任主义。

现代政治实践表明，一方面，政党一旦产生，就必然要对行政系统及其运行过程产生各种影响；另一方面，现代政党也要依靠行政系统来实现自身的政治纲领与政治目标。② 因此，二者之间其实是一种互动关系。不过，这种互动关系到底如何，最终是由该社会的政党制度所决定的。政党制度直接规范与影

---

① 塞缪尔·P·亨延顿：《变化社会中的政治秩序》，三联书店1989年版，第84页。
② 王沪宁：《行政生态分析》，复旦大学出版社1989年版，第69页。

响着政党与行政系统之间的互动关系,也决定着政党在行政生活中的影响方式与分量。

(三) 社会团体与社会流通性的发达程度

社会团体是两个以上的社会成员基于自愿,为实现某种共同利益要求而结成的一种社会组织。西方学者往往称之为社会利益集团。雷格斯认为,社会组织可以分为两类:一类是基于血缘关系而结成的自然团体,如家庭、家族;另一类是以利益关系为纽带而结成的人为团体,统称为社会团体(社团)。一个国家或地区社会团体的发展情况,体现了该社会公民结社与自治能力的发达程度。

不同社会中,自然团体与社会团体对行政系统的影响不一样。在古代社会,政府或者说政治权力往往就是由一些自然团体,如家庭或家族直接把持。到了近现代,自然团体的影响力逐步消退,而现代意义的社会团体则发挥着日益重要的影响力。雷格斯认为,在现代社会,社会团体构成行政系统与社会公众之间强有力的"媒介"(Vehick)。通过它的作用,社会公众的许多特殊利益要求、愿望才能有效地传递给政府,而政府的政策措施也往往需要通过社会团体才能在社会公众中取得支持和有效实施。他认为,社会团体不仅扩大了行政系统的效能,而且也塑造着行政系统本身,决定着行政运行程序与规则。[①]在西方颇为流行的团体理论干脆认为,社会公众个人在政治过程中是无能为力的,只有通过组成利益集团,也就是社会团体,才能真正有效地影响行政系统的运行过程,进而实现自身的利益要求与愿望[②]。事实上,自20世纪70年代中后期开始,席卷全球的所谓新公共管理运动包含有一项相当普遍的内容,也就是公共权力(主要是行政权力)的社会化发展趋势,其本质通常被认为是还权于社会,主要就是还权于各种社会团体组织。这一改革与发展趋势既表明了社会团体组织在当今各国行政生活中的地位和影响力的不断强化,也显示出社会团体组织的发展同时也是现代行政系统社会化改革得以实现的前提与保证。但是,另一方面,行政系统也可以促进或是制约社会团体的发展。就像一些发展中国家的情形那样,社会团体可能被禁止或很难获得影响行政系统的合法渠道,不能或是难以真正有效地影响行政系统的决策与运行过程,这就会使

[①] F. W. 雷格斯:《行政生态学》,商务印书馆股份有限公司1985年版,第12~17页。

[②] 艾伦·C·艾萨克:《政治学:范围与方法》,浙江人民出版社1987年版,第316~320页。

得人们组成社会团体的动机与需求大大减弱;在某些干脆禁止社会团体合法存在的社会里,自然也谈不上什么社会团体的发展与影响了。

与社会团体的发展相关的另一个重要的政治生态因素是政治社会流动性及其发达程度。在这里,社会流通性指的是社会民众参与政治生活的可能性及其程度。其中,流动的可能性是指社会上有无参政的渠道,渠道的多寡,及渠道的畅通与否。参政渠道越多,通畅性越好,民众参政的可能性或说社会流动的可能性就越大;反之则越小。社会流动程度是指民众参政的广度与深度。广度越大,意味着民众参政的范围越广泛;深度越大,则表明民众参政的真实度及有效性越可靠。因此,社会流动性实际上是一个社会政治生活民主化程度的代名词。这一因素对行政系统的影响力是非常巨大的。在流动性较强的社会里,人们将有可能积极参政,通过各种渠道影响与制约行政系统的功能结构、运行程序及规则的形成,推动行政系统最终按照符合民众整体利益的方向运行和发展;反之,在流动性不足的社会里,社会民众往往无从参政,最常见的就是消极参政,对现行行政系统持冷漠甚至抵制态度,在极端情形下,还可能出现"官民对抗"的官僚专制型行政系统。从另一方面来看,行政系统的自身特性也会对社会流动性产生制约作用。一般来说,在封闭型行政系统条件下,社会流动性必然会大大削弱,而在实行开放式行政机制的情况下,则有利于社会流动性的加强。正因为如此,社会流动性有时被作为是行政民主化与开放程度的代名词,直接影响与制约着系统与生态环境之间的互动关系。一些学者也往往并不视之为生态环境因素,而是把它作为行政系统的内在结构特征之一。不过,在这里,社会流动性不只是行政系统的流动性问题,更重要的是要反映整个社会政治系统中的流动性特征,因此,把它作为一种行政系统的生态环境因素来对待更为适宜。

三、文化生态及其对行政系统的影响

有关文化概念的理解,在这里,它是作为一种与经济、政治生态因素相并列的行政生态因素类型而提出的一个概念。在政治学领域,美国学者阿尔蒙德首先较为系统地提出"政治文化"这一类似概念。他认为:"政治文化是一个民族在特定时期的一套政治态度、信仰和感情。这个政治文化是由本民族的历史和现在社会、经济、政治活动进程所形成。"[1] 所谓政治文化,其实就是特

---

[1] 加布里埃尔·A·阿尔蒙德等:《比较政治学:体制、过程与政策》,上海译文出版社1987年版,第29页。

定社会政治系统文化心理层面的环境因素的总和。参照这一概念及其运用意图，我们也可以把处于特定社会对行政系统的一般认知与价值取向统称为行政文化。具体地，所谓行政文化就是在特定社会里，社会成员在社会化过程中所形成的关于行政系统的成因、结构、运行方式及其与公民间关系的认知、情感、态度与价值取向等心理活动的总和，是行政系统及其运行方式在社会成员心理上的稳定反映与沉淀。简言之，行政文化就是社会成员有关行政系统的一切社会心理活动的总和。

为了便于对行政系统的文化环境因素的影响进行具体分析，我们可以从认知对象构成这个角度来分析行政系统文化环境的构成及其影响。从理论上来说，对行政系统的认知结构基本上可以分为行政系统的形成原因、功能结构、运行规则和方式，以及行政公共关系（主要是公众与行政系统之间关系）等四种基本类型。相应地，行政系统的文化环境因素也可以划分为相对应的文化（因素）类型，依次可以称作关于行政系统形成原因的行政文化因素、关于行政系统功能结构的行政文化因素、关于行政系统运行规则及方式的行政文化因素以及关于行政关系的行政文化因素。为了简单起见，根据学术界的常见说法，可以分别称之为行政神话、行政功能文化、行政运行文化以及行政公共关系文化。

阿尔蒙德认为，由于政治行为受人们价值取向的深刻影响，政治文化也必然会对人们的社会政治行为，乃至对整个政治系统发挥重要影响。一般认为，政治文化的价值正在于，通过影响社会成员的政治行为来对整个政治系统的功能发挥作用①。相应地，行政系统作为现代政治系统的核心组成部分，必然也受到外在文化生态的影响。行政文化必然要对行政系统的构成与运行机制产生种种直接或间接的制约性影响。

（一）行政神话

所谓行政神话，又称为总体价值观，即在特定行政生态下，社会民众在社会化过程中逐渐形成的，关于行政系统应该具有哪些基本社会价值的认知与价值取向模式。类似于"政治神话"，其主要功能在于解释行政系统在特定环境中的存在价值或者说赖以产生与维持存在的根本原因。换言之，总体价值观所要解决的是这样一个问题，即人类社会为什么要创建行政系统？或者说，作为人为系统之一的行政系统应该实现何种终极社会价值？因此，总体价值观实际

---

① J. E. 安德森：《公共决策》，华夏出版社1990年版，第35页。

上是行政系统得以产生与存在的社会价值前提，直接影响着行政系统的社会价值定位，决定着该系统的功能重心。

在不同国家或同一国家的不同历史发展阶段，在不同行政生态下，人们关于行政系统的总体社会价值观存在着较大差异。具体地，在传统农业社会时期，如果说存在行政系统的话，其存在的价值主要是为了实现对整个社会秩序的控制。在这种社会里，国家与社会之间总体上是一种控制与反控制的相对立关系，关于行政系统的占主导地位的总体价值观也只能是管制型价值取向模式。相应地，行政系统的存在及其运行，其核心价值与功能在于实现对社会的有效控制，建立起符合少数权势集团利益要求的社会秩序。因而，其功能重心便集中体现为以暴力镇压为主要特征的政治统治职能。但是，在现代化民主社会里，社会民众对行政系统的总体价值认知越来越趋向于民主服务型价值取向模式。根据这一模式，行政政策的制定与执行，或者说行政权力的运用，尽管也要确保良好社会秩序的维持，然而更为重要的价值取向却在于促成人民福利的优化。即使是对社会秩序产品的提供，其目的也不再是维护少数人的利益，而是为了更好地维护与增加人民的福利。相应地，行政系统的构建及其运行的核心目的不再是控制社会，而是服务人民、服务社会。其功能体系亦转而以民主服务职能为重心。

不过，对处于传统型与现代民主型社会之间的过渡型社会而言，人们对行政系统的总体价值取向基本上可看作是"双轨型"模式。在这种模式中，一方面，行政系统日益面临着放松管制、服务社会的价值要求，这主要表现为行政系统面临着日益强烈的民主化、社会化、服务化改革要求。另一方面，行政系统又不得不投入大量精力来确保符合某些利益集团，往往是持有传统保守立场的既得利益者阶层要求的社会秩序，这又使得行政系统不得不带有强烈的管制色彩。也就是说，在过渡型社会里，人们对行政系统的总体价值取向呈现出管制型与民主服务型并存的特征。不过，在过渡型社会的不同发展阶段，管制型与民主服务型价值取向在社会总体价值观中所具有的相对地位不是一成不变的，而是要随着行政生态的改变而发生变化。与此同时，行政系统的价值或功能重心也会随之发生相适应的调整与变更。

由此可见，关于行政系统的总体价值取向实际上是特定社会对行政系统所能实现的核心社会价值，从而也就是对其所应具备的核心功能的价值认知与取向模式。这一文化模式既是特定社会行政系统长期发挥的基本价值或功能在人们内心的沉淀与反映，反过来又是特定环境下人们对该系统所应该实现的社会价值或者说所应该发挥的基本功能的普遍取向。实践表明，不同类型的总体价值观必然要求有不同类型的行政系统与之相适应；总体价值观的转变往往也意味着该社会行政系统所要实现的基本社会价值要求的改变，从而也决定着其功能重心要随之发生相适应的转移。

（二）行政功能文化

所谓行政功能文化，也就是关于行政系统的功能结构观，是在特定行政生态下，社会民众在长期社会化过程中逐渐形成的对行政系统所具备的功能结构的认知与价值取向模式。现代管理理论一般认为，政府组织的功能体系都应该与一定的社会发展阶段相适应。关于行政系统的特定功能结构观不过是这一社会发展阶段下行政系统功能结构在人们思想观念上的反映与沉淀。相关功能结构观的形成，既会对特定具有功能结构的行政系统起着精神支持与维护作用，又是新型功能结构模式得以建立与存在的思想前提。因此，不同社会关于行政系统功能结构的认知与价值取向直接影响与制约着该社会行政系统功能结构的具体模式。

一方面，行政功能文化包括社会关于行政系统功能范围的认知与价值取向，也就是对行政系统应该以及能够在哪些社会生活领域行使行政权力所形成的价值判断与取向。这实质上是对行政系统功能范围应该如何确定这一问题的价值判断与社会取向。一般地，行政系统功能取向模式的不同，决定着不同社会行政系统功能范围的差异性。就近现代国家而言，在自由资本主义时期，"私人自治"与"守夜人政府"观念盛行，行政系统也就奉行不干预主义，一般不主动对社会生活各领域，尤其是经济生活领域进行干涉。行政系统运行的主要目的在于维护正常的社会公共秩序，尤其是社会经济秩序，公共秩序维持功能成为其核心功能或者功能重心。但是，从19世纪晚期尤其是20世纪30年代开始，"国家干预主义"逐渐取代了自由放任主义的主导地位，行政系统开始主动涉足社会生活的各个领域，尤其是在经济与社会发展领域大规模地制定与实施各种经济与社会发展政策。各国行政系统的功能范围大大扩张，各种政府发展功能尤其是经济与社会发展功能越来越在其功能结构中占据着核心地位。而在极端信奉国家整体计划功能或者说"国家主义"盛行的社会里，尤其是在苏联式社会主义国家，行政系统在社会生活各个领域直接制定与实施国家计划，其功能范围几乎与社会生活领域相一致，整个国家成为一个计划与生产托拉斯。

另一方面，行政系统功能结构观还包括对系统内部职能分工发达程度的认知与价值取向模式。在社会政治实践中，行政系统的职能或者功能分工发达程度实质上是行政权力的专业分工及其技术化程度问题。就现当代国家而言，这一般是由各国以宪法或基本法的形式予以规定的。但是，相关法律的制定过程也只不过是各个社会关于行政系统内部职能分工及其专业化程度的占主导地位的认知与价值取向上升为国家意志的合法化过程。因此，不同国家行政系统内部功能结构或者说专业化程度，归根到底，是由各自社会占主导地位的相关认知与价值取向模式所决定的。

综观人类社会发展史，行政功能文化基本上可看成是以"全能普化型"功能观与"有限分工型"功能观为两端，以系统的功能范围与内部分工发达程度为基本衡量指标，所共同构成的一个价值取向连续体。其中，全能普化型行政功能文化又包括两方面的含义：就功能范围方面而言，这种价值取向极端崇拜行政系统，认为它是全能的，有能力也有必要统揽社会一切事务，因而所有社会决策权力都应该由该系统统一行使。我国传统型计划集权体制的产生应该可视为是这种价值取向的结果。而在系统内部专业化分工方面，行政政策的具体制定者与实施者也被认为是全能的，官僚是"通才"，行政机关是全能机构，能同时集决策、执行、评估与控制等诸项功能于一身，故而也就没有必要进行分工。事实上，在传统型农业社会，政府面临的公共事务相对简单，社会也不能提供足够多的剩余资源来供养规模过大的行政系统。于是，全能普化型行政功能文化便应运而生。这在社会政治生活实践中集中体现为类似于美国学者雷格斯所说的"融合型"行政系统，即以职能与权力高度集中为特征的行政系统的出现。① 然而，在科技与信息量突飞猛进的现代社会，行政系统所要处理的社会事务迅速增多，而且日益复杂，瞬息万变。与此相适应，行政系统的功能范围大肆扩张，行政政策制定及其实施的专业化、技术化要求也不断细化、深化。此时，不仅"全能机关"的神话迅速破灭，行政系统的能力局限性也日益凸显。相应地，有限政府观和系统内部功能分工与专业化价值取向，即所谓有限分工型行政功能文化逐渐取代全能普化型行政功能文化而成为现代行政文化体系的重要组成部分。在社会行政生活实践中，各国行政系统的功能范围及其内部结构也发生着相应变化，体现了行政文化与行政系统实践之间的互动。

（三）行政运行文化

这里所讲的行政运行文化实质上是关于行政系统运行机制的认知与价值取

---

① F. W. 雷格斯：《行政生态学》，商务印书馆股份有限公司1985年版，第147~148页。

向模式,可称之为行政过程观,主要是指社会民众在政治社会化过程中逐渐形成并稳定存在的、关于各种行政问题得以有效解决的途径与方式的普遍性价值取向模式。其核心问题是行政系统基本运行规则及其基本运行方式的确定。纵观人类政治发展史,关于行政系统运行机制的价值取向主要有两种模式,即自律本位的人治模式与法律本位的法治模式。事实上,我们可以认为,各国行政系统运行机制的价值取向模式经历了或正在经历着一个由自律本位向法律本位逐渐发展的过程。

所谓"自律",即行为主体主要遵循由自身内在意志和个人情感引申出的道德规范,并以这一道德规范为依据,选择与之相适应的行为规则与行为方式的心理与行为过程。"自律本位"表现在行政运行实践中,实质上就是以主观意志与个人情感作为行为依据的人治型行政运行机制。这一价值模式往往要求按照少数政治精英乃至某个权威人物的个人意志制定与实施行政政策,治理国家。于是,行政系统运行的效果与质量便只能维系于政治精英的个人意志与品质,对行政行为不用事实上往往也无法进行必要的法律约束。其典型表现是推崇贤良政治,清官政治,主张行政行为道德化、"人情化"。实践表明,从长期看来,这种自律本位的人治型行政系统运行机制的实施结果只能是人存政存,人亡政息,不仅导致行政决策重大失误不断,而且由于缺乏连续性与一致性,使得政局也动荡不安,给国家现代化建设事业和人民生活带来沉重灾难。

另一方面,所谓法律本位,就是从人性不完善的基本假定出发,强调法律的至上性,认为行政系统及其运行机制,乃至整个社会政治生活系统都应该实现规范化、法治化;行政系统的一切权力与行为都应该受到法律的制约,系统的功能、结构、运行程序及其规则也都应该由法律明确界定。简言之,就是要求行政系统的运行及其行为走上法治化轨道,实现依法治国,建立起法治国家。实践同样证明,相比自律本位的人治而言,法治化能使行政行为更为周密、科学、规范、稳定,也更民主,更能代表大多数人的利益。

当然,在行政实践过程中,完全的人治与完全的法治都只能是一种理论上的纯粹假想。而且,由于法律的相对稳定性往往同时难免趋于保守与僵化,这使得完全的法治与人治一样并非十分完善的行政运行机制。在实践中,各国行政运行机制的取向模式大都兼具法治与人治的部分特色,只是各自所占比重有程度上的差异而已。这也正是世界各国,甚至同一国家的不同历史发展阶段,其行政系统的实际运行规则与运行方式呈现出多样化、复杂性特征的主要原因之一。

(四) 行政公共关系文化

行政公共关系，通常是指行政系统的各种对外关系的统称。由于行政系统与各种社会组织之间的关系在前面几种行政文化类型中已经涉及，这里所讲的行政公共关系其实就是行政系统与社会民众之间的关系。所谓行政公共关系文化，也可以称为政民关系观，即社会关于民众在行政系统中所承担角色方面的认知与价值取向，是人们在社会化过程中形成的，关于行政系统与民众间关系的认知、情感与价值取向。思想是行动的先声，民众参与行政过程与否及其参与方式均直接受制于他们对自己在该系统中所承担角色的价值认知。实际上，阿尔蒙德基本上正是从这个角度对政治文化进行分类的①。因此，我们也可以从这个角度出发，把行政公共关系文化划分为传统型、服从型与参与型三种类型。在不同类型行政公共关系文化的影响与制约下，社会民众对行政系统的态度及参与方式有着较大差别。

在传统型行政公共关系文化中，社会民众没有意识到也不想意识到行政系统及其运行过程的存在，没有意识到也不可能意识到具有行政过程参与者权利的公民角色的存在。事实上，社会成员并不期望从行政系统获得什么收益②。在这种文化背景下，有无现代意义的公共行政及行政关系都是值得商榷的。不过，无论如何，这种价值取向模式对传统社会专制型行政系统的存在与维持都是必要的。这也正是各国历代封建专制王朝鼓吹愚民政策，禁止民众议政的根本原因。与之相反，在服从型行政公共关系文化中，民众对行政系统及其运行过程，尤其是对行政输出过程存在强烈价值取向。这意味着人们开始关心起公共权力系统制定与实施的政策与法令，至少是对与自身利益密切相关的政策、法令开始关注。然而，此时社会民众仍然很少注意到行政系统的输入环节，也即行政政策的制定与形成过程；没有意识到，也不要求影响行政政策的制定与形成过程，更没有想到要参与这一过程。简言之，社会民众基本上是被动的，他们被要求而且自身也倾向于服从行政系统的一切输出。这种倾向往往会促成专制制度的形成，典型社会是近现代以来直到二战结束之前的德国与日本。

随着社会各个领域的持续发展，尤其是经济、文化生活水平的不断提高，社会民众会逐渐意识到，且日益倾向于通过各种途径来影响行政政策的制定与实施过程。由此，最终必然会形成所谓的参与型行政公共关系文化。在这种价

---

① G.A.阿尔蒙德等：《公民文化》，华夏出版社1989年版，第17~29页。
② J.E.安德森：《公共决策》，华夏出版社1990年版，第37页。

值取向模式的影响下，大多数社会民众都认为可以而且有必要对行政系统及其运行过程施加影响和进行控制。他们把行政系统当成是促成公民利益得以实现的合法途径，因而会向系统提出各种期待与要求，且把这些要求的实现与否及其实现程度作为自己支持该系统与否的核心依据。因此，与这一文化形态相适应的只能是民主参与型的现代行政系统。这种行政系统类型的最明显特征在于它不仅本身就是一个社会民众整体性利益的合成与实现系统，而且，更为重要的是，社会民众意识到他们能够并且有必要对行政过程进行控制与影响。事实上，他们一直在努力通过种种途径与方法对这一过程产生影响。[1] 由此可见，特定社会的政民关系观不仅直接影响与制约着该社会的民众对行政系统及其运行过程的情感态度与参与方式，事实上，它还会直接或间接地改造着行政系统的基本性质与内部构成。

综上所述，行政文化主要从两个方面对行政系统产生影响与制约作用。一方面，当这种认知与价值取向模式跟现行行政系统的内在属性相适应或者说相协调时，它就会对该系统的存在起进一步的巩固与维持作用。在传统型与服从型行政文化占主导地位的传统或过渡型社会里，社会民众崇敬或迷信权威，这是一些专制型行政系统赖以产生并得以长期持续存在的一个基本原因。然而，另一方面，在一定的历史条件下，当社会民众的文化素质、自我利益意识、民主参政愿望等方面发生根本性变化时，行政文化模式本身就会发生本质上的变更，也即会演变成另一种文化模式。相应地，社会民众不会再对现存行政系统感到满意。或迟或早地，现行行政系统将会面临变革乃至革命的压力。

当然，行政文化本质上是一种社会观念形态，往往具有多元性，在同一社会同时存在不同类型的行政文化模式。至于何种行政文化能够成为主流的模式，则表现为不同类型行政文化之间的竞争问题。事实上，一种行政文化能否成为主流文化模式，需要通过行政系统的现实结构来加以体现与检验。或许更为重要的是，行政系统往往在促成一种行政文化的形成，甚至是在促使其上升为一种主流行政文化类型的过程中起着重要的推动作用。比如，在西方国家，保守性政党执政的政府往往会使得行政系统带有更多的保守色彩，有利于保守主义行政文化在思想领域地位的提高；相反，进步主义政党执政的行政系统则一般有助于进步主义行政文化类型的产生与发展。原因其实很简单，行政文化也只是行政系统存在现实在社会民众内心的反映与沉淀，并不是一种能够脱离事实而凭空产生的"神话"。

---

[1] G.A. 阿尔蒙德等：《比较政治学：体系、过程和政策》，上海译文出版社1987年版，第56~60页。

第三节 当代中国行政生态与行政系统的互动影响

一、中国现行经济生态的基本特点及其对我国行政系统的影响

我国目前仍属于发展中国家，整个社会经济正处于现代化转型的过渡时期。这也使得我国行政系统所面临的经济生态呈现出转型时期的种种特征。

（一）传统农业与高科技产业并存的社会生产力发展状况

近二十年来，中国在经济建设、人民生活和综合国力等领域取得了举世瞩目的发展，但总体上说来，社会生产力发展水平仍然较低。这主要表现在四个方面：

第一，较发达的城市工业体系与更为普遍化的小农业经济并存，呈现出强烈的二元经济结构特征。这种经济结构是造成当前我国行政体制现代性与传统性并存这一"异质性"特征的根本经济原因。一方面，较发达的城市工业体系的兴起，产生了对现代政府管理模式的强烈要求，促成了各种现代管理思想、理论的迅速形成或引进，加速了我国行政体制的现代化进程；另一方面，传统小农业经济的存在又限制了现代行政体制职能及机构的形成，并使运行方式、运行规则及程序等不能不带有较强的传统色彩。

第二，国民经济各项总量指标取得了长足的进展，但各种人均经济指标却很低。根据国际货币基金组织公布的数据，2005年中国国内生产总值跨过2万亿美元台阶，跃居世界第4位，国内生产总值占世界的份额由2001年的4.2%提高到2005年的5%。而按所谓"购买力平价"计算，中国已成为仅次于美国的第二大经济实体。这些数据表明我国国民经济已取得了巨大发展，也为我国行政组织的运行奠定了坚实的经济基础与财政后盾。另一方面，我国各项人均经济总量却很小，无论生产力发展水平还是人民的生活福利，与西方发达国家都有较大差距，其中一些指标甚至离发展中国家平均水平尚有一段距离。事实上，2005年中国人均GDP仅为1703美元，仅相当于美国的1/25，日本的1/21和世界平均水平的1/4，大体上与刚果、摩洛哥相当，全球排第110位。① 这无疑极大地限制了行政系统所能动用的财力资源总量，限制着我国行

---

① 刘铮、姜敏：《国家统计局：中国GDP世界第四 但仍非经济强国》，新华网沈阳10月9日电，http：//news.sohu.com/20061009/n245696835.shtml。

政组织的活动范围和能力，造成行政能力不足，使国家行政组织难以适应社会发展要求。

第三，我国基本建成了门类比较齐全、自主性较强的国民经济体系，全国各个地区、部门的经济有了长足的发展，社会主义市场经济体制也逐渐走向成熟与完善。这既提出了加快我国行政体制现代化进程的强烈要求，又为之提供了强大的推动力与社会经济基础。但与此同时，我国国民经济结构仍然不合理，地域、部门之间发展不平衡；东部与中西部地区经济发展差距显著；农业、能源、交通运输、文教卫生部门发展不足。这些都构成了国民经济实现可持续发展战略目标的"瓶颈因素"。这一状况既造成了行政组织的区域性特征，导致地方保护主义、市场分割等不良行政行为的恶性膨胀，同时也增加了行政系统满足其要为国民经济的稳定、高速、协调发展提供推动力这一社会环境总体要求的难度。

第四，科技发展水平也相当不平衡。一方面，在沿海先开发地区，某些高科技产业已开始采用具有当今世界发达水平乃至领先水平的科学技术。许多高科技产品，如因特网、高清晰视频彩电、巨型电子计算机、新能源与新材料乃至于航空航天技术得到日益广泛的应用；另一方面，在广大中西部地区，尤其是占人口总数80%的庞大农业生产部门几乎仍然处于刀耕火种或工场手工业时代。这一现状极大地限制了我国行政组织科学化、专业化及技术现代化的进程。

（二）国有制经济占主导地位，多种经济成分并存、共同发展的社会经济结构

改革开放以来，我国已经打破了计划体制下形成的公有制经济一统天下的单一型结构，逐步形成了目前国有经济占主导地位，多种经济成分共同发展的现行社会经济结构。新型结构为我国行政系统摆脱与计划经济体制相适应的集权行政模式创造了经济基础上的前提条件。但是，由于在传统体制下形成的政企关系行政化、国有企业所有权虚置化等问题的存在和难以解决，国有经济仍然缺乏活力，总体效率低下。在这种情形下，要想维持现行社会经济结构，要想维持缺乏竞争力的国有经济在市场经济体系中的主导地位，除了用行政干预等非市场竞争性垄断手段加以维持外，别无它法。这样一来，现行行政体制就难以进行有效改革，也就无法建立与社会主义市场经济体系相适应的新型行政体制。不过，党的十五大以来，政企分开这一我国政治、经济尤其是行政体制改革的关键性课题已经受到广泛关注，其研究成果必然会对我国行政系统的

改革与发展产生影响。

(三) 受限市场模式

随着经济体制改革步伐的深入,我国市场经济体系正不断走向成熟、完善。特别是在加入WTO之后,由于经济全球化的影响与推动,市场体制必将发育更快。就目前而言,我国市场体制仍然只能算是一种受限市场模式。所谓"受限市场模式",是雷格斯在分析过渡型社会特征时提出的一种独特的市场体制类型。其主要特点是"价格的不可决"(Price Indeterminacy),即在经济结构已经建构化、但却非完全市场化的社会中,价格除了受市场因素限制外,还要受到买卖双方的社会地位、名望、亲疏关系等非市场因素的影响。此种市场体制下,当商品价格低于一般市场价格时,意味着买方取得了一定的补贴。要维持这一补贴制度的存在,就必须限制购买者的资格,有时甚至要牺牲卖方的利益。① 在新中国成立后相当长一段时期内,正是靠扭曲农产品价格,牺牲农民利益并严格限制工人规模来维持政府补贴工业、尤其是重工业发展的"赶超战略"的②。目前,这种受限市场模式仍然在我国存在,主要表现在两个方面:

其一是价格双轨制,即大部分商品实行市场定价,但有少量关系国计民生的所谓基本物资、基本能源及产品仍实行国家定价。这种双轨制使政府经济管理职能、管理方式与手段呈现出双重性特征:既要维持与市场经济体系相适应的经济管理职能,又要维持传统计划经济体制中形成的经济管理体系。由此,随着社会主义市场体系的逐步健全与完善,我国必然又面临着如何消除这种双重性特征,建立与市场体制相适应的政府体制的任务。

其二是全国市场的分割性,即全国市场体系尚不统一,其主要原因在于"地方保护主义"、"诸侯经济"的存在。地方政府为了保护各种狭隘的地方利益,人为地设置行政壁垒,或通过变相的税费政策,相对地提高外地产品的价格与成本,这就使得商品价格不能完全按市场规则来决定。同时,这种市场有限性又会对地方政府产生影响,使地方政府承担了许多不应承担的职能,无法实现职能转变的改革目标,进而阻碍着整个地方政府体制的改革进程。同时,市场的分割性也会对中央政府社会经济管理职能,尤其是对与市场经济体制相配套的宏观经济管理职能的有效行使构成严重的负面影响,进而阻碍了中央政

---

① 彭文贤:《行政生态学》(修订版),台湾三民书局1992年版,第72页。
② 何帆:《传统计划经济体制的起源、演进和衰落》,《经济学家》1998年第2期。

府体制的顺利转型。

当然,这种受限市场模式日益受到我国中央政府与社会各界的不满与反对,党的十四大明确提出了建设有中国特色的社会主义市场经济的宏伟目标。尤其是在我国加入世界贸易组织,成为全球化市场体系中的一员之后,统一的全国大市场、完善的社会主义市场经济体制最终将成为我国国内经济环境的基本要素。事实上,对于我国行政系统而言,这意味着它所面临的经济生态环境将发生巨大变化,为此本身也要进行相适应的调整与变革,而建设这种未来的市场经济环境又是它当前所面临的最为紧迫的任务与职责之一。当然,所有这些正是行政系统与其经济生态环境之间互动性的生动反映。

二、中国现行政治生态的基本特点及其对我国行政系统的影响

在当代中国,对行政系统影响最为显著的政治因素主要有政党制度、人民代表大会制度以及发展中的社会团体组织。

(一) 变革中的政党制度

中国共产党领导的多党合作、政治协商制度是我国现行的政党制度,是我国基本政治制度之一。这一制度使中国共产党在整个国家政治体系中占据领导核心地位。具体说来,中国共产党对行政系统的影响可分为直接影响与间接影响两个部分:直接影响是指共产党作为执政党,通过建立与各级政府直接相对应的、严密的层级节制型组织系统——各级党委与党代会,直接对行政系统的组织、人事和决策活动行使领导功能,直接干预行政政策的制订、实施、监督与控制全过程。所谓间接影响则是指共产党通过各种国家权力组织与政治机构,包括国家权力机关、司法机关,来影响行政系统的组织与运行过程。其中主要是通过人大把自己的纲领和主张转化为国家法律、法规和政策,并通过人大的立法程序来规定行政系统的价值取向、功能、结构、运行程序及其规则。可以认为,通过这两种影响的紧密结合,中国共产党基本上掌握了整个行政系统及其运行过程。有些学者甚至认为,行政系统只不过是中国共产党的政策执行机关①。这种说法或许过于夸张,但却反映了现行行政系统对党组织相当程度的依附性。事实上,两者间的这种关系正是与当代中国的特定国情相适应的。它是我国百余年革命实践的必然结果,也是在中国这样一个贫穷、落后的

---

① 徐颂陶、徐理明:《走向卓越的中国行政》,中国人事出版社1996年版,第105页。

半封建半殖民地国家实现民族自立、自强,实现经济、文化生活现代化等宏伟目标所采取的必要举措。然而,随着改革开放事业的深入发展,随着各方面环境因素的不断改变,这一政治制度也明显存在着有待完善的地方。党政关系不顺以及由此所导致的行政组织自主性不足、活力不够、效力低下等问题,已经成为困扰我国行政系统改革,乃至整个政治经济体制改革得以深入进展的关键性障碍因素之一。事实上,理顺党政关系早已列入我国政治体制改革议程。这一改革进程及其举措必将对我国行政系统及其改革产生深远影响。

(二) 亟待完善的人民代表大会制度

人民代表大会制度是我国的政权组织形式。根据这一根本政治制度,人民代表大会是我国国家权力机关,国家行政机关与司法机关都由人大产生,受它监督,对它负责。人大及其常委会通过制订或批准同级政府的政策、方针,制定有关行政系统及其运行程序的法律规范,决定政府的重要人事任免等权力来实施对政府的领导、监督与控制;司法机关,包括人民法院与人民检察院,则通过行使审判权与国家监督权,来对行政行为及其后果进行合法性监督与制约。因此,从制度层面来看,各级人大机关和司法机关直接构成行政系统的重要环境制约因素。但是,在现实政治生活中,由于法制不完善以及人大机构建设不足等许多主客观因素的存在,我国的人大与司法机关,尤其是各级人大应有的功能与作用尚有待进一步发挥。值得注意的是,改革开放以来,尤其是自党的十五大提出要"坚持和完善人民代表大会制度"、"发展民主,健全法制,建设社会主义法治国家"这一改革目标之后,人民代表大会制在一定程度上得到了完善,人大及其常委会、司法系统、行政系统之间的关系也在一定程度上实现了科学化和规范化,这无疑为行政系统走向科学化、规范化与现代化奠定了坚实的基础。

(三) 迅猛成长的社会团体组织

二十余年来,随着人民经济文化生活水平的不断提高,同时也由于党和政府还权于社会和社会管制的逐步放松,社会公众的自我意识与责任感不断增强,人们逐渐意识到为维护自身利益而组成各种共同利益团体的必要性与可能性。于是,与在计划集权体制下由党和政府组建、隶属乃至直接成为党政机关附属单位的各种群团组织不同,由社会公众基于共同利益而自愿组织起来的各种社会团体,如球迷协会、弱者权利保护协会等,纷纷涌现,并很快得到了社会的认同,迅速成长。这些社团有些与政治无关或关联不大,但有些却常常会试图运用各种方法与途径去影响政治决策过程，尤其是影响行政运行过程。较为典型的案例是1998年发生的一场全国规模的、关于CVD与SVCD标准问题的论争。这其实就是生产影碟机的不同厂商基于自身利益而发动的一场利益团体之间的论争，其目的正是想通过各自团体行为引起有关政府部门的注意，从而争取政府作出有利于己方利益的行政决策与行政规范行为。正如这场论战的结局所表明的那样，这些不断产生并迅速成长起来的各种社团组织必将对我国行政组织及其运行过程产生日益深刻的影响。我国国务院于1998年11月颁布实施的《社会团体登记管理条例》既是对这一现象的认同，也从另一个角度表明现代意义的社会团体开始对我国现行行政系统产生影响。

三、中国现行行政文化生态的基本特点及其对行政系统的影响

我们可以把行政文化划分为三种基本类型，即传统型、服从型和参与型。但是，在现实生活中，很难找出一种纯粹的文化类型，而是常常出现各种混合类型。在政治、经济与行政改革这一客观环境中逐渐成长起来的我国现行行政文化正是这种情况。本书姑且称之为服从—参与混合型行政文化。这种文化形态具有很多独特的过渡性特征。它既是对我国行政系统现实的一种反映，也是使得我国行政系统呈现出较强的过渡性特征的重要因素。

（一）管制型行政总体价值观向服务型行政总体价值观的转变

在传统计划集权体制下，中国占主流的行政总体价值观是管制型行政价值观。在这种行政神话的逻辑里，行政系统的存在价值在于使社会民众按少数精英领导的个人理想及经验思维所构建起来的蓝图去改造社会、自然和人本身。历史经验表明，这种类型的行政体系往往需要靠行政强制与命令来加以维持；行政管制成为系统的核心功能与主要特征。历史经验也同样深刻地证明，无论其出发点多么美好，这种行政系统最终可能以"大跃进"、"文革"这类令人触目惊心的历史事件而告终。幸运的是，随着改革开放进程的启动，尤其是随着社会主义市场经济建设目标的逐渐确立，服务导向型行政文化已经开始萌芽并迅速成长。这种价值观要求行政组织以提供公共产品与服务、改善人民经济文化生活为基本功能与价值取向。它的兴起，将对在管制型行政文化观念下建立起来的行政体制产生巨大冲击，要求行政系统在功能、结构、运行程序与规则等各个方面作出相适应的变革。

(二) 全能普化型行政功能文化向有限分工型行政功能文化的转变

全能普化型行政功能文化有两层含义：其一，政府是全能的，政府有能力也有责任总揽所有社会事务。传统行政体制政企政社不分、职责无限、机构臃肿等问题的产生，正是这种全能型政府观的自然结果。其二，政府机关也是全能的，或者说功能普化的。任一政府结构都可同时兼决策、执行、监督与控制诸项功能于一身，领导干部既管决策、控制，又抓考核、执行。机关是全能机关，个人是全能职员。我国传统计划集权体制的产生应该可视为是这种价值取向的必然结果。在系统内部专业化分工方面，行政政策的具体制定者与实施者也被认为是全能的。官员是"通才"，行政机关是全能机构，能同时集决策、执行、评估与控制等诸项功能于一身，故而也就没有必要进行分工。在传统农业经济时期，政府面临的社会事务比较简单，这种功能普化型行政系统尚可应付。但在当今时代，在经过几十年的经济与社会发展之后，我国行政组织所要处理的社会事务纷繁复杂，瞬间万变，不仅成为通才与全能型组织已不可能，而且还朝着日益细分与专业化的方向发展。相应地，有限分工型行政功能文化，也就是有限政府观与专业化倾向日益在行政文化体系中占着主导地位。这就要求我国行政系统结构，尤其是其功能与组织结构进行相适应的变革与调整。

(三) 自律本位型行政运行文化向法律本位型行政运行文化转变

在自律本位型行政文化体系里，行政主体根据自己的内在意志和个人情感引申出道德规范，并选择与之相适应的行为模式。改革开放前，在我国占主流的基本上就是这种自律本位模式。它既是我国几千年封建伦理政治传统的自然遗留，也是从前苏联抄袭过来的全能集权型政治体制的必然结果。其基本特征是把行政效果寄托在行政主体的个人品质上，并以纯洁思想或者说道德教化作为保证行政质量的主要手段。历史实践证明，这种行政体制实质上就是以主观意志与个人情感为支点的人治型行政，其结果只能是人存政存，人亡政息，行政系统动荡不安，同时也给国家建设事业和人民生活带来沉重灾难。不过，这也从反面促成了我国法律本位型行政文化的形成。这种法律本位行政文化从人性不完善的基本假定出发，强调法律的至上性，认为行政系统应该规范化、法治化，要求行政权力应受法律制约，行政系统的功能、结构与运行程序应用法律明确界定。正因为如此，法治观念构成现代民主国家行政文化乃至整个政治文化体系的核心价值取向之一。在我国，中国共产党十五大提出的建立社会主义法治国家这一宏伟蓝图，便是法律本位观逐渐在新的历史时期取得主导地位的有力明证。这种新型行政认知与价值取向模式的产生与形成，既是我国现行行政组织实现法治化的理念前提，也是我国行政系统得以实现科学化、现代化的一个重要推动力量。

（四）依附服从型行政公共关系文化向自主参与型行政公共关系文化的转变

依附服从型行政观是中国几千年封建官僚专制体制下行政文化的一大特色。在新中国成立后的计划集权体制中，这一封建余孽仍然长期残存。在这一文化背景下，社会民众的人格基础是权威崇拜以及对权威的依附，是一种非独立的人格。行政体制内部一般会出现权力过度集中，个人专断，乃至个人崇拜；对外则呈现出单向性，封闭性。社会民众消极地接受来自行政组织的各种政策及其后果，不能也无意识去主动参与政策的制定、执行与监控过程。但是，随着社会的逐渐开放与发展，人们的自主观念、权利意识、责任感与参与精神也日益增强，"神圣权威"与"万能政府"逐渐失去了神秘面纱，自主参与型行政公共关系文化将在我国行政文化体系中越来越占据主导地位。人们为了维护与改善自身利益，也将越来越频繁地试图去影响政府过程，并促使行政系统发生相应的变化；同时，各层各级行政主体也将日益强烈地要求能自主地处理自己职权范围内的事务，并要求拥有决策过程的民主参与权。所有这些，都要求对现行行政系统作出相应的变革，以建立与新型行政文化观念相一致的行政体制。

总而言之，在现代中国，随着各方面改革的深入发展，行政文化正在发生根本性转变，传统的依附服从型价值取向模式正逐渐让位于自主参与型价值取向模式；社会民众的自主要求、权利意识、社会责任感与政治参与意愿日益强烈，传统的威权型万能政府正逐渐褪去神圣面纱。相应地，这也意味着我国行政系统及其运行机制革命性变革时期的到来。改革开放，尤其是党的十五大以来逐渐树立起来的我国现阶段政治发展取向，即建立社会主义法治国家这一价值与改革实践取向模式的最终确立，正是对这一变革要求的适应和体现。

值得指出的是，如第一节所分析，构成行政生态的因素不只有上述分析的社会性因素，还应该包括自然因素，主要包括自然资源总量与结构，国家地理面积、位置及其他相关地理属性，国家人口总量及各种结构属性。但是，随着人类社会的发展，纯粹意义上的自然因素已经越来越少，大多数自然因素已经人工化，成为社会因素的一部分。更为重要的是，与各种社会因素相比，至少到目前为止，自然因素对人类的影响已经退居次要位置。而且，纯粹的自然因素具有更强的独立性，对行政系统的影响往往是单向的、客观的与具体的，难以进行抽象说明。不过，这并不意味着自然因素对行政系统的影响并不重要或不值得关注。事实上，行政系统的规模与结构往往与所处自然环境有关系，而某些自然因素，如自然资源结构与地势环境因素，在特定情况下甚至可能成为行政系统存在与运行的主要制约性因素[1]。

---

[1] 傅明贤：《行政组织理论》，高等教育出版社 2000 年版，第 181~184 页。

第三章
行政功能论

行政功能是行政学一个极其重要的范畴，它反映了行政管理主体——政府在国家和社会中的功用、效能，应该发挥什么样的作用以及实际作用和效能如何，亦即政府在国家和社会中扮演什么样的角色。那么，到底什么是行政功能？它是怎么演变的？研究行政功能的意义何在？行政功能的基本构成状况如何？它主要包括哪些内容？在当代中国，为什么要转变行政职能？如何转变行政职能？对这些问题的认识和回答，不仅构成了行政学原理的基本内容之一，而且更有助于我们对当前中国行政管理实践获得更加理性的认识。

第一节 行政功能及其演变

一、行政功能的概念辨析

（一）功能和职能的概念

为了说明行政功能和行政职能之间的关系，先要分析一下"职能"和"功能"概念。

"职能"是社会科学中经常运用的一个概念，如经济学中的"货币职能"、政治学中的"政党职能"，行政学中的"政府职能"等。人们通常将"职能"解释为"作用"，但必须在加以限定之后才能作这种解释。这是因为，自然事物和社会现象都有其作用，但自然事物的作用一般不称为职能，只有社会中的人、组织、事物的作用才称为职能。而且，我们也不能将社会中的人、组织和事物的各种作用都称为职能，而只是某种事物"应有"的作用才叫做职能。这里所谓"应有"，亦即人们对其提出的要求。这种要求在本质上是由社会分工所决定的。就是说，在社会发展过程中之所以会产生出某种社会组织，是因为需要它在社会中起某种作用。而在现实上，社会组织的职能又总是和这种组织所要实现的目的联系在一起的。这样，职能也就特指对实现目的应起的作用。由于各种社会组织所要实现的目的是不同的，也就决定了它们的职能不同。但一般而言，社会组织只有对社会进步起积极推进作用时，其职能才是有意义的。

"功能"是系统科学的概念。在系统科学中，功能反映系统与外部环境的关系。系统的功能是由系统的结构决定的，而同样的结构相对不同环境又表现为不同的功能。"功能"即"事功和能力"，或"功效、作用"①，在范畴上与"结构"相对，是指物质系统所具有的作用、能力和功效等。相对于"结构"而言，功能是外在的相对活跃和多变的因素，或者说，是系统在与外部环境的相互影响中所呈现出的效能。这种效能是系统内部结构所形成的固有能力的外部表现，它同时也表明，功能只有在系统与外部环境输入或输出的相互作用过程中才能体现出来，进而也就揭示了功能与结构的相互关系：结构是功能的内在依据，功能是结构效能的外在表现；结构决定功能，结构变化导致功能变化；结构具有相对稳定的特性，功能则活跃、多变，并反作用于结构；功能的充分发挥，既是结构稳定的条件，又是结构变化的前提。"系统功能只有在系统与环境相互作用的过程中才能体现出来，没有系统与环境之间的相互作用，就无所谓功能。"②

由于系统科学研究的系统包括自然系统和社会系统，因而"功能"概念可以运用于自然系统，"职能"概念一般则不用。那么，在社会的范围内，功能和职能是否可以简单地通用呢？答案是否定的。这是因为功能具有的二重性。功能既依结构的变化而变化，又因其所作用的环境不同而不同。就一个社会组织来说，当我们将其视为一个系统时，不论其结构合理不合理，亦不论其作用于何种环境，都必然会表现出一定的功能。功能就其质上对社会发展的作用而言可正可负，就其量上可大可小。职能则不同，它是指社会组织对社会发展应起的作用。这就是说，一种社会组织，其所发挥的功能，只有在与该组织所要实现的目标相一致时，功能才表现为职能。正如《现代汉语词典》把职能解释为"人、事务、机构应有的作用；功能"③。如果功能与组织目标不一

---

① 《辞海》（缩印本），上海辞书出版社1999年版，第624页。

② 李以章等：《系统科学——基本原理、哲学思想与社会分析》，华中师范大学出版社1991年版，第122页。

③ 《现代汉语词典》，商务印书馆1983年第2版，第1483页。

致,则功能只是功能,而不是职能。

(二)行政功能与行政职能的关系

从"职能"概念的含义我们可以进一步理解"行政职能"的含义。所谓"行政职能",指的是行政组织,即政府行政组织对社会进步应起的作用,或者说是行政组织的活动对社会进步应产生的效果。而从"功能"的含义我们理解为,行政功能则是指行政系统,主要是指政府行政系统对外部环境所产生的功效、作用等,它是行政系统内部结构所形成的固有效能的外部表现;行政功能有正向、负向之分,即行政功能具有二重性。

在许多书籍和文章中,都将行政职能与行政功能通用,对此,需作进一步辨析。如果说行政职能主要是指政府行政机关在社会生活中应当发挥什么样的积极作用的话,那么行政功能就是指特定结构的政府行政机关实际上对环境和社会发生了什么作用的问题,即为了起到这种作用,政府行政机关的结构应怎样才合理;在与不同的环境相互作用时,应形成怎样的相互关系,结构应怎样调整,等等。

上面的分析表明,行政职能强调行政组织应起的作用和应该怎么做,具体地说,就是行政组织为了达到一定的目的,应该做些什么,以及应该起到什么样的作用。而行政功能则与行政组织结构与行政外部环境有关,行政结构是行政功能的内在依据,行政功能是行政结构效能的外在表现,行政结构的效能与行政环境发生的作用表现为行政功能。行政功能受行政结构和社会客观需求的双重制约,即行政系统能给外部环境以什么影响,要受制于行政结构;而每一具体行政机关应发挥什么功能,又取决于一定社会对行政功能的客观需求。

正如上文对功能与职能两个概念的分析,即当功能与组织的目标一致时,就表现为职能,如将这两者的这种关系运用于理解行政职能与行政功能,我们可以看到,在行政组织的功能有助于实现行政目标时,行政功能与行政职能是一致的。在这种情况下,两个概念可以通用。如果不划定这个界限,将两个概念等同起来,则是不恰当的。因此,行政职能是指,为了达到某种目的,行政组织(这里主要讨论政府组织,以下不再赘述)应起到的推动社会发展的积极作用和功效;行政功能则指的是行政组织实际起的作用和功效,有正有负。当行政功能的作用表现为正向功能时,它与行政职能重叠,可以相互使用,否则不行。因此,下文论述行政功能时,出现的行政职能主要是指起正向作用的行政功能,与人们期望起到的作用相一致。

(三) 行政功能的特性

行政功能具有政治性。由于行政是一种国家管理，是阶级社会中统治阶级执行国家意志的一种特殊的管理活动，因此行政功能在总体上是社会统治阶级的利益和意志的反映。那种简单地认为"行政的主要功能在于促进社会进步"的观点实际上是抽掉了行政功能的政治属性。

行政功能具有多样性。在资本主义以前的阶级社会里，行政管理与整个国家的管理是结合在一起的，其功能也比较简单，主要是镇压被统治阶级的反抗和榨取被剥削阶级的剩余劳动。在现代资本主义社会里，行政系统规模及其权力要素日趋扩大，行政的功能也愈益复杂起来。它不仅具有维护统治阶级统治的功能，而且有管理和组织社会经济活动以及社会公共事务方面的各种功能。在当代世界各国，行政普遍具有建设、保卫、服务等一系列重要功能，在各国的经济和社会发展过程中扮演着十分重要的角色。功能的多样化是现代行政管理的一个重要特色。

行政功能具有扩展性。随着社会的进步和行政任务的日趋繁重，行政的内容和范围不断扩大，其功能也日益分化和专业化。在当代世界各国，行政的功能可以分为保卫方面的功能，扶助方面的功能，管制方面的功能，服务方面的功能等。每一方面的功能又可分为各种专业的分功能，如保卫方面的功能，包括国防、警察、消防、卫生等各种专门化任务；管制方面的功能，包括金融、物价、外汇、对外贸易等很多领域的管制任务。

行政功能是一个相互交错的多层次、多元化的结构体系。从行政的对象以及包括的内容和任务来看，具有政治、经济建设、文化建设、社会服务等方面的功能；从行政的过程及其活动方式来看，包括决策、计划、组织、用人、指挥、协调、控制等各项功能；从纵向层级来看，行政又可分为高层行政、中层行政、基层行政，各层次的功能既有一致的连贯性，又因行政的范围不同，其功能也又所不同。每一个层次的功能构成一个相互联系、相互影响的结构体系。

二、行政功能理论的演变

在市场经济条件下，政府的行政具有哪些功能？政府对经济实际上起什么作用？作用效用如何？这既是一个重要的理论问题，又是一个重大的实践课题。由于行政功能不是一成不变的，它会随着经济、政治、社会、文化、科学技术的发展而发展，根据不同时期形势和任务的变化而变化。根据系统论的研究，行政功能是受着行政结构和行政环境的双重制约，因此行政功能会随着外部环境发生变化。当行政环境改变了，行政功能也相应做出调整。在行政系统与市场的关系变化中，行政功能也随之发生变化。行政功能理论研究最早发源于西方发达资本主义国家，这是因为西方资本主义国家有相当长的市场经济发展历史，其行政功能理论随着对政府和市场的作用及其相互关系的认识也在变化和发展。

（一）重商主义理论与强政府

在西方国家市场经济发展的早期，传统的教会和封建势力还没有肃清，它们对人们的观念意识和经济行为还都存在实际的控制力，欧洲传统的封建庄园经济模式对资本主义大市场形成的负面影响也没有完全消除，资本本身的向外扩张性也与国内市场的狭小和相对封闭相矛盾。为在经济上彻底地战胜封建势力，当时资产阶级学者和政治家极力鼓吹重商主义经济理论，与现实相适应的政府功能理论就是强政府理论，即在市场经济并未立足的条件下，强调政府对社会和经济的干预。因此，政府在实践中扮演了打破地方割据，消除封建势力，组织建立新型市场秩序，实施对外贸易和扩张，扩大市场范围，实现资本的增值。可见，早期的资本主义政府是市场经济确立和发展的实际操纵者，其作用不可小觑。

（二）市场经济理论与有限政府

市场经济秩序在西方资本主义国家基本确立后，资本主义市场经济迅速发展，原来存在于资本主义发展道路上的、新兴资产阶级难以逾越的障碍暂时消除了。资产阶级学者和思想家脑海中挥之不去的关于封建专制政权残暴统治的记忆，使他们从不同角度去理解和阐释政府行政功能。经济学者提出的关于限制政府行政功能理论的代表是亚当·斯密的市场经济理论。基于对人人都追求私利的认识，他主张由市场这一"看不见的手"去引导经济行为，而经济主体也会在市场规律作用下调节自身的行为，使经济运行达到理想状态；这是一个市场机制作用下的自然过程，政府的干预只能是破坏这种自然的和谐，因此，政府行政功能应限制在保护财产权利的范围内。资产阶级思想家中具代表性的学说是洛克的观点。洛克的学说是建立在社会契约论基础上的，即人们为了使生而固有的基本权力免受损害，自愿联合起来并将某些权力交由国家机构行使。由此得出，政府只能行使人民交付的有限权力，因此，政府行政功能也就仅限于保护人们生命和财产等基本的权利上。可以看出，他们的共同点是无一例外地主张限制政府权力，认为政府的权力应严格限制在保护人民权利的范围内，因而这样的资产阶级政府被称为资产阶级的"守夜人"。在这些理论和学说指导下，资本主义经历了一段平稳的自由市场竞争阶段，政府行政功能被局限于传统国家职能和为经济发展服务的范围内。

（三）凯恩斯主义与福利国家

资本自身的属性和政府的放任使其在19世纪末进入了垄断资本主义阶段，经济危机周期性发生，社会矛盾日益突出，1929~1933年的大萧条终于使人们重新审视市场机制。其中英国经济学家凯恩斯揭示出了一系列市场本身难以克服的矛盾，从而提出了解决经济危机的办法，这就是扩大政府的行政功能，政府主要通过财政和货币政策实行对经济的全面调节和干预。凯恩斯主义在资本主义国家的推行，不但暂时解决了经济危机，而且拉开了政府行政功能扩展化的序幕。资本主义"福利国家"就是在这种背景下产生的。所谓福利国家，就是政府通过实行混合经济、充分就业措施、收入均等化、兴办社会福利等手段，达到社会稳定和繁荣的一种国家形态。在福利国家理论的影响下，欧美发达资本主义国家多推行高税收、高财政支出的政策，政府干预渗透到社会的各个领域，政府社会功能和经济功能空前扩大，资本主义国家经济和社会再次进入繁荣期。

（四）公共选择理论与新公共管理改革

20世纪70年代以来，资本主义国家经济出现了"滞胀"，这是用凯恩斯主义无法解决的危机，同时所谓的福利国家形态也使它们背上了沉重的财政包袱，长期身处权力中心的资产阶级政府官僚主义倾向泛滥。于是，新自由主义经济学派兴起并再次举起限制政府行政功能的大旗，引起西方资本主义国家掀起新一轮的行政改革浪潮。以布坎南为代表的公共选择学派将经济学的方法运用于政治学，专门研究政府与市场的关系，提出了公共选择理论，指出如同市场有缺陷一样，政府干预也会失灵，而这主要是因为作为政府行为主体的政府官员也是人，具有人的共性，即其行为动机是获利，可见，由这些并非神灵的政府官员来操纵政策的制定和执行，干预市场运行，其效率并不比由市场机制自身解决问题高，因此由市场缺陷带来的问题不能全部交给政府去解决。公共选择理论使西方行政改革的指导思想再一次回复到"小政府"理论，其理论的核心思想是"市场经济有可能失败，但政府干预一定失败"。构建"小政府"理论的学者及其观点很多，但归纳起来都是肯定市场规律的决定地位，强调政府干预要在市场机制之内发挥作用。与此同时，新公共管理运动几乎席卷主要资本主义国家，以英、美为代表的西方行政改革主要触及了两个方面，即推行公共福利政策改革和缩减政府社会功能，实行政府公共服务的市场化和放松对经济的直接管制，这意味着政府经济功能的收缩。

从上述西方国家政府的行政功能理论与实践的演变和发展来看，政府管制和市场机制在不同的历史时期和社会条件下，交相发挥主导作用，从强政府到小政府的几次转变过程得出的共同点和规律性就是：市场机制和政府管制各有利弊，二者必须兼顾，取长补短，在社会发展的相应阶段和不同领域灵活地、有侧重地运用；政府无论是作为阶级统治和社会治理的工具，还是作为全球化环境中的政治、经济活动主体，其功能作用都不可替代，但必须随势适时调整；认识到政府和市场都有难以克服的缺陷，可以通过社会化来发挥作用。

三、行政功能研究的必要性

科学的认识和确定行政功能，对行政结构的调整和变化有着重要意义。因为只有认识到政府行政功能存在的客观必要性，才能按照行政职能决定行政机构的原则来加强组织结构建设，才能做到机构设置合理，功能齐全协调，实现行政管理科学化。不同的经济时期行政功能的表现形式是不一样的。前面在论述行政功能的性质时已有表述，在此不再赘述。由于现代社会政府事实上已成为一个不容忽视的社会力量，它的行政功能比以往任何时候都深深地在现实生活中发挥着重要功效，因此，对政府行政功能必要性的研究也就成为题中应有之义了。

市场机制自身并不足以实现所有的经济功能，这就需要政府在这方面予以引导、矫正和支持。市场失灵的存在是政府行为得以合理化的理由之一。有某些理论和模型可以表明政府行为仅出现于市场失灵的领域之内，政府在这些特定领域可以发挥良好的作用。市场无法提供的商品和服务包括教育、法律和秩序、环境保护、国家安全、道路桥梁、医疗卫生和福利服务以及公共交通，等等。通常，以下六种原因往往会导致市场失灵：（1）存在交易信息的不完全和不充足的可能性；（2）交易成本会有碍交易的实现；（3）由于信息不足或分布不均衡或是无力保障合同的实施，有些市场是难以存在的；（4）有些买家或卖家的市场力量会足以破坏公平定价的条件；（5）某些交易具有"外在性"；（6）有些商品和服务无论消费者付费与否都可享有，天生具有公共的特点。市场失灵的主要类型概括如下。

(一）市场失灵是政府行为得以合理化的理由之一

市场的触角正在向整个社会蔓延，然而，市场的趋利性决定了它并不能提供社会需要的所有商品和服务，或者可能是一种对整个社会产生不利影响的方式进行的。市场机制自身不足以实现所有的经济功能，这就需要公共政策在这些方面予以引导、矫正和支持。市场失灵的主要类型包括如下方面：

1. 公共产品

私人产品是谁付费谁享用，一旦某人按要求付费，即可通过交易过程实现其对该产品的所有权，非经物主许可任何人不得使用该物。而公共产品则有很大不同，所有使用者无论付费与否都可从中受益。它们具有"非排他性"，即如果向一个人提供，则所有人皆可享用。如国防设施、市政建设、良好的空气等，这样的公共产品由于其并无直接的利润回报，因此市场本身无法提供或不能以最令人满意的方式向社会提供，而只能由政府来提供。

2. 外在性

市场交易常会对第三方或者周围环境产生影响，这种影响只有通过政府行为才能够得以减少。例如，人们可以通过市场购买汽车和汽油，但由此对空气质量和交通事故所产生的外在性或"溢出"效应，却是生产厂家、销售者和消费者无法解决的，只有借助于某种政府行为才能得以解决。

3. 自然垄断

有些商品具有边际成本不断降低的特性，使用者越多，其成本就越低。这样的商品通常存在于网络化的公用事业中，如电话、电力、天然气、自来水等。这些领域的自然垄断现象非常普遍，别的竞争者很难进入。其进入成本太高，很容易形成垄断性供应者，竞争的优越性将无从体现，并会出现剥削消费者的潜在可能性。这都要求采取政府行动。尽管完全自然垄断性质的行业和部门现在越来越少，但自然垄断的存在仍为政府某种形式的干预或国有化提供了合理性。当然政府干预并不等于政府直接提供服务，现在全球的发展趋势是将此类服务民营化，但有必要接受政府某种形式的管制。

4. 信息不完全

信息不足或信息不对称是市场失灵的表现之一。市场的趋利性是商品的提供者之间倾向于互相保密。同时市场的广阔性和复杂性，使个别的商品生产者无法知晓所有的相关信息，必然导致盲目性，政府全面信息的提供和服务显然是有必要的。另一方面消费者的信息也是不完全的，为了保护消费者的利益，政府的管制也是不可缺少的。

当然，即使是存在市场失灵的地方，也要对政府干预的成本、收益进行仔细的比较。由于政府失灵现象的存在，提供公共服务的方式不能直接替代市场机制，因此，有必要对这两个具有可替代性的配置体制的不完善之处进行比较。然而，并非是在不完善的市场体制和完善的公共行政之间进行选择，而是在不完善的公共行政与不完善的市场之间进行选择，这样的选择是需要充分的理性的。市场失灵的存在只能说明政府行为的必要性，并未明确政府究竟应采取何种行为。

（二）市场环境的构建和维持是现代政府行为得以合理化的理由之二

市场并不是一个孤立自足的系统，必然有其运行的外部条件，也即是市场环境。市场环境可以根据政府对交易行为的直接性和间接性分为小环境和大环境。市场小环境是直接保障市场交易行为的条件，如市场运作的法律框架、制度规范，这是交易行为得以正常进行的基本条件。市场自身并不能形成这样客观而强制性的规范，只有借助政府行政功能才能实现。市场大环境则是间接保证市场运作的条件，如全社会的稳定协调发展，这是市场无法顾及的，但又是市场得以良性运作的基础。市场体系并不足以保证高就业率、物价稳定以及社会所需要的经济增长率，也无法体现社会的公正和道义，而政府在这些方面却有很多的工作可做。可见，问题不在于政府是否应该扮演角色，而在于决定政府的角色是什么，也就是说，政府的行政功能有哪些，如何使其发挥正向功能，起到对社会的积极推动作用。

第二节 行政功能的构成

行政功能在性质上完全不同于立法功能和司法功能。与立法功能相比较，行政功能具有更强的实践性、操作性、技术性、具体性和经常性；与司法功能相比较，行政功能更具有创造性、主动性、灵活性、积极性和变化性。行政功能可以从不同的角度进行考察和划分：从功能的作用领域看，有政治功能、经济功能、文化功能、科技教育功能、社会功能等；从功能的属性看，有统治功能、保卫功能、管理功能、服务功能等；从功能的性质看，有行政立法功能、行政执行功能、行政司法功能、行政监察功能等；从功能的过程和作用方式看，有计划功能、指导功能、协调功能、控制功能、沟通功能、监督功能等。①

---

① 张国庆：《行政管理学概论》（第2版），北京大学出版社2001年版，第96页。

关于政府的行政功能，有着不同历史文化传统、处于不同发展阶段的国家有不同的规制，学术界自19世纪以来亦有不同的理解和认识，相应分类的标准亦有所不同。

一、各国学者对行政功能构成的不同阐述

早期的公共行政学家曾从不同的角度对行政功能进行过细致的分析和探讨。对行政功能的研究直接涉及行政组织的作用和功效问题，它从研究行政组织自身结构转入研究行政组织的活动领域及其所具有的功能。

（一）关于行政功能构成的经典论述

1. 政治—行政二分法

政治—行政二分法是从政治与行政的区别方面探讨行政功能的一种方法，它为行政学成为一个独立的研究领域起到了积极的推动作用。其主要代表人物是公共行政学的创始人伍德罗·威尔逊、弗兰克·J·古德诺和马克斯·韦伯等。他们的主要观点是在所有政府体制中都存在着两种主要的政府功能：政治功能和行政功能，政治功能是表达国家意志的，行政功能是执行国家意志的。

2. 行政功能及其要素说

法国著名管理学家亨利·法约尔就认为行政功能具有五种主要功能，即计划、组织、指挥、协调、控制。法约尔虽然是从企业的角度研究行政功能的，但是他认为他的理论不仅适用于企业，也适用于军政机关和宗教组织等。法约尔对行政功能及其五种基本功能所做的简单定义如下：

（行政）管理，就是实行计划、组织、指挥、协调和控制；
计划，就是探索未来，制定行动计划；
组织，就是建立企业的物质和社会的双重结构；
指挥，就是使其人员发挥作用；
协调，就是连接、联合、调和所有的活动及其力量；
控制，就是注意是否一切都按已制定的规章和下达的命令进行。①

3. 管理（行政）七功能说

美国管理学家卢瑟·古利克在与英国管理学家林德尔·厄威克于1937年

---

① H.法约尔：《工业管理与一般管理》，中国社会科学出版社1982年版，第5页。

共同编辑出版的《行政管理科学论文集》中在法约尔思想的基础上提出了人们一般所说的管理七职能说。在对"管理"一词的理解上,管理七职能说严格地说也应是行政七种功能论。一是因为古利克把管理职能主要应用于政府管理,他主要研究的是公共行政问题;二是因为管理七职能在实际运作中确实存在并发挥了功效,他用七种管理职能的首字母构成的组合词"POSDCRB"来表明行政所具有的抽象内容,即计划、组织、人事、指挥、协调、报告、预算。

关于行政功能的早期经典论述,只是为这方面的研究提供了某些有价值的指导或参考,但不能作为某种固定的准则或模式。例如,威尔逊和古德诺关于政治功能、行政功能的定义及其领域和范围的具体论述本身有一定的局限性。美国公共行政学家保罗·阿普尔比就对其理论的局限性进行了批评。早期的这些经典论述只是提出一些初步的、基本的概念,如果要真正了解现代国家行政组织或政府行政功能的复杂内容和重要影响,还必须进行更深入、细致的探讨和研究。

(二)关于行政功能构成的现代论述

按照布坎南的理论,政府行政功能的构成包括三个层次:第一,执行现行法律的那些行动;第二,包括现行法律范围内的集体行动的那些活动;第三,包括改变法律本身和现行成套法律规定的那些活动。①

按照台湾张金鉴教授的研究,在一般意义上,行政功能大体可以分为维持、保卫、扶助、管制、服务、发展六个范畴。②

而世界银行在其1997年的世界发展报告中指出:"每一个政府的核心使命"包括了五项最基本的责任,即:1. 确定法律基础;2. 保持一个未被破坏的政策环境,包括保持宏观经济的稳定;3. 投资于基本的社会服务和社会基础设施;4. 保护弱势群体;5. 保护环境。这些角色并不是那些最小化政府的必然角色,而是保证市场运行的必然选择,它包含了对政府的积极作用的肯定,这与人们在20世纪七八十年代所持的仅仅强调政府最小化的简单观点是不同的。

美国学者安德森提出了另一组相对较为实用的政府角色,他探讨了七项他

---

① 詹姆斯·M·布坎南:《自由、市场和国家——80年代的政治经济学》,上海三联书店1989年版,第244页。

② 参见张金鉴《行政学典范》,台湾"中国行政学会"1992年版,第103~104页。

称之为一般角色的政府的基本功能。这些功能包括：①

1. 提供经济基础

政府为现代资本主义体系的正常运转提供所必需的制度规则和安排，包括对财产的确认和保护，合同的执行，为货币、度量衡、公司章程、破产、专利、版权提供标准以及维护法理、程序和关税体制。现代经济社会也是政治社会，离开政治体制为其制定的游戏规则和经济生活的框架，经济体制根本无法运行。经济合同具有法律约束力是由于政府为其制定法律并最终由国家强制力予以保障。

2. 提供各种公共产品和服务

有些有益于社会整体的公共产品对个人而言却很难根据其使用的数量而付费。一旦将它提供给某个人，就等于是向整个社会提供。这些产品包括国防、道路和桥梁、航行救援、防洪、清理下水道、交通管理系统以及其他基础设施。许多项目因其广泛的应用性、不可分割性以及非排他性而被界定为公共产品。但政府干预并不意味着政府直接供应。这些公共产品及服务可由私营部门提供，但由政府来设计一套行政体系来征收相应的费用。

3. 协调与解决团体冲突

政府得以存在的一个基本原因是需要它缓和和解决社会中的冲突，维护正义、秩序和稳定，包括在经济上保护弱者、抑制强者的行动。政府可以试图通过制定儿童劳动法、最低工资法和劳工补偿计划等以平等取代剥削。

4. 维护竞争

竞争在私营部门并不总能持续进行，因此经常需要政府干预以确保竞争的真正实现。离开政府的控制，自由企业制度的优越性将无从体现。不受限制的竞争可能反而导致对竞争的破坏，而竞争者也完全可能会由于合并或窜谋而结束竞争。一个真正的竞争性的市场并非是天然不可改变的，并且它也并不总是能够维系自身的存在。由于存在一些私人势力，他们或是对受到的约束感到恼怒，或是拒绝服从竞争规则的控制，或是渴望将竞争的计划职能纳入自己的手中，如果缺乏适度的管制，并自行制定商品价格，就很容易使竞争遭到破坏。企业抱怨政府干预过多实际上是一个悖论，政府的行为——包括制定证券交易法、公司法、公平交易与价格仲裁法、反垄断法和消费者保护措施——对维持和增进私营部门的竞争是必不可少的。

---

① 欧文·E·休斯：《公共管理导论》（第2版），中国人民大学出版社2002年版，第118~122页。

5. 保护自然资源

人们不能依赖于竞争性力量来防止资源浪费、保护自然环境不被恶化并确保后代的利益不致受损。市场活动对环境造成的破坏是教科书中外在性和市场失灵的例证，只有政府才能缓解这种对环境的破坏。

6. 为个人提供获得商品和服务的最低条件

市场运作有时会产生某些残酷的或社会难以接受的结果——贫困、失业以及营养不良等——这是对人们的影响而言的，而有一部分人则会由于疾病、年迈、没有文化或其他原因而被排除在市场经济之外。除了最极端的经济理性主义者之外，其他所有人都一致认为减少贫困是政府的合理角色，但在政府扶持的程序和提供的方式上有较大的争议。

7. 保持经济稳定

商业性经济周期总是上下波动的，暴涨之后是暴跌，而政府则可以通过制定财政预算、货币政策以及对工资和物价的调控等政府行为予以缓和。虽然政府行为并不完善，甚至有时是错误的，但社会依然认为政府必须对国家经济负责，而且社会还普遍对政府抱有期望，认为它应该并试图解决任何问题。如纽约世贸大厦被炸之后，美国民众对政府的期望急剧提升，而事实上美国政府也做了最大的努力，发挥了前所未有的重要功能，如对航空公司的补贴和对各项刺激经济发展政策的调整部署等。

从上述当代学者对行政功能构成的阐述中，我们可以发现，由于行政功能的构成划分的标准不同，依据的条件不同，随着科技和社会的发展，对于行政功能构成的研究较之早期的经典阐述有了很大的发展和拓延。

二、行政功能的分类

行政功能在总体上可分为两大体系：一是以行政管理内容为目标的任务性功能体系；二是以行政管理过程为对象的程序性功能体系。两大体系内部又可分为各个方面或各种类型的功能。这里我们就以两大体系内部的各种功能为考察对象，以使我们对行政功能有一个更为具体的认识。

（一）任务性行政功能

以行政管理内容为目标的任务性体系的行政功能具体包括政治功能、经济功能、文化建设功能、社会管理功能等。

1. 政治功能

政治功能是指政府所承担的维护和实现阶级统治、保卫国家和社会安全的功能。这是政府最主要的功能之一。任何一种类型的国家，都无不以政治功能作为其最基本的行政功能。政治功能的内容比较广泛和复杂，根据其实施对象和手段性质的不同，主要有如下几项：

（1）阶级统治功能。任何掌握统治权的阶级为了维护它的统治和阶级利益，总要对敌对势力行使专政的功能。这种功能依国内外阶级斗争形势而定，时强时弱，但只要阶级和国家存在就绝不会放弃。

（2）保卫功能，即保卫国家的独立和主权，保卫公民的合法权益和生命安全，对外维护和平，反对霸权，为本国经济建设和各项事业的发展创造良好的外部环境。

（3）社会治安功能，即制裁危害社会治安、扰乱社会秩序的种种违法行为，坚决打击和惩办各种犯罪分子。

（4）民主功能。这是由我国政权的性质所决定的，国家必须保证人民的民主，以充分实现人民当家作主的权力，并提高人民参与社会建设的积极性和创造性。

2. 经济功能

经济功能是指政府所承担的组织和管理社会经济建设的功能。这是政府最重要的一项功能，也是西方学者重点关注的行政功能范围。我国也曾因政府行政功能的充分发挥而使新中国成立初期的经济建设有了质的飞跃，但后来一段时间由于政府角色的失当而使经济发展受阻。我国经济体制的改革发展，要求政府在经济领域的功能也要做相应调整。经济功能具体表现为国家行政机关对整个国民经济宏观的管理和指导，对外贸易和对外经济等各项事务的管理。

3. 文化建设功能

文化建设功能是指政府指导和管理文化事业的功能。它是国家行政管理最古老、最重要的功能之一，并且在不同时代、不同国家有着不同的内容和方式。我国现阶段的文化事业一般包括教育、科学、文学、艺术、新闻出版、广播影视、卫生、体育、文物、图书馆、博物馆等。具体而言，我国政府的文化功能主要如下几项：

（1）制定科学文化教育发展总体战略规划和计划；

（2）制定和颁布重大的科学文化教育政策和法规；

（3）组织力量对重大科技项目进行协调攻关；

（4）指导、监督、协调科研部门和教学单位有效地贯彻国家科学文化教育发展规划；

（5）发展科技、文化和教育队伍，对其部门的领导人进行考核、任命和监督。

4. 社会管理功能

社会管理功能是指政府所承担的社会服务和社会保障的功能。它是行政功能中内容最为广泛、丰富的一项基本功能，凡致力于改善、保障人民物质文化生活，体现人道主义思想的各类事项，都属于社会管理功能的范围。政府的社会管理功能，一般是通过建立专门机构（在我国如民政部门、城乡建设、环境保护部门等），对社会福利、社会救济、社会保险事业实施管理来实现的。具体表现为国家有关行政机关对民政工作和社会福利事业的管理，对与人民物质生活和文化生活息息相关的各类社会公共事务的管理等。从我国目前的实际情况来看，由于建设社会主义市场经济和现代企业制度以及社会转型时期实现效率的需要，必然会出现各种需要政府救济的阶层。对此政府要给予充分的重视，一方面政府应注重经济效率，同时也必须兼顾社会效益，关注社会公正，使全社会得以和谐有序发展。

（二）程序性行政功能

程序性行政功能体系具体包括计划、决策、组织、协调和控制等功能。

1. 计划功能

计划功能是指政府为更好工作，针对一定时期和某一问题而进行工作设计的行为过程。计划功能是行政运行中的第一步和首要功能。计划功能的发挥程度，直接影响和决定着行政管理运行过程中其他功能的效果。计划功能的主要内容是确立目标、总体设计、预测预算、论证评估、选择决断和实施修正。在实施计划功能时要注意根据不同的工作任务，选择和确定不同的计划类别，已达到计划的先进性、可行性和适应性，并从现代行政管理的复杂性和艰巨性出发，建立和健全领导、专家、群众相结合的行政计划体制。

2. 决策功能

决策是行动的先导，是最重要的行政功能。行政过程中的决策，是行政管理者在发现和处理行政问题中，根据实际情况和条件，对可供选择的方案作出最优选择，以有效地达到预定的目标。决策在行政管理过程中处于核心地位，决策行为贯穿于行政管理过程的始终，行政管理的其他各项功能都离不开决策活动，整个行政管理实际上是一系列决策活动的总汇。在这个意义上，西蒙所说的"管理就是决策"是合理的。

3. 组织功能

组织功能是指行政机关围绕行政目标，具体筹划和安排行政活动的功能。

如根据目标，落实机构和人员，划分权力和责任，配备财力和物力，使人、财、物各要素结成一个有机整体并得到合理的使用。我国政府管理的组织功能的主要内容是：将计划目标层层分解，落实到具体机构和人员；在行政机构与人员间合理划分权力与责任；做好财力、物力资源的调配与管理；做好人员发动工作；建立各方面的沟通渠道，形成整体统一的运行网络等。

4. 协调功能

协调功能是指政府机关引导和促进行政过程中各组织之间、各人员之间达到良好的相互协同、相互配合的关系，使整个行政体系和谐、有序地运转，从而有效实现共同的行政目标。协调功能的实现离不开有效的行政沟通，以有效的沟通为前提。通过有效沟通，达到各方面的相互理解、相互支持和共同合作。

5. 控制功能

控制功能是指上级部门或行政领导者按照执行计划对执行机构或行政人员进行检查、督促和纠偏的功能。控制功能具有垂直性、强制性和及时性的特点。常用的控制方式有汇报、会议、检查、核算、意见箱等。实现有效的控制要求：控制标准明确，控制幅度恰当，获取偏差信息的渠道畅通，调节措施有力，检查督促及时有力，等等。

三、行政功能的实现方式

政府行政功能的实现总要通过一定的途径和方式。人们无法简单地回答政府的政策手段中哪一项更为可取。不同的时期以及不同的理论主张采用不同的手段。绝大多数政府的行政功能是通过四种手段得以实现的：供应，即政府通过财政预算提供商品和服务；补贴，这事实上是供应的一种补充手段，政府正是通过这种方式来资助私人经济领域的某些个人来生产政府需要的商品和服务；生产，即是指政府生产在市场上出售的商品和服务；管制，即是指政府运用国家强制力批准和禁止私人经济领域的某种活动。对这些手段的运用取决于特定的政府功能，并随时间的不同而有所区别。

（一）供应

政府通过预算形式直接供应产品和服务，是政府运行的主体部分。人们通常将预算部门看作是"一般政府部门"，它包括那些资金来源是税收而非用户付费的部门。也就是说，它们提供的是非市场的产品和服务——道路、防务、教育、卫生以及社会福利。大多数政府行为是通过直接供应得以实现的，并直接体现在政府预算中。政府试图通过预算决定经济社会中公共活动的水平，对收入和社会财富进行合理的再次分配，并在总体上对经济活动进行控制。这些常被描述为配置、分配和稳定政策。

1. 配置政策

配置政策取决于公共部门和私营部门的相对规模，换句话说，预算一方面体现了政府的活动程度，另一方面也规定了哪些活动应该由公共部门而非私营部门实施。当政府掌握了大部分经济活动时，其投入到各个部门的开支大小的变化对私营部门有着举足轻重的实质性影响。认为政府开支和税收所消耗的比例过于高昂者事实上也就是相信存在着比分配方式更好的公、私部门间的资源配置方式。目前，削减政府经费开支已成为一种趋势。

2. 分配政策

分配政策意味着政府尝试对公民之间收入和财产的不平等进行某种程序的纠正。分配政策中最主要的部分就是提供社会福利，包括对某一公民阶层的转移性支出，比如给残疾人企业减免税收。当然，要回答什么是公平的分配必然涉及对社会哲学体系以及价值判断的思考。现实中，往往由于人们的价值观念的差异，对政府分配中"公平性"的争执不休是不可避免的。

3. 稳定政策

稳定政策是指政府通过预算政策来提高整体经济水平。这或许是政府最期望也是最难以完成的经济功能。政府的所有支出和税收政策也会对私营部门产生影响，所以通过对这些政策及其总体水平进行调整，即可以达到间接调整总体经济的目的。现在对于预算政策人们开始从凯恩斯主义转向"新古典主义"，后者着重于精简政府、平衡预算并主张让市场力量寻求其自身所需要的经济均衡状态。预算的稳定功能的地位现在并不确定，但总的说来政府仍试图通过编制预算来改进国家经济状况。稳定政策的实现存在着许多限制。绝大部分的预算要用于政府的固定用途，因而短期内要使政府支出发生改变的可能性极小。而且，如果预算赤字成了家常便饭，政治官员会出于政治上的权宜之计而持续施行，这将会产生通货膨胀而影响经济稳定。

（二）补贴

补贴所涵盖的范围非常广泛，包括对农业的补贴、公共交通补贴、特殊工业产品的补贴等。私营部门可提供特定的商品和服务，但政府须给予一定的资助。虽然有部分基金是公共的，但政府也对私营部门进行具体行政管理活动，主要是监控其是否将补贴真正用于所定项目。

在实践中，要明确区分政府补贴和政府供应是困难的。概念上的区别在于政府供应是政府组织正式提供的服务。但当涉及政府对外转包其产品和服务的问题时，以上界定就会产生问题。但不管二者在概念上有何差别，其最终的目的却是殊途同归的，即达到经济的增长和结构的和谐。

（三）生产

公共供应和公共生产之间的区别是，生产与政府预算无直接关系，并且使用者必须像使用私营部门提供的商品一样为之付费。例如，一些国家的电力供应和铁路服务为政府所有，政府向消费者出售这些服务，一旦消费者不愿付费便不得享用。一些欧洲国家有着大量的公用事业部门，故政府生产的规模相当大；而美国则很少。公用事业可以从各自的政府那里得到贷款，但它们的收益和支出并不包括在政府自身的预算之中。当然，这样的公用事业引起了越来越多的非议，事实上，由于民营化的发展，全世界已呈现出公用事业日益减少的趋向。

（四）管制

管制是指利用政府制定的法律以某种方式影响私人经济。管制首先包括通过法律体系许可和禁止某种行为，如设定关税、颁发执照或许可证以及规制劳动市场。政府拥有强制权，而这是它与私营部门的根本区别。法律的力量则通过警察和军队对强制力的最后定论而得以强化，它可以用于多种目的，包括对经济进行干预。管制的种类不一，从程度很小的干预和不干预到对毒品、走私等的严厉惩戒的禁令都是管制。

管制可以是经济管制，也可以是社会管制，前者旨在鼓励企业和其他经济生活参与者采取某种行为或强制使其避免某种行为。社会管制常表现为力图保障公司和消费者的利益，尤其是有关质量标准、安全水平以及污染控制等方面。商业领域的管制范围非常广泛，如利率管制、汇率管制、外商投资管制、价格管制、商品和包装标准的管制，等等。

对于经济领域中管制的角色一直都存在争论。人们普遍感到政府管制过多过死，使企业变得毫无生气并间接影响到企业间的竞争。于是，许多国家开始致力于实施管制改革。近年来，随着各国政府普遍削减预算，政府供应正变得越来越少。一方面，政府提供服务的方式亦有所改变，由公共部门提供的越来越少，而通过合同方式由私营部门和志愿部门提供的则日益增多；另一方面，公共管制有所增强，但它的特性已发生了变化，由原先常常反竞争的限制性管制角色,变为推动私营部门通过竞争提高效率的赞成竞争的管制角色。①

第三节　当代中国政府行政功能

行政功能必须随着系统环境的变化而不断调适才能得到发展,行政功能的转变应该理论研究先行,至少是同步。所谓行政功能的变化,是指为适应客观环境的变化需要,而对行政功能进行的转化、优化,是对政府的行为方式及功能结构体系的调整。行政功能作为上层建筑范畴,主要受一个国家经济、政治、社会环境的影响。不同社会形态国家的政府,同一社会形态的不同国家的政府,同一国家不同历史阶段的政府,其政府行政功能的结构及实施方式可能是不同的。在影响行政功能变化的诸环境因素中,经济环境的变化起决定作用,随着经济环境的变化,社会的阶级结构、主要矛盾等都会随之变化,这就要求行政功能相应进行变化,否则,不仅会造成行政管理的滞后和僵化,而且还会使政府成为经济社会发展的障碍。改革开放以来,我国政府行政功能的变化主要是适应经济体制改革的需要,以及适应因经济体制改革而导致的其他社会环境变化的需要。因此,了解当代中国政府行政功能的变迁、行政功能的发展趋势,对于我国政府角色的正确定位、职能的正确转变、功能的正确调整以及政府能力的提升都有着重要的意义。

一、当代中国政府行政功能的变迁

(一) 计划经济时期我国政府行政功能

1. 计划经济时期我国政府行政功能的特征②

计划经济时期,我国政府行政功能是在沿用革命战争年代和借鉴苏联模式的基础上发展起来的,它主要是为适应高度集中计划经济体制要求而建立起来的。政府以直接的行政手段广泛地干预社会经济生活,行政功能过分膨胀,形成了所谓的"全能政府"或"全权政府"的政府功能模式。这种行政功能模式具有以下几个特征:

(1) 政治功能一枝独秀

---

① 欧文·E·休斯:《公共管理导论》,中国人民大学出版社2003年版,第100~105页。

② 参见胡象明《行政管理学》,高等教育出版社2005年版。

新中国成立初期，虽然有一段时间我们较好地处理了经济建设与阶级斗争的关系，但政府的政治功能始终是一项重要功能，有时甚至以政治功能代替其他功能。政府确立了中央集权的计划经济体制，将其他行政功能纳入政治功能范畴。按照国内学者的界定，这是一种"静态管理模式"以及"管制情结"，其基本特征是"封闭性、静态性、保守性、单一性、控制性、专制性、差异性待遇和区别性对待、直接性以及物质占有性与人身束缚性"；其实现方式主要是管制，"通过集权式的计划安排来理性设计社会运转的秩序，把社会实体的活动包起来，管到底，力求通过这个损益最小，效果最好的计划把散乱无序的社会生活纳入刚性的秩序之中"[①]。这种管理方式在一定时期内是合理且有效的，但同时也僵化了社会的思想、活力，抑制了经济、文化、社会领域的分化与平衡发展，使得政治功能一枝独秀，而其他功能被泛化成政治功能。

(2) 集中计划管理

改革开放前，政府通过计划体制和行政手段在国民经济上实行高度集权，要求"全国统一一盘棋"。由于中央政府在协调平衡国民经济发展中处于领导地位，在国民经济管理中实行集中统一领导。重要社会资源管理权力主要集中在中央政府及其所属各部，而地方政府相应部门负责具体的管理和经营。国民经济主体的各种企事业单位完全隶属于行政系统，由各级政府通过制定周密的计划、下达指令性指标进行管理，计划的内容大到国民生产总值、产业结构，小到企业产品产量、主要经济技术定额、职工总数、工资总额、平均工资、劳动生产率、利润等。

(3) 微观直接管理

一方面，政府在与企业的关系上表现为：为了完成计划任务，政府事无巨细地照顾基层生产单位，扶持其生产并直接参与各种社会生产组织的管理，政府不仅严格规定企业生产的产品种类与数量，而且负责为企业制定生产进度等具体操作程序。所需主要生产资料由主管部门按计划供应，产品由物资或商业部门调拨或收购。虽然也提到要实行经济核算，但只是独立核算，计算盈亏而不负盈亏。企业所有利润与基本折旧基金全部上交国家，企业所需基本建设投资和技术改造费等也由国家财政拨款，统收统支，专款专用。政府既是管理者，又是直接投资者；既控制宏观经济规模和结构，又负责微观的投入和产出。另一方面，政府与社会关系上表现为：政府对社会事务的管理也是事无巨细，大包大揽，采取行政手段进行直接管理。政府对社会资源的分配主要采用

[①] 陈振明：《政府社会管理职能研究》，《新华文摘》2006年第3期。

平均主义的政策，并把它作为社会主义制度的优越性来维护。

2. 计划经济时期政府行政功能的主要弊端

改革开放之前采取的政府为主体、行政化、计划化、集中化的管理方式，与计划经济体制相适应。这种"全能主义"模式主要存在以下弊端：

（1）造成政府机构膨胀

由于政府对企业和社会事务管得过多过细，并按经济社会活动领域设置管理部门，随着我国经济和社会事业的发展，政府各种管理机构逐渐膨胀，造成了部门林立、机构臃肿、官僚主义严重、效率低下。由于社会是一个庞大的有机体，经济社会发展目标的多样性、价值选择的多样性、社会偏好的多样性，政府再大也难以了解和掌握所有部门、单位和个人的真实情况，要做出理性的决策往往十分困难。这势必造成高高在上、不明真相、发号施令和瞎指挥，从而严重脱离社会现实，造成社会生产力的严重破坏，进而阻碍经济和社会的发展。尽管我国改革开放前也多次进行机构改革，但因为没有从根本上突破计划管理模式，没有抓住政府的角色定位，使得机构改革陷入"精简——膨胀——再精简——再膨胀"的恶性循环。

（2）资源配置效率低下

在计划经济体制下，社会资源的配置主要不是通过市场价格机制来实现，而主要通过政府的计划来实现。事实上，通过计划很难实现社会资源的合理配置。因为在计划体制中，微观经济结构是计划，而不是价格机制。计划体制下虽然也有价格，但价格形成的主要因素是以往的价格水平、收入分配状况及政治因素，所以价格被扭曲，不能反映微观经济效率，自然无法得知原料和产品的供求状况，也不能准确地计算成本和利润，政府就无法对不同部门、不同企业进行有效的经济监督，也就不能制定达到有效资源配置的生产计划。加上改革开放前由于决策权力集中，缺乏民主化，经济责任机制不完善，导致政府和企业主管部门往往凭主观意志办事，这就不可避免地发生经济决策的高失误率。新中国成立后，经济工作中一再出现决策失误，如"大跃进"等，造成社会资源的巨大浪费。

（3）企业和社会缺乏动力机制

企业和社会动力来源于企业经营业绩所带来的物质与精神收益，来源于竞争所带来的压力。在传统计划经济体制下，由于实行平均主义大锅饭式的分配制度、铁饭碗式的劳动就业制度和高度集中的人事任命制度，劳动者的劳动报酬与劳动成果之间没有直接的联系，工资福利是固定的，企业职工并不因为贡献大就会得到较多的报酬。由于经济决策权、企业经营权及人事决策权均完全集中于政府部门，使得企业不得不听命于政府及其主管部门。企业只向政府主管部门负责，而不向企业的经营成败负责。企业的领导人往往把主要精力放在疏通与上级主管部门的关系以及取悦上级领导方面，而不是去研究如何经营企业。如果企业的所有经济活动和收益事先都确定，企业的主动性和积极性就无从谈起。这样，企业激励机制十分薄弱，企业的活力丧失殆尽。从社会管理来看，由于政府干预过多，生老病死、衣食住行由政府包办，加上分配上的平均主义，干多干少一个样，干好干坏一个样，人们难以通过个人的努力来改变自身的地位和处境，于是只好躺在国家身上，一切听命于政府安排。久而久之，人们因此而丧失了进取精神和积极工作的动力。因此，传统的"全能主义"模式不利于企业和社会积极性的发挥，不利于企业和社会的持续发展。

(4) 容易产生腐败

在传统计划经济体制下，政府垄断对商品、服务的供应，人为地限制竞争，抑制了供给的增加，从而扩大了供需之间的差额，由此产生的差价成为腐败的源泉。加之政府的人权、事权、财权高度集中，很容易把权和钱捆在一起。政府直接管理经济和社会事务，恰好为政府官员提供了贪污腐败的机会。政府的权力越大，直接管理的事情越多，权钱交易的事情也会越多，腐败越容易产生，因此行贿受贿、贪污腐化、挥霍国家资财等现象便屡禁不止。由于缺乏市场竞争，政府官员掌握稀有资源的分配权，企业倾向于通过贿赂政府官员的方式，争夺计划配额、许可证、优惠待遇等而获取利润，而不是把经营作为获取利润的手段。腐败的蔓延削弱了经济和社会活力，降低了政府在人民群众中的威信，影响了社会政治安定。

(二) 改革开放后我国政府行政功能的变化

计划经济体制向市场经济体制转换过程中，政府功能转变蕴含着两种类型：一是适应市场经济发展的政府功能转变；二是适应在市场经济基础上社会事业发展的政府功能转变。两种转变的差异集中体现在政府作为主体形态的不同。第一种转变改变的重点是管理方式和手段，政府作为促进经济发展的主体组织的地位并未发生根本性变化。计划经济中，政府是资源配置的直接载体，企业是其附属物，严格意义上的市场并不存在；市场经济中，政府更多地依托市场，通过政策和法律手段参与资源的配置。因此，第一种转变并不表明政府以经济建设为中心的定位调整。即使完成了第一种转变，随着生产力水平的不断提升，政府的功能依然不能适应经济、社会可持续发展的要求。这就提出了第二种转变的体制选择或制度安排。在这一转变的过程中，政府退出作为经济资源配置主体的地位，由以经济建设为中心转变为以社会事业为中心，GDP、财税增值率等并不成为考核政府政绩的直接指标，相反，过去未引起高度重视的提供公共产品、公共服务的项目，如安全、就业、保障、环保等成为评判政府业绩的主要尺度，以人为本的经济社会协调发展的理念得以真正贯彻。

我国改革开放二十多年来，政府功能的转变基本上属于第一种类型。转变的重点是：政府在坚持以经济建设为中心的过程中，积极引进市场机制，并在发挥市场配置资源作用的同时，改变政府运作经济的方式，即从直接管理为主转向间接管理为主。由于这一转变适应了我国经济发展的客观需要，因而带来了国家面貌的显著变化，我国多数地区尤其是沿海地区已充分感受到第一种类型政府转变功能的效应。然而，即使是第一种类型的政府功能转变，也不能估计得太高，只是处于初级阶段，转变的任务仍然十分繁重。一是走在改革前沿的地区，发展也不平衡。二是中西部地区只是处于启动阶段。从主观上看，观念的转变明显滞后。在一些地区，不仅计划经济的观念、行为方式，而且封建意识、积习依然根深蒂固。从客观上看，企业素质差、市场欠发育、适应市场经济的管理人才严重缺乏，等等，可谓政府功能转变步履艰难。因此，总体而言，第一种类型的政府功能转变目前还是我国政府改革的首要任务，政府作为推动经济发展的主体之一的角色在较长时期内还难以改变。问题是，政府在相互竞争、追求经济指标过程中的非理性行为已危害到经济社会协调发展。这时，通过中央政府的强有力舆论和科学指标导向作调节是完全必要并且是可能的，同时，对沿海发达地区和城市可提出更高要求，并为第二种政府功能做积极准备。①

二、当代中国行政功能发展的趋势

（一）当代各国行政功能发展的特点

1. 行政功能的扩大化

从历史看，行政功能扩大化是自国家出现就开始的一种现象。但是，在人类漫长的历史中，这种功能扩大化的趋势只是到了近代社会才变得明显起来。科学技术和社会经济的迅速发展，是行政功能日益扩展的原因。在当今社会，科学技术日新月异，社会生产力发展突飞猛进，社会生产方式和生活方式也在每时每刻发生着变化，社会上出现了许许多多的生产、交换、分配、就业、住

---

① 王国平：《政府职能转变与经济发展水平》，《国家行政学院学报》2004年第5期。

宅、交通、能源、环境、人口等方面的矛盾和问题，这些社会矛盾迫使各国政府扩展了自己的职责范围，承担起更为广泛的社会责任，研究和解决这些新问题。同时，国力的增强，科技的进步，政府管理能力的提高，也为政府解决这些问题提供了条件。从全球范围看，经济全球一体化、政治文化的多元化以及信息技术的网络化，使得各国政府的对外功能也大大扩展开来，更多地参与国际合作与交流。

2. 社会管理功能的强化

在当代各国行政功能体系中，相对而言，政治功能在逐渐减弱，社会管理功能在逐渐加强。从国内来看，各种社会矛盾或阶级矛盾的解决主要不再依靠传统的暴力手段，而是依靠调节保持社会稳定。这种调节功能表现为：政府通过与各种利益集团、各种社会力量之间的妥协来达到平衡；通过吸收广大人民群众参与各项管理，改善官民关系、劳资关系等；通过对上层建筑和生产关系的调整与改革来适应经济基础和生产力的发展要求，保持现实和未来的发展平衡等。从国际上看，和平与发展成为当今世界的潮流，各国之间关系总体上由紧张转为缓和，由对抗转向对话。协商、对话、求同存异、共同发展，是处理国家间关系的主要途径。在这种背景下，各国政府的社会管理功能成为行政功能的重点，发展经济是政府工作的核心。政府通过改革，或增加干预或减少干预，以求得政府与市场之间的良好关系，最大程度地推进经济发展。政府通过建立和完善社会保障制度等做法，承担起保障人民权利的责任。

3. 行政功能的社会化

在国家出现之前，社会运行的功能由社会自身承担，是一种自发、自觉的行动。国家产生以后，就把历史上沿袭下来的社会功能承担起来，否则无法维护整个社会的生产、生活秩序，也就无法维护统治阶级的利益。社会管理功能既不是随国家出现而出现，也不会随国家消亡而消亡，而只能是国家消亡后社会管理功能又还给社会。所以，行政功能的社会化是人类文明发展和社会进步的结果。在当今时代，由于人民民主意识的增强，各种社会组织的完善，给行政功能社会化创造了条件。"小政府、大社会"的要求，为政府摆脱管理困境，实现行政功能社会化提供了理由。推行民营化计划，鼓励和支持"第三部门"等做法，是当今各国行政功能社会化的主要表现。

（二）中国行政功能发展的前提条件

如前所述，市场经济条件下的政府管理或政府作用具有不同于计划体制条件下的政府管理的一系列新特点；在市场经济发展的不同时期，政府干预的范围、内容、力度和方式是不同的，而且，由于经济发展水平、政治文化和历史传统方面的差别，各市场经济国家的政府干预模式也是不同的。因此，要正确确定好转轨时期我国政府的角色或作用，必须首先立足于我国社会经济发展的现实特别是市场经济体制的发育情况，弄清楚政府发挥作用的前提条件。

应该说，我国的经济体制改革就其实质看，从一开始就是以市场为取向的改革，只是到1992年党的十四大才明确提出建立社会主义市场经济体制的战略目标。江泽民在十四大报告中说："我们要建立的社会主义市场经济体制，就是要使市场在社会主义国家宏观调控下对资源配置起基础性作用。"此后，我国的经济体制进入了一个新阶段，经济运行机制发生了重大的变化。这些变化主要表现在以下几个方面：第一，以建立现代企业制度为目标，国有企业改革正在稳步推进。企业改革正由一般的放权让利的政策调整转向经营机制的转化和企业制度创新，提出了建立现代企业制度的目标模式。第二，价格管理体制改革取得显著进展，市场机制的作用明显加强。在商品市场上，大多数消费品和生产资料已初步形成了由市场供求关系决定价格的机制。第三，新的财税体制运转正常，即建立了以分税制为核心的新财税体制，实现了以增值税为主的流转税制，统一了内资企业所得税和个人所得税。第四，金融体制改革进展顺利，进一步明确了中国人民银行作为独立制定和执行货币政策的中央银行地位，政策银行与商业银行的分离已初步完成，专业银行向商业银行的转变步伐加快。第五，国家计划管理体制改革进一步深入。国家计划开始转向以市场为基础，并按市场经济的要求改革先行的计划指标体系；计划的重点正在由短期计划向中长期计划过渡，从而突出了计划目标的宏观性、政策性和预测性。在我国，实现由计划向市场的转轨，最重要的条件是，价格放开，形成由市场决定价格的机制；政企分开，造就市场经济的微观主体；废除指令性计划体制，建立起有效的宏观调控机制。应该说，目前我国在这几方面都取得了重要的突破。但是，我国还有许多工作要做，并未真正确立起社会主义的市场经济体制，而仅仅处于由旧体制向新体制的过渡之中。

首先，在价格机制的形成方面，改革开放以来，我国逐步放开了商品的价格。1992年以后，较大幅度地放开了各类商品价格，市场机制调节价格、调节企业从而调节供给和需求，已基本确立。但价格改革仍需进一步深化，由市场决定价格的机制仍待完善。

其次，在造就市场经济的微观主体方面，我国目前存在多种所有制经济成分，非公有经济一开始就是市场取向的，在市场中生存和发展的；而公有制经济特别是国有企业的改革迄今并未完成，真正的市场微观主体，即具有自主经营、自负盈亏、自我约束、自主发展的企业主体并未形成。党的十五大提出了国有企业改革的新举措，如提出公有制实现形式可以多样化，提出股份制是现代企业的一种资本组织形式，提倡和鼓励劳动者的劳动组合和劳动者的资本联合为主的集体经济的发展等，从而为国企改革取得实质性进展指明了方向。

最后，在宏观调控机制的建立方面，传统的指令性计划体制正在逐步消除，财税金融和计划体制的改革不断深化，政府直接微观的干预正在逐步让位给间接宏观的调控。

显然，在转轨时期，我国政府还面临着艰巨的任务，尤其是推进市场体制创新或市场制度建立的艰巨任务。由于我国的社会主义经济体制并不像西方国家那样主要靠经济基础的自发缓慢的演变而成，而必须主要靠国家或政府的外力推动而在较短的时期内建立起来。这就决定了我国在经济体制转换时期，国家或政府将起着重要的作用，它必须是一个"强政府"，而不是一个"弱政府"；国家只有充分发挥它的经济正向功能，才能保证市场经济体制的建立和完善。在这一时期，旧的计划体制还会有影响，新的市场经济体制不成熟，这就决定了市场调节是不充分的、有限的。因此，在处理政府与市场关系时，不能以西方国家现阶段的政府干预模式作为主要的参照物，即不能把政府干预与市场调节的关系理想化，不恰当地夸大市场调节的作用，否定政府的经济功能。同时，在市场机制能较好起作用的地方，让市场调节起主要作用，政府应尽量不干预或少干预，逐步减少乃至最终克服用计划手段管理市场经济的不恰当做法。简言之，应合理确定转轨时期政府干预行为的范围、内容、力度及方式，以保证市场经济的顺利发展。

（三）中国政府的角色定位

那么，在体制转轨时期，我国政府究竟应当在社会经济运行中扮演什么样的角色？发挥什么样的社会经济功能呢？我们认为，可以概括为如下八种角色：

1. 加强市场经济法制建设，创立平等竞争的市场秩序与环境

现代市场经济是一种法制经济，它要求用各种法律、规则来规范和调整各种经济关系和经济行为。应该说，这些年来，国家已制定和颁布了一系列的经济法规，我国市场经济法制建立进展顺利。但目前市场经济法制的建设不健全，无法可依、有法不依、执法不严的情况比较普遍，平等竞争的市场秩序和环境尚未真正形成。因此，在体制转轨时期，政府应当履行好市场秩序的创立者和维护者的功能，下大力气加强市场经济的法制建设，确立起市场竞争的良好秩序。要进一步建立健全规定市场经济中的各种基本经济关系的法规（如财产法、企业法、公司法、银行法、破产法等），规定市场活动和市场主体行为方面的法规（如合同法、外贸法、证券交易法、产权法、反不正当竞争法等）和规定解决特定经济行为方面的法规（如会计法、审计法、成本法、工资法等）。当前尤其应当加强在土地、房地产、外贸、税收等领域的立法工作，完善招投标、证券行业管理、物价管理、企业登记等领域的法规制度。同时，针对目前存在的有法不依、执法不严的弊端，政府必须加大经济执法力度，使相关的法律法规不折不扣地得以贯彻执行；政府及其官员应清楚自己是秩序的维护者，是裁判，而不是队员，不应当上场参加比赛。通过这些措施，逐步确立起我国公平竞争的市场秩序与环境。

2. 深化企业制度改革，造就市场经济的微观主体

要在较短时间内建立起比较完善的社会主义市场经济体制，就必须在造就市场主体上下大工夫。政府在体制转轨时期的一个基本任务是要深化企业制度改革，让企业成为自主经营、自负盈亏、自我发展、自我约束的独立法人主体，让企业独立于政府机构而生存和发展，实现政企分开，构造起社会主义市场经济运行的微观基础。当前特别要按照产权清晰、权责明确、政企分开、管理科学的现代企业制度的要求，推进国有企业改革，完善国有企业的自我发展和自我约束机制。与此同时，要搞好配套改革，对国有企业进行清产核资、界定产权，加强政府对国有资产的管理和监督，建立起权责明确的国有资产管理、监督和运营体系；按照优化国有资产结构的要求，积极推动国有资产的合理流动和重组，保证国有资产的保值增值，防止国有资产的流失和浪费。

3. 培育和完善各类市场，形成开放竞争的市场体系

改革开放以来，我国的市场体系已开始发育，但发育程度不高且畸形，各类市场发育不平衡。商品市场发展较快，生产要素市场发展较慢，地方和部门之间的条块分割仍然存在，严重地制约了全国统一大市场的形成；价格体系也尚未完全理顺。因此，在体制转轨时期，政府要采取有力的措施，投入必要的资源，发展和完善商品市场，逐步形成统一开放、竞争有序的全国市场体系。同时，深化价格改革，大幅度缩小国家价格的品种和范围，扩大市场调节价格范围，形成市场决定价格的有效机制，为市场运作创造良好条件。

5. 依靠宏观调控手段，保证社会经济的稳定与增长

这是市场经济条件下政府的一个最基本的功能。在体制转轨时期，政府要依靠宏观调控手段，尤其是财政、货币和产业政策手段及指导性经济计划，来调控宏观经济运行，力求同时达成增长、效率和稳定等基本经济政策目标，使国民经济健康高速发展。然而，各国市场经济发展的经验以及当代经济学理论告诉我们，一个国家的宏观经济政策要同时达成这几个目标是困难的，因为这些目标本身往往是相互冲突的，尤其是经济高速增长时期，如何保证宏观经济环境的稳定是政府面临的一个严峻问题。因此，在体制转轨时期，政府必须制定执行好宏观经济政策，协调好各种政策手段，既使我国经济保持适当的增长速度，又能有效控制物价上涨，抑制通货膨胀，保持宏观经济稳定，实现社会总需求与总供给的基本平衡。

5. 参与某些经济领域的资源分配，充当公共产品的提供者

市场经济主要是一种通过市场来配置社会资源的经济运行方式。在市场能较好发挥作用的经济领域尤其是私人物品的生产和供应上，政府应放手让市场机制发挥作用，不必参与社会资源的配置，而在一些领域尤其是公共产品的生产和供应上，市场机制难以起到有效的配置资源的作用，必须由政府参与社会资源的分配。在两种体制转轨时期乃至市场经济发展的全过程中，我国政府必须在某些经济领域发挥资源配置的作用，充当公共产品的提供者和外在效应的消除者，进行基础设施的建设，提供资源开发所必需的产品与服务，支持基础研究、新兴产业开发、落后地区的开发以及从事控制人口、保护环境、维护治安和加强国防等工作。

6. 制定并实施分配与再分配政策，形成收入与财产公平分配机制

市场机制的自发作用势必导致分配不公和两极分化。针对市场经济的这一缺陷，在建立与完善市场经济体制的过程中，我国政府必须担负起收入和财产分配的调节者的责任，努力解决好分配不公问题。一方面，政府要制定并执行好收入的分配和再分配政策，用有效的政策手段干预分配领域；另一方面，要下大力气进行社会保障制度改革，在医疗、事故、退休、失业保险的社会救济等方面取得突破性进展，从而形成收入和财产公平分配的机制，为其他方面的改革和制度建设特别是国有企业改革创造必要的前提条件。此外，政府有责任促进社会中介组织的发展，建立与完善社会性的服务体系。

7. 扩大对外开放，加强国际经济合作

现代市场经济是开放型经济，独立于国际市场之外的封闭式市场经济是不存在的。因此，在两种体制转轨时期，我国政府要进一步扩大对外开放，发展与完善我国全方位、多层次的开放格局；继续大力鼓励和吸引外资，减少政府对外贸的行政干预，建立起一整套符合国际惯例的外贸制度；鼓励和支持国内大公司跨国经营，参与国际经济大循环，实现国内市场与国际市场对接。通过扩大对外开放，加强国际经济合作，促进我国市场经济的国际化。

8. 调整行政功能和精简机构，实现政府自身的革命

上述种种国家经济功能的发挥都有赖于政府本身的改革。行政功能的调整和转变以及机构改革既是市场经济体制发展的重要内容，又是各项配套改革的主要因素，是理顺政府与企业、政府与市场、政府与社会等方面关系的前提。因此，在两种体制的转轨时期，政府必须加快自身改革的步伐，按照政企分开的原则调整和转变行政功能，改善公共决策系统，提高公共政策质量，实现由微观直接干预向宏观间接调控的转变；按照精简、统一、效能的原则，深化政府机构改革，增强综合经济部门的宏观调控能力，建立起计划、金融、财政之间相互配合、相互制约的机制；消除旧的行政管理过程的种种弊端，实现政府管理过程的程序化、公开化和法制化。

总之，在两种经济体制的转轨时期，国家的经济功能或政府干预行为是广泛的、多方面的，力度也是比较大的。因此，在这一时期所应采取的是国家指导型或政府主导型的干预行为模式，而不是秩序导向型或自由市场模式，在这方面，东亚市场经济国家或地区的经验可能是更直接和有用的借鉴。这些国家或地区在市场经济的起步阶段，国家或政府的干预力度是比较大的，其成功经验就是政府的有效调控。当然，随着我国市场经济体制的建立和完善，政府干预行为的目标、内容和方式应作相应的调整，政府干预的范围会逐步缩小，强度会减弱，市场机制的调节范围和力度将逐步扩大或增强，因而可以做到"尽可能的市场，必要时的政府"，并有可能过渡到秩序导向型模式。①

三、当代中国行政功能发展的途径

（一）行政功能发展理念的转变

1. 由无限政府向有限政府转变

有限政府是指政府的规模、功能、权力和行为方式都受到法律明确规定和社会有效制约的政府。无限政府就是一个政府自身在规模、功能、权力和行为方式上具有无限扩张性、不受法律和社会其他力量制约的倾向。社会实践使我们深切认识到，中国过去的行政体制最大的弊端正是权力过分集中。有限政府并不意味着政府能力削弱，而是提出了更高的要求，就是说政府要在宏观经济决策能力、市场监管能力、社会调整能力、公共服务能力与处理国际经济事务

---

① 陈振明：《公共管理学——一种不同于传统行政学的研究途径》，中国人民大学出版社 2003 年版，第 199~202 页。

纠纷能力等方面需要加大内力。建立有限政府，使政府的功能和权限限制在一定的范围内，而不应当无限扩大；此外，政府要为社会确立公平竞争的观念与机制，从过去为国有企业提供特殊关照，过渡到为所有企业包括外资企业创立一个公平竞争的市场环境，增加市场透明度；在市场经济条件下的政府不是万能政府，不是包办人民一切的政府，有限政府要求政府不是"包办政府"、"全能政府"，而是行政权力有限制的政府。

2. 由缺信政府向守信政府转变

缺信政府的行为缺乏稳定性和可预期性，其行为会反复无常，令人无所适从。其主要表现形式有：一是朝令夕改，容易使社会公众无所适从；二是官方与民众不存在严格意义上的信用合同，即使存在形式上的信用合同，也允许官方单方面变更与民众之间的这种信用合同；三是政府违背承诺不受法律追究。加入WTO以后，信用问题将是我们要面对的一个突出问题，企业要信用至上，政府更要守信。因为加入WTO以后，中国政府承诺，在法律适用和实施方面将采用统一、公正和合理的方式。也就是说，政府在实施法律方面必须信守诺言。政府守信已经得到全世界的重视，越来越多的国家注意运用法律手段解决这一普遍性的难题。经济全球化对政府的诚信问题提出了严重挑战。随着我国加入WTO组织，中国将全面进入经济全球化过程之中，从而使中国的市场与世界的市场接轨。市场经济也是一种诚信经济，如果没有诚信，市场的游戏规则不可能建立起来。因为现代市场经济是以建立一种充分发达的信用制度为前提的。无论是现代金融制度还是市场交易制度，都要诚信来做保证。政府作为国内市场制度的设计者和国际市场主体的维护者，必须建立良好的诚信形象。我国政府行政功能的有效发挥，政府必须首先树立信用意识，建立诚信政府。

3. 由轻责政府向重责政府转变

尽管政府不可能为社会承担无限的责任，但政府既然向社会行使了一定的权力，就应该为社会承担相应的责任。然而，如果我们仔细对中国的社会现实进行观察，我们不难发现，在中国这个社会中，政府的权力往往被放大，有时甚至是无限加以放大，而政府的责任则被置于很次要的地位。在过去很长一个时期，"重权轻责"成为中国行政管理的一种比较普遍的现象。它具体表现在以下几个方面：一是行政机关及其官员的责任意识非常淡薄；二是行政责任追究制度建设滞后；三是在行政责任追究的实践方面存在着避重就轻的现象。正是由于行政机关及其官员责任意识淡薄、行政责任追究制度建设的滞后和行政责任追究实践中的避重就轻，造成了我国行政管理中重权轻责的现象普遍存在。市场经济的竞争是非常激烈的,在全球化的市场经济竞争中,政府必须真正承担起重大的责任,只有这样才能使行政功能得到有效的发挥和实现。

4. 由管制主导型政府向服务主导型政府转变

政府与公民之间的关系不仅仅是管理者与被管理者的关系,政府的一切权力来自人民的授予,被授予权力的政府必须为人民谋利益,而不是没有任何义务与责任的约束。政府也是一种为公民和社会共同利益服务的组织,其合法性基础就来自于政府与公民之间的契约。政府作为社会共同利益的组织,是为维护公共利益、保护公共秩序而产生、存在、发展的,因而政府的基本功能就是服务功能。因此,政府与公民之间的关系应该是服务提供者和服务消费者的关系,简言之,是服务与被服务的关系。纵观人类政治文明的发展历史,其基本线索就是从管制主导型政府向服务主导型政府转变。管制型政府与服务型政府的根本区别在于强制性的有无。在管制型政府模式下,一切服务具有强制性;在服务型模式下,政府的服务则是以被服务者的要求与自愿为条件的。在社会发展的进程中,政府的服务功能却被忽略,特别是在计划经济时代,我国基本上实行的是高度集权的行政管理体制,实行社会全方位的管制,严重制约了生产者和企业的活力,逐渐成为我国经济进一步发展的桎梏。改革开放后,随着政企分开、政社分开,政府必须实现其社会角色的根本转变。建立安全、和谐的公共环境,加强国防建设,基础设施建设,发展国家民族可持续发展事业(如发展教育,保护资源和环境,维持生态平衡),这些都将继续由政府承担,并将日益成为政府的主要作用范围。随着经济发展和社会进步,公民民主意识增强,政府对政治、文化等政治思想意识形态领域的控制和管制也将逐步削弱,而其基本的服务功能日益凸显和加强。总而言之,政府行政功能发展的趋势就是由管制主导型向服务主导型转变。[①]

(二) 行政功能结构的转变

行政功能结构的转变实际上是对原有政府功能体系的重新审视和认识,按照建立社会主义市场经济体制的需要,配置与之相适应的功能。也就是根据社会发展需要来判断、选择和确定原有行政功能哪些需要强化或弱化,哪些需要开发或取消,等等。结合社会主义市场经济发展,尤其是我国加入世贸组织的

---

① 石文龙、关洪涛:《"入世"与我国政府行政职能之转变》,《行政与法》,2004年第1期。

新形势，我国现阶段政府行政功能结构转变的主要内容应包括以下基本方面：①

首先，应强化政治功能中"目的为本"的观念。政治功能的强化主要体现在保卫功能、社会治安功能和民主功能这三个方面，特别是民主功能需要加以强化，因为随着教育的普及、人民主权意识的提高，以及国际政府间竞争的加剧，使得政治中民主功能的强化成为大势所趋。而阶级统治功能相对来说开始处于弱化势态，或是变得更加隐蔽，以其他三者的强化来彰显这一功能。当前要在民主功能与专政功能相结合的基础上，重点履行民主管理建设职责，强化"目的为本"的观念，即加强民主政治建设功能，实行参与式行政。

其次，应加大政府经济功能中的经济调控力度，在宏观管理层面采取扩张态势。我国政府的经济功能是适应计划经济体制的需要而形成和发展的。尽管改革开放以来，已经发生了深刻的变化，但仍然存在着极大的不适应。当前政府的经济功能要重点发挥好宏观调控功能，放松对企业和市场等微观主体的过多经济管制，搞好公共产品、公共服务的供给工作和市场监管工作，切实保护和促进公平竞争，扩大市场交换机制对资源配置的范围，使其在国民经济发展中发挥更广泛、更大的作用。

再次，应加强政府的文化功能。一般说来，在社会新旧制度更替，或政治动荡、秩序混乱时期，政府的政治功能处于中心地位，在政治相对稳定的经济发展时期，政府的经济功能往往处于中心位置，而在人类进入信息时代的今天，政府功能的中心已变成科学技术与教育功能，其他各项功能必须以此为中心进行配置。对此，我国政府提出了"科教兴国"的发展战略。

最后，应开发政府的社会管理功能。与完善的市场经济国家政府相比，我国政府的社会管理功能有许多缺位和不足，需要进一步开发。随着经济发展，政府的社会管理功能越来越受到关注，特别是最近几年中央政府对民生问题的关注以及财政预算对社会管理方面的加大投入，这些都说明政府的社会管理功能需要进一步开发和扩展。

---

① 唐铁汉：《强化政府社会管理职能的思路与对策》，《新华文摘》2006年第3期。

第四章
行政结构论

行政结构是行政组织的基本框架,它确定行政组织的总格局,描述和规定行政组织的法定权力、职责以及各种行为主体之间的相互关系。在正常发展时期,行政结构直接反映和表现行政组织的持久和稳定的内部关系,在变革时期,行政结构是变革的基本方式之一。当我们在前面讨论了行政生态和行政功能以后,这里就必然要涉及实施行政功能以及如何与环境互动的行政结构。在本章中,我们将对行政结构的基本概念、合理行政结构的标准、行政结构层级化和部门化问题以及行政结构设计的原则等问题进行系统的探讨,以期能够帮助读者对行政结构有一个清晰的认识。

第一节 行政结构概述

一、行政结构的内涵

(一)结构的相关概念

"结构"一词是生物学上的名词,是指一个生物体的各种要素的特定安排。现在我们把结构一词借鉴到社会科学当中来,结构一般用来指组织的结构。系统理论认为,结构是组织的基本属性之一。组织的性质不但决定于它的组成要素,而且取决于它的结构方式。结构方式不同,即使要素相同,组织的性质也可能存在较大的差异。正因为不同的组织有不同的要素和不同的构成方式,所以,不同的组织有不同的质。因此,要弄清楚组织结构的含义,就必须要明白结构与功能、职位、模式和差异之间的关系。

1. 结构与功能。结构是功能的结构,功能是结构的功能。结构具有功能才有意义,功能依据结构才能产生,因此,结构与功能相互依存、相互作用、相互关联、互为条件。结构产生组织的静态特性,功能产生组织的动态特性,两种特性相结合,形成关于组织的完整概念。

2. 结构与职位。职位是结构的基本元素,是组织体制的连结点和支撑点。职位与职权、职责相联系,从一定意义上说,职权与职责只是职位的特有属性。职位的设置及其联结方式直接表现机关权力及其连带责任的分配形式,因为一定的职位代表一定的职权和职责。从这个意义上说,职位、职权、职责是一种一体化的过程,三者以职位为基础形成一定的比例关系。在组织中,强调职位、职权、职责的非人格化和统一,并以此来保证组织结构的稳定性和持久化。职位、职权、职责的组合方式实际上反映了组织结构的方式。因此,通过对职位的分析,就可以把握组织结构的特征。

3. 结构与模式。在人类社会发展的历程中,有过许多组织结构形态。我们把典型的组织结构形态称之为结构模式。自工业革命以来,可以称之为模式的组织结构主要有:直线集权制、直线参谋制、直线职能制、直线综合制、直线分权制和多维结构等。

4. 结构与差异。主要指不同的组织有不同的结构和同一组织结构的前后变化。模式反映了结构的共性,差异反映结构的个性。就国家行政组织而言,由于国别、地区和历史发展时期等因素,行政组织的结构是存在差异的。在议行合一的政治体制中,行政组织的内部结构差异小一些;在三权分立的政治体制中,差异则大一些,尤其在实行联邦制的国家中,国家行政组织的内部结构差异可能更大。差异为比较提供条件,从而为观察和分析组织结构提供条件。

(二) 行政结构的含义

根据前述对"结构"一词的阐释,所谓行政结构,亦即行政组织的结构,它是指行政组织的各种要素的一种特定安排,即行政组织各要素的合理的排列组合方式。从系统理论角度看,行政结构就是指对一个行政机关的系统结构所作的规定或设计,是侧重于行政组织的微观研究,是机关组织各部门和各层级之间依据法定规则所建立的一种正式的各种相互关系的体制。行政结构的性质、状况、优劣,直接影响行政组织的功能、形态和效率。属于行政结构的问题包括:行政组织权力关系和等级关系;指导各机关及成员活动和关系的政策、程序及控制方法;规定职责和任务的方式;协调各种活动的方式、报酬的安排以及其他引导成员的设计。

关于何为行政组织要素的问题,一般存在着两种基本的观点:第一种观点是认为行政组织是由人、目标、特定的人际关系这三种要素组合而成。第二种观点是行政组织有物质要素和精神要素两大类。物质要素由人员、经费、物质条件等构成；精神要素则由目标、权责结构、人际关系等构成。后一种观点实际上是前一种观点的具体化和展开。在物质要素中，最基本的是人，是行政组织的成员，经费、物质条件皆是为人服务的。精神要素中最基本的是目标和特定的人际关系——权责关系。综合行政组织的物质要素和精神要素中最主要的东西，仍然是人、目标、特定的人际关系这三种要素。本章要研究的组织结构就是研究行政组织的成员如何按照目标的要求，结成一定的权责分工关系。也就是说，研究行政组织要素如何排列组合成一定的结构。

人、目标、权责这三者的最初结合，就是职位。所谓职位，就是根据工作目标的需要，具有一定的权力和相应的责任的工作岗位，它由行政组织的个体成员充任。职位是构成行政组织结构的基本要素，行政组织的整体框架皆由行政组织的各种职位排列组合而成，由它组合形成一个单位、部门、层级、整个国家行政系统这四个层次的行政组织结构。现将其排列组合的具体情况分为四个层次表述如下：

第一个层次是由行政组织的基本要素和细胞，即职位—工作人员的排列组合，形成一个行政工作单位。经过有机排列组合后的工作人员已不是单纯的个人，而是充当由其工作目标、责任和权力所决定的特定角色，他在该工作单位的分工关系中所处的地位也转化成职位了。职位就包含了这个工作人员的工作目标、责任、权力，及其在工作单位中所处的地位、作用和关系。因此，准确地说，行政结构的第一个层次的内容就是工作职位的有机排列组合的方式，并由此形成一个工作单位。工作职位排列的有机性主要要求职位的工作性质相同、程序相关，便于完成该工作单位的总体目标。

第二个层次是各个工作单位的有机排列组合，并由此形成一个工作部门。其排列组合的根据是各单位的目标、责任、权力及其在分工中的地位关系，并以这种组合形成一个部门。工作单位排列组合的有机性也要体现在每个工作单位的工作性质相同、程序相关，便于完成该部门的总体目标。

第三个层次是各个行政部门之间的有机排列组合，由此构成一级政府组织。其排列组合的根据是各个工作部门的目标、责任、权力及其分工中的地位关系，并以此而形成的一级政府。各个部门排列组合的有机性，主要体现在各个部门的目标是否与社会的各种需求一致，社会对政府的各种要求能否从各个部门中得到满足。

第四个层次由各级政府之间的有机排列组合，由此形成一个国家的政府系统。它是由各级政府的目标、责任、权力及其在分工中的地位关系排列组合，并以此综合而成一个国家政府系统的目标和它在整个社会中的地位关系。各级政府有机排列组合成一个国家的政府系统,其有机性要根据各国政府纵向权力分工体制而定。集权制、分权制、均权制国家,对各级政府的目标、责任、权力的排列组合方式皆有所不同。

由上述四个层次的要素排列组合而成的就是一个国家的整个行政组织系统。行政结构就是行政组织的物质框架,它是行政组织实体的具体表现。这个框架由四个层次组合而成,构成这个框架的实质是分工,是根据目标、责任和权力进行个人的、单位的、部门的、层级的分工。行政结构中这四个层次的要素排列组合是紧密相连的。它们之间的排列组合,既是相互联系、相互依存的,又是有严密的逻辑顺序、不可颠倒的,其中以职位排列为基础,以形成一个国家的整体行政组织系统为目的。①

二、行政结构的特点

与其他社会组织结构相比,行政组织结构具有以下特点:②

(一)稳定性。稳定性是指行政组织有一个平衡稳定的职权等级结构形式。组织的层级设计科学,机构才会协调;职权划分合理,结构才会稳定。没有稳定的行政结构,就不可能有井井有条的工作秩序,组织目标也就不可能得以高效地实现。另一方面,行政组织结构一旦形成以后,在一定的时期内不会发生大的根本性变化,处于相对平衡、不变的状态。行政组织的稳定性是行政组织结构的核心,它强调职位、职责的非人格化和规范化,建立稳定的组织关系模式,实现组织的有序性和稳定性。

(二)层次性。层次性是指组织系统划分管理层级的数量。行政组织为了便于管理,一般采取层级控制体制,从纵向上分为若干层级,下级对上级负责,各个层级的权力和责任各不相同。行政组织结构的层次性优点在于上下衔接,统一指挥,统一行动,效率较高。

(三)开放性。行政组织面对的是整个社会的公共事务和全体人民,因此,它必须具有最大限度的开放性。行政组织必须不断与外界进行信息、物质和能量的交流,根据环境的变化调整组织的结构。行政组织结构的开放性是行政组织生存和发展的前提。

(四)复杂性。任何行政组织都是由各种各样的要素组成,既有人的要素,

---

① 傅明贤:《行政组织理论》,高等教育出版社2004年版,第110~112页。
② 张建东、陆江兵:《公共组织学》,高等教育出版社2003年版,第61~62页。

也有物的要素，既有流动的要素，也有固定的要素等。这些要素的不同排列组合就会形成不同的结构模式，既有纵向的，也有横向的，还有纵横交错的，它是一个复杂的体系。行政组织的规模越大，其结构越复杂。政府就是一个最大的、最复杂的行政组织系统，其结构的复杂性远远超过我们的想象。

（五）规范性。行政组织的结构不是自发形成的，而是由行政管理者根据国家的法律法规，在科学理论的指导下，有目的、有意识地安排的。它不是各种要素主观随意的排列组合。不同的行政组织，由于其目标和职能的不同，其组织结构的安排也不同。行政组织结构的规范性是指组织中各项工作的标准化程度，就是有关指导和限制组织成员行为和活动的方针政策、规章制度、工作程序、工作过程的标准化程度。在一个高度规范化的组织中，方针政策具体而清楚，规章制度健全而严密，工作程序、工作过程的说明清晰而详细。在组织中对人的活动和行为进行一定程度的规范可以提高组织的效率，减少不确定性的因素，提高组织工作的协调性。

三、合理行政结构的意义

在行政机制的运行中，合理、良好的行政结构是完成行政组织目标、提高行政效率的物质基础。如上一章所述，行政功能具有二重性，要避免行政功能紊乱和失调，首先必须有合理、良好的行政结构。故合理的行政结构在行政机制运行中具有重要意义。

（一）合理的组织结构能够有效地满足行政组织目标的需要

组织是一群人为实现既定的目标而有机地结合的整体。合理的组织结构能够使组织中的每一个工作职位、工作单位、部门、一级政府乃至整个国家行政组织系统的设置恰到好处地满足行政组织目标的需要。即每个层次都是按照社会需要设置的，没有虚设的部门、单位、职位，也没有漏设的部门、单位、职位；行政组织的各个岗位、各个部门、各个层级，在分工与协作的有机组合下，能够发挥组织个体与群体的智慧和力量，为实现既定的组织目标而努力奋斗，能够最优地实现行政组织目标。

（二）合理的组织结构有利于稳定工作人员的情绪，调动工作人员的积极性

合理的组织结构为每个工作人员确定明确的任务、责任和权力，使组织人员既有归属感，又有明确的奋斗方向。合理的组织结构能因事择人，因才施

用，使事得其人，人用其当，人尽其才，既能充分满足工作的需要，又能满足工作人员事业心的要求。这就有利于组织人员安心工作，稳定情绪。合理的组织结构使工作人员之间分工协作关系良好，为他们建立良好的人际关系提供了组织保障，使其能够心情舒畅地工作。因此，它有利于发挥工作人员的积极性、创造性、并能够形成新的协作力量。

（三）合理的组织结构能够使组织保持良好的沟通关系

组织结构是组织的框架，是构成行政信息沟通的主要渠道。合理的组织结构能够发挥行政组织沟通的功能，它能使行政信息的上行沟通、下行沟通、平行沟通乃至斜向沟通均能保持畅通无阻；它有助于消除意见分歧，乃至冲突与摩擦；它易于使人员、单位、部门之间达成思想一致，从而产生行动上的合作；它能加强人们的团体意识、责任心、荣誉感，提高人员的士气和服务精神；它能使上级经常了解下级的情况，便于做出实事求是的决策。

（四）合理的组织结构是提高微观和宏观行政效率的前提条件

行政效率的高低在很大程度上取决于行政组织结构的设计是否合理。一个结构紊乱、分工不明、职责重叠的行政组织，不仅使一个部门、单位的行政效率低下，而且也使整个行政组织效率低下。因为任何一个单位要想提高行政效率，不仅要使本单位内部分工协作的结构良好，而且也要别的单位与之相配合，行动协调一致，这就需要整个行政组织系统都有良好的组织结构。唯有如此，才能促进各层级、各部门有效地运用人力、财力、物力、时间，合理地配置资源，以最少的投入求得最大的社会效益，充分发挥行政组织个体和整体的作用，从而更好地提高行政效率。

四、合理行政结构的标准

为了充分发挥行政组织的功能，必须建立合理的组织结构。那么什么是合理的行政组织结构呢？一般而言，合理的行政结构应具备如下几个主要条件：

（一）任务与组织平衡

每个职位、单位、部门以及行政组织的设置，刚好与所要行使的职能、任务相平衡。既能充分地满足工作的需要，又能使每个组织和个人工作量饱满，使事有人做、人有事做，人与事得到最佳组合。

(二) 分工明确、合作良好

行政组织结构的实质是以职能为内容进行分工——个人之间、单位之间、部门之间、各级之间的职能分工。分工的目的，一是使各个具体职能能够得到最好的执行，使每个单位和人员能在专的基础上精，因此分工要明确、清楚，尽量做到专业化，以便于精通业务。二是为了更好地合作，使整个行政组织的职能因分工而又得到更好的、相互密切配合的执行。如果分工的目的仅在于前者，不利于后者，那么会破坏整体职能的分工，是行政组织所不能取的。因此，在设计行政组织结构时，在对各个单位、个人之间进行分工时，不仅要做到分工明确，而且还要考虑到这种分工是否有利于合作。要使各个单位、个人之间有通畅的沟通渠道和良好的协调关系，并为这种沟通和协调提供组织结构上的保证。

(三) 适应环境、具有弹性

现代行政组织是一个适应环境的开放系统，组织系统能否适应环境并且具有弹性，这是衡量组织结构是否合理的又一标准。组织结构是组织环境与组织内各系统之间联系的纽带，组织环境制约着组织结构特性，不同的社会环境——尤其是经济环境，要求行政组织内部有不同的职责分工关系，即要求有不同的组织结构。因此，任何行政组织结构都是稳定性与可变性的统一。为了保持合理性，组织结构必须随着环境的变化适时地加以调整，使结构具有适应性、伸缩性和应变性，以适应变化了的新环境的需要。

(四) 高效率与精干并重

合理的行政结构能够做到各部门、人员分工明确、权责清晰，做到人事平衡、权责相适、团结协作，以较小的投入获得较大的效益，从而提高行政结构的管理效率。另外就是要求行政组织结构的层次和组织的人员尽量少而精，用最少的人去办最多的事，使行政组织成为一个精干、灵活、高效的有机系统。在构建行政结构时，应先做工作分析和人员分析，做到因事设岗，因事择人，人尽其才，才尽其用，尽量减少组织的层级。在组织中，沟通是一项十分重要的机制，层级过多可能会给沟通增设障碍，使得组织政令不畅，指挥不灵，从而导致效率低下，组织衰败。行政结构必须精干，只有精干，才能高效。如果组织机构臃肿，层次繁多，人浮于事，必然导致效率低下。

总之，良好的行政组织结构应该是以职能为中心，在数量上保持合理的比例关系，在质量上相互协调适应，呈现出一个有机的、充满活力的整体。合理、良好的行政组织结构是行政组织正常运转的前提，也是提高行政工作效率的基础。①

第二节 行政结构构成

结构本质上可以理解为各种构成因素的联系方式，任何一个组织结构的构成因素无疑具有两种基本联系方式：纵向联系和横向联系，对行政结构的构成分析又必然会涉及行政组织的管理层次和管理幅度问题。

一、行政结构的层级化

行政组织的纵向结构，即结构的层级化，是指行政组织内部按上下层次关系有序构成的结构形式。组织设计的等级原则要求职权和职责等级垂直分布，形成等级结构。行政组织结构的层级化就是按等级原则设计而形成的组织结构。它的职权和职责从最高层向最低层沿直线分布。它以上下关系为重点。层级化是指各级政府上下级之间、职能部门的上下级之间的机构、职位、人员的配备和责任、权力、工作程序的等级的划分。每一层级都有自己的管辖范围、职责和权力，而其所处的层级愈高，管辖范围愈大，职责与权力也愈大。行政组织划分层次的目的在于区分工作任务和职权的轻重。行政结构的层级可分为宏观纵向分工和微观纵向分工。

（一）行政结构的宏观纵向分工

行政结构的宏观纵向分工是反映不同层级政府之间的分工。行政组织所管辖的事务，在地域上遍布全国，在内容上涉及社会所有的领域。在如此广大、复杂的范围内行使管理职能是任何一个组织都不能单独完成的任务。政府为了有效地发挥行政组织的功能，首先要将国家所管辖地域分成许多块，由不同的行政组织进行管理。这就是行政组织的纵向分工，即以层级制为基础的垂直分工。为此，除了设置管理全国社会事务的中央行政组织外，还设有管理局部地区的地方行政组织。现在世界上除了极少数几个人口在万人左右的国家没有设地方行政组织外，其余的国家均设有地方行政组织。如圣马力诺共和国仅有2万人左右，也设有地方行政组织。

---

① 傅明贤：《行政组织理论》，高等教育出版社2004年版，第112~115页。

宏观纵向分工有以下特点：层级越高，管辖地域的范围愈广，但组织的数量愈少。如各国最高行政组织，即中央行政机关，只能有一个。层级愈低，管辖地域的范围愈窄，组织的数量越多。如我国基层的政府是乡政府，其数量就数以万计。所以，宏观的垂直分工是以管辖地域的大小为分工的内容。不同层级行政组织之间管辖的职能，既有相同的一面，即每级行政组织都要管政治、经济、文化、教育、社会服务等事务；又有不同的一面，一般而言，凡属全国性的宏观问题，归中央行政组织管，凡属本地方的社会事务归地方行政组织管。究竟不同层级行政组织之间如何分工，这要看各国纵向权力分配体制而定。低层级的行政组织关系的区域，在高一层级行政组织所管辖的地域之内，一般而言，这个低层级的政府就属管理本地区的高一层级行政组织领导，但也有例外。在单一制国家，中央行政组织与地方行政组织是垂直领导关系；在联邦制国家，中央联邦行政组织与各联邦成员的行政组织不是垂直领导关系，联邦成员在不违反联邦宪法的前提下，独自管辖本区域的社会事务。联邦制国家将州以下的政府称为地方政府，州对地方政府一般都是垂直领导关系。行政组织数量的多少与层级的高低成反比，层级愈低，行政组织数量愈多；层级愈高，行政组织的数量越少，乃至最高的行政组织只有一个。于是，从总体结构上看，它呈现出一个金字塔型的结构。当今世界上比较大的国家，其行政组织纵向结构一般是四级行政组织。

（二）行政结构的微观纵向分工

行政结构的微观纵向分工是指各级政府或各个部门内部层级的分工。微观纵向分工的原因：各级政府或各个部门承担本辖区范围内或本部门的行政任务，为完成任务，达到目标，就必须将任务层层分解，直至落实到每一个职位。例如：中央政府内部依据职能分工，设有部、司（局）、处等3~4个层级。省级政府内部设有厅、处、科等2~3个层级。微观纵向分工的特点是：分工关系是以职能的隶属关系为准。中央行政组织的财政部、商务部的职能皆属于中央行政组织总职能范围之内，故属中央行政组织领导。正因为如此，它们之间形成了领导与被领导的关系，负责子系统的职能单位属负责总系统职能的单位领导。由于各系统的职能可以分解为许多子系统职能，所以，它们之间的层级领导也呈现出金字塔式的垂直领导关系。

行政结构的微观纵向分工的职责分配关系是：最高层次的行政组织为决策层，负责制定本部门行政的总目标、总方针、总政策和总的实施方案，负责本机关人、财、物总的分配及其政策，最大努力满足社会对本部门的需要，最优地完成本部门的工作目标。因此，最高层次的行政组织，是一个开放的、面向社会的行政组织。

中层行政组织为协调指挥层，负责执行本部门最高行政组织制定的总决策、目标、方针和政策，以此为依据，结合本单位具体工作对象的实际，制定本单位的具体工作目标、工作方案，并负责组织、协调、指挥等实施工作。因此，中层行政组织为半封闭半开放系统，既要使本级行政组织与上级行政组织保持一致，又要满足本单位工作对象的具体要求。

基层行政组织为技术操作层，其任务是执行中层行政组织的实施方案，在中层行政组织的协调、指挥之下，负责具体的带技术操作性的工作。其组织基本为封闭型，采用什么技术方法执行任务，纯属行政组织内部问题。

(三) 行政纵向结构的优缺点

行政组织纵向结构形成的行政组织层级制，在行政组织运行中有其优缺点：

优点是：1. 分层负责，使各级政府在各自管辖地域范围内，能做到事权集中，统一指挥；2. 行动迅速，能及时地根据本地情况做出决策，就地组织实施，并有利于就地监督、控制；3. 能发挥各个层级行政组织地积极性、创造性，根据本地实际情况主动开展工作；4. 各层级行政首长负责全面管理工作，有利于培养全面型行政管理人才。

缺点是：1. 各层级行政首长管辖事务过多，责重事繁，难以事事精通；2. 容易形成地方地块分割，不利于各地经济和文化的交流与发展；3. 容易犯地方主义的错误，不利于中央对地方的宏观控制。

二、行政结构的分部化

(一) 行政结构分部化的含义及必要性

现代行政管理的特征是既高度分工又高度综合。任何一个国家行政组织为完成各种行政任务，在纵向分工构成层级化的基础上，必须进一步进行科学的横向分工，以适应分门别类地处理不同行政事务即不同职能的需要。这种横向分工构成了行政组织的横向结构，即行政组织的分部化，也叫部门化。

1. 行政结构分部化的含义

行政结构的分部化就是行政组织的部门分工。横向分工有宏观分工与微观分工之分。宏观的横向分工是指一级政府内的部门分工；微观的横向分工是指一个部门内部的各个机构和职位的划分,它形成组织的机构系列和职位系列。在不同层级的行政组织中均有部门划分,如中央政府有部、委、办,省政府有厅、局、委、办,在每个厅、局、委内又有各个处、室,而在各个处、室内又有各个职位的划分。

2. 行政结构分部化的必要性

首先,适应各项社会事务管理的需要。由于任何一个层级行政组织管辖的范围涉及本级所辖领域的所有社会事务,其管理事务之复杂是任何一个单一的行政组织所不能胜任的。为此,必须在划分层级的基础上,在各个层级按照社会事务性质的异同,设置平行的不同部门的行政组织。如省政府这一级,必须下设分管商业、农业、科技、教育等业务的职能厅、局,以便有效地管理好这些业务,否则,只有省政府这一层级,下属不设各职能部门,是无法把全省各行各业管理好的。

其次,适应行政管理专业化、技术化的需要。由于科学技术的进步、社会分工的发展,促使社会各项业务的专业性、技术性日益增强,政府要对其进行有效的管理,就必须使政府工作人员熟悉这些专业技术知识。为此,必须使政府职能分部化,使政府工作人员通过分部化的机构设置,熟悉此专业知识,以适应社会日益科技化、专业化的需要。

其三,适应行政管理综合协调、宏观管理的需要。随着生产社会化、生活社会化的发展,人们之间相互依存、相互竞争的关系日益密切,范围也日益扩大,客观上需要政府加强宏观管理,使这些既相互矛盾又互相统一的社会的各个方面能够形成有机的统一体,得到协调、和谐、健康的发展。因此,政府的各种综合协调职能在不断地扩张,这也要求政府组织设置综合协调部门,行使综合管理职能,如国家发展与改革委员会、经济贸易委员会等部门。

其四,适应行政管理程序的需要。为使行政组织决策、执行、监督、信息反馈等过程专业化、程序化,也必须按这些行政活动的程序设置部门,从而保证在部门分工的基础上使行政组织的成员精通、熟悉自己程序的业务活动,从而达到提高行政组织效率的目的。

概言之,行政组织的横向分工,是为了行政组织分门别类地管理好社会的各项事务,管理好自身的运行程序,提高行政组织的效率,更有效地促进社会的发展。

(二)行政结构横向分工的种类

一般来说,行政结构横向分工的类型常用的有下列四种,即按业务性质分工、按管理程序分工、按管理对象分工和按地区分工。

1. 按业务性质分工

按业务性质分工是指按行政管理的业务性质异同来组成行政组织单位。例如财政、外交等均为不同的业务，就以此为基础，设置不同的单位。根据行政业务性质的异同划分行政部门，是行政组织平行分部化的基本方式。行政组织中绝大多数部门皆是按业务性质不同而设置的。

按业务性质进行分部化，优点在于：

（1）符合行政分工专业化的原则。每个部门只负责某一项业务工作，有利于行政管理人员熟悉本专业工作，以提高行政效率。

（2）有利于统一行政业务的方针、政策和法规。同一性质的业务由同一单位管理，使行政组织易于统一同一性质的行政业务的方针、政策、法规，避免出现政出多门的混乱状态。

（3）体现事权一致的原则，便于协调。同一性质的行政业务由同一单位管理，做到事权归一，行政工作更易于协调，使本部门能对现有设备、器材、人力做更经济有效的统一调配。

按业务性质进行分部化，缺点在于：

（1）如业务事权过于集中，容易形成条块分割。同一性质的业务工作归同一部门管理，如忽视部门之间的沟通，就不利于不同业务性质工作之间的合作、协调，不利于行政组织总体目标的实现。

（2）如分工过细，易造成部门林立。如对业务性质的分工划分过细，设置部门过多，必然造成部门林立，不利于经济节约的原则，更不利于部门之间的合作、协调。

（3）如业务性质不清，易产生组织冲突。有些业务性质混淆不清，不易做出明确的划分，故难以完全科学地根据业务性质的异同设置行政组织。这就使部门之间的职责难以划清，而职责不清是产生行政组织冲突的最好土壤。

2. 按管理程序分工

按管理程序分工是指按照行政管理过程不同来分别设置行政组织部门。行政管理过程有咨询、决策、执行、信息反馈和监督等环节，根据这些程序划分行政咨询部门、领导决策部门、执行部门、信息部门和监督部门等。每个部门在管理过程中各自发挥其功能作用，使行政管理的功能齐全、管理过程井然有序。如各级政府的首脑机构就是决策部门，各级政府的政策研究室就是各级政府的咨询部门，一般的业务部门就是执行部门，统计室就是信息部门，监察部就是负责监督所有行政管理的监督部门。

按管理程序进行分部化，优点在于：

（1）按程序分工，注重本项工作的技术方法，有利于提高行政管理人员的专业技术知识。

（2）由于从事该项工作采用同样的技术设备、工作程序，因而有利于节省人力、物力、财力。

（3）使行政管理中的重要程序有专门机构去完成，有利于提高行政管理的整体效能。

按管理程序进行分部化，缺点在于：

（1）在该行政组织中的工作人员，久而久之，易产生重技术、轻政策，重过程、轻目的的倾向。

（2）在使用上有一定的局限性，只能在那些有较大独立性的程序才可以设置部门，而多数工作程序则无法独立出来。如每项相同的业务都有它自己的程序，我们不可能依据这些程序都设立独立的部门。

3. 按管理对象分工

按管理对象分工是指按行政组织服务的人群、财务为对象进行的部门设置。这一分工方式最常见的是政府经济行业主管部门的设置，如农业部、铁道部、交通部，均是按不同对象类别实行分部管理。

按管理对象分部化，优点在于：

（1）根据政府管理服务对象分工，可以使行政工作专业化，使政府在这一方面工作中能够做到政令统一，能统筹考虑，从各个角度来满足其管理对象的需要，有利于提高行政效率。

（2）使政民关系简化。群众对政府这些部门的工作职责一目了然，易于沟通政民关系。

按管理对象分部化，缺点在于：

（1）随着政府管理的对象日益增多，势必导致行政组织部门林立，不利于精简节约。

（2）以管理对象为基础设置部门，容易忽视甚至割裂了管理对象之间的相互联系，可能产生综合性的工作无人管理的现象。尤其是政府经济管理工作以产品划分部门，会割裂不同产品之间的生产社会化联系，阻碍生产力的发展。例如，在我国过去的很长一个时期，维尼龙生产设备既归化工部管理，又归纺织工业部管理，造成职责不清、互相推诿、相互扯皮等混乱现象。因此，随着生产社会化的发展，社会产品种类的日益增多，产品之间的联系日益密切、广泛，此种以产品为对象的分部化会越来越不适应社会需要。

（3）容易造成行业的本位主义。管理对象多以原行业性质为基础设置部门，考虑问题易从本行业利益出发，有碍于整体的利益，不利于国民经济按比例协调发展。

（4）按服务对象划分部门往往与按业务性质划分部门发生重复、交叉关系。按这种方式划分部门要特别慎重，不是特别重要的对象，不可独立设立部门。

（5）不利于市场经济的发展。按产品设置部门，使政府易于对企业进行微观管理，不利于政企分开，也不利于企业自主经营。

4. 按地区分工

按地区分部化，从不同层级看，是纵向分工；从同一层级看，各地方行政组织之间的关系属平行的地区横向分工，这是宏观的地区分部化。微观地区分部化是指中央政府各个部门在各个地方设置派出机关，如铁道部在各个地方设置的各地铁路局。这里只分析宏观的地区分工。

在同一层级，按地区设置行政组织的基础是行政区划。行政区域的划分是否科学合理，直接关系到行政组织地区分部化是否科学合理。

行政区划是否科学合理，主要取决于以下三个方面：

（1）是否有利于各地区人民和各民族的安定团结。居民中以共同的地理环境、经济和社会联系等因素而自然形成共同的风俗习惯、地方语言、地方心理，由此而形成一个个不同的、内在联系的地方区域。在一个地方的居民之所以能形成这些共同点，是由于共同的地理环境和长期的历史发展所致，并使之自然地联结成一个有机的整体，这是行政区划的客观基础。如果我们在行政区划中，人为地将这个有机整体一分为二，或将不同的两个有机体的地方合二为一，都可能破坏当地居民的安定团结，破坏当地的经济、文化乃至整个社会的健康发展。在这里，要特别注意照顾各个不同民族的聚居情况。一个国家常常不止是一个民族，每个民族都有各自的传统习惯，并且居住比较集中。行政区划应该尽可能以它们的聚居点为基础。在这个基础上建立的地方政府，有利于充分发挥民族的自主性、积极性、创造性，有利于各民族之间的平等和团结。

（2）是否有利于国家政权的统一和巩固。行政组织地区分部化的目的在于，使地方政府能分担中央政府的负担，而又不至于使中央政府失去对地方政府的控制。为此，要特别注意高级地方政府所辖的区域不能过大，否则，容易导致高级地方政府的权力过大，削弱中央政府对全国的宏观调控能力，不利于国家政权的统一和巩固。

（3）是否有利于调动地方政府的积极性，充分发挥地方政府的作用。为此，各级地方政府所管辖的区域要与各级地方政府的职、责、权相一致，使其有充分的空间条件行使职能，并能使各地有条件相对独立地发展地方经济、文化、教育事业。区域太小，人力、物力、财力乃至自然资源必然少，无力做任何大事，这又势必使地方上大的建设事业都落到中央政府头上，不利于中央用主要精力控制宏观。同时，也使地方政府的积极性不能得到充分的发挥。

按地区进行分部化，优点在于：

（1）便于各地方政府因地制宜决定政策，以适应各地不同的需要，避免事事请示汇报，旷日费时，影响工作。

（2）便于一个地区各项工作的协调、互相配合，为发展地方经济、文化而共同努力。

（3）能够分担上级政府的工作，使上级政府能更好地集中精力抓大政方针，有利于国家的统一和民族的团结。

按地区进行分部化，缺点在于：

（1）形成区划的客观因素比较原则和抽象，不易具体掌握，因此在划分行政区域时，不可能准确地照顾到每个居民点的具体要求，容易造成各地区之间经济、文化与心理的矛盾。

（2）各地区行政组织容易产生地方主义观念，妨碍国家民族的整体团结和事业的整体发展。

行政组织横向结构基本上属行政组织的职能制（按地区分工除外），在行政运行过程中，总体而言有如下的优缺点。

其优点是：（1）职能不同，分工管理，使行政组织成员能在专的基础上精通业务；（2）从上到下形成条条，因此在对同一业务工作进行统一的管理中，易于形成统一的方针政策，有利于社会各项事务有秩序地健康发展；（3）各个部门分工负责，使各个层级的行政首长集中精力考虑全局的大问题。

其缺点是：（1）容易形成各个部门条条分割，各个不同的业务部门之间难以相互沟通与协调；（2）自上而下的各部门形成的条条伸向各个基层，不利于地方层级的行政组织因地制宜地贯彻上级的政策，抑制了地方行政组织的积极性。

如上所述，行政组织结构有纵向结构和横向结构，纵向结构形成行政组织大的层级制，横向结构形成行政组织的分部化或职能制。它们之间各有优缺点，互相制约，相互补充，缺一不可。所以，各个国家的行政组织都将层级制和职能制结合起来，既设有层级的行政组织，又将各个层级的行政组织分设为平行的若干部门，力图使它们互相取长补短，发挥它们的优点，避免它们的缺点。于是，在各国行政组织中客观上存在着纵向结构——管理层次与横向结构——管理幅度的关系。

三、管理层次与管理幅度的关系

管理幅度是指管理者直接领导的下属人员的数量，管理层次则指的是从最高管理者到具体执行人员之间的不同管理层次。层级制形成管理层次。管理层级体现了决策者与执行者之间的距离。距离愈近，上下级之间信息沟通愈及时，无误率愈高，愈能使决策正确，执行准确、迅速，监督和控制及时、有力；否则，则相反。因此，为了提高行政效率，应尽量减少管理层次。职能制形成管理幅度。它包括各级政府的分部化，以及各级政府所管辖的地区分部化所产生的下级政府的数目。管理幅度体现了一个单位或一个行政首长能够有效地管理的下层单位或人数。管理幅度愈窄，行政首长或领导单位对其管理的效率愈高；管理幅度愈宽，行政首长或领导单位对其管理的效率愈低。这是由于一个单位的人力、时间、处理信息的容量是有限的，不能无限地扩大；一个领导者的精力、时间、知识和能力都是有限的。因此，它们都只能在有限的范围内行使领导权。

那么，在同一个行政结构中，管理层次和管理幅度之间有什么样的关系呢？

（一）管理层次与管理幅度的反比例关系

在一定被管理的工作量或地域条件下，管理幅度与管理层次成反比例关系，即管理幅度越大，管理层次就越少；反之，管理幅度越小，则管理层次就越多，这就是行政组织中客观存在的管理层次与管理幅度的规律。这一管理层次与管理幅度的关系问题吸引了早期学者的大量注意力。尽管对具体的数目没有形成一致的意见，但古典学者们都主张窄小的幅度以便对下属保持紧密控制。不过，也有些学者认识到，组织层次是一个权变因素。他们认为，随着管理者在组织中职位的提高，需要处理许多非结构性的问题，这样高层领导的管理幅度就要小于中层管理者的管理幅度；而中层管理者的管理幅度又小于基层行政人员的管理幅度。管理幅度的概念之所以如此重要，是因为它在很大程度上决定了组织的层次和管理人员的数目。假定所有条件一样，管理幅度更宽、更大，这样设计的结构就更有效率。

例如，在被管理者的工作量固定为6的情况下，管理幅度与管理层次将发生如下的变化：如管理层级为一级，被管理单位或人数为6，领导单位或人数为1；如管理层次设两级，第一级被管理单位或人数为3，第二级被管理单位或人数为6，每两个单位或人数被一个单位或人数管理。因此，在设置行政组织结构时，根据管理幅度与管理层次相互关系的规律，当管理幅度能够加大时，就可以减少管理层次，精简行政组织机构，使领导层接近基层，有利于及时处理问题，提高行政效率。但是，倘若管理幅度过大，上级机关及领导者超负荷运行时，就会影响管理工作的有效性，这时就必须适当增加管理层次，缩小管理幅度，才能使行政管理正常运行。这种选择的科学性体现了管理的艺术，关键在于必须根据国情和行政管理的客观需求加以确定，根据各管理因素的变量关系来确定其最佳的适度点。

现在越来越多的组织正努力扩大管理幅度，管理幅度日益根据权变因素变化的情况向上调整。例如，1992年，沃尔玛超过西尔斯公司成为美国的第一号零售商。管理大师汤姆·彼得斯早在几年前就预见到这一结果。"西尔斯不会有机会的"，他说，"一个12层次的公司无法与一个只有3个层次的公司抗争"。彼得斯也许有点夸大其词，但这个结论清楚地反映了近年来出现的以管理幅度来设计扁平结构的趋势。世界各国政府正在进行的行政改革也试图向这个趋势发展，以提高行政组织的适应性、灵活性和回应性。像我国的政府管理层次达5层之多，是世界上管理层次最多的国家，因此现在有些学者提出要减少层级，由省直管县的想法就是减少层次、提高效率的一种尝试。

（二）影响管理层次和管理幅度适当关系的因素分析

管理幅度和管理层次究竟各确定多少才算合适？二者之间的关系通常会受制于哪些因素呢？

第一，管理幅度与管理层次有关。行政组织的纵向一般可以分为高层、中层和基层三个层次。由于每一层次在行政管理中的地位、职能、管理方式不同，所管理的幅度也不同。高层行政组织处于核心地位，起领导作用，其职能是从事决策、计划、协调、监督等政务工作，用宏观管理的方式，以简驭繁，可有较大的幅度。中层行政组织处于中介地位，起上传下达的作用，其职能是从事组织、指挥、协调、监督等政务和事务工作，既有决策，又有执行。用中观管理方式来协调管理繁杂的任务，其管理幅度应小于高层行政组织。基层行政组织起执行作用，其职能是从事大量的、具体的事务性工作，是用微观的、技术的管理方式来处理大量繁杂的、具体的行政任务。因此，其管理幅度应小于中层。

第二，下属工作性质及难易程度制约着管理幅度与管理层次。如果所管理的工作有较大的稳定性、常规性、重复性，则领导者的管理幅度可适当加大，层次可适当减少；如果所管理的工作较复杂、难度大且不稳定，领导者的管理幅度可适当减少，管理层次则要适当增加。另外，如果工作规模不大、辖区面积较小，则领导者的管理幅度则可适当加大，层次可适当减少；如果工作规模较大，辖区面积大，则领导者管理幅度可适当减小，层次可适当增加。

第三，领导者的领导水平与能力直接制约着管理幅度。管理幅度的大小与领导者的水平和能力成正比例。如果领导者知识渊博、水平高、能力强，领导者的管理幅度可适当加大；反之，领导者的管理幅度应适当减少。与之相适应，管理层次则相应减少或增加。

第四，被管理者的素质高低也制约着管理幅度。如果被领导者的素质高、工作能力强、能独立胜任工作、无需领导经常督促便能圆满完成任务，领导者的管理幅度可适当加大。反之，领导者的管理幅度则应适当减少。

第五，集权、分权与授权程度影响着管理幅度与管理层次。集权型组织的权力主要集中在上级机关，使上级机关的工作量增大，故其管理幅度不能太宽，其层次必然要加多；分权型组织，其权力较松散，上级机关集中管大事，具体事务较少，因此管理幅度可较宽，管理层次则可减少。其次，组织内部是否充分授权，如能充分授权给下级，领导者比较超脱，管理幅度可以加大；反之，不授权或授权不多，均需加大领导的协调、指导、监督等工作量，管理幅度应适当减少。

第六，技术发展水平与工作条件影响着管理幅度。下级机关或人员的工作所在地较集中、交通较方便、信息传递较迅速，领导者可适当加大管理幅度；反之，则可适当减少。行政组织中配备的技术设备越先进、工作条件越好，领导者的管理幅度可以适当加大。反之则应减少。

上述因素都是确定管理幅度大小与管理层次多少的重要参数。正确处理管理幅度与管理层次二者的关系，应根据各个国家、各个地区、各个部门的具体情况加以综合确定，总的目标是保持行政管理的有效性。①

第三节　行政结构设计

一、行政结构理论的演变

行政结构是行政组织的物质框架，有许多行政理论家都对行政组织结构的设计问题进行了有益的探讨，其内容日益丰富。

---

① 傅明贤：《行政组织理论》，高等教育出版社2004年版，第115~128页。

1. 传统时期的行政组织理论中关于行政结构的理论研究

威尔逊作为西方行政学的创始人，在其关于行政组织的主要思想中就倡导改进政府机关的组织结构与工作方法。他认为要提高行政效率，仅有文官制度的改革是不够的，还要改进我们政府机关的组织结构与工作方法。作为"科学管理之父"的美国管理学家泰勒在其科学管理原理中主张将组织中管理者的管理职能与工人的作业职能加以分离，各负其责，同时强调组织管理职能的专门化，即所有的管理人员应当尽可能专门地分担某一种管理职能。法国的法约尔在其《工业管理与一般管理》中探讨了组织的层级结构。他主张在组织中保持比较小的管理幅度。越往上，管理者直接管理的下属人员越少，一般不要超过6人。而素有"组织理论之父"的德国社会学家马克斯·韦伯的官僚制组织则是工业社会中各种大型组织的典型形态，官僚制组织结构特别强调组织内的每个成员都占有一个明确说明了具体职权的职位，组织内层级节制，具有严格的上下垂直关系，强调组织的专门化等。美国行政学家厄威克与古利克概括了使用于所有组织的八条组织原则，其中就有关于组织结构设计的原则，如等级系列原则、控制幅度原则、专业分工原则等。

传统行政组织理论把专业化分工原理广泛地引入组织管理之中，提出了职能化（专业化）管理的原理，为构造科学管理的组织结构及其发展演变奠定了一般的原则基础，并总结概括出管理幅度和管理层次原理，作为组织结构的依据，力图构建高效的等级制组织。

2. 行为科学时期的行政组织理论中关于组织结构的理论研究

行为科学家梅奥通过"霍桑试验"发现了在组织中除了正式组织结构外，还有非正式组织的结构存在，这种组织结构与正式的组织结构是完全不同的。美国公共行政和组织管理学家、西方现代组织理论中社会系统学派的创始人切斯特·巴纳德对非正式组织结构进行了系统的研究。他指出，非正式组织结构是一种自由结合、个人接触、交互影响的联合体，对正式组织结构的功能可以起到补充、限制的作用。另外，他在其组织理论中还提出了组织平衡思想，强调组织对内以及对外都要达到平衡，特别是组织的对外平衡，要求当环境发生变化时，组织也应当有所变化，这也意味着组织的结构要作相应的调整。美国著名行政学家赫伯特·西蒙在其决策组织理论中提出了他的组织设计论。如前所述，组织设计一直就是组织理论中的一个重要的问题，西蒙对组织结构设计理论的贡献在于，他的组织设计理论是建立在他的决策理论基础上的。他认为，组织结构的设计首先要从建立组织目标体系入手，这既是规定组织结构的重要依据，又是影响组织决策环境的重要因素。

行为科学时期的行政结构研究特别注重对组织中的人进行研究，认为人的行为是影响组织效率的决定因素，提出组织应当以人为中心的观点，使组织的研究从静态的结构研究转入动态研究，提出了非正式组织结构对正式组织结构的影响。

3. 现代行政组织理论中关于行政结构的理论研究

美国社会学家塔尔科特·柏森斯从系统论的角度出发，认为组织是处在社会系统中的，为了适应环境、达成组织目标、统一协调并维持组织形态，就要通过组织的三个层级来体现，这三个层级就是决策层级、管理层级以及技术层级。他认为，这三个层级各有"界线"标志，工作性质各不相同。决策层负责决策，管理层级负责协调，技术层级具体执行。各层级职责清楚，授权分明，各司其责，不得互相干涉，既不能越权侵上，也不能越俎代庖。而美国华盛顿大学的管理学教授卡斯特和罗森茨韦克则强调组织是一个整体系统。他们认为，结构分系统是组织系统构成的要素之一，组织结构与权责分配、信息沟通和工作流程有关，它是通过组织图、职位与工作说明规划和程序等方面表现出来的。他们提出了组织的权变观念，这种权变组织理论致力于谋求组织与其环境之间及组织内部各分系统之间的动态的、具体的一致性。他们认为，只有通过组织设计和管理达到这种一致性，才能保证组织具有高效能、高效率。

新公共行政学派认为，行政组织变革的终极目标是建立民主行政的模型。政治民主必须实实在在地体现在民主的行政过程之中。为避免行政组织变成顽固的、不负责任的官僚组织，新公共行政学派提出减少层级节制、分权、放权、组织开发、责任扩大、广泛吸收公众参与等民主的组织结构思想。他们强调公共行政组织设计方案应该遵循两个目标：其一，顾客导向的行政组织形态；其二，应变灵活的组织形态，即加大组织结构的弹性，以便能够对外界的刺激做出迅速的反应。

企业家政府组织理论认为，面对当前信息时代的复杂环境，企业界的领导往往采取分权的办法，减少层级，并授权给雇员，把一些决策交给下层去做。事实证明这种方法是成功的，因此，政府应改变过去的强化中央管理的集权制，提出了"合作组织形式"，即围绕某一项目，组织跨地区、跨部门的攻关小组。这样可以发展组织间的横向联络网络，开阔组织成员的视野，提高工作效率。

现代组织理论注重对组织的系统性、生态性、权变性的研究，强调组织的功能与结构应与组织的外部和内部环境相适应，并随着内外环境的变动，不断地进行修正与调整。

二、影响行政结构设计的因素

如果我们将上述观点组合到一起，就可以看到早期大多数行政学者所相信的理想化的结构设计是机械式组织或官僚行政组织，而当代的学者已经认识到，并不存在一种唯一的"理想"组织设计适合于所有的情况，理想的行政结构设计取决于各种权变因素。我们先来对行政结构设计的两种一般模式作一考察，然后再分析各自使用的权变因素情况。

（一）两种典型的行政结构设计模式

1. 机械式组织

图 4-1 描述了两种不同的组织形式。机械式组织（也称官僚行政组织）是综合使用传统设计原则的自然产物。坚持统一指挥的结果也就产生了一条正式的职权层级链，每个人只受一个上级的控制和监督，而保持窄的管理幅度，并随着组织层次的提高缩小管理幅度，这样就形成了高耸的、非人格化的结构。但是，当组织的高层与低层距离日益扩大时，高层管理会增加使用规则条例，因为他们无法对低层次的活动通过直接监督来进行控制并确保标准作业行为得到贯彻，所以高层管理者要以规则条例来替代。古典学者们对高度劳动分工的信任导致了工作变得简单、常规化和标准化。通过分部化方法的采用而产生的进一步专业化使组织的非人格化特征增强，同时也提出了以重叠的管理层次来协调专业化部门的需要。因此，这种行政结构是高度复杂化、高度正规化和高度集权化的。

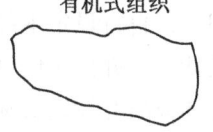

机械式组织	有机式组织
·严格的层级关系	·合作(纵向的和横向的)
·固定的职责	·不断调整的职责
·高度的正规化	·低度的正规化
·正式的沟通渠道	·非正式的沟通渠道
·集权的决策	·分权的决策

图 4-1 机械式组织与有机式组织的对比

（资料来源：斯蒂芬·P·罗宾斯：《管理学》（第 4 版），中国人民大学出版社 2002 年版，第 242 页。）

2. 有机式组织

有机式组织与机械式组织形成一种鲜明的对照，它是低复杂性、低正规化和分权化的。有机式组织是一种松散的、灵活的具有高度适应性的形式，而机械式组织则是僵硬的、稳定的。因为有机式组织不具有标准化的工作和规则条例，所以它是一种松散的结构，能够根据需要迅速地做出调整。有机式组织也进行劳动分工，但人们所做的工作并不是标准化的。行政人员多是职业化的，具有熟练的技巧，并经过训练能处理多种多样的问题，他们的教育已经将职业行为的标准灌输给他们，所以不需要多少正式的规则和直接监督。有机式组织保持低程度的集权化，就是为了使职业人员能够对问题做出迅速的反应；另一方面，也是因为人们并不期望高层管理者拥有做出必要决策所需的各种技能。[1]

（二）行政结构设计的影响因素

影响行政结构设计的因素有很多。不同的学者从不同的角度对影响行政结构的因素做出了各自的研究。如澳大利亚行政学家欧文·E·休斯虽然没有直接说出影响行政结构的因素，但是从他的著作中，我们可以看到，战略管理因素、行政系统内部要素和外部要素等都会对行政结构的设计、变化产生深刻的影响。本书结合斯蒂芬·P·罗宾斯和其他学者的观点，认为影响行政结构设计的因素主要有战略、规模、技术与行政生态环境等因素。

1. 战略因素

战略着重于给组织以正确的定位，以面对未来日益增长的不确定性；旨在描述清晰的目标和目的；试图脱离常规的管理任务，而以系统的方法审视组织变化前景的长期情况。战略管理打破了传统行政的公务员"政治中立"原则，要求各部门可以自行设定本部门的目标和优先重点。战略管理就是试图指出组织的结果是什么，并把它们融合进组织的目标和责任之中，因此管理程序的关键是确定总体战略并设定目标，这不仅仅要依靠政府，也需要依靠各个机构和部门。行政结构是帮助管理当局实现其目标的手段，所以，使战略与结构紧密配合，这是顺理成章的。特别是结构应当服从战略，如果管理当局对组织的战略做了重大调整，那么就需要修改结构以适应和支持这一调整变革。如世界各国政府兴起的新公共管理运动，就是根据战略需要对行政结构做出了不同的变革。

---

[1] 斯蒂芬·P·罗宾斯《管理学》(第4版)，中国人民大学出版社2002年版，第241~242页。

2. 规模因素

历史发展表明，组织的规模对其结构具有明显的影响。例如，大型组织倾向于比小型组织具有更高程度的专业化和横向及纵向的分化，规则条例也更多。但是，这种关系并不是线性的，而是规模对结构的影响强度在逐渐减弱。也即随着组织的扩大，规模的影响愈益不重要。行政组织特别是政府组织由于拥有众多的公务员，相对于企业组织或其他组织而言，其规模庞大，它的行政结构是一种相对于其他组织来说更为机械式的结构。

3. 技术因素

任何组织都需要采用某种技术，将投入转换为产出。为达到这一目标，组织要使用设备、材料、知识和富有经验的人员，并将这些组合到一定类型和形式的活动之中。比如，高校的教授在给学生授课时就使用多种方法，包括课堂讲授、小组谈论、案例分析以及利用有习题解答的教科书进行自学，等等。这每一种方法都是一类技术。不列颠大学的琼·伍德沃德（Joan Woodward）就提出，组织的结构设计因技术而变化。而查尔斯·佩罗（Charles Perrow）在琼·伍德沃德观点的基础上更进一步主张，组织的控制和协调方法必须因技术类型而异。越是常规的技术，越需要高度结构化的组织。反之，非常规的技术，要求更大的结构灵活性。这样，按照佩罗的观点，最常规的技术可以通过标准化的协调和控制来实现。这些技术应该配之以同时高度正规化和集权化的结构。另一个方面，非常规的技术要求具有灵活性，组织应该是分权化的，所有成员间有频繁的相互作用，并以保持很低程度的正规化作为特征。一般而言，技术越是常规，结构就愈为标准化。因此，可以这样认为，一种机械式结构通常与常规技术相配合，而非常规的技术，结构就愈是有机式的。①

4. 行政生态环境因素

研究表明，行政生态环境也是行政结构的一个主要影响力量。从本质上来说，机械式组织在稳定的环境中运作最为有效；有机式组织则与动态的、不确定的环境最匹配。行政生态环境因素主要包括经济因素、政治因素、文化因素等三个方面：

（1）经济因素主要表现为经济的全球化、跨国公司的结构变化的示范作用等给世界各国政府提出了挑战，各国政府组织结构必须进行变革以适应这种变化。

---

① 参见斯蒂芬·P·罗宾斯：《管理学》（第4版），中国人民大学出版社2002年版，第242~246页。

（2）政治因素主要表现为政治的民主化浪潮席卷全世界，民主化要求的是广大人民的参与决策以及个性化的、多样化的公共需求，这要求政府必须满足民众的这些需求，否则就会丧失其合法性，要求政府的组织结构发生改变，变得更具有弹性、灵活性和及时性。

（3）文化因素影响着行政组织结构的建立，具体表现为行政结构中的人的文化素质、文化水平制约着行政结构的档次和运行方式。另外，科学技术的迅猛发展，互联网的普及、通信设备的更新、高科技的运用等为行政结构的变化奠定了物质基础。这些使得组织结构具有开放性、透明性和参与性。

三、行政结构设计原则

（一）职能目标原则

行政组织结构的设计，应以职能目标为根据，职能目标是行政组织存在的基础。行政组织设置的目的是行使某方面管理职能，达成一定的行政目标。如果没有这种职能目标，那只能是"因人设事"。

任何国家都根据社会政治、经济、文化发展的需要，建立相应的政府组织机构，以便对各方面事务进行管理。每个行政组织都有自己的行政目标。只有明确行政目标，合理地划分职能结构，才能有合理的行政组织结构。

职能目标的变化，必然导致行政组织结构的变化。如果行政组织结构不随职能目标变化，就会出现多余的行政组织。现代各国政府职能对组织机构变化的影响因素，大体有以下几个方面：

1. 行政职能的变化。随着社会政治、经济、文化的发展和科学技术的进步，行政职能也发生变化。如政府职能重点的转移，新的职能部门的建立，政府对社会干预的扩大和行政组织的增加，等等，都是为了适应管理和需要精简或增加行政组织的。

2. 行政管理权限的转移。由于社会发展的需要，或者由于政府领导艺术的倾向性，政府管理权限会出现集中或分散、上收或下放的配置，这就会影响到行政机构设置的变化。

3. 新的社会问题出现要求设置新的行政机构。如社会保障、环境保护、国土整治、人口控制等社会问题，都需要专门机构进行管理。

4. 临时特点的管理任务。国家和社会有时会出现一些特定的事件和任务，需要设置机构去管理。①

---

① 许文惠：《行政管理学》，红旗出版社1992年版，第84~87页。

(二) 精简原则

我国宪法规定:"一切国家机关实行精简的原则。"这是行政组织结构设置必须遵循的一条原则。行政机构只有精简,才能实现高效廉洁、精干效益的目标。精简原则要求行政组织做到如下几点:

1. 机构设置要合理。我们说"精简机构",并不意味着机构越少越好,而在于强调机构设置的合理性。要做到机构设置的合理性,关键是要求机构设置的数量应以客观需要为依据,即国家建设发展需要的而现在又没有的机构要增多,多余的机构要裁并。反对"因人设事"、"因神设庙"。

2. 层次划分要科学。分级分层管理是行政管理的必然要求,然而,层次的划分应科学,应尽量减少不必要的层次。这是因为,每增加一个层次,机构和人员也会随之成倍增加,这样一来,势必会造成机构臃肿,管理环节增加,进而导致行政组织的运转失灵。因此,我们必须科学地划分管理层次,尤其是要坚决撤销那些大事管不了、小事又不愿管的中间层次。

3. 行政人员要精干。首先,要求领导班子要精干,副职不宜过多,虚职不应过多地设立。一般来说,领导班子的精干程度与工作人员的精干程度成正比关系。其次,要求工作人员要精练。行政人员是行政管理活动的主体,行政管理任务完成得好坏,一个重要因素是行政工作人员的数量和质量。工作人员的精练,一方面要求编制要科学,防止有人没事干或有事没人干等现象的发生;另一方面要求工作人员的政治、思想、业务、能力、身体等方面的素质要胜任其所担负的工作并富有创造性。

4. 办事程序要精简。办事程序复杂、手续繁琐的现象是与精简原则相违背的。办事程序简化是实行精简原则的重要方面,而办事程序的复杂与否直接影响到机构的设置和人员的安排。复杂的办事程序必然要有臃肿的机构和人员与它相适应。因此,简化办事程序,不仅可以精简机构,还可以精简办事人员。①

(三) 统一原则

统一原则强调行政组织结构设置的完整统一性。也就是说,一个国家的政府各层级、各部门组织是一个上下贯通、左右协调的统一整体。统一原则主要

---

① 林子英、黄启乐:《简明行政管理学》,华南理工大学出版社2000年版,第57~60页。

包括四个方面的内容:

1. 布局统一。这要求在行政组织体系中的每一个机构,都必须是行政组织体系中的有机组成部分。同时,各个机构都应该是完整配套、功能齐全的,以形成一个完整统一的权力体系。反之,如果机构设置出现短缺或重复,势必会发生事权冲突或互相推诿,影响行政管理任务的完成。

2. 指挥统一。在行政组织体系内,要建立强有力的指挥系统,由统一的上级机关或首长对下属实施统一领导、统一管理、统一指挥,以有效地防止"政出多门、多头指挥"现象的发生。

3. 目标统一。如前所述,任何一个行政组织的存在,都是由它特定的组织目标决定的。为此,我们应该按照目标分类的原则,把同类行政目标的活动都归由同一个行政机关来管理。凡是一个行政组织能办的事,不应交给两个行政组织来办。

4. 权责统一。即职权和职责统一、相称。权责统一要求行政组织各层次、各部门必须明确地划分和规定权力及责任范围,做到职有专司,人有专责,以避免职务虚设、人浮于事、权责混乱、推诿敷衍和公文旅行等现象的发生,以维护行政活动的正常运行。

(四) 效率原则

效率是一切管理活动的重要目标,也是行政结构设计的主要原则。行政结构的效率主要表现在三个方面:一是机构的运行效率高;二是机构的工作质量高;三是整个行政系统运转灵活高效。在行政结构的设计过程中,要综合考虑整体内容,全面考虑整个系统的效率。为了提高效率,行政结构在设计上应注意以下几个方面的问题:

1. 重视专业分工。一般来说,效率与专业化的程度成正比,专业化程度越高,效率就越高。

2. 合理控制管理幅度。由于管理者的能力、知识、精力和时间都是有限的,他所能指挥、监督的下属人数也总是有限的,因此,必须把管理幅度控制在一个比较适当的范围内,才能提高管理的效率。如果管理幅度过大,则无法对所属人员进行有效管理;如果管理幅度过小,则会因为管制过严,影响下属的自主性和积极性,从而影响工作效率。

3. 确定人员数额的设置标准。通过制定各类工作人员数额的设置标准,精简机构,提高效率。确定人员设置标准的方法主要有三种:其一,以工作量的多少为标准确定人员的数量;其二,以工作范围为标准确定所需人员;其

三、以相关业务所需人员数额的比例确定设置标准。

四、几种典型的行政组织结构形式

结构是组织存在的形式，具体来说，结构是指一个组织系统内部各构成部分或各组成要素之间的有机结合、整体运行方式。管理层次和控制幅度的变化只是一种单纯的量的变化，组织结构则涉及组织内部各构成部分和人员的具体分工和职能划分问题，它决定组织系统的整体性、各种机构和人员之间纵横交错的权责关系、工作分工和指挥、协调、沟通的具体方法。组织结构主要有以下几种类型：

（一）直线结构形式

直线结构是一种垂直领导的结构形式。纯粹的直线结构形式如图4-2所示，各级机构或人员沿一条直线分属于不同的层次上，每一个机构或人员都只有一个直接上司，他们之间的关系是指挥和服从、命令和执行的关系；同一层次之间的机构或人员之间不发生任何领导关系；上级人员在其管辖范围内全权处理各种事务，有关信息沿着垂直线上下传递。

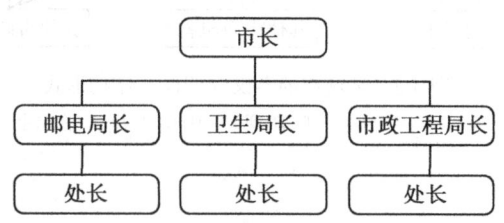

图4-2 某城市的直线结构形式

（资料来源：彭和平：《公共行政管理》，中国人民大学出版社2002年版，第76页。）

直线结构形式的特点是单一领导，结构简单，组织图清楚，上下级的权责关系易于确定，指挥与命令统一，领导隶属关系清晰，决策快，领导效率高。但是，这种结构形式要求下级的一切问题只向一名上级人员请示汇报，上级人员工作繁重，精力分散，易于陷入日常行政事务中，不利于集中精力思考、研究重大问题，并且上级人员个人也难以做到事事精通，特别是在专业化、分工复杂的组织系统中，上级人员很难具备各方面的知识和技能。

直线结构形式适用于规模较小、管理问题和工作业务不复杂、工作过程简单、日常程序固定、各种规章制度明确、各级管理者训练有素的组织系统。在组织规模较大、分工较细、内部协调任务较复杂时，则需要采用其他的组织结构形式。

（二）参谋结构或职能结构形式

参谋（职能）结构形式是一种水平领导的形式。各部门或机构在水平方向按不同职能进行分工，分别指挥和监督下级部门或人员的工作。纯粹的参谋结构形式如图4-3所示，各参谋机构（或称职能部门）沿一条水平线处于同一层次上，它们分别具有计划、人事、财务等方面的职权，并在其职能范围内对其他机构有指挥、协调、监督的作用。但是，这种指挥和服从、命令和执行的关系是有限的，在其职能范围之外，它们对其他市政机构不存在领导关系，有关信息按职能范围内的权责关系传递。

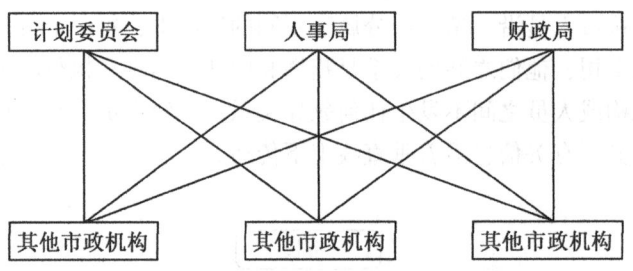

图4-3 某城市的参谋（职能）结构形式

（资料来源：彭和平：《公共行政管理》，中国人民大学出版社2002年版，第77页。）

参谋（职能）结构形式的特点是多头领导或多重领导，各级管理者在组织图上分工明确，具有专业知识和专业技能，精力集中，能够处理较复杂的问题，有一定的决策效率和组织效率。但是，这种结构形式要求各种机构分别听命于许多上级，管理分散，各种机构的自主性低。参谋机构或人员容易缺乏整体观念。由于许多组织和管理问题是综合性的，在实际处理过程中，其职能界限并不明确，容易出现令出多门、指示冲突或互相推诿、扯皮现象，同时由于缺乏统一指挥，容易割裂管理过程，增加了协调的任务和困难。纯粹的职能结构形式在实践中很少采用。

（三）直线—参谋（职能）结构形式

直线—参谋（职能）结构形式是一种垂直领导和水平领导有机结合的结

构形式。如图4-4所示，各级机构既有纵向（实线表示）的垂直领导隶属关系和权责关系，又有横向（虚线表示）的水平领导隶属关系和权责关系。在直线—参谋（职能）结构形式中，直线结构形式是基础，直线管理者各有其单一的直接领导者，有独立的指挥权，但在决策、监督和有关的职能工作方面受到参谋机构的限制。参谋（职能）结构形式起一种辅助性的作用，参谋（职能）机构或职能部门设在较高的领导层次上，和直线机构或人员之间没有直接的领导关系，它们虽无指挥权，但在其职能范围内有一定的决策权和监督权。它们和直线机构或人员之间的关系是通过共同的上级发生间接的领导关系。它们向最高管理者提出各种决策方案和行动计划，经过最高管理者批准后下达给直线管理者具体执行。有关信息按直线—参谋（职能）机构的权责关系在组织中上下传递。

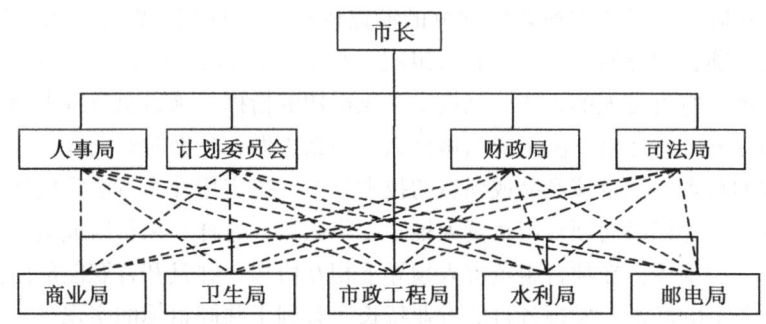

图4-4 某城市的直线—参谋（职能）结构形式简单示意图
（资料来源：彭和平：《公共行政管理》，中国人民大学出版社2002年版，第78页。）

直线—参谋（职能）结构形式是一种比较复杂的结构形式，它以直线结构形式作为一种主要形式，并以参谋（职能）结构形式作为辅助形式或补充形式，因此，它可吸取两种结构形式的优点，弥合两种结构形式的缺点。在直线—参谋（职能）结构形式中，直线或参谋机构的管理者有较明确的分工和权责关系，既有统一的指挥系统，又有较合理的决策和监督系统。直线管理者的部分职责和任务由参谋机构的管理者承担，可集中精力处理本职权范围内的主要业务，培养、发展专门知识和技能。参谋机构的管理者没有直接的指挥权，而是通过最高层领导参与决策和监督，有利于全局考虑和统一领导。直线—参谋结构形式也有一定的缺点，由于它包含了两种结构形式，容易在两者之间出现某些矛盾。一方面，参谋机构人员的权限过于集中，会将其意图强加于直线管理者，干扰、限制直线管理者的正常工作；另一方面，直线管理者的权限如果过大，自行其是，将使参谋机构及其管理者处于可有可无的地位上，削弱组织的整体领导和统一指挥。另外，在直线—参谋结构形式中，各专业分工的参谋机构或职能部门之间的横向联系较差，容易产生脱节和冲突，使直线管理工作陷入矛盾和混乱之中。因此，如何调整、改善直线参谋—机构之间的权责关系，是与提高工作效率和组织效率密切相关的问题。与前两种结构形式相比，直线—参谋结构形式具有较多的优点，适用范围广，因此，在各类组织系统，特别是行政组织中是一种常见的结构形式。

（四）矩阵结构形式

矩阵结构形式是在直线—参谋结构形式基础上发展出来的一种新的结构形式。"矩阵"是借用数学上的概念，矩阵结构有时也称为方格结构。如图4-5所示，矩阵结构形式把按职能划分的参谋机构（如计划、财务、人事等）和按产品或项目划分的小组结合起来组成一个矩阵，其成员同时受到双重领导，既接受项目组负责人的指挥，又接受参谋机构的指挥。项目组负责人制定该产品或项目的工作计划，决定应当做什么，怎么去做，什么时候完成，等等。参谋机构的负责人制定该产品或项目的技术方案，决定用什么方法完成任务，负责批准有关建议或向项目组负责人推荐工作人员。这样，项目组成员和其他成员构成一个整体，在项目组负责人领导下相互协作，并且和各职能部门保持组织和业务上的联系，发挥各自的专业特长，有利于共同目标的实现。

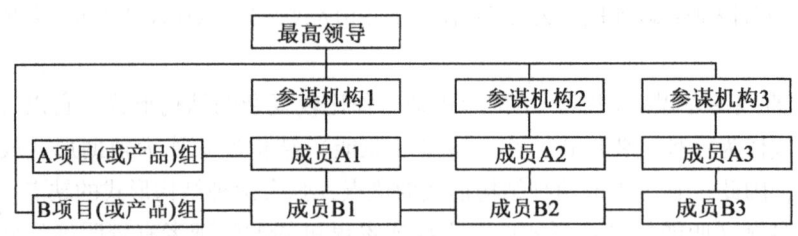

图4-5 矩阵结构形式

（资料来源：彭和平：《公共行政管理》，中国人民大学出版社2002年版，第80页。）

矩阵结构形式与直线—参谋结构形式的主要区别在于：它是一种垂直领导和水平领导并重，而不是虚实结合、有主有次的结构形式。它加强了管理活动的纵向联系和横向联系的整体性，不仅充分发挥直线管理者的作用，保证具体工作的统一指挥和领导，而且使参谋机构直接参与具体的管理过程和管理活动,不再像直线—参谋结构形式那样必须经过最高领导者批准下达指令才能发挥作用,因此具有较多的积极性。由于项目组负责人可根据具体的共同目标协调各参谋结构的活动,可以减少它们之间的矛盾,加强它们的横向联系。同时,项目组负责人没有纯粹的直线管理者那样单一的指挥权,无权拒绝参谋机构的业务或技术指导,参谋机构的积极作用可以使不同部门的专业人员组织在一起,更好地发挥综合优势,提高工作效果和组织效率。矩阵结构形式由于在隶属关系上是双重领导,在实际工作中会产生指挥和协调方面的问题。有时由于项目要求,规模比较庞大,管理工作也较为复杂。这种结构形式多用于大型生产部门和大型科研项目上。①

五、行政结构设计的发展趋势

层级结构曾是传统工业社会中行政组织的主要结构形态,它曾经适应并促进了行政组织的发展。但随着行政组织生态环境的变化,这种形态的局限性也日益明显。层级结构是在组织活动分解的基础上设计相关的工作岗位和管理职务,并根据一定标准将这些岗位和职务组合为不同层级的不同机构,然后根据一定原则来规范这些机构之间的相互关系,特别是规范这些机构间的权力关系。

层级结构曾是人类组织形态的伟大创新。19世纪下半叶以后在各国政府组织中广泛运用,目前仍然是行政组织结构的主要形态。作为行政组织结构的主要形态,层级结构曾表现出如下主要特征:

第一,直线统一指挥,分层授予权力。在层级结构中,从理论上来说,管理者有权安排和指挥每一个组织成员的工作。但由于时间与精力的原因,他的有效管理幅度是有限的,因此,必须把本应属于自己的部分工作及其相关的权力委托给下级去完成和行使。下级由于同样的原因必须将工作与权力再分解、再委托。这样,行政组织便成为一个等级结构的金字塔。金字塔中的每一个层次都根据直线上级的要求组织完成相应的工作任务,并行使相关的权力,同时又将接受到的任务分解给下一个层次去完成,并利用受委托行使的权力去分配下属的工作。层级结构的基本特征便是利用直线指挥与分层授权来规范成员间的关系,影响他们在行政结构中的行为表现。

第二,明确专业分工,规定相应权限。层级结构的行政组织实行细致的专业分工,分工原则使得各专业中的管理者的知识和技能不断完善,相关专业的

---

① 彭和平:《公共行政管理》,中国人民大学出版社2002年版,第76~81页。

熟练程度不断提高，从而促进了行政组织生产率的增长。分工不仅严格规定了行政组织成员应该履行的职责，而且明确了相应职务的工作人员为履行职责而可以行使的权力。

第三，制定统一标准，规定角色关系。在工作中，不论是谁，在处理同类的管理业务时，都必须按照一套标准的程序和方法来操作。另外，制约管理人员行为的政策和规则是由行政组织最高权力机构统一制定、统一推行的，层级结构中的工作人员必须严格执行这些政策和规则。政策和规则的这种一致性使得行政组织中各部门、各层次的管理者之间的关系不具有个人感情色彩；层级组织中成员之间的关系是职务或岗位所规定的角色关系，而非个人关系。"组织框架图"和"职务说明书"确定了每个成员应该扮演的角色。每个角色扮演者都应该以理性而非以感情的方式来完成其职责。组织所倚重的是角色间的正式关系，而不是个人间的非正式关系。

层级结构的上述特征曾经促进了行政组织的成功：直线指挥、分层授权保证了政府行动的迅速；分工细致、权责明确促进了行政效率的提高；标准统一、正式的角色关系保证了政府活动的有序性。速度、效率、秩序是任何组织有效地开展活动、达成目标的基本前提。但是，层级结构发挥作用并取得成功是以一定的环境条件和假设作为前提的。层级结构的背景发生着变化：公民日趋成熟以及归政府提供的公共服务和公共产品的要求愈来愈具有多样性和个性化的特点；影响行政结构的生态环境不仅日益复杂，而且愈来愈不稳定，其变化不仅无法控制，而且愈来愈难以预测；多样化的个性需求使政府正在失去标准化生产和一致性政策的基础；满足个性化的公民消费需求，要求政府行政组织更具弹性；活动内容与方式的适应性调整则要求相关的权力从管理中枢向基层下放和分散。

为了适应行政生态环境的变化，行政组织结构已开始并继续表现出具有下述特征的变化趋势：

第一，扁平化的趋势。传统的相对集权的层级结构或机械式结构缺乏灵活性，阻碍了知识和信息的流动，使行政组织对外界剧烈变化的环境反应迟缓。扁平化是指组织层级结构在基本特征不变的情况下，减少组织的中间层次，使基层的行政组织具有更多的决策、信息处理权，自主进行横向协调与合作，自由共享知识和信息；高层决策者着重于行政组织的战略管理等非程序性决策和沟通各横向职能部门的工作。

扁平化的重要优势是减少了决策和行动之间的时间延迟，加快了对行政环境变化的反应。现代社会正逐渐步入知识经济时代，创新成为发展的动力，为了获取知识，组织结构从纵向结构向横向结构、网络结构发展。横向结构的突破在于雇员被授予思考和行动的权力。跨职能团队是横向型结构的基本单位，它围绕工作流程或过程而不是部门职能来建立，传统部门的边界被打破。它们直接面向任务而产生，能够快速响应公民的需求，能够适应公民个性化、多样化的需求，并且具有管理上的高效率。

第二，矩阵化的趋势。行政结构的矩阵化是指为了实现某一工作目标，把同一领域内具备相当水平的创新元素组成一个纵横交错的矩阵，通过组织管理使元素及行列按矩阵运算原理的数学规律变换，从而创造条件，激励创新，实现组织目标。现代信息技术和网络技术的发展为实现组织的矩阵化创新管理提供了基础条件。

第三，虚拟化的趋势。在现代社会，技术的变革、知识的更新、市场的变化之快，需要研究或获得的知识之广，任何传统结构的组织都无法应付，虚拟化组织结构成为一种新的趋势。行政组织结构的虚拟化是指用技术把人、资金、知识或构想网络在一个无形（指无实物形态的统一的办公大厦、固定的资产和固定的人员等）的组织内，以实现一定的组织目标的过程。虚拟化的行政组织不具有常规组织所具有的各种部门或组织机构，而是通过网络技术把组织实现目标所需要的知识、信息、人才等要素联系在一起，组成一个动态的资源利用综合体。虚拟组织的典型应用是创造虚拟化的办公空间和虚拟化的研究机构。

总之，在信息化和知识化时代更应建立以"地方为主"的扁平化行政结构模式。根据管理学原理，层次少，信息传递速度就快，决策层能够尽快地对信息加以处理，并及时采取相应的纠偏措施；由于信息传递层次少，信息失落失真的可能性较小，这样也有利于保证国家政令的统一，减少"肠梗阻"，避免官僚主义，提高行政效率。同时，随着层级的减少，权力下移，基层权力相应增大，这样基层就可以根据情势变化迅速做出反应，同时，扁平化结构还有利于调动基层的积极性、主动性和创造性。目前，少层级—大幅度结构也是世界上大多数国家实施的行政管理模式。根据对目前世界上191个国家和地区的初步统计，地方行政层次多为二级或三级，约占67%，三级以上的只有21个国家，占11%。①

---

① 孙学玉、伍开昌：《当代中国行政结构扁平化的战略构想——以市管县体制为例》，《中国行政管理》2004年第3期。

第五章
行政过程论

　　管理是一个过程。这个过程一般可以描述为决策、组织、指挥、协调和控制，也可以简单地概括为决策、执行和监督。公共行政同样表现为一个过程，一般包括行政决策、行政执行、行政监督等。其中，行政决策是立法决策的延续，是政府行政管理的核心，贯穿于政府行政管理工作的各个领域。行政执行则是使行政决策目标从理想转变为现实结果的有效途径，行政执行的成败关系到行政管理活动的成败。行政监督是各类监督主体对行政机关及其工作人员为实现行政管理目标或任务进行的检查和督促。政府在实现目标的活动过程中，既要遵循管理活动的一般规律，又必须体现其特殊性，服从于国家法律的规定，体现全体人民的愿望。这三项工作都是现代政府对社会实施管理的十分重要的工作，都是关系全局性的大事。

第一节　行政决策

　　作为人类生存和发展的一种基本活动方式，决策活动大量存在于个人和组织的行为过程中。人们在进行某种活动之前，都要先做出一番思考，确定活动目的，设定实现目标的各种途径，通过比较分析的方式选择其中最为有效的方案。这样一种有意识的分析、计算、比较和选择的行为就可以看作是决策活动的本质所在。

　　虽然决策是组织行为的特征，但是，在政治与行政二分范式的影响下，大多数传统公共行政学者如马克斯·韦伯、厄威克等人都专注于如何通过有效的组织结构设计和行政原则的引导来提高行政管理的效率，韦伯更是将官僚体制结构视为一台高速运转的机器，具有不容置疑的技术优势。行政决策问题长期以来都不是传统公共行政学者关注的主流问题，这种境况直到赫伯特·A·西蒙的"管理就是决策"观点提出才得以扭转。西蒙认为，任何实践活动都包括"决策"与执行……"决策"工作同"执行"工作一样渗透到整个管理型组织中……一般管理理论既要包括决策正确制定的组织原则，又要包括决策有效执行的组织原则。① 进而，西蒙在《管理行为》一书中详细论述的决策的原则及其活动阶段，为此后的行政决策研究奠定了坚实的基础。

一、行政决策的内涵

行政决策是组织决策的一种，它是政府有效履行职能的重要手段。对于政府组织来说，发展经济、保护环境以及消除贫困等是政府机构担负的重要使命，也是其存在和发展的重要合法性基础。在政府预算有限和公众期望值高的双重压力之下，政府组织就需要通过精确计算和理性比较的方式，做出科学合理的决策选择。就此而言，行政决策是指政府行政机关在履行职能的过程中，通过收集信息、确定目标、设计方案以及做出选择等方式进行的决策活动。

一般而言，行政决策既具有决策的一般性特点，又体现出了自己的鲜明特征。决策的共性特征主要表现为：

（1）目的性。决策活动的开展是建立在资源消耗基础之上的，在资源有限的条件下，决策不可能漫无目的地进行，决策活动要以问题或需求的明确性为前提，这样才能保证决策质量。

（2）选择性。决策活动是人类的一种理性计算活动，某种决策方案的实施就意味着对其他方案的放弃，这就要求经过权衡和比较从各种不同的行动方案选择最优或令人满意的行动方案。

（3）过程性。完整的决策活动需要经过信息搜集、目标确定、方案设计以及方案选择等一系列过程，任何决策都不可能是瞬间完成的，看似简单的"现场拍扳"或"当机立断"也是决策者决策经验积累和充分准备的结果。

除了上述决策的共性特征以外，作为组织决策的一种，行政决策还具有自己的特征：

（1）决策主体的特定性。只要是依法履行行政职能、实施行政权力过程中所作出的决策都应该属于行政决策的范畴。但是，现实中的行政决策主体主要是国家行政机关及其工作人员。

（2）决策内容的公共性。行政决策的目标是公共利益的实现，而决策内容则包括行政职能范围之内的任何行政事务，而不仅仅限于社会公共事务。

（3）决策过程的民主性。行政决策实际上是国家权力的运作过程，国家

---

① 赫伯特·A·西蒙：《管理行为》，机械工业出版社2004年版，第1页。

权力的强制性、决策内容的公共性以及决策主体的私利追求及其能力的有限性，都决定了行政决策不能一味地采取将社会公众排除在外的封闭方式进行，公民参与使得行政决策打下了深深的"民主烙印"。

(4) 决策后果的强制性。行政决策的开展是以法律法规和国家强制力为支撑的，一旦某项决策生效，除了特定情况以外，决策所涉及的目标团体都要无条件服从和实施决策方案。

二、行政决策的影响因素

行政决策是以实现公共利益为目标，诸如医疗、教育和住房等与社会公众利益密切相关的问题都属于行政决策需要考虑的范畴。因此，行政决策质量的高低对于能否有效满足公众期望和构建政府合法性基础有着重要意义。然而，作为一种组织活动过程，从信息收集到方案选择的一系列行政决策环节都会受到政府机构内部和外部因素的干扰，这就无形中影响了行政决策的有效达成及其实施。

第一，信息干扰。信息可以看作是行政决策的生命线，行政决策者缺乏高质量的信息将无法做出有效的决策，然而，信息的收集、加工和传递又要耗费大量的成本，这决定了行政决策所依赖的信息只能以"满意"为指导原则。即使这样，信息在政府机构内部的流动仍然摆脱不了政府机构层级结构的影响。在自下而上的信息传递过程中，信息发送者出于自身利益考虑会有选择地向决策者传递决策信息，经过层层压缩和编造，决策者接收到的信息可能早就面目全非了。往好处想，这种做法只是破坏了信息流通；往坏处想，则是完全阻滞了一些即将产生的问题所显露出来的初期征兆。①

第二，环境的不确定性。行政决策是以既定的公共问题为出发点，在此基础上，依据所确定的目标在众多的备选方案中选出最优方案。这样一种决策过程要求决策者具备关于问题产生以及决策实施效果等方面较为完备的知识。然而，社会发展的动态性和复杂性决定了决策者最初的构想往往不能完全转化为实际效果，决策者面临环境的不确定性——缺乏有关过去、现在、将来或假想事件的过程的确切知识——决定了决策者在决策过程中将是困难重重。

第三，决策成本。行政决策通常需要投入大量的时间、资金和精力进行讨价还价、利益权衡以及方案抉择，这些资源的耗费是决策成本的重要组成部

---

① 参见詹姆斯·W·费斯勒、唐纳德·F·凯特尔《行政过程的政治》，中国人民大学出版社2002年版，第276页。

分。政府机构具有的有限资金、人员和时间决定了那些决策成本过高、对决策者价值不大的问题通常很难进入决策者的视野，或者决策者通过模糊决策的方式将决策责任转嫁给其他人。无论哪一种情况，都有可能使决策过程偏离公共利益的轨道，使亟待解决的公共问题很难被提上决策者的议事日程。

第四，外部的公众压力。公共利益的实现虽然是行政决策的首要目标，但是，何谓公共利益，谁的公共利益，什么是可以实现的公共利益，这样一系列的问题都取决于行政决策者的价值判断和利益追求。那些与决策者利益紧密相连或者最能获得社会公众支持的决策方案通常最容易以"公共利益的名义"出现在公众面前，也最能够获得决策者的精心呵护。对于决策者而言，如何在广大社会公众和特定的利益团体之间寻求平衡也是一项艰难的任务，每一个行政决策者都需要为决策赢得政治支持，但赢取支持的方式又会产生诸多重大问题。[1]

除了上述四种因素，决策者的素质、决策时机等因素也对决策质量的高低有着重要影响。

三、行政决策模式

作为一种实践活动，行政决策离不开决策理论的指导，需要遵循一定的决策程序和方式。这些决策理论要么是对决策过程的客观描述，提出决策过程的基本特征，要么是从规范的角度，规定决策的具体步骤和方式。现有的各种决策模式都具有一定优势和不足，没有哪一种模式能够占据主导地位，彼此之间是一种补充而不是替代的关系。

（一）理性决策模式

理性决策模式是从规范性的角度来看待问题，主要建立在古典经济学基础之上。古典经济学认为，"经济人"具有完全理性，不仅知道全部的行动方案，而且还了解各种行动方案的结果，从而依据效用最大化原则选择其中的最优方案。理性决策模式具有以下六个方面的特点[2]：

（1）决策者面临一个既定的决策问题；
（2）理性的决策者首先澄清他的目的、价值或目标，然后在头脑中将这

---

[1] 参见詹姆斯·W·费斯勒、唐纳德·F·凯特尔《行政过程的政治》，中国人民大学出版社 2002 年版，第 252 页。

[2] 林德布罗姆：《决策过程》，上海译文出版社 1988 年版，第 20 页。

些东西进行排列或用其他方法加以组织；

（3）然后列出所有可能达到其目的的重要决策备选方案；

（4）审查每一项决策备选方案会产生的所有重要后果；

（5）将每一项决策备选方案的后果与目的进行比较；

（6）选出其后果与目的最为相称的决策备选方案。

理性决策模式看起来能够满足理性的个人对效用最大化的追求，然而，理性决策模式面临的现实问题限制了该决策模式的应用范围。

（1）信息。崇尚完全理性的理性决策模式要求决策者不仅能够掌握关于决策的所有信息，而且还要具有加工和处理这些信息的能力，这种要求实际上超越了决策者的个人能力，超越了一个决策者为解决问题所花费的时间和精力，事实上也超越了他所能得到的信息。此外，决策者还面临着决策时机和决策成本方面的约束，决策者往往面对的是急需解决的问题，需要用有限的决策成本尽可能快地解决问题，这些都决定了决策者只能追求"满意"而不是"最优"的决策方案。

（2）价值评判。清晰的目标成为理性决策模式的应用前提，但是，在决策主体多元化的环境下，谁的价值观应该成为决策目标选择的标准，如何选择和评判决策目标就成为理性决策模式无法回避的问题。事实上，对于行政决策而言，决策过程的冲突和妥协决定了很少有决策目标能够以明确和具体的形式出现，与其说行政决策是围绕清晰的目标展开，还不如说决策目标的含糊不清本身就是行政决策的常态更为贴切。

理性决策模式看似完美的决策过程，并不能真实有效地描述现实世界，这就决定了必须有更为有效的决策模式来为行政决策提供指导。理性决策模式对完全理性和最优决策目标的倡导受到了赫伯特·A·西蒙的强烈抨击。在西蒙看来，决策者在有限时间内无法掌握决策所要求的全部信息，而且决策者处理信息的能力也是有限的，无法对决策问题的判断和决策方案的评价做出最佳选择。因此，西蒙认为，行政决策者应该是"有限理性"而非"完全理性"，在决策过程中，行政决策者应该追求"满意"而非"最优"的行政决策目标。在此基础上，西蒙提出了以有限理性和满意原则为基础的有限理性决策模式。

（二）渐进决策模式

针对理性决策模式在现实解释力上的不足，美国著名的政治学家和政策科学家查尔斯·E·林德布罗姆提出了著名的渐进决策模式。他认为现实世界很少和理性决策模式的描述相吻合，为了选择最佳政策而筋疲力尽地去追求极限，通常是得不偿失的，在实际上也是不可能达到的。① 在渐进决策模式看来，决策者应该：

（1）只考虑与现状渐进（即稍微）有差别的目标；

（2）限制每种方案预测结果的数量；

（3）在目标和目的与方案之间进行调整；

（4）在获取新信息的过程中，不断重新阐述问题——以及相应的目的、目标和方案；

（5）用一系列步骤来分析评价方案，以便能随时不断修正选择，而不是在行动之前的某一点就做出选择；

（6）不断地治理现存社会问题，而不是在一个时点上完全解决问题；

（7）与社会中的多个团体分担分析、评价的责任，以便使制定决策选择的过程能够分开或间断。

渐进决策模式主要适用于稳定的决策环境，在这种环境中，决策问题往往具有前后衔接的特点，决策者对决策方案的小修小补能够在一定程度上弥补其决策能力不足的弱点。但是，社会环境不可能永远是风平浪静的，以前的决策方案也不能一直作为后续决策的依据，一旦决策者面临动荡不安的决策环境，以前的决策经验就不能提供有效的帮助。与理性决策模式相似，渐进决策模式的缺陷也可以归为两类：

（1）信息。"满意"和"补救"的决策原则可能会使决策者安于现状，沉迷于局部方案的调整，而不愿意对决策方案进行彻底变革，即使条件具备也是如此。在满意程度、备选方案的数量、调整的程度等内容上，渐进决策模式并没有为决策者提供明确的指导，而只能依靠决策者的主观把握。这样一种决策模式也许是对许多决策的有用描述，但却不能为行政官员设计决策过程提供有力的指导。②

（2）价值。渐进决策模式来源于美国多元主义的政治传统。林德布罗姆认为，决策主体的多元化并不代表着决策价值观的分散性和冲突性，价值观的相似性使得对决策方案的渐进调整成为可能。然而，价值观的相似性并不意味着决策主体之间利益的趋同性，作为利益的权威性分配，对各自利益的争取和维护就成为决策主体的首要目标。决策主体之间彼此掌握的资源以及有待满足

---

① 林德布罗姆：《决策过程》，上海译文出版社1988年版，第37页。
② 詹姆斯·W·费斯勒、唐纳德·F·凯特尔《行政过程的政治》，中国人民大学出版社2002年版，第263页。

的利益需求决定了决策方案的调整幅度。一旦决策者之间的力量对比悬殊，则激进的改革方案就有可能取代注重按部就班的渐进方案。

(三) 综合扫描决策模式

由于传统理性决策模式和渐进决策模式都有缺陷，在决策制定过程中都受到一定程度的限制，因此，人们试图寻找一种既能克服传统理性决策模式和渐进决策模式的缺点，同时又能综合它们各自优点的综合性决策模式。美国社会学家和政治学家阿米泰·埃特奥尼的综合扫描决策模式影响颇大，其核心观点在于决策的范围和影响是多种多样的，所以决策的本质便要求不同的政策过程。①

1. 埃特奥尼对传统理性决策模式和渐进决策模式的批判

（1）传统的理性决策模式对于决策的要求过于理想化，以致超出了决策者认识问题和解决问题的能力，完全理性决策是不可能的。

（2）渐进决策只是反映了社会中势力最强大而且有组织的那部分人的利益，而处于社会下层，政治上又无组织的那部分人的利益并没有被考虑进去。此外，由于渐进决策只把注意力集中在短期目标上，只是改变现行政策的某些方面，因而往往忽视基本的社会变革。对于那些重大的、带有根本性的决策，渐进决策就无能为力了。

2. 综合扫描决策模式的基本内容

综合扫描决策模式既要解决理性决策模式在实际应用中存在的困难，又要尽力补救渐进决策模式的弱点，使这两种模式互相结合、相互补充，从而提高作出最佳决策的可能性。所以，综合扫描决策模式就是首先运用渐进决策模式来分析一般性的决策要素，然后在此基础上运用理性决策模式，这样既可以避免忽略基本的决策目标，同时也可以保证对最重要的问题做深入的科学分析。综合扫描决策模式既考虑了根本性决策问题，又涉及了渐进决策的需要，渐进决策模式限制根本性决策所要求的具体范围，从而降低了理性决策模式的非现实性程度，而理性决策模式是在长期的观点上探索方案，从而克服了渐进决策模式的保守性。②

---

① 吴锡泓、金荣枰：《政策学的主要理论》，上海复旦大学出版社 2005 年版，第 227 页。

② 吴锡泓、金荣枰：《政策学的主要理论》，上海复旦大学出版社 2005 年版，第 226 页。

综合扫描决策模式是在吸取理性决策模式和渐进决策模式优点的基础上创立而成的一种决策模式。虽然这种决策模式有效地考虑到了理性决策模式和渐进决策模式的缺陷，但是，如何将这两种决策模式有效地综合起来，使综合扫描决策模式具有更强的操作性，这一点埃特奥尼并没有详细说明。

（四）公共选择模式

公共选择是指对非市场决策的经济学研究，或者说是把经济学运用于政治科学的分析。① 公共选择理论将市场决策中的"经济人假设"用于政府决策分析。它认为人无论是处于什么地位，他们的行为动机都是一样的，都以自身利益的最大化为目标。换句话说，一个在市场交易中斤斤计较的个人并不会因他从事政府工作而变得大公无私，不计较个人得失。

以"经济人假设"为分析的前提条件，公共选择理论认为，政府和市场一样都是不完善的，政府官员对自身效用的追求会导致政府预算最大化，使政府机构工作效率低下，政府机构所遵循的政策往往是由该部门领导人根据自己对共同利益的理解来决定的，而不是真正符合最大限度增加共同利益的目的。有鉴于此，公共选择理论认为应该尽量精简政府职能，将更多的事务交给市场来操作，通过市场竞争达到提高政府管理效率的目的。在公共选择理论家看来，一旦发生公共生产低效率的问题，就应该从现行体制上寻找原因，从制度创新上去寻找对策，以便从根本上减少政府的失败。

公共选择模式凭借其对现实较强的解释力而逐渐被研究者和实践者广泛接受，但是公共选择理论的基本观点并非是无懈可击的。

（1）信息。公共选择理论认为，市场竞争压力以及政府机构内部的竞争机制会迫使政府官员在决策过程中尽可能地搜集信息和做出比较好的决策，市场竞争机制这只"无形之手"也能使得公共利益因为决策者对个人私利的追求而实现。然而，这种认为通过市场竞争来减轻政府决策者收集和处理信息压力的观点似乎简化了政府决策的复杂性，市场竞争提供的信息充其量只能解决政府决策者提高效率所需要的部分信息问题，如提供公共服务的成本收益信息，但是，那些与公共服务的质量和公平有关的决策信息却很难借助于市场竞争来把握。

（2）价值。公共选择理论家对管理效率的关注使得市场模式成为其所信奉的最佳决策模式。但是，效率并非是政府所要面对的唯一问题，一旦市场可

---

① 丹尼斯·C·缪勒：《公共选择理论》，中国社会科学出版社1999年版，第4页。

以替代政府有效地履行各种政府职能,那么政府存在的意义又是什么呢?况且,用市场机制取代政府成为公共服务的主要提供者并不能减轻公共服务生产和提供过程中的腐败和浪费程度。在追求个人效用最大化的行为导向下,诸如贪污腐败这样令人不能容忍的现象并不会因决策主体的不同而发生质的变化,关键在于决策者是否具有高尚的品格和高度的责任感以及现实的制度约束是否有效。况且,公共选择理论家们将决策者私利作为决策的出发点并不能概括全部的决策行为,个人利益至多只能成为决策者需要关注的内容之一,还有超越个人私利以外的其他动力机制,如政府职业的荣誉感、决策者的个人成就感等精神因素在推动着决策者尽可能地做出好的政策选择。

四、行政决策体制

作为一种组织性活动,行政决策是一个包括搜集信息、确定目标、设计和评价方案以及选择方案等活动在内的多阶段、群策群力的合作过程,不同的政府机构和人员在决策过程中承担着不同的决策任务。如何把这些机构和人员有机地组织起来,使其相互之间分工合作,推动行政决策过程的顺利进行,这就是行政决策体制的构建所需要解决的问题。

行政决策实际上是一种注重分工与协作的管理活动,不同的机构和人员在决策过程中处于不同的地位,履行不同的职责,同时又互相协调和相互制约。不同行政决策机构和人员的这种分工与协作关系就构成了行政决策体制。行政决策权力在不同政府机构和人员之间的配置以及相应主体在决策中所具体承担的职责就成为行政决策体制构建的核心内容。

现代行政决策体制主要的构成系统有如下三个:

(一)行政决策中枢系统

在行政决策过程中,需要有特定的机构和人员对决策的顺利进行承担起组织、指挥和协调的职责,确定决策的目标和内容,对最终的方案"拍板定案"以及对决策的不良后果承担责任,这些工作都主要通过行政决策中枢系统来完成。行政决策中枢系统也称行政决策中心或政府首脑机关。它是由具有行政决策权的行政领导者组成该行政机关或行政部门最有权威的领导核心,处于最高领导、指挥地位,并承担行政决策全部责任的系统。中枢系统是行政决策体制的核心,其他构成系统都是在中枢系统的领导下活动并为它服务。

行政决策中枢系统的主要任务是:

(1)确定决策问题、目标体系和研究课题。通过组织调查研究,把握具体实际情况，分析研究，抓住关键，预测未来，确定决策问题和目标体系。这是决策方向的确定，因而是中枢系统首要的任务。

（2）组织有关机构和人员拟定若干备选方案。无论对行政组织内部的机构人员还是委托外部咨询单位研制可行性方案，中枢系统应放手发动群众献计献策，尤其应充分发挥咨询机构的作用。

（3）抉择决策方案。从咨询系统提供的备选方案进行选优。先要根据决策问题、目标和环境情况，确定选优的价值标准和选择方法；再组织有关专家学者共同辨别、比较、平衡、切实做好可行性分析论证；最后参考专家论证意见，做出决断，确定一个较满意的方案。这是中枢系统最关键的职责。

（4）指挥检查、监督决策方案的实施和组织对某些决策方案进行局部试点。根据试点或实施中的反馈信息，再组织修正决策方案，有时有必要组织根本性修正。

行政决策中枢系统由领导层组成，并配以少量具体工作人员。例如，我国中央政府的行政决策中枢系统由总理、副总理、国务委员、审计长、秘书长及各部委的部长、主任组成。行政决策中枢系统通常采用集体决策或个人决策方式。集体决策方式是中枢系统集体以会议、投票、举手表决等形式，以少数服从多数的原则做出最后决定，并对决策实施后果集体负责，这是较常见的方式。此外，现代行政决策中枢系统中仍存在个人决策方式，即最后决策由首长个人做出，故也称单一首长决断方式。两种决断方式各有利弊。在现代行政决策体制下，可根据决策问题的具体情况、各国行政领导体制情况等来选用。美国总统运用的是个人决断方式。我国1982年宪法明确规定改委员会集体决断制为行政首长负责制这种集两种决断方式优点为一体的决策制度。

（二）行政决策咨询系统

行政决策咨询系统也称思想库、智囊团、脑库。它是指由多学科专家、学者组成的专门从事广泛智力开发、协助决策中枢系统进行正确决策的辅助性机构。

现代行政咨询机构很多，可以从多角度分类。按不同的决策层次划分，行政组织内的咨询机构有国家级和地方级（省、自治区、市、地、县）两种；按咨询机构与决策机构关系疏密程度划分，有主从紧密型（指隶属于政府的综合咨询机构和隶属各级党委和政府部门具有党和行政职能的政策研究机构）、主顾松散型（指接受党政部门指导的兼职专家集团，如专家顾问委员会、科协系统的学会等）、自主开发型（指同交办咨询研究课题的决策部门不是主从关系,其研究工作靠自主开发,实行有偿服务的机构)。

行政咨询机构最常见的分类是从与行政部门(或执政党)有无隶属关系而划分为官方咨询机构与非官方咨询机构。前者是直接隶属于行政部门(或执政党)并具有一定行政职能的机构,如美国政府系统内部建立的白宫办公厅、总统的办事机构,我国的政策研究室、调研室、发展研究中心等。这类官方咨询机构的优点是:了解决策领导者之所急;容易获得与公共政策相关的信息;研究成果易被采纳。其缺点是:易受决策领导者的思想影响,自主性、独立性较少;受政府面临现实问题压力的影响。非官方咨询机构是不直接隶属于行政部门(或执政党)的咨询机构,包括半官方咨询机构(得到党政部门的资助,但服务对象较广)和民间咨询机构(由私人或民间团体创立,其经费来源于企业、公司、私人或基金会,实行有偿服务)。如美国兰德公司、斯坦福国际咨询研究所等,它们不隶属行政系统,是非官方咨询机构,但与政府、利益集团等有千丝万缕的联系,其研究多为政府决策提供服务。

就行政决策中枢系统和咨询系统的关系而言,存在着专家指导论和专家建议论两种不同的观点。前者认为,随着咨询系统的发展和职业化,咨询系统将掌握更多的决策权力,决策中枢系统只拥有象征性的批准权。后者则认为,咨询系统只是决策中枢系统加强自身权力的工具。事实表明,这两种观点都不能完全反映决策中枢系统和咨询系统之间的关系,两者关系的构建关键是要把握好一个"度",处理好"谋"与"断"的关系。①

(三)行政决策信息系统

就行政决策而言,信息可以看作是行政决策的生命源,信息的多少和好坏最终会对行政决策质量有着至关重要的影响,因而就需要有专门的机构和人员来执行决策信息的收集、分析、加工、储存和传递的功能,这就构成了行政决策信息系统。

行政信息系统是依据行政管理系统的层次性特点来建立的。根据行政学原理和我国行政组织结构的实际,我国行政组织是通过纵向划分层级(层级节制)和横向划分部门(分部化)来进行管理的。政府的层级结构决定了各级政府处于全局和局部的地位,在管理国家事务方面就有宏观和微观之分。管理层次不同,所需信息也就不同,各级政府所需信息的层次性决定了行政信息网

---

① 参见威廉·N·邓恩《公共政策分析导论》,中国人民大学出版社2002年版,第57页。

络的层次性。政府层级越高，所要求的信息层级相应也就越高，行政信息系统的层级也就高。目前，我国行政信息系统分为四个层次，即国务院信息系统、省政府信息系统、市级政府信息系统、县级政府信息系统。

行政决策信息系统一般具有六种功能：（1）确定行政信息需要，即了解行政决策需要什么内容和形式的信息，谁需要，什么时候需要，由什么渠道传递，等等。（2）输入信息。要开辟广阔的信息渠道，多角度，全方位搜集信息，扩充信息流。（3）信息加工。用科学方法将原始信息筛选、验证、分析、分类编目，提炼摘要。经过去粗取精，去伪存真，由此及彼，由表及里的加工过程，使信息具有可靠性、可用性。（4）信息输出。运用各种形式和工具，将加工后的信息按事先审查了解的利用者的需求，适时分送信息利用者。（5）贮存信息。通过多种信息载体，贮存有用的信息。（6）对信息系统的管理。为保证信息系统持续正常地运转，要对组织机构、人员、人—机系统等全面协调管理。①

第二节　行政执行

虽然早在1887年伍德罗·威尔逊就提出了"与制定一部宪法相比较，'贯彻'一部宪法变得愈来愈困难了"②的观点，但是政策执行方面的研究在很长一段时间内都是公共政策研究中"缺失的环节"，研究者们只关注执行的外部条件，而忽视了对执行过程的研究。在研究者看来，与其将执行失败看作是执行中的问题，还不如将其归因于政策方案的失败。直到1973年《执行：华盛顿的伟大期望是如何在奥克兰破灭的》一书的出版，这种对执行作用的认识才得以扭转，顷刻之间，执行研究就成为一个"发展特别快的新行业"（艾伦·沃尔达夫斯基语，1979年）③。执行对行政过程的重要性怎么强调都不过分，它不仅关系到既定决策方案能否转变为实际行动和效果，还成为检验决策方案正确与否的试金石，行政管理中的大部分研究内容都是围绕如何确保执行成功来设计的。

---

① 参见许文惠等《行政决策学》，中国人民大学出版社1992年版，第106页。
② 威尔逊：《行政学之研究》，《国外政治学》1988年第1期。
③ 参见珍妮特·V·登哈特等《新公共服务：服务，而不是掌舵》，中国人民大学出版社2004年版，第101页。

一、行政执行的内涵

决策方案制定完成之后，就需要将其付诸实施。所谓的行政执行，就是政府机构及其工作人员等相关主体围绕既定决策方案的落实所采取的组织、指挥、协调和沟通等活动的总称。对行政执行内涵的理解要着重把握以下几个方面：

第一，执行主体的多元化。与行政决策不同，行政执行主体并不仅仅局限于政府机构及其工作人员。传统公共行政理论通常将政府机构看作是执行的唯一主体，官僚机构几乎是单独地执行着一项关键的政治功能——在各种情况下实施法律、法规和规章。①但是，在新公共管理理论的影响下，行政执行主体呈现出多元化的趋势，政府、企业、社区以及公民个人都可以成为决策执行的主体。值得注意的是，尽管政府机构可以通过授权的方式将决策执行的任务委托给其他主体来履行，但政府机构及其工作人员对政策执行结果的责任并不因此而转移或消失。

第二，执行的目标导向。行政执行主要围绕既定的决策方案展开，是将决策意图转化为决策结果的过程，执行活动随着决策效果的实现或决策的终结而结束。换句话说，执行关注的是行政管理行动的结果，而不仅仅是它的过程。②

第三，决策过程的延续。由于环境的动态性，很少有决策方案能够以准确和具体的语言清晰地表达决策意图，预见执行中出现的各种问题，并提出相应的解决措施。与之相反，行政执行主体常常在"内容广泛但含糊不清的法令下进行活动，这就给它们应该做什么和不应该做什么留下了很大的余地"③。简而言之，决策内容的抽象和模糊使得执行主体掌握了很大的自由裁量空间，能够按照自己的意志对决策内容做出变通和调整。

第四，执行过程的动态性。行政执行不会在一瞬间完成，只能是由一系列活动构成的过程，是一个思想和行为需要不断变化和调整的过程。一方面，执行的决策方案不可能概括执行的全部内容；另一方面，环境的变化又会给执行

---

① 加布里埃尔·A·阿尔蒙德等：《比较政治学：体系、过程和政策》，上海译文出版社1987年版，第325页。

② 詹姆斯·W·费斯勒，唐纳德·F·凯特尔：《行政过程的政治》，中国人民大学出版社2002年版，第332页。

③ 安德森：《公共决策》，华夏出版社1990年版，第116页。

者带来新的问题和阻力。这一切都需要执行者在执行过程中因地制宜、及时灵活地处理执行中出现的新情况，才能保障决策方案的顺利实施。

二、行政执行的影响因素

行政执行失败在现实生活中屡见不鲜，引起了研究者们对执行影响因素的探讨。对执行影响因素的分析，有助于决策者在执行之前就能有针对性地预防执行偏差的出现。就行政执行影响因素而言，研究者们形成了不同的意见。史密斯在《政策执行过程》一文中认为，理想化的政策、执行机构、目标群体以及环境因素是影响政策执行的四个主要因素。米德和霍恩在《政策执行过程：一个概念框架》一文中将影响政策执行的因素归为政策标准与目标、政策资源、组织间的沟通与强化行动、执行机构的特性、经济与政治环境、执行人员的意向等六个方面。虽然研究者们对执行影响因素的分析越来越彻底，但这并没有提高执行成功的可能性，研究者们"并没能从中确认一些至关重要的变量"[1]。依据研究者们对影响因素的分析，下面将重点分析不确定性、目标的明确程度、资源的充裕程度、执行机构、目标对象等对执行造成的影响：

（一）不确定性。在瞬息万变的世界中，问题的变化速度通常超过了人们的应对能力，这就使执行过程中充满了变数，执行者不可能一劳永逸地使用同一种执行途径和方式来保证决策效果。执行者不具备关于过去、现在和未来的完备知识，也使得决策方案和执行效果之间的因果关系难以把握，执行者很难全面考虑到执行对决策问题的解决产生的积极影响和消极影响。于是，执行是一场持续的比赛，在这场比赛中的每一次"失败"和"成功"都促成下一步冲突。

（二）目标的明确程度。决策目标的明确程度不仅取决于决策者对决策问题的把握程度，还要受决策者之间利益冲突程度的影响。当决策者之间的利益矛盾难以在决策阶段加以解决和平衡时，就会通过模糊决策的方式将冲突转嫁给执行阶段，从而使执行过程也变得困难重重。决策目标的明确性对执行的影响表现在：（1）目标的明确性可以作为评价执行成功与否的有效依据，进而能够加强对执行者的控制力度；（2）目标的明确性能够减少执行者的自由裁量权，使执行者在执行过程中更能忠实于既定的决策方案。

（三）资源的充裕程度。成功的执行过程必然建立在资源消耗基础之上，

---

[1] 詹姆斯·P·莱斯特、小约瑟夫·斯图尔特：《公共政策导论》，中国人民大学出版社2004年版，第128页。

当执行者缺乏充足的资源可供利用时,执行结果就可想而知了。

蒙特乔伊和奥图尔在《组织视角:一种政策执行理论》一文中,将法规内容清晰与否以及政策制定者是否提供政策资源作为分析组织内政策执行问题的两个主要变量,并将其看作是连续统一体的两个端点,从中揭示了在这两个变量的影响下,可能出现的四种政策执行情况。在他们看来,在政策内容具体以及决策者提供资源的情况下,政策通常最容易取得成功。因而,要想保证政策执行效果,政策制定者就应该主要制定内容清晰、并提供相应政策资源的政策,在这种情况下,政策执行机构为了配合政策实施往往会新建一个下属机构来保证法规内容的实现。

(四)执行机构。决策方案效果的实现最终要取决于执行机构和执行人员的能力和努力程度。执行主体的选择对执行成功与否的影响不容忽视,执行主体的能力、执行方法等因素都约束着执行的过程和结果。除此以外,执行主体对决策的认同感也不可忽视,并不是所有的执行机构都乐意接受决策者分配的执行任务,当新分配的任务与执行机构的使命不相吻合时,执行机构通常拒绝接受该项任务或在执行过程中对该项决策持抵制态度。

(五)目标团体。在大多数情况下,决策意图的实现要依靠决策目标对象对决策的顺从和接受,而目标团体对决策的接受与否在很大程度上又取决于决策对自身利益的调整程度。作为对社会利益的权威性分配,大多数决策对目标团体带来的利益影响程度是不一样的,安德森在《公共决策》一书提出了政策利益和代价分布的四种情况,在他看来,利益和代价分布范围的宽窄程度不同,目标团体对政策的接受程度也随之出现差异。

三、行政执行的过程

行政执行并不是一种瞬间的组织活动,而是要经历相关的步骤和环节,行政执行各阶段的组织质量以及相互间的衔接程度对行政执行的成功与否有着重要影响。一般而言,行政执行过程主要包括决策方案的转化、方案实施以及执行评价等阶段。

(一)决策方案的转化阶段

决策方案的转化阶段主要是指将抽象和含糊的决策内容转化为具体的、具有可操作性的决策实施方案,并为之配置具体的决策执行机构和可供其支配使用的各种资源的过程。

1. 决策方案的分解

大多数决策方案都是非常抽象和概括的，为了将抽象的方案转化为可操作的具体措施，就需要将决策方案进行有效分解，制定执行计划。执行计划是对将来决策方案实施活动的具体规划，其目的在于说明执行的具体时间、地点、人员以及所需经费，一般包括情况分析、指导思想、工作任务、工作要求、工作方法、步骤与措施等。执行计划的制定要建立在对决策意图的准确把握和理解基础之上，为了不至于偏离决策意图，计划制定要遵循民主原则，广泛听取各方面的意见，制定多个计划方案，仔细权衡比较之后选择最优的计划方案。此外，执行计划的编制要遵循可行性原则，不能好高骛远，制定超出执行机构承受能力的行动方案，即根据现有所能提供的人、财、物的数量条件，采取相应的行动。

2. 物质准备

决策方案的实施需要有充足的经费和设备作为保障。行政执行者在接收方案之后，就要及时核算出执行活动所需要的全部经费开支，将其以预算的形式编入机构的开支计划中，经过有关部门审核批准之后，用于具体的执行活动中。除此之外，执行者还要根据执行活动的需要，配备相应的物质设备，以便为行政执行的顺利进行创造有利的条件和环境。

3. 组织准备

决策方案最终要依靠执行机构及其人员来执行，执行机构对决策方案的认同程度、机构的执行能力、人员素质和精神面貌等因素都具体关系到执行活动的进展。

（1）执行主体的选择。大多数决策方案都不是自行实施的，需要有特定的机构来实施，执行机构的选择是一项复杂的任务，既要考虑政治需要，又要权衡技术上的利弊。行政机构并不适合承担所有的执行任务，为了保证执行效率，那些超出了行政机构能力的决策就需要转交给行政机构以外的其他社会主体来实施。一旦选择了错误的执行主体，就会出现执行失败的可能。

（2）思想准备。任何决策方案只有在执行主体对其内容具有比较强的认同感之后，才有可能得到贯彻实施，这就需要对执行主体进行思想交流工作，使其了解决策方案的内容、意义，消除执行主体对方案的抵制情绪，使其将决策的执行作为一项自觉自愿的行动。

（3）制度准备。执行活动是在一定的制度条件下进行的，制度作为界定和规范个人行为空间和选择空间的行为规范，对执行主体行为的选择有着重要影响。为了及时依据执行结果的好坏以及执行过程顺畅与否对执行主体给予及时的奖惩，就需要事先制定好一套有效的规章制度。

（二）行政决策的实施阶段

实施阶段是决策目标具体实现的过程，是行政执行的主体阶段。实施阶段的工作内容主要包括以下几方面：

1. 建立强有力的指挥中心。行政执行是行政主体运用行政手段向既定目标推进的过程，这个过程具有一定的强制性，它必须以服从命令、顾全大局为原则。一个强有力的指挥中心，对行政决策的执行来说是至关重要的。它能正确理解和贯彻执行上级的方针、政策，对所领导的行政执行工作的意义有深刻的理解，对所辖部门和人员的情况了如指掌，对方案的实施步骤严格掌握，而且在预想不到的情况发生之时，能迅速做出正确的决断。指挥中心要实现有效指挥，还必须坚持统一指挥的原则，不能政出多门、多头指挥，否则下级就会无所适从。另外，指挥也必须依照组织层级进行，不应越级指挥；行政执行中越级指挥，只能降低指挥效果，打击、挫伤下级部门的积极性和负责精神。

2. 要善于做好协调工作。行政执行作为一系列的活动，必然涉及多方面的工作配合及利益的调节和分配。行政执行任务能否顺利完成，在很大程度上取决于能否及时妥善地做好协调工作。协调活动的目的在于化解矛盾、解决分歧，使组织之间、人员之间达到行动上的和谐。

3. 加强行政执行中的监控。行政执行是一种动态过程，某些要素及其相互关系的变化事先无法全部掌握，一旦出现意外情况。实际工作同计划要求就可能不符，所以必须依靠监督、控制才能逐步实现计划。通过控制环节也能检查下属的工作，保证其工作方向的正确性，提高工作效率。

（三）行政执行的评价阶段

行政执行完成后，要认真进行检查总结，目的是肯定成绩、找出不足、积累经验，这是提高认识、自我完善必不可少的环节。总结工作的内容主要包括：

1. 对执行情况的检查。检查的主要依据是决策目标的实现程度和执行方案的实施效果。对原决策目标检查的重点：一是检验其社会效益；二是检验其经济效益。检验社会效益主要是看这项决策实施后，是否有利于国家和社会的公共事务，是否有利于人们的社会生活，是否有利于国家和民族的发展。经济效益是指在符合社会效益的前提下的经济效益。凡是有利于国计民生、能促进经济发展的决策，就是好的决策。对执行方案的检查，主要是看执行方案中规定的各项要求，如资金预算、物资人才消耗以及方法、步骤、措施等，是否已经实现了原来的预想，是否符合原来的估算。

2. 对执行情况的评价。依据一定的要求和标准，在情况检查的基础上，对执行部门和执行人员的工作做出评价并给予奖惩，评定要以事实为根据，而不是以领导人的意志为依据，投其所好，也不能先入为主，存有偏见，否则，势必歪曲事实，给工作带来不良影响。

3. 对经验教训的总结。执行中有成功的经验，也有失败的教训。为此，要从理论的高度认真分析决策目标未能完成的原因或是未能圆满完成的原因；得到肯定的答案后，要及时分别向执行者和决策指挥者反馈信息，使他们能从宏观上权衡利弊，正确总结经验教训，不断改进工作。

第三节 行政监督

行政管理过程也就是行政权力的行使过程，行政权力具有的强制性、扩张性以及执行性等特点使得权力的行使有可能脱离正常的轨道，成为权力行使者为个人私利服务的工具。为了保证行政权力的行使始终以公共利益为目标，消除个人私利对行政权力的影响，就需要建立一个全方位的行政监督体系。

一、行政监督的内涵

"监督"，《辞海》里解释为"督察、督促"。英文 supervision 的字面意义就是由上面监视或在上的视察。作为一种古老的国家管理手段，监督活动是随着国家的出现而产生的，成为统治者保证国家机器顺利运转的有效部件。行政监督经历了一个萌芽、产生、发展和完善的过程，才表现出比较完备的监督体系形态，并在某种程度上反映了国家民主性质和民主程度的演变。行政监督可以看作是指依据法律法规对行政机关及其工作人员履行职责和执行法律的情况所进行的限制、检查、督促和制裁，其目的是为了保证行政机关及其工作人员行使行政权力的目标、过程及其结果合法和合理，提高行政管理的效率。行政监督按照监督主体的不同可以分为狭义和广义的行政监督：前者主要是指行政机关内部所进行的一种监督活动，以保证决策目标的实现；后者的监督主体除了国家行政机关以外，还包括其他国家机关、社会团体、政党以及公民个人等。广义的行政监督实际上是作为政治制度的一项监督机制而存在的，它是建立在权力的不同分工或者国家制度分权基础上的一种机能，完整的行政监督活动可以包括获取监督对象的信息、监督主体对监督事项提出建议以及惩治监督对象的不法行为等三个环节。我们在此所谈论的行政监督是一种广义的行政监督，可以从行政监督主体、客体和监督对象三方面来理解行政监督。

（一）行政监督的主体。行政监督的主体具有多元性，包括国家机关和非国家机关。国家机关作为行政监督的主体包括权力机关、司法机关、行政机关及其内部的专门行政监督机构。以国家机关为主体实施的行政监督是国家性行政监督，这类行政监督的主体和对象都是国家机关，具有法律约束力，能够产生相应的法律后果，如撤销行政行为、处罚违法违纪的公务员等。非国家机关作为行政监督的主体包括政党、社会组织、新闻舆论机构和公民个人等，国家机关以外的主体实施的监督活动可以看作是非国家性的监督。非国家机关作为监督主体不能对监督对象做出直接产生法律效力的监督行为，只能通过一定方式引起有监督权的国家权力机关注意，使之采取能产生法律效力的措施。总体而言，不同的行政监督主体享有不同的监督权，产生不同的监督效果，从而构成了一个互相补充、互相协调以及纵横交错的监督网络。

（二）行政监督的对象。并不是所有的监督活动，如企业对员工的监督、政党内部监督以及行政机关工作及其工作人员的所有行为都可以看作是行政监督的对象，只有各级国家行政机关及其工作人员履行职责以及执行法律的活动才属于行政监督的范畴。

（三）行政监督的内容。行政监督的主要目的在于保障行政管理在既定的法律法规范围内进行，及时发现和纠正行政管理过程中的违法乱纪现象，提高行政管理的效率和质量，因此，行政监督的内容主要包括三个方面：其一，是对行政机关行政决策活动的监督。行政机关并不是纯粹被动地执行立法机关制定的各种法律法规，法律法规的模糊性和抽象性赋予了行政机关很大的自由裁量权和决策空间。为了保证行政机关制定的行政决策、出台的行政法规以及采取的各种决策行为符合宪法和法律的要求，行政机关的决策活动必须被纳入行政监督的范围。行政监督的内容是监督行政主体及其工作人员行使行政职权、履行行政职责的一切行政活动。其二，是对行政机关行政执行活动的监督。立法机关出台的各种法律法规的意图能否有效实现在很大程度上取决于行政机关的执行效力及其对法律法规的遵守情况，为了减少法律法规的执行偏差，抑制和纠正行政机关及其工作人员以权谋私的不法行为，行政机关及其工作人员的行政执行过程也应该受到严密的监督。其三，是对行政机关工作人员偷懒和卸责行为的监督。行政管理活动属于一种团队合作活动，行政管理效率的提高有赖于全体行政机关工作人员的共同努力，行政机关对法律法规的遵守并不能排除某些行政机关工作人员的偷懒和卸责行为，这种偷懒和卸责动机会鼓励行政机关工作人员采取不适当的行政管理方式和手段，从而影响行政管理效率的实现。因此，行政机关工作人员的努力程度也应该受到各类行政监督主体的检查和督促，以消除他们"搭便车"的行为和偷懒的侥幸心理。

二、行政监督制度构建的缘由

行政权力是国家行政机关及其工作人员行使的一种带有强制性的约束他人行为的能力，权力行使的目的在于代表和维护社会公众的公共利益。这种具有公共性质的权力来源于社会公众共同意愿的表达，但具体的权力总是由具体的个人去执行的，执行权力的个人便由此成了掌权者。如果掌权者将个人意志和利益凌驾于社会公众和组织利益之上，就可能背离权力的行使宗旨；而如果对这种扭曲权力的行使无制约机制进行控制，政府专制、权力腐败等有违公意的现象都有可能发生。由此，权力必须受到制约成为任何一个民主国家行政权力运作的基本规则。

（一）人性恶是监督制度设计的出发点

行政监督终究是对行使权力的行政管理者的监督，如果行政管理者都是大公无私、胸怀天下大众的品德高尚者，那么监督制度就没有存在的必要了，正如"人人都是天使，政府就没有必要存在"一样。在关于人性恶的判断上，古今中外都不乏理论和制度构建。我国古代的荀子和韩非子等思想家都是"人性恶"的支持者。荀子就认为："人之性恶，其善者，伪也。"韩非子进而认为，要巩固君主的统治，就必须行法治、设监督，要掌握驾驭臣下的"法"和"术"，"术"的基本含义就是一种监督手段。西方思想家大多崇尚"人性恶"的观点，以此作为制度设计的前提，从而提出了分权和制衡的治国理念。亚里士多德就是从"人性恶"的角度出发提出了权力监督和制约的观点。在他看来，人是有感情的，它不仅是理性动物，而且是兽性动物，"人间的争端或城邦的内讧并不能完全归因于财富的失调"[1]。为了防止人与人之间的争斗以及人类恶性的膨胀，亚里士多德进而提出了相互制约的解决办法，即"人间互相依仗而又互相限制，谁都不得任性行事，这在实际上对各人都属有利"[2]。因而，他认为公民除有选举执政者的权利外，还持有监督执政者的权利，即在执政人员任期届满时，由公民审察执政者的政绩。亚里士多德由

---

[1] 亚里士多德：《政治学》，商务印书馆1965年版，第70页。
[2] 亚里士多德：《政治学》，商务印书馆1965年版，第319页。

"人性恶"阐述的权力制约思想实际上可以看作是近代分权学说的思想源泉。孟德斯鸠、汉密尔顿等西方近代思想家继承了亚里士多德等关于人性恶的观点，并由此提出了关于西方资产阶级国家制度设计的构想。孟德斯鸠认为："政治自由只在宽和的政府里存在。不过，它并不是经常存在于政治宽和的国家，它只有在那样的国家的权力不被滥用的时候才存在，但是一切权力的人都容易滥用权力，这是万古不易的一条经验。"①正是出于保障公民政治自由和防范权力腐败的目的，孟德斯鸠提出了"三权分立"的政治制度设计构想。在他看来，"从事物的性质来说，要防止滥用权力，就必须以权力制约权力"②。美国的开国元勋汉密尔顿则直接运用"人性恶"的思想构建美国的联邦体制。汉密尔顿认为，一个国家的统治者和被统治者都不是天使而是人，而"人是自私的"，每个人都有自己的野心和私利，一旦这样的人执掌了政府的统治权，就需要采取有效的制约措施，除了依靠人民对政府的主要控制之外，还需要有辅助性的预防措施。汉密尔顿的观点实际上被布坎南等公共选择学派进一步发展。公共选择理论认为，人的好恶并不随着所担任的社会角色的转变而变化，追求个人效用最大化永远是个人的理性选择，当这样的理性选择运用到政府权力的行使过程中时，如果不加以有效的约束和引导，则国家和社会将因此而承受灾难性的后果。

中外学者关于"人性恶"的判断表明，我们每个人并不是完美的个体，只要有机会，我们个人都会利用种种手段来谋求自己的利益，甚至以损害他人利益为代价。鉴于这一点，我们任何时候都不能将国家的有效治理和公共利益的实现简单地寄托在政府官员良好的道德品质基础之上，为了防止掌握权力的政府官员滥用权力，损害公共利益，我们就有必要建立起有效的监督体制，将政府权力的行使纳入法治化的轨道。

（二）预防公共权力异化的客观需要

公共权力是伴随着国家的产生而出现的，一旦出现，公共权力就成为凌驾于各种社会力量之上的强制性力量。按照社会契约论的观点，公共权力的产生来自于社会公众的授权，公共权力的行使者与社会公众之间是一种委托代理关系，权力行使的最终目的是解决公共问题，提供和维护公共利益。但是，公共权力天然地具有扩张性和腐败性，"有权力的人们使用权力一直遇有界限的地

---

① 孟德斯鸠：《论法的精神》（上），商务印书馆1961年版，第154页。
② 孟德斯鸠：《论法的精神》（上），商务印书馆1961年版，第154页。

方才休止","绝对的权力导致绝对的腐败",这些言论都精辟地描述了公共权力的性质。权力扩张和腐败的本质属性与具有私利的权力行使者相结合就产生了如何约束和控制权力行使者的问题。作为社会公众的代理人,公共权力行使者实际上具有两种利益取向:一种是实现委托人的利益,另一种则是追求代理人的利益。权力行使者对公共权力的获取和行使并不是以放弃自身利益需求为前提的。只有当公共权力行使者的利益与社会公众联系紧密的时候,权力的行使才会符合社会公众的要求,除此以外,权力行使者将有动机和条件来谋取自身利益,公共权力因此而发生变异,成为一种"私权力"。当权力的运行脱离了社会公众期望的方向时,就需要有一种外部的力量来纠正和引导公共权力的行使,这种外部力量就需要依托行政监督制度的设计,依靠社会公众参与公共行政管理,对政府工作实施监督。杰斐逊就认为:"任何政府如果单纯托付给人民的统治者,就一定蜕化。所以,只有人民本身才是政府的唯一可靠的保护人。"[1]社会公众对公共权力行使者的监督和约束,有助于提高公共权力行使者尊重社会公众权利、维护其利益的可能性和积极性,这样才能使社会上多数人的意志和利益贯彻到行政管理过程中,进而保证国家的民主性质。

(三) 适应行政管理事务复杂化的现实要求

在传统社会,监督主要是作为一种维持统治的手段而存在,监督适用的范围比较狭窄,主要是君臣之间、上下级之间以及官民之间的监督。这种单独依靠高度集中的行政权力直接推动国家机器运转的管理方式,在国家事务不是太多、太复杂的情况下,或许有效。但是,随着近代产业革命和科学技术的发展,社会经济关系空前复杂,社会公共事务激增,国家的管理对象广泛而复杂。面对这种情况,继续维持传统的、集权式的、行政指挥的管理方式,必然造成社会停滞和产生官僚主义。现代社会的发展使得为了提高行政管理效率,推动社会经济更快和更好的发展,政府需要广泛参与和干预社会公共事务的管理,使得行政管理体制更加趋向于统一和集权,西方国家行政权力向立法权和司法权的渗透就是社会公共事务日趋复杂化所提出的要求;与此同时,社会公众的民主意识和独立意识日趋加强,需要拥有较广阔的参政和议政空间。这两种社会发展趋势显然是矛盾的,而化解这种现实矛盾就需要借助于监督制度的构建。一方面政府可以主要充当社会裁判和监督者的角色,充分发挥社会公众和社会组织解决社会公共事务的能力,为他们的自主管理和自我发展创造条

---

[1] 转引自叶皓《西方国家权力制约论》,中国社会科学出版社2004年版,第54页。

件;另一方面,行政管理事务的复杂化以及行政职能的扩张使得仅仅依靠立法权和司法权难以有效驾驭行政权力的行使,只有调动整个社会的力量,才能有效控制行政权力,将行政权力的行使维系在宪法和法律的框架内。

三、行政监督类型

行政监督从不同的角度可以被划分为不同的监督类型,比较典型的分类方式有:

(一)按照监督的性质可以分为国家性的监督和非国家性的监督

国家性监督主要是指以国家机关为主体实施的,具有法律强制性效果的监督。它包括立法机关、司法机关对行政机关的监督以及行政机关内部的监督活动。国家性监督的主体和对象都是国家机关,是依据法律规定行使监督职权,并遵循一定的监督程序,其监督的法律后果具有强制性,能够依据法律法规对被监督者的不法行为直接采取强制制裁的措施。非国家性的监督是相对于国家性监督而言的,主要是指国家机关以外的各种社会力量和社会组织对行政机关所实施的监督。这种类型的监督主体是社会公众或非国家机关的社会组织,监督对象是行政机关及其工作人员。这种监督方式不具备强制性的监督后果,监督主体通常不能直接对被监督者的不法行为采取具有法律效力的措施,只能建议相应的国家机关根据监督主体反映的监督信息采取相应的惩罚和制裁措施。

(二)按照行政监督的程序可以分为自上而下的监督和自下而上的监督

自上而下的监督主要是指立法机关、司法机关对行政机关的监督,行政机关内部上级对下级机关的监督,中央政府对地方政府的监督等。监督的主要目的是保证法律、法规、政策、指示和计划等的贯彻执行,以促进政令的畅通和集中统一的领导。自下而上的监督主要是指社会公众和社会组织对行政机关及其工作人员工作表现的监督以及下级对上级机关的监督。这种监督方式能够有效地节约国家机关的监督成本,使得立法机关和司法机关等国家性监督主体的监督行为更有针对性,及时通过社会公众和社会组织的投诉、申诉以及抱怨等监督途径掌握行政机关及其工作人员的违规行为,并采取有效的制裁措施。

(三)按照行政监督时间可以分为事前监督、事中监督与事后监督

行政监督贯穿于行政活动的全过程,因而实践中不可能将整个监督截然划分为几个阶段。但从实施监督的时间来看,行政监督包括事前监督、事中监督

和事后监督三种形式。事前监督是指行政机关对某项活动或行为等在被监督对象实施之前,依照行政法规进行的监督,例如上级行政机关对下级行政机关人事安排或变更前实施的审查。事中监督是行政机关对已在实施过程中的行为或活动,根据行政法规进行的监督。事后监督是指行政机关对业已结束的行为、活动或事项,依照行政法规进行的监督,例如上级行政机关对下级行政机关的决策执行结果进行的检查和督促。

(四) 以监督内容为标准,行政监督可以分为合法性监督和合理性监督

合法性监督是指对国家行政机关及其工作人员的行政行为的合法性进行监督。它主要包括两方面的内容:一是对国家行政机关颁布的行政法规、发布的行政命令、做出的行政决定以及采取的行政措施等行为是否符合国家宪法和法律进行监督;二是对国家行政机关及其工作人员的行政执法活动是否符合国家宪法、法律、行政法规和地方法规以及行政决定和命令等进行监督。合法性监督的目的在于杜绝可能发生的违法行为,揭露和纠正已经发生的违法行为,确保依法行政原则的贯彻实施。合理性监督是指对行政机关及其工作人员是否恰当运用自由裁量权的情况进行监督,所考虑的范围包括行政行为应符合立法目的、符合行政管理的基本原则等方面。

四、行政监督体系

行政监督体系是由各种监督制度或监督子系统构成的纵横交错的监督网络系统。各种子系统都有自身的监督对象、监督范围和监督方式等,监督子系统之间的互相协调和配合对于整个行政监督体系的有效运转和控制行政机构及其工作人员的行为有着至关重要的作用。已有研究表明,提高监督的效率和加大惩罚力度是遏制行政权力的腐败现象以及打击行政机关的各种违法乱纪行为的关键措施。当现有的法律法规针对行政机关及其工作人员的违法乱纪行为制定的惩罚力度较轻时,提高行政监督的效力,保障行政监督体系的畅通运转就显得更为必要了。完整的行政监督体系包括以下监督子系统:

(一) 立法监督子系统

立法监督子系统是指国家立法机关对国家行政机关及其工作人员实施的一种监督制度。在西方国家,立法机关是分权制衡制度的重要组成部分;在我国,立法机关即全国人民代表大会是我国最高权力机关,其他国家机关由全国人民代表大会产生,受其监督。在西方国家,立法监督职权的大小因各国政体

的不同以及立法机关法律地位的不同而有所差异。一般说来，议会制共和国的议会监督权大于总统制共和国的议会监督权，总统制共和国的议会监督权又大于君主制国家的议会监督权。尽管监督权有大小，但是它们监督的内容基本上无多大差别，不外乎是对政府的财政监督权、人事任免权、行政监督权、外交和军务监督权等。

西方国家立法机关的监督方式依据各国政治制度的不同而有所差异。议会制国家普遍采用的倒阁、不信任案以及质询等监督手段，在总统制国家的立法监督中，这些监督手段实质上并不存在。总统制国家的议会或国会普遍使用听证会和弹劾等监督方式。我国人民代表大会的监督对象是指由宪法规定的，由人大及其常委会产生，并向人大及常委会负责的国家机关及国家机关组成人员，行政机关及其组成人员只是国家权力机关监督的对象之一。人民代表大会对国家行政机关的监督内容主要包括法律监督和工作监督两方面：前者主要是指检查和督促国家宪法和法律在行政机关的实施情况；后者则是指对行政机关及其组成人员的工作表现进行监督，采取包括听取和审查政府工作报告、组织人民代表视察和检查政府工作、罢免或撤销行政机关组成人员的职务、组织特定问题的调查委员会以及开展质询或询问等在内的监督方式。

(二) 行政监督子系统

行政监督子系统是指行政机关或其内部专门设立的行政监督机构对行政机关及其工作人员的工作行为实施的监督活动。监督的主要目的是保证行政法规、计划和命令等行政机关制定的政策能够迅速有效地得到实施，监督行政机关工作人员的遵纪守法情况。行政监督主要由一般监督和专门监督构成。前者主要是指行政机关之间产生的相互监督，主要包括上级机关对下级机关的监督、上级行政机关各职能部门对下级行政机关各职能部门的对口监督、各级行政首长对其所属工作人员的监督、平行部门之间的相互监督以及下行政机关对上级行政机关的监督等。专门监督主要是指国家行政机关内部成立专门性的行政监察机关，对国家行政机关及其工作人员以及行政机关所属的或任命的企事业单位及其工作人员的违法乱纪行为所实施的监督检查活动。这种监督检查与一般行政监督的区别在于：它侧重于违法违纪的检查而不是一般的工作或业务性检查，主要是对违法乱纪人员进行检查处理，而不是像一般行政监督那样可以对单位进行检查处理。西方国家最初对行政监察问题并不是放在很重要的位置。那时，它们注重的是对整个国家权力的分工和制衡，认为"三权分立"制度能够解决国家权力滥用的一切问题。但是，随着行政管理和社会事务的发展及复杂化，行政权力迅速膨胀，行政官员违法乱纪和官僚主义现象层出不穷。大量的行政管理人员在行政首长负责制下变戏法似地干着违法乱纪的勾当，种种不合理的行政行为更是肆行无忌地侵害公民权利。于是，到20世纪初，特别是二战以后，资产阶级国家在解决对扩张的行政权力加强监督的同时，借鉴和吸收了中国古代监察制度的经验模式，逐步建立起了现代行政监察制度，从而加强了对行政权力和行政违纪行为的监督控制，并且一般都赋予行政监察机构依照行政法律对所监察的行政机关及其工作人员进行检查、纠偏、督促和惩戒的权力。

现今世界各国实行的行政监察制度主要有四种模式：（1）由政府设立行政监察机构，我国和日本就属于此种模式；（2）由议会设立行政监察机构，一般认为由瑞典创立的议会行政监察制度是现代西方国家最典型和最有影响力的行政监察制度；（3）属于行政机关系统，但相对独立于行政机关的监察机构，加拿大以及不少中北美洲国家都属于此种模式；（4）设立于行政机关各部门的监察机关，如美国政府各部门的监察长就属于此类。

（三）司法监督子系统

司法监督主要是指由国家司法机关对行政机关及其工作人员的行政管理活动所实施的监督。一般所说的司法机关，主要是指法院，而广义的司法机关还包括检察机关，它们所行使的职权是司法权。前者代表国家进行审判，后者为追究法律责任和刑事责任而提起公诉。大陆法系国家没有独立的检察机关，检察院附属在法院系统内或由司法行政部门领导。英美法系国家则设有相对独立的检察机关。当今世界各国几乎都有对政府行为进行司法监督的制度，但并无完全相同的制度名称。

依据"三权分立"原则，西方国家司法机关作为一种地位独立的政权机关被赋予维护国家法制的重要职责。社会中各种违法行为，不论来自于公民或法人的违法，还是来自于国家机关的违法，不论是立法机关的违法，还是行政机关的违法，司法机关都有权进行处理和制裁，以维护法律的尊严。通过司法手段和司法程序监督和限制政府的行政管理活动，这是司法机关的一项重要工作，同时也是行政监督的一种重要方式。西方国家的司法监督主要包括违宪审查和行政诉讼制度。违宪审查是对政府颁布的行政法规或行政措施进行审查，以判断其是否违反宪法。各国的违宪审查主要包括附带性违宪审查、预防性违宪审查以及控诉性违宪审查等三种形式。行政诉讼监督是指具有行政案件审判权的司法机关通过对行政案件的审理对行政机关及其工作人员实施的一种监督。国外行政诉讼机构大致分为三类：设立专门的行政法院；由普通法院管辖行政案件；设立行政裁判所来解决一定范围的行政争议等。

我国的司法监督主要由检察监督和行政诉讼监督组成。人民检察院是实施检察监督的机关，其监督内容包括侦查监督、审判监督和执行监督等方面。人民法院则通过审理行政案件，审理行政活动的合法性，审理行政人员的违法、失职、渎职和侵权行为来履行对行政机关及其工作人员的监督职责。

（四）政党监督子系统

随着政党在国家政治活动中日益起着决定性的作用，它们在监督领域中的作用也日趋显著。通过对各国家机构的有效监控来实现自身的目的和纲领已成为政党活动主要的，甚至是唯一的指向。在西方国家中，政党制度是与普选制和议会制联系在一起的两党制或多党制，或是由两个主要政党轮流执政，或是由两个以上的政党结盟执掌国家政权。由于政党总是力争控制立法机关的多数来监督立法机关将党的意志上升为国家的意志从而左右政局，因此，各政党为在议会选举中获胜而不遗余力，甚至不择手段。在西方国家，政党虽然不是国家权力系统的组成部分，但已经成为国家监督活动中最重要的监督主体之一。

西方国家的政党监督主要表现为执政党的自我监督和在野党的监督。执政党的自我监督主要是通过议会党团的监督来实现的。所谓"议会党团"，就是指议会中同一政党或政党联盟的议员所组成的党派组织。它是各政党或政党联盟在议会中的最高权力机构。议会党团的主要功能是把本党或联盟党的议员联合成一个整体，了解本党议员的动态，协调他们的立场和行动，决定在议会立法及有关活动中应采取的态度和如何投票的事宜，以贯彻本党的纲领、路线和政策，维护本党的利益。同时，党团是政党组织同政府和议会之间联系的纽带。内阁或政府的预算计划，重大决策和政策的出台，都通过本党的议会党团向其他党团吹风，寻求它们的支持。西方国家的在野党指的是没有执政、未分享国家最高行政大权的政党，简单地说，就是一切进入了议会但未参加政府的政党。它们在议会里通过种种途径和形式对执政党及其政府发挥制约作用。它们作用的大小和表现，在实行不同体制的国家里是有差别的。与执政党的自我监督相比，在野党更多地是采取选举监督的方式。选举制度是西方国家政党夺取政权的唯一合法形式，也是政党之间相互监督、政党对政府监督的重要手段。各在野党为达到上台执政的目的，都极力鼓吹、宣传和美化自己的施政纲领，揭露执政党的短处。除了选举监督以外，长期以来，英国形成了这样的惯例，即在下议院中的次多数党，是法定的反对党。它拥有其他在野党所没有的若干特权，其中之一就是可以按现任内阁的编制，组成一个预备执政的影子内阁，其党的领袖任"内阁首相"，其他资深议员担任阁员和各部大臣。它的任务是在执政党政府一旦辞职下台时，顺利上台接替执政。"影子内阁"各部的负责人针对内阁各个方面的问题，对口地进行研究、评论、批判，并作为各个部门发言人，向社会广为宣传。这对于执政党政府所起的监督和牵制作用，远比一般性的监督要深刻得多。此外，西方国家的在野党还可以通过自己举办的刊物，通过发动舆论攻势的方式来向社会揭露政府的"时弊"，抨击政府的政策，批评政府的错误，进而达到监督政府的目的。

与西方国家的政党制度不同，我国并不存在执政党和在野党之分，中国共产党作为执政党的领导地位和作用是历史地形成的并且在宪法中有明确规定，我国的民主党派是作为参政党参加国家政权行使的。执政党的内涵在我国比西方执政党的含义要丰富：一是它不仅表现为掌握国家最高行政大权，而且表现为对国家的最高权力机关以及其他国家机关的领导；二是它不仅对中央一级权力机关实施领导，而且对地方国家机关也发挥领导作用；三是对整个国家社会、经济、文化生活的各方面，都负有组织、指挥、引导的责任。中国共产党通过经常性的检查和了解确保各级行政机关能够有效地贯彻执行党所制定的路线、方针和政策。中国共产党对各级行政机关的监督是分层次进行的，包括党的各级委员会的监督、党的基层组织的监督和党的各级纪律检查委员会的监督以及行政机关的党员实行的监督。就政党制度而言，我国实行的是中国共产党领导下的多党合作的政治制度，中国共产党与各民主党派是"长期共存，互相监督，肝胆相照，荣辱与共"的关系，各民主党派对国家行政机关的监督是我国政党监督的重要组成部分。各民主党派参与行政监督的途径有：通过政治协商会议、情况通报会等形式，参政议政，讨论国家的大政方针，对重要的人事安排和重大问题向行政机关提出建议；在各级人民代表大会中占有一定比例，可以通过立法程序和立法活动实施对行政机关的监督；在中央至地方的各级行政机关、司法机关担任一定的领导职务，直接参与行政机关的管理和监督；通过对中国共产党及其路线、方针和政策的监督而间接对行政机关实施监督。

（五）社会监督子系统

社会监督主要是指社会各界，即社会团体、新闻媒体和公民等利用自己的影响力对行政机关及其工作人员所进行的监督。社会监督的主体同时又是行政管理的对象，社会监督的主体可以行使批评权、建议权、控告权、申诉权等，但没有直接的处置权，这种监督并没有给行政机关及其工作人员带来强制性的制裁或惩罚效果。社会监督子系统主要包括以下几方面：

1. 社会团体监督

社会团体是某一行业、职业、阶层或地域内的多数人，为了某种非政权性共同利益而依法自愿形成的并能在法律范围内独立活动的社会组织。社会团体以其所具有的整体性、组织性和影响力，比公民个人能够更有力量地向政府施加影响，在维护自身利益的同时，担负起监督政府的职能。

社会团体监督在西方国家主要表现为利益集团监督的形式。利益集团是指基于集体利益的一致性、持有共同态度、为了共同目的致力于影响政府政策而行动的社会组织。利益集团在西方政治中的出现，既是一种公民参政的重要形式，同时又对政府权力构成一种新的有效的平衡和制约。利益集团参与政治过程并对政党、政府机构进行监督，是民主政治的一大特点。利益集团对行政机关的监督主要包括：（1）通过游说或直接推选代表参加竞选的方式影响议会的立法活动，借助议会的力量对政府决策施加影响。（2）直接监督行政机关的执行活动，当自身利益受到行政机关执法活动的影响时，及时向议会汇报和反映，以争取议会对行政机关执法活动的干预，阻挠不利于集团利益的决策的执行。（3）游行示威，组织公开的宣传、请愿、游行、示威、抗议等活动向行政机关及其工作人员反映自己的意见和要求。（4）司法诉讼，即通过司法诉讼来达到保护集团利益的政治目的，此外还通过影响法官的任命来维护自己的利益。

我国的社会团体监督主要是指工会、共青团和妇联的监督。它们作为社会的以某一阶层、某一性别为特征的社会团体，代表和实现着一定阶层、一定团体的利益，并通过特定利益的维护和宣传来实现自身的价值。我国的社会团体监督主要包括两种情况：一是按照中国共产党的领导渠道介入政治监督，通过向同级党委和上级系统领导反映问题和意见，达到参与和监督的目的；二是利用组织结构活跃的优势，独立或与其他团体合作开展多种多样有特色的监督活动。

2. 新闻舆论监督

新闻舆论监督是指通过报刊、电影、广播、电视为代表的现代传播媒介，对行政机关及其工作人员实施的监督活动。新闻舆论监督在西方被视为最经济、最有效的社会监督手段。由于法制化程度较高，西方国家的新闻舆论监督也被称之为除立法、行政和司法以外的"第四种权力"。新闻舆论监督的主要方式包括：（1）在记者招待会或新闻发布会上直接提问。（2）电视台辟出大量时间转播有关部门对政治丑闻的调查、审判以及听证会等。(3) 调查报道。新闻界获知政府某项丑闻后，自行调查，一旦取得实证，则通过报纸、广播、电视等大众传播媒介进行公开报道。(4) 政治评论。政治评论是新闻界对政府的内外政策进行分析、讨论甚至批评的一种重要方式。(5) 民意调查。新闻界通过了解调查公众对某项政治问题的态度并把结果公布，形成对政府监督。

3. 公民监督

公民对国家机关，特别是对行政机关及其公务员的监督是各类监督中的重要形式之一，世界大多数国家都将公民对行政机关及其公务员的监督权利载入宪法之中，成为重要的宪法权利。公民监督的途径包括实现公务活动的公开化、发挥听证制度的功效、满足权利救济的需要、创造公民监督的组织化、社会化条件、实行法律职业监督制度等。

第六章
行政资源论

资源一般是指所有能够创造财富、带来福利的要素或手段。行政资源是一定的行政组织拥有的为了实现组织目标所投入的人力、物力、财力、权力、信息等一切要素的总称。行政资源是行政管理活动赖以开展的内部条件，是行政组织发挥功能作用的凭借。从资源的角度来看，各种行政资源都是稀缺的。行政学的任务就是研究各种资源的特性，研究如何合理地配置各项行政资源，充分发挥行政资源的作用，达成行政管理的目的。由于任何一项行政管理活动都是在资源约束的条件下开展的，行政组织必须十分珍惜各项行政资源，合理、有效地使用行政资源，最大限度地实现行政资源的效用。

第一节 人 力 资 源

在行政资源各要素中，人力资源无疑是最重要的资源，其他资源作用的发挥，依赖于人力资源作用的发挥。加强人力资源开发与管理，是现代行政管理面临的一项战略任务。每个组织都是由人构成的，获取优秀员工，激励员工努力工作，是每个组织成功的关键。

一、人力资源的含义及特性

人力资源，广义上泛指一个国家或地区所拥有的全体人口，狭义上指投入和将要投入社会财富创造过程中，具有劳动能力的人的总和。[1] 人力资源由数量和质量两个方面构成，其中人力资源数量是一国或地区拥有劳动能力的人口的数量，反映了一个国家或地区人力资源绝对量的水平；人力资源质量综合体

---

[1] 参见滕玉成、俞宪忠主编《公共部门人力资源管理》，中国人民大学出版社 2004 年版。

现一个国家或地区人力资源整体健康情况、知识水平、技能水平和劳动态度等方面的内容。与人力资源数量相比，人力资源质量对于经济社会发展的作用更为重要，尤其随着知识作用的增强，提高人力资源质量是人力资源发展的重要目标和方向。人力资源的特性主要表现在以下几个方面：

（一）人力资源的能动性。与物质资源相比，人力资源具有主观能动性。人力资源包含丰富的心智资源，能够主动地对外界环境作出反应。人类的活动具有明确的目标指向和一定的价值判断，也不可避免地包含情感因素。人力资源要素一旦进入生产过程后，在一切活动中居于中心位置，起着主导作用。人类通过自己的努力，创造了工具，形成了组织和管理，使各种物质资源有了生机和活力。离开了人力资源，各种物质资源就失去了存在的意义，也无从发挥效用。人力资源管理要充分认识到这种能动性，要充分发挥人力资源的能动性，不能简单地以管物的方法来管人。

（二）人力资源的社会性。人是社会人，尽管人力资源开发的重点在于提高个体的素质，但是个体素质的提高及作用的发挥，很大程度上依赖于组织结构、社会环境，依赖于人与人的关系。从微观上看，人类活动是群体性活动，处于特定的组织之中，这种组织可能是家庭、公司、政府等；从宏观上看，人力资源总是与一定的社会环境相联系，它的价值评价、配置、开发、使用等都是一个社会活动。从本质上说，人力资源是一种社会资源。发挥人力资源的作用，必须注意改进组织和管理，形成良好的社会环境。

（三）人力资源的资本性。所谓人力资本，是指人们花费在人力保健、教育、训练等方面开支所形成的资本，是资本化了的人力资产。相对于非人力资本，人力资本体现、凝聚在特定的人身上，并经由特定的人去支配使用才能发挥作用，其他个人或组织对人力资本的使用，都不能无视其直接所有者。因此人力资本是具有显著的私人性的资本，个人拥有人力资本这种天赋人权的这一规定性把人力资本与其他资本区别开来。人力资本也可作为增值手段来使用，而且人力资本投资具有高增值性，是经济社会发展的永久动力。

（四）人力资源开发的持续性。一般的物质资源经过一两次开发使用，就不存在继续开发利用的价值，具有效用递减的特性。人力资源则不同，开发使用之后还可继续开发，使用过程也是开发过程。人力资源经过一次新的开发后，其素质不断提高，人力资本不断累积增加，又能够发挥新的更大的作用。随着现代科学技术的发展，人们可能找到新的物质资源，过去的资源为新的资源所替代，可能不再受到重视。人力资源永远找不到替代品，永远不会过时，永远值得投资开发下去。

(五) 人力资源使用的时效性。人力资源存在于生命之中，是一种有生命的资源，它的形成、开发、配置、使用等都受到时间限制。作为生物有机体的人有其生命周期，每个人都要经历幼年、青年、中年、老年，每个时期人的体能、智力和心理都不同，劳动能力不同，各个时期可利用的程度也不同。人力资源的使用必须结合人的不同年龄段的特点，合理使用。如所用非长，或闲置不用，都是对人力资源的极大浪费。与一般物质资源相比，人力资源具有消耗性，为维持生命的存在，人必须消耗一定的物质资源，即使将人力资源闲置不用，社会或组织也必须付出必要的经济性补偿和物质补偿，这种所用非长或闲置不用，给社会或组织造成的浪费就更为严重。

二、人力资源管理及其历史演变

对人力资源管理的定义，目前国内外学者尚未取得完全一致的认识，可谓见仁见智。在本书中，我们认为人力资源管理是对组织中人力这一特殊资源的规划、获取、使用、开发等各项管理活动的总和，其目的是更好地实现组织目标和个人目标，提高组织对环境的适应能力。

现代意义上的人力资源管理是从人事管理演变过来的。人事管理的历史十分悠久，自从人类在集体行动中学会了分工，产生了组织，就需要协调人与人、人与事之间的关系，就开始产生人事管理活动。在前工业社会，由于生产力的落后和社会协作的简单，人事管理还没有完全从其他管理工作中分化出来，人事管理职能比较单一，作用有限。现代意义上的人事管理是随着工业革命的产生而发展起来的。19世纪出现的工业革命浪潮导致机器取代工匠、能源取代人力、工厂取代作坊。规模化大生产和装配线的出现加强了人与机器的联系，大工厂的建立使雇佣员工的数量急剧增加，从而对生产中员工的管理提出了更高的要求，出现了专门的管理人员，负责对员工的生产进行监督与对员工有关的事务进行管理。19世纪末20世纪初，企业组织规模不断扩大，一些企业在改进生产技术的同时，开始运用泰勒的科学管理理论，进行工作分析，通过激励控制，提高员工劳动生产率。特别是随着工会的崛起，劳资关系空前紧张，企业被迫采取各种各样的福利措施，改善劳资关系，人事管理作为独立的管理职能正式进入了企业管理活动范畴。这一时期，管理者相信，工人只是生产要素，人们工作的目的只是挣钱，其他如劳动安全等并不是工人主要关心的事情。

20世纪中期，传统人事管理理论逐步发展成熟，成为管理的重要支持系统。这一系统作用于人事管理的整个过程，包括员工的招聘、上岗培训、工作记录、报酬支付、在岗培训及人事档案等管理内容。霍桑实验及行为科学的兴起为人事管理的发展开拓了新的方向，导致了在组织运作与实现目标的同时，对人的因素有了新的认识，促进了对人的因素的研究。工业社会学通过研究组织化的员工问题，强调社会系统的相互作用，主张员工参与管理、工会与管理层合作，以维持组织各组成部分之间保持平衡。化解劳资冲突、集体谈判成为人事管理的主要职责。人际关系学以"管理应该更多地关心人而不是关心生产"为核心观点，强调员工满意度是衡量人事管理工作的重要标准，沟通是人事管理的主要任务与必要技能。

在由传统的人事管理向人力资源管理的转变过程中，20世纪50年代问世的行为科学理论起到了重要作用。行为科学认为，组织中员工的行为是多种多样的，不能仅仅认为组织中员工的行为方式就是人际关系。满足人的需要进而激励人的行为，提高劳动生产率是管理的核心问题。行为科学强调员工不是机器，而是有需要、有动机、有个性的组织成员。与传统人事管理强调监督性或强制性不同，行为科学主张人事管理是对人力资源的行为管理，即从人的需要出发，激励员工的积极行为，克服消极行为，完善群体关系，发挥集团的作用，提高劳动生产率。行为科学对人事管理理论与实践的影响在20世纪60~70年代达到顶峰。

第二次世界大战之后，西方国家产业结构有了很大的调整，加工工业员工不断向服务业转移，知识员工比例不断增加，各种经济因素迅速改变，如国际与国内竞争日趋激烈、市场压力加大、科学技术革命迅猛、全球化趋势加强。20世纪60年代以来，美国等国家出台了一系列有关工作条件的法规，促使企业与员工建立良好的关系，加强人力资源管理。20世纪80年代初，彼得·德鲁克1954年在《管理的实践》中率先提出、怀特·巴克1958年在《人力资源功能》中加以阐发的人力资源概念被重新提了出来，许多学者试图提出关于人力资源的一般理论，来解释、预测和指导实际工作和研究人力资源管理活动，其中最有影响的是哈佛商学院教授比尔等人在1984年出版的《管理人力资本》。比尔等人认为，传统人事管理的定义过于狭窄，人事管理活动只是针对特定问题和需要，而非针对统一明确的目标做出的反应，导致人事管理职能之间、人事管理职能与其他管理职能之间互相割裂。企业在人力资源管理问题上应有一个定义更广泛、更全面和更具战略性的观点，要求从组织的角度对人给予更多地关注，把人当作一项潜在的资本。人力资源管理政策和实践的设计与实施，必须与企业劳动力特征、企业经营战略和条件、管理层的理念等相一致。比尔等人还将分散的人事管理行为归为四个人力资源政策领域：员工影响、人力资源流动、报酬体系和工作体系，并强调四个政策领域相互之间都需要相互联系，形成整体。人力资源管理政策对组织产出如员工的能力、员工投入、员工目标和组织目标等有直接影响，对员工福利、组织有效性和社会福利有长期影响。

进入20世纪90年代之后，人力资源管理理论不断发展，人力资源在组织中的作用越来越受到管理的研究者和实践者的重视。人力资源理论研究，综合了经济学、管理学、社会学、人口学、心理学等学科的理论和方法，研究范围也拓展到人力资源开发与管理、人力资源战略管理等领域。

表6-1　　　　　　　　人力资源管理相关名词之着重点与发展

	人事管理	人力资源管理	策略性人力资源管理	人力资本
年　代	1970年以前	1970年迄今	1980年迄今	1990年迄今
时间与计划观点	短期的、临时的、边际的	长期的、预先的、整合的	短期的、策略的、整合的	长期的、策略的、整合的
角色定位	办事员	管理者	策略伙伴	养成者
主要职责	建存人事档案 出缺勤记录 核发薪资	制定管理制度 训练发展制度 绩效管理制度	参与经营决策 整合内外部环境 拟定人力策略	兼顾并发挥个人与群体的态度、能力、智慧 策略性规划 教育训练
目标与特点	组织利益 着重今日 缺乏整体架构	着重组织目标 兼顾现在与未来 着重环境 着重绩效	着重组织目标 着重环境 着重策略	兼顾组织与员工 创新 绩效

（转引自吴琼恩等《公共人力资源管理》，北京大学出版社1996年版，第4页。）

三、人力资源管理的特点

人力资源管理是在传统人事管理的基础上发展的新型人事管理。与传统的人事管理相比，人力资源管理不只是名称的变化，也不只是管理活动的主要方面的改变。如果说人事管理是组织管理的一项职能活动，那么人力资源管理就无疑是一种新的组织管理模式。人力资源管理有以下特点：

（一）以人为本。传统人事管理主要以事为中心，要求人适应事，始终强调个人服从组织、服从事业的需要，较少考虑个人的兴趣及专长需要，人处在一种被动适应的位置。人力资源管理把人看作是组织中最具有活力、能动性和创造性的要素，是组织得以生存和发展的决定性资源。组织的人力资源管理就是围绕这一要素，为他们创造条件，提供机会，使每个人各尽所能。因此，人力资源管理必须以人为本，尊重人、相信人、关心人、培育人、激发人的内在动力，促使人自愿发挥力量，达成组织目标，并实现组织目标与个人目标的和谐。

（二）注重开发激励。传统人事管理将人较多地视为成本，这是对人的一种消极看法，因此在管理上会把注意力放在节约成本上，低工资、少福利、慢增长，强调纪律和约束，采取强制性、被动型的管理方法，只注重使用现有人的才能不注重开发人的才能，增加人力资源的储量。人力资源管理把人看作资本，当成能产生更多价值的价值，这是对人的一种积极能动的看法，因此在管理上把注意力放在如何使人力发挥更大作用上，通过提高人力素质、开发人的潜能，更好地更有效地使用人力资源。同时，摒弃传统人事管理片面强调纪律与监督的做法，更注重正面的激励和引导，激发人的积极性和创造性，以促使人的价值的充分实现。

（三）管理范围和目标的改变。传统人事管理的实践是以个体为中心，而人力资源管理是以团队为中心，对人力资源的开发也由个体转向团队。除了传统的劳动人事管理内容和范围之外，现代人力资源管理体系强调人才的开发、行为管理和职工的终身教育与自我完善。从管理目标来看，传统人事管理主要是吸引留住员工，而人力资源管理的目标则更关注组织的竞争力、生存能力、竞争优势和劳动力的灵活性等方面的提高，目标更具开放性、变动性和整体性。

（四）管理地位的提高。传统人事管理被视为是非生产、非效益部门，是生产经营过程之外执行人事行政事务的部门，人事主管进不了决策层，地位较低。随着人力资源愈来愈成为组织生存与发展的重要战略资源，人力资源管理也被提升到组织战略管理的高度看待。人力资源管理部门除了落实具体人事事务之外，还要着眼于组织发展与未来，引导组织变革与创新，关注组织外部关系，协调管理系统，提供决策咨询，人力资源管理者不仅成为高层领导，而且还成为核心成员之一。现代人力资源管理已成为具有决定组织命运的战略性地位。

四、行政系统人力资源管理的功能

行政系统人力资源管理是对国家行政部门人力资源的规划、获取、使用、开发等一系列管理活动。具体而言，就是对涉及组织中人与事、人与人的关系进行管理，包括人力资源规划、工作分析、招募与选任、培训、晋升、调动、绩效评价、员工事业发展规划、员工激励、薪酬与福利、沟通与员工关系、人员流动、人力资源信息等系列活动所实施的管理，其目标是调动行政系统人员的积极性，激发其能力，提高工作质量，完成组织的工作任务，适应社会环境的需要。

行政系统人力资源管理的功能主要体现在以下几个方面：

（一）人力资源的规划。人力资源规划是指根据行政组织在一定时期内的战略目标，合理地预测组织在未来环境变化中对人的需求状况，制定规划使行政系统人力资源的供求相适应的过程。行政系统人力资源规划是行政组织选拔录用、教育培训等人力资源管理活动的前提和依据，也是人力资源管理适应组织战略目标，提高管理水平的重要手段。制定人力资源规划，重点是确定合理的目标，收集详实信息，以需求预测为基础，处理好个人与组织、组织与环境、短期目标与长期目标之间的关系。

（二）人力资源获取。人力资源获取是指通过一定的程序和方法，把符合条件要求的优秀人才吸收进行政系统。为此，一方面要建立和完善劳动力市场，扩展人才来源的社会基础；另一方面通过统一的人才标准、良好的选择机制、科学的人力资源规划、合理的选拔和晋升体制，保证行政系统既能够从社会中广泛获取优秀人才，又能够从内部及时得到优秀人才。人才获取的关键是树立良好的组织形象。

（三）人力资源的使用。对已选拔的人才，要根据其特点任用到合适的岗位上，做到人事相宜，人尽其才，事竟其功。使用是人力资源管理的关键环节，使用得当，既能最大限度地发挥人力资源的作用，又能对人力资源开发起到示范和促进作用，同时还对周围的人才起到激励和吸引作用。人力资源的使用，必须树立以人为本的管理思想，必须对人与人、人与事之间的关系有深入的理解，真正关心人、尊重人，信任人，尽最大可能发挥其潜能。

（四）人力资源的激励。人力资源管理的主要任务是通过各种激励机制，对组织成员的动机和需要进行适当刺激，充分调动其积极性、主动性、创造性，更好地实现组织目标与个人目标。激励的功能主要涉及组织成员的需求分析、工作目标的合理设定、员工期望的激发与满足、工作再设计、提升员工的满足感、绩效评估,以及设计连接报酬与绩效的合理功绩制。做好激励工作,关键是建立良好的绩效评估制度,发挥组织文化的凝聚力,实行公平合理符合人性的管理方式。

(五)人力资源的开发。人力资源的开发功能是人力资源管理的核心。所谓人力资源开发功能,是把组织成员的智能、知识、经验、技能、创造性、积极性当作是一种资源加以发掘、培养、发展和利用,以提高人的素质,增强组织的活力。一般来说,人力资源的开发功能除了通过科学的选拔测试手段实现人与事的匹配、晋升的功绩制、培训与教育等传统开发功能外,更主要是采取以人为本的管理,全面激发组织成员的主动性和创造性,以及采取整合培训与发展、职业发展、管理发展和组织发展的人力资源开发战略,全面提升人力资源质量,促进个人发展和组织效能的协调。

(六)人力资源的维持。人力资源的维持主要体现在一个组织如何留住人才上。在竞争日趋激烈的现代社会,人才是组织兴旺发展之本,必须十分珍惜人才,留住人才,人力资源维持功能也显得更为重要。为此,人力资源管理需要健全、完善的人力资源保障、激励机制,给他们以成长、发展的空间和动力。人力资源的维持主要涉及工作环境、职业待遇、员工福利、工作生活质量、组织人际关系、情感管理、组织文化建设、员工职业生涯发展等方面的工作。人力资源维持状况是对前面其他管理功能实现状况,特别是人力资源使用功能实现状况的综合评价,如果管理部门没有完成好人力资源获取、使用、激励、开发等任务,那么就无法留住所需人才。

五、公务员制度

公务员制度是现代国家最基本的人力资源管理制度,也是现代人事行政制度的主要存在和表现形式。[1]所谓公务员,在我国是指国家各级政府机关中,依法行使行政权力,管理国家公共行政事务,并由财政支付工资福利的工作人员。在西方国家,公务员一般指通过非选举或非政治任命程序而被录用(主要通过竞争性考试)担任政府公职的政府工作人员。公务员制度是指通过制定法律和规章,依法对公务员进行管理的一种人事制度。

(一)公务员制度的产生

现代意义上的公务员制度起源于19世纪的英国。英国在工业革命之后,

---

[1] 参见张国庆主编《行政管理学概论》,北京大学出版社2000年版,第201页。

经济迅速发展，进入垄断资本主义阶段后，政府职能日益繁杂，要求政府高效率管理。1688年"光荣革命"以后，英国建立了君主立宪制度，政治权力集中于议会。19世纪初两党制形成之后，文职人员管理制度由"恩赐官职制"变为"政党分肥制"，政府重要职位由议会中多数党控制，形成了肥缺分赃、任人唯亲、营私舞弊等现象，造成人才埋没、腐败盛行、效率低下，阻碍了资本主义经济的发展，因此，英国政府开始寻求吏治制度的改革。1700年通过的《吏治澄清法》，标志着英国官员队伍中出现了"政务"与"事务"的区分。1805年英国财政部首先设立了一个常务次官，主持日常工作，不与内阁共进退。1830~1833年，英国各部陆续设立了常务次官，从此英国政府官员正式分为政务官和事务官两类。政事分开是公务员制度确立的重要标志。1853年英国政府委托诺斯科特和杜维廉对吏治情况进行全面调查，次年他们提交了《关于建立英国常任文官制度的报告》，明确提出确立公开竞争考试的制度，将行政事务分若干类别，根据不同类别采用不同的考试方法。基于此报告，1855年和1870年英国政府先后颁布了有关枢密院令，确立了公务员公开考试、择优录用制度，标志着英国现代公务员制度的正式建立。

受英国公务员制度建立的影响，美国等其他资本主义国家也建立起相应的公务员制度。美国国会在1883年通过了著名的《彭德尔顿法》，该法以英国文官制度为蓝本，规定从低级公务开始通过具有实务性的"竞争性考试"选拔公职人员；政府公职人员必须保持"政治中立"，禁止参加政治活动和提供政治捐款；成立文官委员会负责全国文官管理工作。《彭德尔顿法》是美国公务员制度的基本法，也是美国现代公务员制度正式形成的标志。自此以后，其他国家纷纷结合自身实际，仿效英美建立了公务员制度。目前世界上约有60多个国家和地区建立了正式的公务员制度。

西方国家通过建立以"任人唯才、晋升唯功"的功绩制为核心的公务员制度，结束了"政党分肥"和"恩赐官职"的选官制度，改变了当时任人唯亲、任人唯派、政局动荡、吏治腐败的局面，提高了政府工作人员素质，改进了政府工作效率和服务质量。公务员制度作为现代国家的政府人事管理制度，否定了带有浓厚封建性质"君臣主仆"、"上尊下卑"、"公职私有"、"人身依附"、"个人徇私"、"政党分肥"等人事管理制度和官场文化，大大提升了人的尊严和制度的合法性，顺应了民主政治的历史发展，也使现代政府行政管理能够更好地适应社会化大生产的需要。

公务员制度尽管在运行中还存在这样或那样的局限和不足，但在人类文明现有的发展水平上，它不失为一个较为有效的、合乎理性和科学的政府人事管理制度。各个国家因其文化传统、社会制度、经济社会发展状况不同，其公务员制度各有特点，但现代国家公务员制度作为人类制度文明建设中积累的宝贵财富，其所蕴含的基本精神和原则是一致的，体现了制度运行中对公平、效率和法治的追求。

（二）公务员制度的基本特征

1. 功绩主义。功绩主义是公务员制度构造和运行的一项基本原则，是现代国家政治民主化、政府职能多样化和政府运转高效化的必然要求。功绩主义原则要求政府职位向全体国民开放，任何人都可以通过竞争获得政府职位，而不受其政治信仰、社会地位和出身门第等因素的影响，公务员的任用只根据其治事的才能；公务员的职务及工资待遇的确定与改变，只根据其工作实绩、贡献的大小。在功绩主义下，能力和贡献是公务员任用与晋升的唯一标准。实行功绩主义的目的在于，通过公职竞争实现政治平等和社会平等，通过能力本位的公务员任用，实现政府管理的高效率和专业化。在现代政府人事管理的各个环节中，功绩主义原则发挥着越来越重要的作用。

2. 法治精神。公务员制度本身就是对从事国家公务的人员的招考、录用、考核、培训、晋升、流动、奖惩、工资、退休等系统的规定及其实施，表现为一系列有关的法律法规，处处体现了法治精神，是国家人事管理规范化、理性化、法制化的具体形式。公务员制度要求实行依法管理，各项管理工作必须有法律依据，严格依法办事，反对任何形式的人治。公务员行使权力、执行公务必须以法律为准绳，其行为也必须在法律和法规规定及行政授权的范围内，任何违法或越权行为都要受到相应的制裁与惩处。公务员履行职责时，只对法律或法定职位负责，而不对任何党派或个人负责。贯彻法治精神，能有效地保证政府人事管理及公务员行政管理活动的客观公正，有效地防范人治带来的公务员对国家及社会公共利益的侵害。

3. 两官分治。严格区分政务官与事务官，是西方公务员制度的重要特点之一。政务官通过选举或政治任命产生，有任期，随选举胜负而进退，其选任和管理适用于宪法、选举法和组织法，主要负责政策制定。事务官主要通过公开竞争考试而择优任用，不受政府更替影响，其选任适用于公务员法，主要负责政策执行。事务官在执行公务的过程中，对政党政治应采取中立态度，不得卷入政党竞争，也不对执行党政治决策的成败负责。这一做法有助于避免在政党竞争的政治制度中，出现随执政党和政府的更迭而引起的政府管理混乱，保证国家机器运转的连续性，也有助于避免公务员对某一政党或其领袖的人身依附，确保行政行为的公正性。

4. 专业化管理。公务员制度的产生和发展本身是社会化大生产高度发达和公共行政事务日趋复杂所致，为了更好地适应社会发展需要，客观上要求将在政府中从事社会公共事务管理、为政府管理提供事务性、技术性工作的人员相对独立出来，使其成为独立的职业集团和专业人士。现代社会政府公务不断专门化，不具备相关的专业知识和专业能力，就难以胜任政府工作。在专业精神指导下，一方面根据政府工作的不同专业和不同级别进行分门别类，制定一套分类合理、层次清晰、职责明确的职务规范，以进行有区别的管理，实现人事管理的科学化；另一方面严格考试考核，择优录用合格的专业人才，及时进行专业知识培训和更新，培养公务员的职业意识和职业技能，以实现公务管理的高效化。

5. 效率至上。公务员制度产生之初即为克服民主制度对政府管理效率所带来的损害，其目的是提高政府运行的效率，通过效率的提高促进民主政治的发展，满足公民和社会的需要。现代公务员制度的每一项具体制度安排，都贯彻了效率至上的原则。公开竞争的考试制度通过选拔高素质的人才进入政府工作，为提高政府效率提供了前提条件；科学的职位分类制度，为提高公务员的工作效率打下了较好的基础；以工作实绩为主的考核晋升制度，激励公务员努力工作。在当代社会，随着国际政治格局的变化、经济全球化的发展及新技术革命的兴起，各个国家纷纷改革政府人事管理制度，注意政府人力资源的开发与管理，其目的也是为提高政府工作效率和对环境的适应能力，增强国家竞争力。

随着社会环境的改变，公务员制度的基本精神在局部上发生了一些调整，或被充实了新的内容，如两官分治也许不再像过去那样泾渭分明，在强调效率的同时，公平也被赋予特别重要的地位等。但总体来看，以上公务员制度的基本精神实质上变化不大，它们仍然是衡量一个国家公务员制度是否成熟及完善的标志。如果时代要求彻底改变这些基本原则，公务员制度也就完成了其历史使命。

第二节　财政资源

政府的一切活动都离不开财政资源，财政资源是开展行政管理活动的物质基础，只有在钱的问题解决之后，其他各项行政活动才能顺利展开。现代国家政府支配的财政资源越来越多，政府通过财政资源广泛地参与社会产品的分配和再分配，政府财政职能对整个国家经济和社会的影响也越来越大。如何合理地配置财政资源，充分发挥财政资源的效用，是当代各国行政管理面临的一项十分重要的任务。

一、财政资源及其管理

财政资源，简单地说，就是政府所掌握的用于满足公共需要的各种剩余产品和社会基金。古人曰：财为庶政之母。国家各项行政管理活动，都离不开财政资源的支持；国家职能的实现，直接或间接依赖于各种财政资源的正确分配。离开了财政资源，政府就无法维持下去，各项行政管理活动就成了无米之炊。

所谓财政资源的管理，亦即我们通常所说的财政管理，它"*是国家为实现其职能，集中分配一部分社会产品和生产要素的活动，它体现着以国家为主体的分配关系*"①。财政管理表现为政府的收支活动，在不同的社会发展阶段，反映不同的财政资源分配关系。与一般性资源的分配相比，财政管理这种特殊的资源分配活动具有以下几个方面的特征：

（一）财政资源分配的主体是国家。这是财政资源分配区别于其他资源分配形式的根本标志。财政随国家的产生而产生，财政历来是国家财政，始终与国家的公共权力相联系。在现实中，财政资源由政府代表国家履行其具体职能，财政分配实际上是政府的经济行为。在处理各种利益关系和矛盾冲突时，财政分配的目的是坚决维护国家的根本利益和长远利益。

（二）财政资源分配的目的是实现国家的职能，满足公共需求。在形式上，财政分配的目的是为了实现国家职能，但在内容上则是为了公共需求，国家职能是公共需求的表现。不同的国家、不同的历史发展时期国家的具体职能会有所区别，但都有三项基本职能，即保障国家和人民的生命财产安全，促进社会各项事业的发展，保持收入的合理分配和国家经济的增长。在制定公共财政政策时，应对公共需求的边界作出清晰的界定，以提高财政支出的效益。

（三）财政分配的对象主要是社会总产品中的剩余产品。社会产品中的剩余产品价值，既是财政产生的经济前提，也是财政分配对象。社会产品价值由三部分构成，即生产资料耗费的补偿价值，劳动力再生产价值、剩余产品价值。财政分配的对象只能是剩余产品价值。

（四）财政分配的方式是以无偿分配为主，不遵循等价交换的原则，国家不需要有等价物也可参与分配。这表现在两个方面：一方面政府提供的公共产

---

① 崔垣余：《财政学》，中国经济出版社1993年版，第3页。

品一般由社会成员无偿消费，这种无偿性是由政府的职能及公共产品的特性决定的；另一方面国家可以无偿地占有其他主体的收入，既然政府提供公共产品使每一个社会成员受益，政府进行这些活动所需要的费用自然就应由社会成员承担。

（五）财政分配以国家权力为后盾进行强制性分配，不遵循自愿性原则。政府的分配行为一旦发生，参加者都要无条件接受，不能进行选择。社会产品价值从个人、企业和其他社会单位向国家转移，个人必须接受。政府提供的公共产品，如治安、义务教育、道路等，影响每一个公民，而且公民无法退出。这与市场机制不同，个人可以通过不交换的方式退出。

二、财政管理的功能

简而言之，财政管理的功能就是平衡公平与效率的关系，实现财政资源的合理配置与使用。财政管理是为实现国家职能服务的，财政管理状况如何，直接关系到财政分配关系能否得到正确处理，政府职能活动目标能否顺利实现。在现代市场经济条件下，一方面要让市场在资源配置中发挥基础性的作用，另一方面由于市场本身存在诸多缺陷，国家还要对市场的不足进行调节和弥补。财政资源作为一种政府分配行为，应以市场经济下资源配置的市场方式和财政方式合理分工为依据，以维护市场合理性和纠正市场偏差，克服市场消极作用为前提，保障政府的正常运行，更好地发挥财政资源的积极作用。

（一）促进资源的合理配置。在完全市场条件下，市场在资源配置中起基础性作用，在没有政府干预的情况下，市场会通过价格机制自发地形成一种资源配置均衡状态。但是，市场并非完美无缺，市场竞争的条件难以满足，市场在自发形成的资源配置状态可能不是效率最优的。在这样的情况下，通过政府的分配活动，干预资源配置流向，由政府直接提供公共产品，实现全社会资源配置的合理化，使各种资源包括人力、物力、财力等能合理地分配到国民经济和社会发展各部门，使其得到有效利用，取得更好的经济和社会效益，以促进国家经济发展。在当代国家，政府所掌控的财力是任何单一的企业所望尘莫及的，其税收、支出政策对整个社会经济有着举足轻重的影响，如果政府财政政策失当，对社会经济发展的影响将会是灾难性的。

（二）调节收入分配。市场机制不可避免地带来收入和财富分配的不公平，政府为实现公平分配的目标，必须对市场经济形成的收入分配格局予以调整。政府促进社会公正的职能主要依赖于财政政策。政府财政收入分配职能，一定程度上是为纠正市场机制在收入分配上的偏颇。一般来说，政府为改善收入不平等状态，可采取按照支付能力原则设计的税收制度，强制性的把财富从那些应该减少的人的手中集中起来，再通过各种补贴或失业救济制度，把财富转移给那些应该增加收入的人们，借以缩小贫富差距，维护社会公正，促进社会和谐稳定。

（三）加强对政府控制。现代民主政治的一个重要方面，就是加强对政府的控制，使其不至于滥用公共权力和公共财富，损公肥私，危害社会。现代意义上的财政管理，是资产阶级在与封建君主夺权的过程中，对专制君主权力的控制，要求君主征收税收必须经过议会的同意，财政经费的支出也必须经过一定的程序。在当代各国，财政管理各环节的规定，都是为控制政府滥用国家钱财，保证钱财取之于民，用之于民。财政管理从政治方面来看，实质上是一种控制性运用，是保障人民控制政府的具体制度安排。

（四）提高行政效率。某种意义上说，财政管理是国家行政机关对行政经费进行合理的组织、调节、监督等管理活动，要求政府实行正常职能所需的费用成本，在与社会再生产规模相适应的前提下，尽可能降低，以最小的代价获得最大的效果，充分发挥财政资源的效用，不能有丝毫的浪费。另外，财务行政还可以通过各种行政措施，以财政为杠杆，通过预算制定、执行和监督，促使行政机关降低经费支出，改善服务质量，提高工作效率。

三、财政管理的主要内容

财政管理主要包括预算管理、支出管理、收入管理三项主要内容，其中预算管理涉及"做什么"的问题，而支出管理和收入管理涉及"怎么做"的问题。这三项内容互相联系，构成一个统一的整体。

（一）预算管理

政府预算是指政府为实现其职能，经法定程序批准，具有法律效力的政府年度财政收支安排和使用计划。政府预算是一个关于政府财政收支的计划性文件，是政府部门执行财政收支的依据。预算是财政管理的第一步，也是政府施政计划的总表现。

1. 预算管理的原则

预算管理的原则是指政府在选择预算形式和编制预算时所遵循的指导思想。一般来说，一个国家的预算管理原则通过其预算方法来实现。目前较有影响的有以下几种原则：

（1）公开性原则。预算的编制、审议、执行都应以公开为原则，让公民了解政府财政收支状况，并置于公民的监督之下。

（2）明晰性原则。政府预算各项收支内容都应清楚明白，具体明确，不能含混不清，让人不知所云。

（3）统一性原则。政府预算应统一集中，成为完整的结构系统。

（4）定期性原则。预算涉及的年度或期限应明白规定。

（5）准确性原则。每一收支项目的数字指标必须有充分真实的资料，运用科学的方法进行计算，不得随意编造。

2. 预算的分类

按收支管理范围，分为总预算和单位预算。总预算是国家各级政府的基本财政计划。单位预算是各级政府的直属机关就其本身及所属行政事业单位的年度经费收支所汇编的预算。

按预算的级次，分为中央预算和地方预算。中央预算指经法定程序审查批准、反映中央政府活动的财政收支计划。地方预算是指经法定程序审查批准的反映各级地方政府收支活动计划的总称。

按投入项目能否直接反映其经济效果，分为绩效预算和项目预算。绩效预算根据成本效益分析原则，决定支出项目是否必需及其金额大小的预算形式。其特点是重视对预算支出效益的考察，使预算可以反映支出所产生的预计效益。项目预算是指只反映项目的用途和支出金额，而不考虑其支出的经济效果。

按编制方法，可分为增量预算和零基预算。增量预算是指财政收支计划指标是在以前财政年度的基础上，按新的财政年度的经济发展情况加以调整之后确定。零基预算指对所有的财政收支，不考虑上年度的"渐进增量"，重新以零为起点编制的预算。

（二）支出管理

财政支出是指政府把筹集到的财政收入有计划地进行分配和使用的过程。财政支出是政府实现其职能的主要手段，反映了政府的经济和社会政策选择。

1. 财政支出的原则

财政支出的原则是政府在安排和组织财政支出过程中遵循的基本准则，主要有以下几项：

（1）经济效益原则。指通过财政支出，使资源得到优化配置，使整个社会效益最大化，其内容包括由于该项财政支出而获得的国家安全、社会稳定和所增进的社会福利。财政经费必须谨慎支出，以保护纳税人的利益。

（2）依法的原则。财政经费非经权力机关审批或认可，不得随意支出，必须加强权力机关对行政机关的控制，确保每一项支出的合法性。

（3）公平原则。通过财政支出提供劳务和补助所产生的利益在各个阶层的居民中的分配应达到公平状态，其具体体现是受益能力原则：公民的收入水平越低，其受益能力越大，相等的补助所产生的效用越大，对全社会来说，其效用也越大。

（4）稳定原则。财政支出应有利于防止经济波动过于剧烈，保持经济的平衡运行，因此财政支出应有利于提高就业水平、维持物价稳定、促进国际收支平衡。

2. 财政支出的分类

按支出的补偿性，可分为购买性支出、转移性支出。购买性支出，又称为消耗性支出，是政府在商品和劳务市场上购进并消耗商品和劳务所产生的支出。这类支出表现为实现各种职能而用于购买各种商品和劳务的财政资金，会对生产总量和就业总量及其结构产生直接影响，体现各级政府对经济资源的占有。转移性支出是指政府按照一定的方式，把一部分财政资金无偿地转移给居民和其他受益者，主要包括社会保障支出、财政补贴、税收支出等。转移性支出是一种对经济资源再分配的活动，不存在对经济资源的消耗，因此西方国家在国民经济核算中将这类支出排除在国民生产总值或国民收入之外。总的来看，消耗性支出对生产和就业产生的影响较大，转移性支出对国民收入分配的影响较大。

按财政支出的项目，可分为基本建设支出、流动资金支出、支农支出、文教科学卫生事业支出、国防支出、社会保障支出、行政管理支出及价格补贴支出等；有的分为经济建设支出、社会文教支出、国防支出、行政管理支出、债务支出、其他支出等。

此外，按财政支出与再生产的关系，可分为补偿性支出、积累性支出和消费性支出。按财政支出的目的，可分为预防性支出和创造性支出。

3. 财政支出的规模

财政支出的规模指一定财政年度内政府通过预算安排的财政支出总额，它反映了政府对社会经济发展的影响力的强弱。衡量财政支出总量的标准有两个：绝对标准和相对标准。绝对标准指以一国货币为单位表示的公共支出的实际数额，可以直观地反映某一财政年度政府支配的社会资源总量。相对标准指财政支出占国内生产总值的比重，反映了一定时期内在全社会创造的财富中由政府直接支配和使用数额的比重。在研究财政支出时，多用相对标准。

财政支出的规模，各个国家有所不同，同一国家在不同时期也不一样。我国在经济体制改革之前，财政支出占国内生产总值的比重较高；经济体制改革后，我国财政支出绝对数额呈上升趋势，但它在国内生产总值中所占的比重有所下降，近年财政支出的规模又有所增大。西方国家的财政支出规模，无论从相对标准还是从绝对标准来看，在 20 世纪都是呈不断上升趋势。

解释现代社会财政支出规模不断扩大的理论，比较有影响的有瓦格纳法则、梯度渐进增长论和官僚行为增长论。瓦格纳法则认为，市场失灵和外部性的存在需要政府活动的增加，政府对经济活动的干预及从事生产性活动，也会随着工业化而不断扩大，城市化导致政府干预和管理活动的加强，教育、娱乐、文化、保健及福利需求收入弹性较大，要求政府增加这方面的支出。梯度增长理论认为正常年份财政支出显现出一种渐进上升趋势，但当社会经历"激变"时，财政支出会急剧上涨，"激变"期后，支出会下降，但不会低于原来的趋势水平。官僚行为增长论是公共选择学派的观点，认为官僚以追求机构最大化为目标，机构规模越大，官僚们权力越大，从而导致财政支出不断扩大。

4. 财政支出的结构

财政支出的结构与经济发展阶段和政府的职能密切相关。经济发展早期，政府为经济发展提供社会基础设施，如道路、运输、环境卫生、健康与教育、法律与秩序等，政府投资在总投资中所占比重较高。经济发展中期，政府投资只是对私人投资的补充。一旦经济达到成熟阶段，政府支出将从基础设施转向对教育、保健与福利的投资。在我国，随着政治体制改革与经济体制改革的深化，政府的经济管理职能弱化，经济管理支出随之下降，而社会事务方面的支出将会不断增加。

（三）收入管理

财政收入是指政府为满足自身及社会需要，依法取得的货币收入。财政收入是公共财政支出的前提和条件，也是政府各项职能得以实现的前提条件。

1. 财政收入的类别与规模

税收收入和非税收收入。税收收入是最主要、最基本的收入来源。非税收收入包括规费、国有资本收益。

经常性收入与临时性收入。经常性收入是指在每个会计年度连续反复获得的收入，如税收。临时性收入指因临时的原因或需要而不定期、不规则取得的收入，如公债收入、赔偿金、罚没收入等。

强制的收入、自由的收入、中间的收入。强制的收入指国家通过政治权力从国民收入中强制征收的收入，如税收。自由的收入也称价格收入，如公有企事业收入。中间的收入指半强制、半自由的收入，如专卖、规费等收入。

直接收入与派生收入。直接收入指政府的公产、公业收入。派生收入指政府凭借其管理者身份获取的收入，如税收、各种罚没收入。

财政收入的规模是衡量一国政府财力的重要指标，分绝对规模和相对规模。财政收入绝对规模指财政收入的绝对额。财政收入相对规模指财政收入与国民经济总量间的对比关系，其衡量指标主要是各级政府财政收入占国内生产总值的比重，中央政府财政收入占国内生产总值的比重。

2. 税收

税收是国家依照预先规定的标准，无偿地、强制地取代预算收入的一种形式，是征收面最广、最稳定可靠的财政收入形式，也是财政收入的主体。与其他财政收入形式相比，税收具有强制性、无偿性、固定性的特点。

税收根据不同标准，可分为不同类别。

按征税对象不同，所有税种可分为所得税、商品税、资源税、财产税和行为税五大类。

按税负能否转嫁，可分为直接税和间接税。

按征税的依据不同，可分为从价税和从量税。前者指按征税对象的价格征税；后者指按征税对象的数量、容量或重量征税。

按税收与价格的关系不同，可分为价外税和价内税。凡税金作为价格组成部分的，称为价内税；凡税金作为价格之外附加的，称为价外税。

按税收征收权或隶属关系，可分为中央税、地方税、中央和地方共享税；按课税权行使的方法，可分为经常税和临时税；以税收收入的形态为标准，可分为实物税和货币税；按课税对象，可分为对人税和对物税等。

3. 税收的原则

税收原则是制定税收政策、设计税收制度的指导思想，也是评价税收政策好坏、鉴别税制优劣的准则。当代税收理论所确定的税收原则主要包括公平原则和效率原则。公平原则是税收的基本原则和税制建设的目标。公平的标准：一是强调受益原则，受益多的多纳税，受益少的少纳税；二是强调能力原则，税负应与纳税人的支付能力大小相适应。效率原则指国家征税不仅要使征管和缴纳成本最小化，而且要有利于资源的有效配置和经济机制的有效运行。

效率原则包括：一是税收总体规模适度，过多或过少的税收都会损害经济效率，不利于经济稳定和增长。二是税收超额负担尽可能地小，税收超额负担是指税收扭曲了资源配置，产生抑制效应而形成的社会财富净损失。税收要不对社会经济行为产生负面影响，税收的超额负担就必须尽可能地小。三是税收征收成本最小化。

第三节 物 质 资 源

任何行政活动都是在一定的物质条件下展开的，物质资源为行政活动提供物质基础。特别是随着现代科学技术的发展，新的技术设备广泛应用于政府管理之中，并深刻地影响着政府组织结构和工作程序、工作方式，物质资源在政府组织中扮演着越来越重要的角色。加强物质资源的管理，合理配置物质资源，充分发挥物质资源的作用，提高物质资源的利用率，是当代行政学研究的一个重要课题。

一、物质资源的含义与类别

广义的物质资源是指行政组织所能运用的各种有形的物质要素的总和，包括维持机关内部运行及对外开展职能活动的各物质要素。本节所指的物质资源主要指维持行政组织内部日常运转、为实现行政组织职能目标的各项物质要素，主要包括办公用具、办公设备和办公图籍等，是维持行政组织存在的物质基础，也是保证行政组织正常运行的重要条件。

物质资源包含的种类很多，为便于管理，一般分为固定资产、材料、低值易耗品三大类。固定资产指价值较大、使用时间较长、能反复使用并能保持其原有实物形态的物品，如房舍、交通运输工具、电讯设备、仪器、仪表、家具等。材料是指在一次使用后被消耗掉而不能复原的物质资源，如各种原材料、燃料、各种零配件、药品等。低值易耗品指固定资产和材料以外的、价值较低、经使用后容易消耗的物品，如办公文具、一般器皿和用具、维修设备用的工具、低值劳保用品等。

二、物质资源管理的主要特点

与其他类型的资源管理相比，行政组织的物质资源管理主要有以下三个方面的特点：

（一）服务性。物质资源的管理，是行政组织的自我管理和自我服务，其本身并不是目的，而是为行政组织有效地对社会进行有效管理提供服务的。物质资源管理的服务性，主要体现在行政组织的物质资源不是行政组织单位财产,而是社会公共财产,不能以为行政组织或组织成员服务为目的,而必须以为社会公共利益服务为目的,即使表面上看是为行政组织或其成员服务,也是因为其能更好地服务社会公众。这并不是说,物质资源管理不重要。行政组织物质资源管理水平和管理效率,直接影响到行政组织在公众心目中的形象,直接影响到行政组织对外管理的水平和效率。

(二)技术性。现代社会是专业化社会,行政管理专业化水平也在不断提高。行政管理专业化,既需要公务员的专业化,也需要各种先进物资设备手段广泛应用于管理过程之中,提高物质设备的专业化程度。与之相适应,对行政组织物质资源的管理也具有技术性的特点,按照不同的物质资源的内在特性和要求,科学合理地购置、维护和管理,以更好地发挥其作用。

(三)事务性。物质资源管理对象庞杂琐碎,大到办公大楼的购建,小到纸张笔墨的管理,工作千头万绪,事务性强。物质资源管理的事务性还体现在与政府组织对社会事务管理相比,物质资源管理主要是一种程序性、操作性、工具性的管理活动,只是为行政组织对外管理提供辅助和支持,其活动本身多数并不产生政治性影响。

三、物质资源管理的基本原则

(一)依据规则管理的原则。现代行政是依法行政,不仅政府对社会事务的管理要依法进行,而且对自身的管理也必须依法进行。从某种意义上说,行政组织对内依法管理是对外依法管理的基础,很难相信自身不依法进行管理的组织能够对外依法行政。为在行政组织中对物质资源的管理贯彻依法管理的原则,必须制定严密的规章制度,保证管理各个部分和各个环节有法可依。在管理过程中,包括物质资源的采购、日常使用维护等都要严格依法办事,不能任意处置。只有依据法律和规则进行管理,才能防止政府官员假公济私,损公肥私,贪污公帑。

(二)公私分开的原则。现代科层组织的物质资源为社会公有,官员个人对其并无所有权,职务机关的财富与私人的财富完全分开,办公场所与官员住所也完全分开。① 这一原则是区分理性科层组织与家产官僚制的重要标志。在家产官僚制下,公私财产不分,公产私用是正常而普遍的现象。在理性科层组织中,行政组织及其官员对物质资源的使用,以其执行公务为限,在公务活动之外,没有权利占有和使用公共物资。

---

① 参见韦伯《经济与社会》,商务印书馆1998年版,第245页。

（三）节约的原则。行政组织物质资源是一种公共资源，行政组织作为公共资源的使用者，应抱着对公众负责的态度，珍惜这一资源，十分节约地使用。从资源特性来看，物质资源与人力资源一样，都是稀缺资源，任何人都没有权利浪费。合理配置物质资源，让有限的资源发挥最大的效用，这也是对整个社会福利的贡献。物质资源管理贯彻节约的原则，就是要在物质资源的购置、使用、保管、维护等各个环节中，花最少的钱办尽可能多而好的事，保证材尽其宜，物尽其用，而不是片面贪多求洋，追求高标准、高消费、讲排场。

（四）相同事务集中管理的原则。即将各部门中存在的相同的管理事务，尽量归到一处进行集中处理。集中统一管理，有利于资财处理的合理化、效率化。从部门中心主义来看，各部门都希望自给自足，但因此增加人员和开支，购买规格不统一的机关物材等问题，不仅不能提高行政效率，相反会增加成本，造成机构臃肿，人浮于事，效率低下。

（五）自动化的原则。现代科学技术的发展深刻地改变了社会生活的各个方面，许多领域自动化、信息化程度不断提高。现代社会信息传递和交通手段的飞速发展，不仅方便了人类的生活，也使世界瞬息万变。为适应变化频率不断加快的外部环境，必须提高政府适应环境和有效管理的能力。同时，现代行政的专业化和规模的扩大，也为行政管理的自动化提供了前提和基础。从行政组织物质资源管理的角度看，为有效地处理日益专业化、复杂化的行政事务，不能依靠过去的人海战术和原始管理工具，必须大量使用先进技术设备手段，实现管理的自动化。如通过计算机进行储存和分类处理；通过互联网及时对物材的储存使用情况进行分析，随时提供所需要的办公用品；对办公地点进行自动化管理，控制火灾的发生；及时根据季节的变化调节办公环境等。

四、物质资源管理的主要内容

（一）物质资源采购

物质资源采购是政府采购的一部分。为保证采购的物资设备符合经济、合理、标准、适用的目的，采购时应把握以下几点：一是事先摸底，了解各类物资的基本形态、样式和功能，比较各厂商的价格、质量和信誉。二是适合需要，了解自身之所需及各类物材的用途。三是合乎规格，物材样式与机关环境相协调，性能合乎标准，坚固耐用并有多种用途；厂商能够提供培训和维护服务。四是及时供应，一经采购，厂商能够在时间、数量、地点的要求下及时供应。五是经济合理，价格适当，大量采购可以优惠价格，采购比租赁方便经济。六是其他特殊考虑，包括与人比较，是否效率更高和更精确；是不是人力所不能处理的；机关现有人员是否能操作或易于学会操作；尽量购置国货；易于维护保养等。

（二）物质资源的使用

物质资源的购置是为了发挥效用，因而，提高物质资源的使用效率就显得尤为重要。机关物资财产在使用中往往会出现一些问题，例如一般行政人员不知珍惜和任意浪费；机关领导由于过分集权而过多地个人消费，或由于经费或责任关系而过分节约；保管人员可能浮支滥报、占公有资产为私有，因此，应加强管理，堵塞漏洞。

物质资源的使用，一是要遵循经济原则，要求工作人员消耗物材的数量必须与其工作成就的价值等值，如果消耗量大于价值量，就造成物资的浪费；二是要遵循当用原则，行政管理所消耗的物质资源，也不宜一味强调节俭，只要使用得当，即使多或贵也不能吝惜，否则会影响行政效率；三是制度化原则，行政机关要从本机关实际出发，制定物质资源的使用原则与方法，严格执行，形成稳定的制度。

（三）物质资源的保管

机关物质资源的保管主要包括登记、收藏、分配、盘点、养护等，目的是保护资产的性能，防止因保管不善而变质、变形、损坏或丢失，给国家财产和行政工作造成不必要的损失。机关物质资源可分为备用中与使用中两部分。对备用物资的保管，一是要集中保管，即机关的所有物材由专设的部门集中保管；二是分类管理，即把资产分门别类，对不分类别采取不同的管理方法；三是妥善保管，主管部门和人员应尽力做好保管工作，保证资源的安全整洁和账、卡、物、金额的"四对口"；四是监督保管，依据资产的分类编号登记立册，按时稽查。对使用中的物质资源的保管，对个人使用的，由各个使用人保管；对多个人使用的，由应使用人中的一人或两人负责保管；全体人员公用而又不能指明任何使用人负责的，由专职保管人员负责。

机关所需要的物质资源品种繁多，用量较大，应注意协调采购、使用与保管的关系。采购要保证及时供应，又不能积压浪费；使用时要对库存情况、机关经费情况及市场供应情况心中有数，以免浪费或中断供应。采购部门、保管部门和使用部门要密切配合，互通消息，共同提高资源的配置使用效率。

五、物质资源管理体制改革

长期以来,我国政府组织实行的物质资源管理体制对于保障行政机关的正常运行起到了一定的作用。但由于受传统观念和计划经济体制的影响,这一体制还存在一些问题,与我国发展社会主义民主政治和建立市场经济体制的要求有相当大的差距。积极推进我国政府物质资源管理体制改革,建立公私分明、管理规范、保障有力的物质资源管理体制,是我国行政改革的一项重要内容。

(一) 我国物质资源管理体制存在的问题

1. 公私不分。我国有漫长的封建统治传统,在封建社会,统治者家国不分,皇帝以天下为家,各级统治者在服从皇帝的前提下,将其所管辖的地区视为家产,是一种家产式官僚制。因此,统治者心目中没有公私分开的概念,行政管理物资被视为私人财产,可以任意处置。新中国成立后,公私不分的观念并没有得到根除,相反,由于长期的计划经济体制,公有制实际上是政府所有,政府直接掌握大量行政管理物资和社会资产,政府官员根据对社会或人民利益的理解制定计划,调配资产,这一做法进一步强化了公私不分的观念,因此,在私人活动中使用公共资产、化公为私是其必然的结果。

2. 权力过于集中。权力过于集中是邓小平同志早在20世纪80年代初期所揭示的我国行政体制的最大弊端,至今这一问题并没有得到根本解决。表现在政府物质资源管理上,就是行政部门的权力不受约束,民意机关的监督有名无实,社会监督因信息不透明无从谈起,行政部门对物质资源的购置、保管和使用自由裁量权过大。在行政部门内部,行政领导的权力过大。行政领导可以任意调动单位行政管理物资,在一些单位,整个物资管理的目的更主要是为领导服务,不管领导是公务需要还是个人需要。

3. 规章制度不健全。由于行政组织物资数量大,门类多,涉及面广,制定全面、详细的规章制度有一定的困难。我国目前行政组织对物质资源的管理规章制度不健全,主要表现在:有的物资管理缺乏规定;有的过于笼统,缺乏操作性;有的虽然有规定,但实际上没有得到认真执行。

以上问题的存在,带来了物质资源的铺张浪费,一些政府修建气派豪华的办公楼,为领导购置超标小汽车,浪费公共财富,满足官员个人欲望和需求,资源使用效率低下。同时,也为官员贪污腐败提供了机会,损害了政府形象,降低了政府公信力。

（二）物质资源管理体制改革的内容

物质资源管理体制的改革，总的来说是要根据现代理性组织的要求，优化权力配置，完善规章制度，提高人员素质，明确管理责任，实现资源利用的高效化。

1. 破除公私不分的观念。公私不分的观念是封建残余，但因其与官员的现实利益相结合，故能够深深地扎下根来，成为危害物质资源管理体制改革的毒瘤。破除公私不分的观念，一方面要加强教育，让官员改变家产制思想，明白公私分开是现代理性行政组织的必然要求；另一方面要打破公私之间的利益关联，加大惩处力度，让那些假公济私、公产私用者付出代价，受到制裁。只有从利益着手，才能真正让官员确立公私分开的观念，才能让他们在行动中做到公私分开。

2. 加强监督。改变物资管理权力过于集中的状况，目前较为可行的办法是增强物资采购、使用、维护保管的透明度，公开信息，让公民了解实情，加强社会监督。各级民意代表机构要充分行使预算审批、法律法规制定、调查质询及人事任免权力，切实把政府的资产管理活动置于严密的监督之下，保证资产购置得当、使用合理、效率充分。

3. 完善规章制度。根据资产的不同特点，制定可行的规章制度，并使各项规章制度的系统配套。更为关键的是，要维护规章制度的严肃性，保证规章制度得到切实遵守。

第四节 权力资源

权力是行政管理活动中极为重要的一种稀缺资源，因而权力资源及其正确配置构成了当代行政学研究的核心问题之一。行政组织是行政权力配置的外在表现，行政管理活动是行政权力的运用，行政管理效率实际上是行政权力运用的结果状态。行政管理的一切方面无不涉及行政权力问题。

一、权力与行政权力

权力现象是最复杂的社会现象之一，权力也被认为是最难以捉摸的概念之一，许多学者从不同的角度对其进行了思考，看法也不尽一致。德国社会学家马克斯·韦伯对权力的经典定义是："权力意味着一种社会关系里哪怕是遇到反对也能贯彻自己意志的任何机会,不管这种机会是建立在什么基础之上。"①韦伯的这一定义对后世产生了极大的影响。美国政治学家罗伯特·达尔认为,权力是在人类社会中普遍存在的一种影响力。②

学者们对权力的概念表述虽然不同,但都强调权力是一种非对称的社会关系,权力主客体在社会资源的占有上是不均衡的,权力主体可以通过所占有的社会资源对客体施加影响,迫使其实现既定的目标,因此,权力也是一种有意识的、有目的活动。

我们认为,行政权力是一种公共性权力、从属性权力,也是一种政治性权力。它是指国家行政机关或被授予行政管理权限的其他社会组织,为有效执行国家意志,依法对社会公共事务进行组织和管理的一种能力,是确保行政管理活动有效开展的一种极为重要的资源。

二、行政权力的性质

由于行政权力在国家权力结构中所处的地位及其作用领域的不同,它与一般国家权力又有所区别,有着自己的特性,主要表现在以下几个方面:

(一)公共性。行政权力的公共性是行政权力合法性的基础。公共性指行政权力存在于公共领域,以对公共事务的处理为内容,以实现公共利益为目标。行政权力的公共性主要体现在:一是行政权力的主体只能是公共机构。二是行政权力活动的领域是公共事务,不是私人领域。行政权力也不得无限膨胀,随意进入私人领域,干预或强制私人事务,把私人事务当作公共事务进行管理。三是行政权力的目的是为社会公共利益服务,而不是为私人利益服务。行政权力既然来源于人民授予,不是某个家族、集团的私人财物,理应为人民谋利益,不能为某一个集团、组织或个人服务,更不能沦为行政组织自身谋利的工具。一旦行政权力背离了社会公共利益,也就丧失了其公共性,丧失了其合法性。

(二)执行性。从法理上讲,行政权力属于派生性权力,它必须执行赋予它权力的公民或国家民意代表机关的意志,使政治意志具体化并付诸有效实施。现代行政权从根本上讲是行政主体执行民意代表机关的意志所享有的权力,行政权力实质上是一种执行性权力。从整个国家权力运行过程来看,行政权力是在立法权力的输出功能之后起作用的,行政决策属于国家权力输出过程

---

① 马克斯·韦伯:《经济与社会》,商务印书馆1997年版,第81页。
② 罗伯特·达尔:《现代政治分析》,上海译文出版社1987年版,第36页。

中的决策。与政治权力相比,行政权力带有策略性和手段性。当然,行政权力不是完全消极被动的,它仍然具有自主性。

(三)有限性。行政权力的有限性是指行政权力在各个方面都受到约束和限制。与行政权力有限性相对应的是行政权力的无限性,无限的行政权力不受法律和社会力量制约,以否定人民主权、否定法治为前提。行政权力的有限性表现在:一是行政权力作用范围是有限的,它被严格限定在公共领域,其存在的价值在于只做个人无法做到的事情。属于社会成员私人性事务,行政权力不能任意介入。在经济管理方面,市场功能扩展到哪里,行政权力作用领域就收缩到哪里。二是行政权力行使的方式是有限的。政府在对社会事务进行管理时,不能无节制地使用暴力或暴力威胁。三是行政权力的行使必须严格遵循一定的程序,必须按照法律预设的方式、方法、步骤进行。四是行政权力是受监督和制约的。

三、行政权力的来源

行政权力的来源问题关系到行政权力到底是为谁服务的问题,关系到行政权力结构和行政权力行使的方式问题。从一般意义上说,人们对行政权力的来源有两种对立的观点。过去人们通常认为国家权力来源于皇帝或国王,而国王或皇帝的权力来源于神秘的天意,所谓"奉天承运"、"君权神授",因此行政权力的行使取决于君主个人的好恶,行政权力成了加强专制君主统治、欺压人民大众的工具。随着天赋人权观念的深入人心,人们逐步认识到人民群众才是国家权力的唯一来源,当然也是作为执行国家意志的行政权力的根本来源。

为了保证人民作为国家行政权力来源的原则落实,各个国家设计了不同的宪政制度,并制定了在宪政制度规范下的各种法律法规,从各个领域规范行政权力的运行。现代民主国家的行政权力体现人民主权的原则在体制上尽管各有差异,但在形式上都是以法律形式予以确认的。人民通过一定的宪政规范和宪政运作将其意志转化为法律法规,法律规定行政组织机构的设置,确定行政权力的范围,规范行政权力的行使程序,并对行政权力进行监督和限制。超越或违反法律规定,行政权力就得不到人民的认同和拥护,也就失去了合法性依据。

民主理论及建立在民主理论基础之上的有关法律、制度从本原上廓清了行政权力的一般来源问题,但是,行政权力在实施过程中还必须依赖一定的社会资源,离开了一定的社会资源,行政权力就失去了赖以生存的基础,这些社会资源构成了行政权力的具体来源。我们认为,行政权力的具体来源有以下几项：

（一）强制力。强制力是一切权力的最原始、最直接的来源。政治组织区别于其他民间组织的最明显之处就是合法地垄断使用强制力，国家强制力是国家权力的重要构成部分，为行政权力的行使提供最后的支持。为实现社会公共利益，行政权力需要以强制力作后盾，通过军队、警察、监狱等暴力机器，利用武力等力量进行制裁或威胁，强迫行政客体服从管理。

（二）诱导力。诱导力主要通过给予物质的或精神的奖励，引诱客体服从管理。现代政府控制了大量的物质和荣誉资源，而这些资源又是客体所希望得到的东西，政府通过对各种物质和荣誉资源的分配，对权力客体施加影响，以实现权力主体设计的目标。

（三）组织制度。行政主体可依靠层级性组织结构，通过强制或诱导，要求下级服从。在当代，行政主体还可通过集体行动的规章制度，迫使行政客体按照主体的意愿去行动。行政客体对于制度权力的服从是由于它们认为行政主体的权力是具有合法性的。

（四）信息。在现代社会，信息越来越成为最重要的财富和资源。行政主体一般要经过专业训练，掌握专门知识和技能，在实施行政管理过程中行政主体接触和掌握了大量的信息，而且行政机关还有专门的信息机构。行政客体出于对专门知识和信息的信任而服从行政主体，行政主体可通过向行政提供信息而影响行政客体的行为，信息也就成了行政权力的重要来源。

（五）个人因素。行政人员个人的品德、知识、能力、人际关系等都可以构成一种影响力，例如，高尚的品德使人产生敬慕感，丰富的知识和卓越的能力使人产生信任感，良好的人际关系使人产生亲近感。

四、行政权力的类型

行政权力根据其受约束的程度可以分为拘束性行政权力和自由裁量性行政权力。拘束性行政权力是指行使范围、程度和方式均受到法律、法规严格限制的行政权力。自由裁量性行政权力是指法律、法规内规定了行政权力边界，对于在什么情况下行使、如何行使则由行政机关和行政人员酌情决定。现代行政管理必须在拘束性行政权力和自由裁量性行政权力之间达成妥协和平衡，从各国在处理这一关系的趋势来看，一方面扩大实质性的自由裁量权，另一方面从形式上对自由裁量权进行控制。

行政权力根据其内容可分为以下几种：一是行政立法权，即行政机关依法制定和发布具有普遍约束力的规范性文件的权力；二是行政许可权，即行政机关对公众、法人和其他社会组织的某种活动予以许可或批准的权力；三是行政确认权，即行政机关对于某种事实或资格予以证明的权力；四是行政检查监督权，即行政机关对公众、法人和其他社会组织遵守法律、法规和行政命令情况进行检查监督的权力；五是行政制裁权，即行政机关对违反法律、法规和行政命令的公众、法人和社会组织予以惩处的权力；六是行政强制权，即行政机关对不履行法定义务或行政命令的公众、法人和社会组织采取强制措施，迫使其履行法定义务、遵守行政命令的权力；七是行政司法权，即行政机关依法对某些纠纷或争议进行裁决的权力。

五、行政授权

(一) 行政授权的含义及特点

行政授权是行政系统内部的日常权力分配活动，是指行政系统内部上级按照法律规定或行政习惯，把某些权力授予下级，以便下级在上级指挥和监督下，自主地处理行政事务的一种权力活动。

行政授权主要有三个特点：一是行政授权是组织内部权力的动态分配方式，行政系统为提高权力运用效率，需要对行政权力进行动态调整，以适应不断变化的公共事务和行政工作的需要。二是行政授权是行政领导活动的一部分，发生在行政系统的上下级之间，授权活动往往与领导者分派给下级的工作任务联系在一起，因此，行政授权可以看作是领导方法或领导艺术的问题。三是行政授权不是单纯的转移权力的活动，还涉及责任的明确与下放。在行政授权中，下级在得到上级授权的同时，也得到了上级分配的工作任务，下级为完成该工作任务承担相应的行政责任，这就导致了一个责权体系的产生，使其不同于一般的民事授权。

行政授权的目的主要是为了减轻上级的负担，使上级把更多的精力和时间放在处理更重要的事情上，同时更好地调动下级的工作积极性，培养下级的工作责任感，锻炼干部，提高工作效率和政府回应能力。

(二) 行政授权的程序

行政授权的程序指行政授权活动的一般过程。从整体来看，行政授权主要包括以下五个步骤：

1. 确定授权内容与范围。根据管理目标和任务，上级领导者首先确定自己工作的内容与范围，对这些工作进行分析比较，明确轻重缓急，确定哪些事务是自己必须做的，哪些事务应该交由下属或下级机关去处理。

2. 选择授权对象。确定授权内容与范围后，上级应根据工作性质、任务繁简难易，选择授权对象。为了充分发挥行政授权的功能与作用，上级应知人善任，选择最适当的授权对象。

3. 规定授权工作应该达到的目标、成果及为完成工作所需的权力与应负的责任。对授权工作的标准、时间、期限、权力范围、责任大小等都应明白无误地规定，以使授权双方行为有所遵循。

4. 正式授予权力。授权者可通过采取下发文件、颁发任命书、授权责任状、正式口头约定等方式进行授权，被授权者可以口头表示接受，也可通过签订正式契约等形式加以接受。

5. 检查评估授权成效。被授权者就所接受的任务完成情况、权力责任的履行情况向授权者报告；授权者对被授权者不能放任不管，要根据确定的标准，检查评价被授权者的表现，及时进行奖惩。

（三）行政授权的方式

行政授权的方式十分复杂，根据不同标准，大体可分为三种类型：

1. 根据授权的内容不同，可分为一般授权、特定授权、复合授权、弱性授权。

一般授权也叫充分授权，是上级向下级下达任务时只有一般性的工作指示，允许下级自己决定行动方案。一般授权通常有三种情形：一是柔性授权，即上级对工作不作具体的安排，仅指示出一个大体轮廓或大纲，下属可随机应变，因地制宜地处理工作。柔性授权的前提是下级精明能干并得到上级的充分信任。二是模糊授权，即授权者一般并不讲明工作的事项与范围，只指示所要达到的任务和目标，由被授权者自己选择完成任务的具体途径。该形式一般适用于任务艰巨需充分调动下属积极性的事务。三是惰性授权，即上级将自己不愿意处理的纷乱复杂的事务交给下属，其中包括上级自己也不清楚如何处理的事务。这种授权需对下属有充分的了解，且下属有较强的独立工作能力。

特定授权也称刚性授权，上级对授权对象的工作范围、内容、任务、目标、责任、工作途径都作了明确规定，下级必须严格执行。这种情况一般事关重大，上级往往负主要责任，授予下级的权力有限。

复合授权和弹性授权介于一般授权与特定授权之间。复合授权也称制约授权，是把某项任务所涉及的职权分成两个或多个，分别授予两个或多个下属，使他们之间相互制约，相互促进。当工作难度大、技术要求高而且容易出现疏漏，领导又没有足够的精力实施特定授权，或是领导本人专业知识不足，无法实施刚性授权时，可采取复合授权。弹性授权也称动态授权，是指在完成同一项任务的不同阶段采取不同的授权方式，主要适用于相对复杂的任务或对下属的能力、水平没有准确把握或环境条件多变的情况。

2. 根据授权的媒介不同，可分为书面授权和口头授权。书面授权是以文书的方式授权下属工作，常见的授权文书有工作说明书、组织手册、职级规范、办法、条例、工作分配表、批复、工作备忘录等。口头授权是上级对下属用口头语言所做的工作交待，这种授权往往为非正式授权，主要集中在事态简单、不易产生纠纷的领域。

3. 根据授权的法律依据不同，可分为正式授权和非正式授权。正式授权是依法律、法规等有关规定进行的授权。非正式授权是上级对下级在没有法律、法规明确规定的情况下所做的授权。

(四) 行政授权的条件

行政授权是权力转移活动，对行政管理活动成败有重要影响。为保证行政授权的有效、合理、合法，必须要仔细考虑影响行政授权的外部环境因素。

行政授权的外部环境因素：一是行政组织的规模，组织规模越大，授权的可能性就越大；二是行政事务的重要性，对上级领导有重大影响的事务，授权的可能性就越低；三是行政事务的复杂程度，越是复杂的事务，上级领导越有可能授权专业人员去完成；四是上下级互相信任程度，授权的程度与上下级之间信任程度成正比；五是下级的素质，下级素质越高，上级越是乐于授权；六是组织内部关系的稳定程度，组织内部关系不稳定时不宜授权。

第五节 信 息 资 源

信息与物质、能量被称为构成世界的基本要素。随着信息技术的飞速发展，信息对人类的影响已超过了 20 世纪其他任何一项技术，互联网的迅速普及和广泛应用将人类社会带入了网络时代，一场信息革命正在席卷整个世界，信息资源已成为影响一个国家生存和发展的重要战略资源。行政管理就是行政信息沟通传递的过程。加强对信息资源的开发利用和管理，已成为现代国家政府面临的一项重要任务。

一、信息资源的含义

对"信息"一词的理解,学者们见仁见智,各不相同,据不完全统计有100多种。归纳起来,这些不同概念主要可分为最广义、广义和狭义三种理解。最广义的为:"信息是事物运动的状态和方式,具体地讲,是事物内部结构和外部联系运动的状态和方式。"① 这是本体论意义上的信息概念。广义的为:信息是认识主体所认识或表述的事物的运动状态和状态变化方式,是对客观事物运动规律和特征的陈述,是客观事物之间联系的表征。这是认识论意义上的信息概念。狭义的为:信息是主体感知和表述的、有新内容的事物的运动状态和变化方式,是客观事物运动状态和状态变化方式的最新反映。我们认为,信息是客观事物特征、变化的最新反映,是事物之间相互联系的表征。

信息资源是"信息"和"资源"两个概念整合衍生而成的,是从资源的角度对信息进行考察的结果。信息资源表明,信息只相对于人类的需要才具有意义,故信息资源是一个基于人类主观判断的概念。由于现代社会发展迅猛,变化复杂,人们之间联系日益密切,信息已成为一种重要战略性资源。所谓信息资源,是指反映客观事物特征、变化和联系的最新状态并能够促进人们更好地创造物质和精神财富的社会资源。

行政信息资源是对行政管理活动状态、变化方式的最新反映,是对行政主体有意义的消息和情报的总和。

二、行政信息资源的特性

行政信息资源作为信息资源的一个子集,具有一般信息资源所具有的客观性、广泛性、传递性、时效性、共享性等特点,也有自身的特性。行政信息资源的特性主要有以下几个方面:

(一)信息内容的公共性。从行政信息反映的对象和涉及的范围看,行政信息不同于自然信息及其他社会信息,它是以行政机关管理社会公共事务为限,是对社会公共事务管理活动的描述和反映。自然或行政事务之外的人类活动也可成为行政信息,但根本条件是看它们能否直接进入行政管理活动的范围,看它们能否成为社会公共事务。

(二)信息形成的权威性。一般来说,行政信息是由法定的作者形成的,包括一切国家机关、政党组织、公民团体,这些单位根据宪法和法律赋予的权

---

① 孟广均等:《信息资源管理导论》,科学出版社2003年版,第7页。

利或职权,在对公共事务进行管理过程中,收集、制造、传递行政信息,这些信息代表国家或单位意志,具有普遍的权威性。另外,具有法定身份的各级国家机关单位所制发的文件等行政信息,一般具有一定的强制性,有关单位和人员必须遵照执行,否则要承担相关责任。即使行政机关之间因横向联系的加强,互相之间签订的契约性文件,也具有一定的权威性和约束力。

(三)传递方式的规范性。在自然或其他社会信息中,个体数量众多,力量分散,信息传递随机性强。行政信息的传递方式却具有高度的组织性和控制性,在行政信息传递过程中,常采取非自然的、硬性的措施或手段,对传递方式进行控制。国家依法规定了各机关、单位的职责及其在国家行政管理体系中的地位,一定程度上规定了其工作方式和交流沟通的渠道。这种有意识的规范,一方面起到对信息的分界及限定的作用,另一方面对信息传递方向、步骤及速度起着强制性的保障作用。

(四)信息功能的实效性。行政信息是对行政管理活动的反映,任何管理活动都是以解决一定实际问题为目的,行政信息的公布和传递都是为了解决一定的实际问题,针对性强,以确保行政管理的实际效果。行政信息的收集、提供、处理都有明确目的,问题清楚,观点明确。其他信息资源对特定的主体也有意义,但相比而言,行政信息的问题指向、实际指向的特征更为鲜明。

三、行政信息资源的分类

行政信息数量大、种类多,从不同角度可对其进行不同类别的划分。

(一)根据其来源,可分为内源信息与外源信息。内源信息是指反映行政机关内部工作活动情况的信息,如行政机关产生的文件、资料、数据等。外源信息是指反映行政机关外部环境变化情况的信息,包括三个方面:一是上级领导和上级机关给本单位传递的信息;二是下级机关给本单位传递过来的信息;三是与本单位没有隶属关系的其他机关、团体及社会组织或个人传递给本单位的信息。

(二)根据其时间特征,可分为历史信息、现实信息和预测信息。历史信息是指描述和反映过去行政管理活动状况的信息,是基于回顾行政管理活动的历史及研究其规律的第一手资料。现实信息是指正在传递和发挥作用的各种消息、情报和资料,动态性、权威性、时效性较强。预测信息指能够揭示和预测未来管理活动要求和趋势的信息。

(三)根据其记录方式的不同,可分为记录性信息、非记录性信息。记录性信息是指通过文字、声像、视像等方式记录下来的信息,如形成各种信息产品的报告、总结、会议记录、录音资料等。记录性信息数量大，形式多样，有明确和固定的传递渠道，便于储存和使用。非记录性信息是主要通过口头语言进行传递的信息，如谈话、口头汇报、电话以及非正式的消息等。这类信息具有传递迅速、方式灵活的特点，但在传递中容易失真，不易保存。在现代行政管理中，非记录性信息多不作为行政管理的依据。在有的情况下，非记录性信息还需要转换为记录性信息形式。

（四）根据其规范程度不同，可分为规范性信息和非规范性信息。规范性信息是指具有比较严格、规范的形成和传递程序的、具有一定强制力的信息，例如机关正式制定的各种文件。这类信息从内容和传递方式上都有很强的规范性和强制力。非规范性信息不具有很强的强制力和约束力，也称为普通信息。

（五）根据其期待性不同，可分为预知性信息和突发性信息。一般来说，行政管理活动有较强的稳定性和可预见性，多数行政信息的产生和收集是可以预知的。突发性信息是指反映行政管理活动中突发性事件的信息，例如突发的自然灾害、动乱等。这类信息时效性特别强。由于现代社会行政环境日趋复杂，变化加剧，各种难以预知的突发性事件增加，行政管理中既要重视预知性信息管理，更要重视突发性信息的管理，力争将突发性信息变为预知性信息。

四、行政信息资源管理的原则和程序

（一）行政信息资源管理的原则

行政信息资源管理是指政府为有效地利用信息资源，以现代信息技术为手段，对信息资源实施的计划、预算、组织、指挥、协调和控制的管理活动。行政信息资源的管理要遵循以下原则：

1. 客观原则。客观是信息的生命所在，也是信息管理最起码的要求。只有建立在真实反映情况的信息基础上的行政活动，才会产生好的效果。行政信息对所涉及对象的活动、特征的反映必须客观准确，信息失真可能会给行政活动造成不可挽回的损失。信息客观可靠，一是要求反映行政管理活动的事实必须是准确的，包括时间、地点、进展、结果等都真实可靠，不能任意虚构，模棱两可。二是反映客观事实的数据、资料必须准确科学，表述清晰。三是经加工制作后的信息要准确反映事物的本来面貌，揭示出事物的本质特征，不能任意歪曲或以偏概全。

2. 全面原则。在做到准确的同时，信息还必须尽可能地全面，个别信息虽真实准确，但整个信息的收集不系统、不全面，仍无法在错综复杂瞬息万变的环境中，为行政决策提供客观依据。为做到信息的全面，不仅收集的数据材料要齐全，使决策者尽可能地了解事物的现象、原因、发展趋势，而且信息的要素也要全面，有材料，有观点，有分析，有建议。没有经过处理的只是原始数据，不是有效的信息，不能为指导决策和行动提供帮助。

3. 及时原则。信息贵在及时，这是由其时效性决定的。行政事务、对象和环境不断变化，对能反映其变化的信息，若收集或处理迟缓，一旦时过境迁，就可能失去效用，甚至贻误、危害工作。做到及时关键是要在信息的收集、加工、传递、反馈中树立时间观念和效率观念，注意苗头性和倾向性的信息，及时将其反映出来。

4. 适用原则。信息是经过选择和加工的数据，行政信息必须是对外部环境特征和变化的有选择的反映，选择和加工的标准，就是以是否对行政决策和各项行政管理活动有指导作用，是否能够为解决行政管理中的问题提供依据和帮助，即是否对行政组织适用。如果毫无目的、不分轻重缓急地捕捉信息，不仅加重了信息收集与加工的负担，浪费了有限的人财物力资源，而且干扰了行政组织对有用信息的注意与处理。

5. 高效原则。行政信息的收集和处理是需要成本的，社会越发展，信息成本越高，因此在行政信息管理中，要有成本意识，注意控制信息成本，提高信息管理的效率。为此，一要加强人员培训，提高机关人员的信息识别、收集、处理能力；二要使用现代信息处理技术手段，改变简单依靠人力进行信息处理、传递、存储的传统方式；三要制定规章制度，明确信息管理的责任及程序，将那些可预知性的信息纳入日常管理。当然，实现信息高效管理，不能超出需要与可能，盲目购置最新设备和增添人员。根据我国的现状，信息管理者既要努力增加新手段，又要因地制宜，优化现有手段与条件之间的组合，充分发挥其作用。

（二）行政信息管理的程序

行政信息管理是一个前后密切相连的过程，主要有以下几个环节：

1. 信息收集。这是信息工作的第一步，也是一项基础性工作。要利用信息，必须先获得信息。信息收集的质量，直接影响到以后加工、传递的水平。信息收集的程序：一是确定需要。信息收集是有目的的信息选择过程，信息选择的关键是确立选择标准，明确自身的需要，对所需信息的性质、类型、范围、数量、质量有较为清晰的标准。二是制定信息收集计划。收集之前，要制定工作安排，明确收集步骤、途径、方法、时间等，做到心中有数。三是组织实施。计划确定后，应组织人力与技术手段付诸实施，并对收集到的信息作初步的分类整理，为以后的加工做好准备。收集信息，关键是要提高业务水平和政策水平，培养对环境感知的敏感性，围绕一定时期政府的中心工作，及时捕捉反映客观事物苗头性、倾向性的信息，为领导决策服务。

2. 信息加工。信息加工是对收集到的大量原始信息进行筛选、分类、编辑、整理的过程。信息加工是信息管理的关键环节，通过各种渠道收集的信息还不能直接使用，不能为解决管理问题提供明确指导，必须做好信息加工工作，保证信息的适用。搞好信息加工，首先，要对信息进行筛选和鉴别，去粗取精，去伪存真，对大量初始性的消息、资料、数据进行整理，对其实质内容加以鉴别，以求真实地反映行政管理的活动、对象及其变化，使其内容具有针对性和适用性。其次，要对信息进行分类，使大量杂乱无章的信息根据不同标准和内在的联系，各归其类，各得其所，以便于信息加工、传递和交流。最后，对信息进行编辑和加工，通过对信息进行比较分析、综合归纳，发现隐藏在表象背后本质性的、规律性的内容，由此得出新的概念或结论，为管理实践服务。

3. 信息传递。信息经过加工和编辑后，必须通过信息传递渠道传输出去，满足政府行政工作的需要，信息的价值才能得以实现。准确和及时是信息传递工作的基本要求，为此，一是要建立清晰明确的信息传递渠道，信息源到信息宿这一通道越清楚、越通畅、越简洁，信息传递的速度就越快，效率也就越高，应除去不必要的环节，明确传递每一层次和每一环节中的责任。二是要选择合适的传递方式，不同的信息选择不同的传递方式，如紧急信息、保密信息、上报信息等有不同的传递方式。三是要采取快捷的传递设备，提高传递效率。

4. 信息反馈。反馈是信息工作的重要环节。行政信息的反馈是指控制系统（如上级机关）输出的信息，从信息宿（如下级机关）返送回来，并对信息的再输出发生影响的过程。行政信息系统是上情下达、下情上达，各方面信息汇集的枢纽，应及时把反馈信息输送给上级机关，以监督检验信息传递和使用效果，并对信息失真失效等情况进行纠正。

五、电子政府

信息技术在政府中的应用早期是沿着两个方向发展的，即办公自动化和政府信息系统。20世纪80年代中期，由于"微机加局域网"技术的发展，办公自动化和政府信息系统的建设逐渐走向一体化。到了20世纪90年代，互联网技术得到迅速发展和普及应用，许多发达国家运用这些技术对政府业务过程进行重新设计，对组织机构进行改造和重组，使其更适合于在现代信息技术环境下运行，电子政府受到了发达国家的普遍重视并被推广。

（一）电子政府的含义

自从克林顿政府在20世纪90年代美国政府改革中提出电子政府概念以来，电子政府这个提法已为世界各国所接受。电子政府的其他提法还有电子政务、数字政府、网络政府、政府信息化等。

对于电子政府，人们有不同的界定。综合各种不同定义的合理因素，我们认为，所谓电子政府，严格地讲，是指以现实政府为基础，通过应用现代信息网络技术以及办公自动化技术，整合政府结构，再造政府流程，构建起来的虚拟的具有现实办公、管理和服务功能的管理体系和管理方式。电子政府是政府信息化的产物，是现实政府的数字映射，反过来又改造、优化现实政府。

这个定义包括三个方面的内容：一是电子政府必须借助电子信息和数字网络技术，离不开信息基础设施和相关软件技术的发展；二是电子政府处理的是与政府有关的公共事务，也包括立法、司法及其他公共组织的管理事务；三是电子政府并不是简单地将传统的政府管理事务搬到互联网上，而是要对其进行结构重组和业务流程再造，与传统政府之间有着明显的区别。

（二）电子政府的基本内容

电子政府的基本内容包括电子政府的三个主体与三重关系。与电子政府相关的三个主体是政府、企事业单位、居民。电子政府是在这三个行为主体之间形成政府与政府之间、政府与企事业单位之间、政府与居民之间的互动关系。

政府与政府之间的业务关系，包括中央政府与各级地方政府之间、政府各部门之间、政府与公务员和其他工作人员之间的互动。其内容有：电子法规政策系统；电子公文系统；电子司法档案系统；电子财政管理系统；电子办公系统；电子培训系统；业绩评价系统等。

政府与企事业单位之间的业务关系，包括政府向企事业单位公布的各种法规、政策和其他各类关于企事业单位发展的信息服务等。其内容有：电子采购与招标；电子税务；电子证照办理；信息咨询服务；中小企业电子服务等。

政府与社会公众之间的业务关系，包括政府向社会大众提供相关信息，实现网上办公等；公众则通过网络完成对政府的必要信息与业务往来和实施公民的参政议政。其具体内容有：教育培训服务；就业服务；电子医疗服务；社会保险网络服务；交通管理服务；公民电子税务；电子证件等。①

(三) 电子政府对政府管理的影响

技术条件是影响行政系统的重要因素，技术愈发达，其对行政系统的渗透愈广泛和深入。电子政府尽管应用推广的时间不长，但是它对行政系统的结构、运行程序、人员、行动方式等方面的影响却日渐显露出来，而且这种影响还处在不断扩大的过程之中，有些影响还未被人们充分认识，并未引起足够的重视。

1. 对行政组织结构的影响。政府信息化明显地改变了组织中间层的作用，中间层在管理中的作用易导致"海绵效应"，在上传下达的过程中，会使信息失真、延误和搁置。电子政府的应用，将使政府高层通过信息网络技术直接影响和控制下属，增强了高层的控制跨度，从而减弱了中间层的作用，减少了行政组织的等级层次，缩短了上下级距离，压缩了人员规模，降低了管理成本。

2. 对政府行政人员的影响。电子政府对行政机关人员的素质和人员结构提出了新的更高的要求，改变了政府用人需求，有效地节省了人力。由于电子政府简化了工作环节，不仅缩短了政府内部上下层级之间的距离，而且也缩短了政府与服务对象之间的距离，使行政机关用人数量大为削减。

3. 对政府政策制定的影响。电子政府简化了大量数据处理和文字处理任务，扩大了政府信息收集面，也提高了信息处理速度，使政府制定的政策依据更充分，也使政府可集中时间和精力于政策的主要阶段，从而加快政策制定的速度，有利于更好地适应环境变化的需要。

4. 对政府运行机制的影响。借助电子政府，政府不必花大量时间从事接待、审批等工作，服务对象可通过"一站式服务"等项目，按照自己的需求在政府网站上查询信息，办理相关手续。传统的"以政府为中心"的官僚制工作模式，转变为"以顾客为中心"的服务模式。这就增强了政府工作的透明度，扩大了公民的参与，有利于社会对政府的监督，促进政府服务意识和服务能力的提高。

5. 对政府行政权力配置方式的影响。电子政府对政府权力配置的影响是两方面的：一方面，由于计算机的应用，增强了上级控制的能力，减小了上级控制的成本，会使决策中心上移，从而使国家行政组织中出现集权的倾向；另一方面，由于沟通方式的改变和信息资源的共享，打破了过去上级对信息的垄

---

① 参见应松年、马庆钰主编《公共行政学》，中国方正出版社 2004 年版，第 218 页。

断，增加了下级参与决策过程的能力，使行政组织中出现了分权的倾向。因此，审时度势，充分发挥电子政府在集权与分权方面的有益影响，是今后各国政府面临的重要任务。

第七章
行政关系论

行政活动是一种组织性活动。行政目标的能否实现及其实现程度，有赖于行政组织内部各构成子系统之间排列组合方式的协调程度，或者说取决于行政组织各构成部分之间的行为一致性程度。这就是所谓行政关系问题。行政关系的协调程度直接决定着行政组织的功能状况。那么，什么是行政关系？行政关系的基本构成如何？其具体构成与运作方式又包括哪些内容？作为一个具有悠久历史的大国，中国政府行政关系的历史发展与现状又是怎样的？其面临的挑战与发展前景又将如何？这些都是行政学原理应该探讨的基础性问题，也是本章介绍的主要内容。

第一节 行政关系概述

一、行政关系的含义

（一）行政法中的行政关系[①]

行政法是调整行政关系的法。"行政关系"是行政法的一个重要范畴。它是指行政主体行使行政职能和接受行政法制监督而与行政相对人、行政法制监督主体发生的各种关系，以及行政主体内部发生的各种关系。它可以分为外部行政关系和内部行政关系。前者包括行政主体在行使行政职权过程中与行政相对人发生的行政管理关系，行政法制监督主体在对行政主体、国家公务员和其他行政执法组织、人员进行监督时发生的行政法制监督关系，以及行政相对人向有关的行政主体申请行政救济时发生的行政救济关系。后者包括上下级行政

---

① 姜明安：《行政法与行政诉讼法》，北京大学出版社1999年版，第7~12页。

机关之间的关系，平行行政机关之间的关系，行政机关与附属机构（如部、司、局、处等）、派出机构之间的关系，行政机关与法律、法规授权组织的关系以及行政机关与委托行使特定行政职权的组织的关系等。根据行政法学界的一般理解，在整个行政关系架构中，行政管理关系是最基本的关系，行政法制监督关系和行政救济关系是由行政管理关系派生的关系，而内部行政关系则是从属于行政管理关系的一种关系，是行政管理关系的一方当事人——行政主体单方面的内部关系。

（二）行政学中的行政关系

在行政学领域，行政关系有着多种多样的解读方式。一般而言，最广义的行政关系是指行政机构在履行职责过程中发生的一切职责与行为关系的统称。这一理解不仅包含了上述行政法学意义上的行政关系观，以及这些行政关系的实践形态，还包括作为一种普通法或者国际法社会行为主体的行政机关及其工作人员在履行职责过程中所发生的各种行为关系。比如，一国国家行政机关在国际交往过程中与他国（地区）行政机关之间形成的各种关系，政府在市场采购过程中形成的信用关系以及与其他市场主体之间形成的买卖关系，等等。广义的行政关系观在内涵上往往等同于行政法意义上的行政关系。不过，这种行政关系观在外延上往往不仅包括各种法制规定意义上的行政法律关系，而且还包括这些法制关系的实践运行状态。一般认为，在行政实践中，公民（或者任何其他社会主体）与行政主体之间的实践关系，随着各国（地区）法治化程度的不同而有所差异，这种关系与法制明文规定的相关关系往往存在不同程度的差异。也就是说，广义的行政关系是法制规定的各种行政关系及其实践运行状态的总和。在行政研究领域，狭义的行政关系是指行政组织体系内各级各类行政机关之间的纵横交错关系，包括中央政府与地方政府之间，地方政府之间，以及各级各种政府内设机构之间的各种相互关系。本章所研究的行政关系就是这个意义上的行政关系。

因此，本章所分析的行政关系与行政法上的行政关系既有联系，也有根本的区别。二者的联系在于，本章所分析的行政关系在外延上与行政法意义上的内部行政关系有重合之处，都要对各种行政机关之间的相互关系进行研究。二者的区别主要表现在两个方面：首先，在外延上，行政法上的行政关系分为外部行政关系和内部行政关系，以外部行政关系为基干，也即是主要指行政主体与行政相对人之间的行政管理关系，而本章所分析的行政关系则主要是指作为行政主体组成部分的各级政府及其内设机构之间的相互关系，不涉及行政主体与行政相对人之间的外部行政关系；其次，在内涵上，行政法上的行政关系研究的是行政主体与行政相对人、行政法制监督主体之间以及行政主体内部的法律关系，而本章所分析的行政关系研究的是各级政府及其内设机构之间的相互关系，这不仅包括法定的职责关系，还包括实践运行过程中形成的各种实际关系在内。也就是说，行政法意义的行政关系主要是一个制度的范畴，而本章所分析的行政关系还包括了实践的内涵，包括了法定行政关系的实践运行形态。

（三）本章对行政关系的界定

在本章中，行政关系指一个国家或地区各级各类行政机关之间的纵横交错关系，包括中央政府与地方政府之间、地方政府之间、非同一政府的部门之间的各种行政关系，以及特定层级政府内部各种行政组织之间的相互关系。由此，我们可以将行政关系分为宏观行政关系和微观行政关系两个层面：前者包括中央政府与地方政府之间的关系、地方政府之间的关系、非同一政府的部门间关系；后者指特定层级政府内部各种行政组织之间的关系。

本章所谓行政关系的构成见表7-1。

表7-1

行政关系	中央政府与地方政府之间的关系		纵向关系	宏观行政关系
	地方政府之间的关系	地方各级政府之间的纵向关系		
		各个地方政府之间的横向关系	同级地方政府之间的关系	横向关系
			没有隶属关系的不同级地方政府之间的关系	
	非同一政府的部门间关系	不同层级的政府部门之间的关系	中央政府部门与地方政府部门之间的关系	纵向关系
			较高层级地方政府部门与较低层级地方政府部门之间的关系	
		不具有隶属关系的地方政府部门之间的关系	同级地方政府部门之间的关系	横向关系
			没有隶属关系的不同级地方政府部门之间的关系	
	一级政府内部行政关系	一级政府各内设机构之间的横向关系		横向关系	微观行政关系
		一级政府内部的纵向关系		纵向关系	

二、行政关系的基本构成

(一) 中央政府与地方政府间关系

中央政府与地方各级政府间关系，简称"中央与地方关系"，是指在宪政框架下，作为国家整体行政权力行使者的中央政府与不同层级行政区划内局部性行政权力行使者的地方各级政府之间的权力分配关系。一般来说，中央与地方关系的实质表现在两个方面：一个方面是中央政府所代表的国家利益与地方政府所代表的区域利益之间的利益分配关系。中央政府是国家整体利益的代表者，地方政府是区域利益的代表者，两者之间的法定利益格局和调适互动关系构成了中央与地方关系的深层次本质。另一个方面则表现为职权关系。中央政府制定的各种全国性政策制度需要通过各级地方政府的配合执行才能得以有效实施。也就是说，二者又构成各种政府职权在不同层次区域得以实现和履行的职权分担主体，是一种职权分工与合作关系。其中，具体分工合作关系又随着国家结构形式的差异而有所不同。在单一制国家，地方政府直接构成中央政府、下级政府直接构成下级政府的执行机构，中央政府、上级政府的政策制度主要通过地方政府、下级政府才能得以实施。同时，它们又各自构成辖区内特殊整体利益的代表与实现机构。比如，在实行单一制的中国，湖北省不仅是中央政府在湖北省的执行机构，同时又是湖北省辖区人民整体利益这一特殊利益的代表与实现者。用宪法与政府组织法的法律规定来说，湖北省人民政府既是中央政府在湖北省的执行单位，又是湖北省人民代表大会及其常务委员会的执行机关。而在联邦制国家，中央政府与地方政府、上级政府与下级政府之间的关系相对较为简单。它们之间有着明确的、法定的职责分工，各自在法定职责范围内履行政府职责，拥有相对独立的决策—执行系统，而不构成类似单一制国家那种决策主体与执行主体关系。比如，在实行联邦制的美国，联邦政府与州政府都构成宪法权力主体，各自在自身权力范围内独立行使政策决策权与执行权。

值得指出的是，有些联邦制国家，比如美国，其宪法意义上的地方政府概念一般不包括州政府等邦联（联邦）构成组织在内，而是指各州下辖的县、市与乡镇等不同层级的地方政府。也就是说，根据美国宪法，所谓地方政府，只是相对于州而言的。不过，从行政实践与研究出发，本书还是把美国的州政府视为地方政府。

(二) 地方政府间关系

地方政府间关系是指各级地方政府之间的纵横关系网络，包括地方各级政府间的纵向关系和地方政府间的横向关系。

地方政府间纵向关系受制于中央与地方关系，与其一脉相承。一般来说，单一制国家的地方政府间纵向关系不同于联邦制国家地方政府间纵向关系。他们之间的差别类似于在前文所述的中央政府与地方政府之间的关系。

不过，相对于单一制国家，联邦制国家的地方政府间关系往往十分复杂。在同一国家不同层级的地方政府之间，乃至于同一层级的纵向地方政府间关系，比如，不同的美国州政府与其下辖的不同县政府之间的关系，就往往不同。这种差异的形成原因多种多样，但主要是由历史沿袭与地方自治要求的强化这两方面因素造成的。

相反，在单一制国家，地方政府间纵向关系往往是整齐划一的，与中央政府与地方政府间关系相似。简言之，地方政府间纵向关系主要是更高层次利益与较低层次利益间关系、整体性行政权力与局部性行政权力之间的关系；较低层次的地方政府既是较高层次地方政府政策的执行机关，也是更低层次的局部性地方利益的代表机构和地方行政权力的行使主体。当然，随着各国政府改革的推进，单一制国家地方政府间纵向关系也呈现出复杂化趋势。比如在中国，在民族自治地区、经济特区，尤其是在行政特区，其地方政府间关系就与普通行政区划下的地方政府间关系存在较大差异。

在当今各国行政实践中，所谓地方政府间横向关系主要指各个地方政府在经济利益的驱动下形成的竞争与合作关系，主要具有经济意义。这一点，无论是在单一制国家，还是在联邦制国家，都是相同的。比如，在单一制的中国各省政府之间，就像联邦制的美国各州政府之间一样，彼此之间存在着一种利益竞争关系。地方政府之间往往为了各种资源与经济利益的归属而相互竞争，形成所谓"块块"关系。

(三) 非同一政府的部门间关系

非同一政府的部门间关系包括两类关系：一类是不同层级政府的部门间关系，包括中央政府部门与地方政府部门之间、地方政府上级部门与下级部门之间的关系，如中国国务院农业部与湖北省农业厅之间、湖北省农业厅与黄冈市农业局之间的关系。这类关系也即是所谓的从中央到地方"上下一条线"的条条关系。条条关系实质上是中央政府与地方政府之间职权关系以及上级地方政府与下级地方政府间职权关系的反映。在中国，这一关系的调整往往是通过条条的收权与放权来实现的。二是不具有隶属关系的地方政府部门之间的关系，包括同级地方政府部门之间、不具有隶属关系的不同级地方政府部门之间的关系，如湖北省农业厅与山东省农业厅之间、黄冈市农业局与山东省农业厅之间的关系。在这类关系中，地方的局部利益起主导作用，地方政府部门是代表地方政府行为的。

不同层级的政府部门之间的关系，也称为"条条"关系，与中央和地方关系密切相关。我国改革开放前，条条的收权与放权与中央与地方关系上的集权与分权呈正相关关系。条条的收权意味着中央与地方关系上的集权，条条的放权意味着中央与地方关系上的分权。改革开放后，随着中央向地方的放权让利改革以及中央与地方关系法制化的进行，条条关系逐渐弱化。有学者认为，条条关系在行政关系的研究视野中不具有长期稳定性。① 基于这些原因，本章将不对其单独进行介绍和说明，而是包含在对中央与地方关系的分析中。

不具有隶属关系的地方政府部门之间的关系，是地方政府部门代表地方政府，在地方利益的驱动下，所形成的竞争与合作关系。在改革开放前的中央高度集权体制下，地方政府间的横向合作关系受到阻隔，不具有隶属关系的地方政府部门之间的关系也因之受到阻隔。改革开放后，随着地方政府间横向关系的活跃，不具有隶属关系的地方政府部门之间的关系也活跃起来。不过，这种关系本质上不过是块块关系在不同部门或行业的具体体现。基于这些原因，本章对其也不进行单独说明，而是包含在对地方政府间横向关系的分析中。

(四) 一级政府内部的行政关系

特定层级政府内部的行政关系，包括从中央到地方各个层级政府内部各内设机构之间的横向关系，以及包括本级政府在内的内部纵向关系。前者如国务院人事部、教育部与国务院办公厅等各种不同性质内设机构之间的横向关系，主要是政府内部同一行政级别内设机构之间的关系，这主要是一种横向的职权分工合作关系。后者则较为复杂，由于不同行政机构内部组织形式的差异，一级政府内部的纵向行政关系有着不同的表现形态。不过，这种内部纵向行政关系本质上是一种纵向分工协作关系，主要包括本级政府决策组织—中层管理组织——线执行组织三个层次。以湖北省人民政府内部纵向关系为例，其典型存在模式是：湖北省人民政府—湖北省人事厅—公务员培训处。当然，在不同层

---

① 陈振明：《公共管理学》，中国人民大学出版社2003年版，第144页。

级政府，由于职权总量与范围有所差异，其内设机构的层级数会有一定差异，实际上，中国不同层级人民政府的内设机构层级数量就有由中央人民政府的内设 3~4 级到基层乡镇人民政府没有内设机构（0 级）这一明显差异。

一级政府内部的行政关系，包括从中央到地方各个层级政府内部各种纵向与横向的行政关系，这其实是一个行政组织构成要素的排列组合关系问题，属于微观行政关系的研究范畴。由于本书行政机构论一章已经对微观层面上的行政关系进行了详细而具体的研究，本章将只进行较为简要的分析。

三、行政关系的研究意义

行政关系是政府体系的重要组成部分，是现代国家建构必须正视的基本制度问题。在漫长的封建社会中，中国的行政关系素以中央高度集权而著称，但却始终难以走出"天下大事，合久必分，分久必合"的怪圈。著名历史学家葛剑雄指出："对中国而言，分裂、分治的时间是主要的，统一的时间是非常短暂的。对中原王朝而言，统一的时间略少于分裂的时间。"①诚然，中国历史上的国家分裂与王朝更替是由多种原因造成的，但不可否认的是，中央高度集权以强制服从为前提，本身并不具有维护国家长治久安的合法性基础。改革开放以来，伴随着经济体制和政治体制改革的进行，中央政府向地方政府下放了部分权力，中国的行政关系发生了很大的变化，表现为地方分权，地方政府间合作蓬勃开展，地方政府间竞争激烈。但迄今为止，中国的行政关系，尤其是宏观行政关系仍然带有很大的随意性，各级政府之间的事权划分在很大程度上不是法定分权，而是上下级政府之间"讨价还价"的结果。不仅如此，我国理论界对行政关系的研究还很薄弱，行政关系运作缺乏理论指导。因此，对行政关系的了解与研究不仅构成行政研究的基本内容，而且对于推进我国行政管理体制改革、促进国家整合、保障国家统一和稳定、提高政府治理水平都具有十分重要的指导意义。

第二节　行政关系的具体构成与内容

一、宏观行政关系的具体构成与主要内容

由表 7-1 以及前文所述可知，所谓宏观行政关系，包括中央政府与地方政

---

① 葛剑雄：《统一与分裂：中国历史的启示》，三联书店 1994 年版，第 100 页。

府之间的关系、地方政府间的关系、非同一政府的部门间关系，同时又包括宏观的纵向行政关系与宏观的横向行政关系两大类。因此，具体地，宏观行政关系可以细分为中央政府与地方政府之间、地方政府之间的纵向关系，同级地方政府之间、不具有隶属关系的不同级地方政府之间的横向关系。由前文可知，其实这还应该包括宏观的政府部门间关系，不过，由于这类关系不过是相应政府间关系在不同部门（行业）间的具体体现，因此，这类部门间关系在本书将并入相应的政府间关系范畴进行分析。这一点已经在本章第一节加以说明。

（一）纵向行政关系

1. 具体构成

宏观的纵向行政关系具体包括中央政府与地方政府间关系（简称"中央与地方关系"）、地方政府间纵向关系两类。

（1）中央与地方关系

中央与地方关系历史悠久，自地方政府产生、统一国家形成之时就有了。① 统一国家的形成，意味着完整的国家利益出现，中央政府是这种利益的实现者和维护者；与此同时，地方政府的出现，在表明国家所管辖的范围将更为广大的同时，也表明国家总体利益不得不面临地方局部利益的挑战。② 中央与地方关系就是在中央政府所代表的国家整体利益与地方政府所代表的地方局部利益的辩证统一关系中形成、发展和演变的。在某种程度上，中国几千年封建社会王朝更替的历史，也是中央与地方关系兴衰嬗变的历史。一个新的王朝的兴起，代表着新的中央与地方矛盾体的产生；王朝的强盛时期，也是中央与地方关系的和谐时期；而王朝走向衰落直至灭亡的时期，也是中央与地方关系紧张直至中央与地方这对矛盾体破裂的时期。也就是在这个意义上，有的学者认为中央与地方关系是一个国家生死攸关的问题。③ 鉴于中央与地方关系的至关重要性，分析一个国家的行政关系，首先要分析这个国家的中央与地方关系，而不论这个国家是单一制国家还是联邦制国家，是集权制国家还是分权制国家。

中央与地方关系这一矛盾体的双方是中央政府和地方政府。中央政府是活动范围覆盖全国的行政机关，包括在全国范围内总揽国家政务的机关和负责国

---

① 在中国，秦始皇统一中国，并把郡县制推广到全国是中央与地方关系之发端。
② 林尚立：《国内政府间关系》，浙江人民出版社1998年版，第5页。
③ 刘小兵：《中央与地方关系的法律调整》，《唯实》1994年第9期。

家各部门管理的机关。前者如内阁、政务院、国务院、部长会议、联邦执行委员会等,后者如各个部等。在整个社会管理体系中,中央政府处于最高也是最核心的地位。不论是在单一制国家,还是在联邦制国家,国家与社会发展的主要权力都掌握在中央政府手中。地方政府是国家出于有效管理的需要,将全部国土划分为若干有层次的行政区域,并相应地设立政权机关的产物。从字面意义上理解,地方政府就是某个"地方"的"政府",是这个"地方"的"政府",就不会再是那个"地方"的"政府",也就是说,地方政府的权力受管辖范围的限制,它只能在所辖行政区域内行使权力,而不能超越其所管辖的行政区域。地方政府这个最本原的意义,使得它在与中央政府区分开来的同时,也与中央政府形成辩证统一的矛盾体。

地方政府受其所管辖范围的限制,只可能代表地方的局部利益,它没有动力也没有义务去代表国家的整体利益,而一旦由地方政府来代表国家的整体利益时,也就是国家的中央与地方关系最不正常之时,不是抑制地方政府的积极性,就是地方政府取代原来的中央政府成为新的中央政府,所以,关键问题就是怎样处理好中央与地方的关系,既不至于使地方政府失去其最本原的意义,又不至于使其各自为政。也即是说,要处理好中央集权与地方分权的关系。中国学者薄贵利在其专著《集权分权与国家的兴衰》中,对市场经济和民主政治经济条件下,我国中央政府集权与地方政府分权的"度"作了分析,认为中央集权的上限是:不能导致某个国家领导人个人的过分集权和独断专行,也不能导致某一国家机关的过分集权和独断专行。下限是:不得侵犯和剥夺地方的自主权,不得侵犯和剥夺企事业单位和社会团体的合法权益,不得侵犯和剥夺公民的合法权益。地方分权的上限是:在政治上,不得危及国家统一、主权和领土完整,不得损害国家统一的政治、法律制度,不得损害中央的合法权威;在经济上,不得损害国家统一的社会主义市场经济体系的形成、建立和发展。下限是:不得侵犯和剥夺公民的合法权益,不得侵犯和损害企事业单位的合法权益,不得侵犯和损害社会团体和社会中介组织的合法权益。①

(2) 地方政府间纵向关系

地方政府间的纵向关系是具有隶属关系的上下级地方政府间关系。世界上绝大多数国家出于行政的需要,将自己的国土划分为若干有层次的行政区域,并相应地设立行政组织,即地方政府。这样,地方政府的设置是有层次的,除个别小国的地方政府只有一个层次外,各国地方政府的层次一般至少有两级,

---

① 薄贵利:《集权分权与国家的兴衰》,经济科学出版社2001年版,第219页。

最多有四级以上的，但以二级或三级居多数。地方政府层次的多少，通常与一个国家的大小相对应，面积小、人口少的国家通常设立两级地方政府，面积大、人口多的国家通常设立三级或四级地方政府。大体说来，各层级地方政府可以归为三类：一是对辖区内居民承担直接服务与管理的基层行政单位；二是直接接受中央政府监督、领导的地方最高行政单位；三是介于上述两者之间的中间层次的地方行政单位。① 后两种行政单位对辖区内居民的管理、服务，除直接承担少量的任务外，主要通过基层或下一级行政单位来实现。

各级地方政府间形成的纵向关系模式和格局，在很大程度上受制于中央和地方的关系。如果在中央和地方关系上实行联邦制，那么，地方各级政府间主要存在法律上的指导关系，权力上的领导制约关系比较弱。这是因为在联邦制国家，各级地方政府的权力不是上级政府让与的，而是由法律规定所赋予的。比如在英国，各级地方政府（包括地方议会）都是自治的、独立的，它们之间的关系不是等级关系或从属关系。②再如，在美国，虽然州宪法规定州政府有权审核下级政府的财政收入，有权纠正或制止下级政府不适当的行政活动，但是州宪法也明确规定：下级政府可独立地行使法定的管理权力；州政府可以派人视察下级政府的工作，但无权直接控制下级政府。州以下的各级地方政府的权力不是来自于州政府，而是来源于州议会所制定的法律，因而，这些地方政府是具有公法人地位的政府单位，可独立地行使法定的权力。

如果在中央与地方关系上实行中央集权制，则地方各级政府间的纵向关系就是一种领导与被领导、制约与被制约的关系。这是因为最高一级地方政府的权力来源于中央政府，下级地方政府的权力来源于上一级政府，权力的来源是自上而下的授权。如2004年10月27日第十届全国人民代表大会常务委员会第十二次会议修改通过的《中华人民共和国地方各级人民代表大会和地方各级人民政府组织法》第五十九条明确说明，县级以上地方各级人民政府行使的职权中包括：执行本级人民代表大会及其常委会的决议，以及上级国家行政机关的决定和命令，制定行政措施，发布决定和命令；领导所属各级工作部门和下级人民政府的工作；办理上级国家行政机关交办的其他事项。这些内容充分表明，我国地方政府间纵向关系本质上是下级隶属上级或服从上级的关系。

从前文分析中我们可以看出，中央与地方关系在宏观行政关系的纵向关系中居于核心地位，直接决定着整个宏观行政关系纵向关系的基本格局。因为中

---

① 林尚立：《国内政府间关系》，浙江人民出版社1998年版，第22页。
② 参见龚祥瑞《比较宪法与行政法》，法律出版社2003年版。

央与地方关系决定着地方政府在整个国家机构体系中的地位、权力范围和活动方式,从而也就决定了地方政府体系内部各级政府之间的关系。①

2. 主要内容

(1) 政府间权力关系

纵向的政府间权力关系是纵向政府间行政关系的基础,它决定着中央政府与地方政府的各自地位和职权范围。纵向各级政府间的权力关系受到国家结构形式(单一制、联邦制等)以及与此相关的宪法和法律的制约和影响。显然,联邦制国家的政府间权力关系与单一制国家的政府间权力关系存在很大差异,前一种关系中的下级地方政府权力一般要比后一种关系中的下级地方政府权力更独立,也更强大。就当今世界大多数国家而言,纵向政府间权力关系的基本格局均以宪法和法律对中央与地方的职权划分为基础。但在实际操作中,由于受到社会、经济和政治生活多种复杂因素的影响,纵向政府间权力关系很难与宪法、法律的规定完全相一致,甚至可能突破宪法、法律的规定,从而导致宪法和法律的补充或修改。实际的纵向政府间权力关系是现实社会经济和政治发展具体要求的反映,能反映纵向行政关系的变化和走向。在政府间职权范围已经划定的情况下,实际的纵向政府间权力关系主要体现在纵向政府间财政关系上。

(2) 政府间财政关系

财政关系是一国行政关系的核心,它直接决定着行政关系的现实运行状况。所以,通过考察各国国内政府间的财政关系,就能比较清楚地认识各个国家内部各级政府的实际地位和相互之间关系的状况。政府间财政关系总体上是社会经济发展的反映,在具体的纵向政府间财政关系的形成上,中央政府的财政政策起决定作用。

财政是一切政府行政活动的基础,因此,在中央政府与地方各级政府之间的财政分配,直接决定着中央与地方各级政府实现其职权的能力,从而决定中央与地方各级政府在整个管理公共事务活动中的地位和权威。许多西方国家为适应国家垄断资本主义的发展,加强中央集权,但这种集权不是通过修改宪法、重新划定权力范围而实现的,而主要是通过中央与地方之间财政关系的调整来达到的。例如,美国1913年通过的第十六条宪法修正案,批准了联邦政府征收个人所得税,而个人所得税后来逐渐成为美国税收体系中收入最多、所占比重最大的税种。与近一半收入来自销售税的州政府和近3/4收入来自财产

---

① 林尚立:《国内政府间关系》,浙江人民出版社1998年版,第19页。

税的地方政府相比,美国联邦政府对个人所得税的有效占有使得它成为最大的收入获得者。联邦政府财政收入大增后,加强了对州和地方政府的财政支持。1927年,联邦政府的财政援助只占州政府收入的不到5%,在地方政府的收入中所占比例不足1%;到了1978年,这种补助在州一级的比重上升到了超过22%,而在州以下地方政府总收入中所占比重也超过了9%①。由此,美国联邦政府通过对州、地方政府的财政援助,加强了中央集权。用一句很形象的话来说,就是"联邦政府利用拨款体制来贿赂州和地方政府以实现联邦的目标"②。

(3) 政府间监控关系

政府间监控关系以中央和地方的关系为基础。如果在中央和地方关系上实行集权制,那么,政府间监控关系是单向的,即只存在中央对地方、上级政府对下级政府的监控;而如果在中央与地方关系上采用地方分权制,则政府间监控关系是双向的,不仅中央可以监督地方,上级政府可以监督下级政府,而且地方也可以监督中央,下级政府也可以监督上级政府。另外,在实行地方分权制体制下,地方各级政府也会存在横向监控关系。由于横向的地方政府不存在上下级关系,因而不存在行政上的直接监督和制约,我们这里所说的横向监控关系是指各级地方政府通过采用司法手段保护自己利益的同时,对相关的地方政府起到一定的监控作用。③

政府间监控关系对行政关系的良性运行有着至关重要的作用,实行分权制的国家,越是在分权的时候④,越应该重视政府间监控制度的建设。英国是实行地方分权制的国家,其中央与地方政府间以及各级地方政府间不存在领导与被领导、命令与服从的关系,但是英国的行政关系却非常有序,没有出现地方政府各自为政的问题,其奥秘就在于英国有一套非常健全的行政监控制度。中国学者林尚立在其著作《国内政府间关系》中,对英国的行政监控制度作了详细的介绍,从中我们可以窥见一斑。⑤

改革开放前,我国实行中央高度集权体制,中央对地方实施强有力的监控,这在保证地方服从中央、全国一盘棋的同时,也限制了地方的积极性和主动性。改革开放后,为调动地方政府的积极性和主动性,中央向地方放权,各

---

① 参见尼古拉斯·亨利《公共行政与公共事务》,华夏出版社2002年版,第352页。
② 参见尼古拉斯·亨利《公共行政与公共事务》,华夏出版社2002年版,第352页。
③ 薛刚凌:《变化时代的行政法思考》,学苑出版社2002年版,第302页。
④ 这里主要指中央集权制国家的分权。
⑤ 林尚立:《国内政府间关系》,浙江人民出版社1998年版,第201~205页。

级地方政府层层向下放权,这激活了中国的行政关系,但在放权的过程中没有建立有效的政府间监控制度。目前,我国行政关系中出现的种种中央政令不畅现象的一个重要原因就在于此,即没有重视放权过程中的政府间监控制度建设。

(4) 纵向政府间的合作关系

纵向政府间的合作关系是中央或上级政府与地方或下级政府为解决一些重大问题而建立的合作关系。由于是在有隶属关系的上下级政府间展开的合作,上级政府享有制度和资源上的优势,所以,这种合作关系实质上是中央或上级政府与地方或下级政府共同完成中央或上级政府的政策目标。

纵向政府间的合作关系主要有委托性合作、协议性合作、计划性合作、参与性合作四种形式。①

第一,委托性合作,即中央或上级政府通过政府拨款的形式委托地方或下级政府负责处理某一方面的社会事务所形成的合作关系。这种合作关系在联邦制国家比较普遍。地方或下级政府接受拨款后,就必须在中央或上级政府的指导下,完成有关事务。美国联邦中央政府就经常通过这种形式参与州政府和市政府的行政,合作解决一些重大社会问题。

第二,协议性合作。这种合作与委托性合作不同,委托性合作主要是通过委托与下级形成合作关系。协议性合作大多是出于解决各级政府都面临的重大问题所形成的合作,如治理大气污染、建设全国性的公路等。在这种合作中,上级政府会有一定的拨款,但这种拨款的性质与委托性拨款的性质不同。

第三,计划性合作。这主要是指地方或下级政府为了完成中央或上级政府制定的计划,通过参与计划的实施与中央或上级政府形成合作关系。这种合作关系在单一制国家比较常见。在单一制国家,履行这种合作是地方或下级政府义不容辞的责任。经济的国有化或经济的计划化,都会促进这种合作的广度和深度。

第四,参与性合作。这种合作是指地方或下级政府在参与中央或上级政府的决策或政策执行中所形成的合作。英国从1974年开始,中央政府运用地方政府参与中央决策的方法,促使地方政府与中央政府合作,对决定承担义务。当时设立了地方政府财政协商委员会。通过这个机构,地方可以与中央政府就重大的财政或经济安排进行磋商与合作,承担有关的义务;中央的财政各部门可直接与地方政府发生联系。

从以上四种合作形式中,我们可以看出委托性合作、计划性合作、参与性合作是地方或下级政府接受中央或上级政府的委托、参与中央或上级政府的计

---

① 林尚立:《国内政府间关系》,浙江人民出版社1998年版,第96~97页。

划和决策而形成的合作关系,事实上是地方或下级政府协助中央或上级政府完成中央或上级政府的政策目标。协议性合作中虽然中央或上级政府的主导作用不是那么明显,似乎是双方共同完成双方面临的共同问题,但解决问题的主要受益方仍是中央或上级政府,这种受益不仅指经济意义上的受益,更有政治意义上的受益。

(5) 地方政府的层级

地方政府的层级是宏观行政关系研究领域的一个重要问题。地方政府层级的设置影响宏观行政关系的运行,反过来,宏观行政关系的运行状况也会影响到地方政府层级的设置。例如,我国目前的地方政府层级主要是四级制:省—市—县—乡(镇)政府。在省政府与县政府之间设立地级市政府,即实行"市管县"体制,这是我国20世纪80年代以来对地方政府层级设置的重大改革,在改革之初起到了沟通城乡经济联系的作用,促进了经济发达"市"政府与农业"县"政府间关系的良好发展。但随着市场经济的发展,特别是县域经济的异军突起,这一地方政府层级设置逐渐暴露出一些问题。在实施过程中,"市领导县"体制实际上主要是为市区服务的,它常常通过行政手段截留审批指标、财政资金、工程项目给市区,从而形成了所谓的"市压县"、"市挤县"或"市刮县"等问题。这些问题恶化了"市"政府与下辖"县"政府之间的关系。反过来,"市"政府与下辖"县"政府间的关系恶化也引发了地方政府层级设置的变革。虽然目前没有明确取消地级"市"政府对"县"、"县级市"政府的领导关系,但已有一些地方做出了相应的改革,使得"市管县"领导体制名存实亡。2002年8月17日,浙江省委办公厅下发了浙委办[2002] 40号文件,310项本属于地级市管理的权限"空降"至20个县级政府头上。这310项权限涵盖了计划、经贸、外经贸、国土资源、交通建设等12大类事项,该文件同时规定县里主要领导均由省政府直接任命。在财权和人事权方面实际上接近于"省管县"体制。①

(二) 横向关系

宏观行政关系中的横向关系包括地方政府间的横向关系②以及不具有隶属

---

① 李梁:《浙江强县扩权独家披露》,载《南方周末》2003年9月18日。

② 严格来说,联邦制国家的州政府并不是地方政府,这里为了表述的方便,将联邦制国家的州政府也视为地方政府。事实上,联邦制国家的州、省或共和国,与单一制国家的州、省的行政地位,在法律上虽然不同,但它们在国内行政关系网络中实际的地位和角色没有多大的区别。这也是我们将之视为地方政府的一个重要理由。参见林尚立《国内政府间关系》,浙江人民出版社1998年版,第17页。

关系的地方政府部门之间的关系。不过，正如前文所分析的，不具有隶属关系的地方政府部门间行政关系只不过是地方政府间关系在具体部门、行业的具体体现，实质上仍然属于地方政府间关系的范畴。

地方政府间的横向行政关系既体现为地方政府平行的横向关系，即同级地方政府间关系；又体现为地方政府间斜交的横向关系，即没有隶属关系的不同级的地方政府间关系。在地方分权制下，由于地方政府的权力不是上级政府让与的，而是由国家有关法律明确赋予的，地方政府间的纵向隶属关系较弱，仅存在行政指导关系。而在中央集权制下，由于下级政府的权力来源于上级政府，地方政府之间的纵向关系具有明显的领导与被领导关系。但是，不管是在地方分权制下还是在中央集权制下，地方政府间的横向关系不论是平行的，还是斜交的，彼此之间既不存在指导与被指导的关系，更不存在领导与被领导的关系，因此，它们之间的关系比较自由，更多地体现为交流与合作的关系。如果说纵向的地方政府间关系主要具有政治与行政意义的话，那么横向的地方政府间关系主要具有经济意义。①

地方政府间的横向关系不是自地方政府产生、统一国家形成之时就有的，它的产生需要一定的条件。②首先，地方政府间横向关系是资本主义发展到垄断阶段的产物。在自由资本主义时期，信奉管得少的政府就是好政府（Government that Governs Least Governs Best），政府的职能就在于维护国家安全、维护社会秩序、保护个人财产不受他人侵犯，当好"守夜人"的角色。经济的运行、社会的发展，由自由市场"这只看不见的手"来调节和实现。这个时候，只存在形式意义上的行政关系，即静态的行政关系③，而没有实质意义上的行政关系，即各级政府间的纵向互动关系，更别提地方政府间的横向互动关系了。到了垄断资本主义时期，特别是20世纪30年代的资本主义经济危机以来，政府积极参与到经济的发展、社会问题的解决中去。在积极推动经济、社会发展的过程中，各层级政府积极开展合作关系，共同解决面临的共同问题。我们所说的"行政关系"④ 概念就来自美国经济危机时期的罗斯福新政。罗斯福新政开创了国家（政府）强力干预社会经济的先例，在结束了强调放任

---

① 林尚立：《国内政府间关系》，浙江人民出版社1998年版，第24页。
② 地方政府间横向关系在其形成之初就是动态意义上的行政关系，因为地方政府间横向关系不存在职责分配关系，也不存在行政领导关系或行政指导关系。
③ 静态的行政关系指宪政的设计，中央与地方政府之间的权责划分及相关法律法规，各层级政府单位之间的组织结构或隶属关系，以及各层级政府公务人员的职务等级划分等。
④ 严格来说，是"府际关系"概念来自美国经济危机时期的罗斯福新政。

自由的资本主义时代的同时，也开创了各层级政府间合作互动的先河，使得"行政关系"这个概念活灵活现起来，而非传统意义上的中央与地方关系或联邦主义。① 地方政府间横向关系是在动态的行政关系形成后逐渐发展起来的。

其次，地方政府间关系的形成以承认地方的独立利益为前提。地方政府从产生那一刻起就是地方利益、局部利益的代表，它的天职和存在的价值与意义就是维护地方、局部的利益，脱离开地方政府的天职，而让它代表全国、整体的利益，只可能适得其反，扭曲中央与地方的关系，既不能维护好全国、整体的利益，也不能调动地方的积极性。地方政府没有发展地方经济以及地方公益事业的积极性，也就没有动力去开展地方政府间的横向合作关系。只有承认地方的独立利益，恢复地方政府的本来意义，地方政府才有动力去开展横向合作关系，以促进地方的发展。

最后，地方政府间横向关系的形成要以地方享有一定程度的自主权为前提。一定程度的自主权是地方政府开展横向合作关系的基础。在中央高度集权体制下，地方政府是中央政府在地方的代理人，不享有任何自主权，即使地方政府有心去开展横向合作关系，也没有能力去做。改革开放前，我国实行中央高度集权体制，经济与社会发展所需要的物质资源、财力资源等主要资源都控制在中央政府手中，地方政府缺乏开展横向合作关系的物质基础，"巧妇难为无米之炊"，地方政府间横向关系也因之遭到阻隔。那时，即使有横向合作关系也是在中央计划下的行政命令型合作，是不公平、不对等的合作，如西部将原材料廉价提供给东部，东部制成产品后高价卖给西部。②

地方政府间横向关系主要具有经济意义，它具体体现为地方利益驱动下的地方政府间竞争和地方政府间合作两种形式。

1. 地方政府间竞争

对于地方政府间竞争，美国经济学家蒂博特用"用脚投票"理论来解释。该理论指出，在允许自由迁徙的前提下，企业和公民从自身效用最大化出发，将会不断地寻找有利于自身效用最大化的地方政府，选择在该地方政府的辖区内居住下来。人们之所以愿意居住在某个地方政府的管辖区域内，是因为他们

---

① 美国的传统联邦主义是"夹层蛋糕"联邦主义，即是指每一层级政府的职责是由联邦宪法和州宪法以及有关法律准确界定的，联邦、州、地方政府三个层级的政府在宪政设计的框架下相互独立，除了保护自己不受其他层次的政府的侵蚀外，各层级政府之间基本上没有什么互动关系，就像三层蛋糕相互叠放，层与层之间是酥皮。参见斯塔林《公共部门管理》，上海译文出版社 2003 年版，第 88 页。

② 薛刚凌：《论府际关系的法律调整》，《中国法学》2005 年第 5 期。

在这里找到了地方政府所提供的服务与所征收的税收之间的一种合理组合，这种组合符合自己的效用最大化目标。①在自由迁徙的制度下，各个地方政府为了吸引并留住企业和居民，必然要提高本辖区的公共产品和公共服务的供给水平。在存在多个地方政府的格局下，不同地方政府将在公共产品和公共服务的供给上展开竞争。以美国的行政关系为例，联邦宪法修正案第十条明确规定了全国政府的专有权力，其他权力由各州或人民保留之。联邦宪法给予各州以立法权和税收权，禁止各州对州际贸易征税，它使得美国的50个州如同50个经济对手，彼此展开激烈的经济竞争，但却互不采取地方保护主义措施，互不设立贸易壁垒或对输入货物征税。在联邦制的行政关系模式下，民众都拥有"以脚投票"的权利，他们认为哪个州的税制好，哪个州的公共设施最好，哪个州的税收和服务组合最合理，就可以自由地迁徙到该州去居住和工作。这就逼迫各州一边努力发展高水平的公共设施，一边尽可能保持适当的税收水平。美国各州政府以及地方政府之间，为了吸引更多的资本、投资和人才，以及为了争取更多的联邦政府补助款，展开了激烈的区域性和政府间竞争。② 再如，20世纪70年代澳大利亚发生的事情也能说明地方政府间的竞争。当时澳大利亚所有的州都实行遗产税，惟独昆士兰州废除了这个税种，富有的退休人员纷纷搬到昆士兰，不久其他的州也只好废除遗产税，以阻止人口损失造成的税收基数减小。③

在地方政府间的竞争过程中也会出现政府间冲突的情况。如美国39个州订立某种形式的分割税，即对向其他州出口的本州自然资源征税，而一些州利用这一手段，以低税来吸引其他州的产业。还有些州"出口"不征分割税，如在某一州产生、却使另一州受害的污染。还有的州出口其他不受欢迎的东西。例如，美国南达科他州在5年的时间里让93个被控入室盗窃、偷盗、伪造等罪名的人选择或者受起诉，或者搬到加利福尼亚州。这93个人都搬到了加州。接收这些人的加州官员当时便称南达科他州的做法可恶至极。④

---

① C. M. Tiebout, "A Pure Theory of Local Expenditure", Journal of Political Economy, October, 1956, pp. 416-424.

② 20世纪六七十年代财政联邦主义的飞速发展和随后在20世纪八九十年代的收缩所造成的重要后果之一就是州和地方政府在争取联邦拨款上展开了你死我活的竞争。参见尼古拉斯·亨利《公共行政学》，华夏出版社2002年版，第353页。

③ 赖恩·R·奥帕斯金：《联邦制下的政府间关系机制》，《国际社会科学》（季刊）2002年第1期。

④ 尼古拉斯·亨利：《公共行政与公共事务》，华夏出版社2002年版，第359页。

2. 地方政府间合作

由于地方政府间合作具有强大的经济功能和价值，所以，二战后世界各国普遍兴起以地方政府为组织者和协调者的各种形式的区域经济开发和区域经济合作。地方政府间的合作促进了区域经济的开发和合作，而区域经济的开发和合作又进一步推动了地方政府间的合作。从各国的实际情况来看，地方政府间的合作关系可分为正式合作关系和非正式合作关系。正式合作关系往往基于一定的协议和组织而形成，非正式合作关系主要是各地官员和公务人员之间因公务和私交所形成的对行政关系有影响的个人关系或团体关系。这里主要分析正式合作关系。正式合作关系的形成有以下几种情况：

（1）由中央政府的策划而形成合作

一般来说，在中央集权体制下，中央政府为了解决一些比较大的、跨地区的问题，往往会将与该问题相关的地方政府组织起来，通过地方政府间的合作以及这些地方与中央的合作来解决这些大的问题。如中国三门峡大坝的修建涉及陕西、河南、山西、山东等省的利益，需要这些省建立合作关系。在改革开放前的中央高度集权体制下，这种合作关系往往是由中央政府牵头形成的。由于也涉及中央政府所代表的全国的整体利益，实际上这种合作关系是地方与地方、地方与中央的多重合作关系。但受传统体制的影响，有时这种多重合作关系中的合作并非是平等协商地处理问题，而是以牺牲某些地方的利益为代价处理问题。①

（2）地方政府间为处理某一共同问题而形成合作

在美国，大部分城市地区都有"特别区域"，每一"特别区域"都由几个城市地区或城市与乡村地区组合而成。这些城市地区或乡村地区政府组成"特别区域"的目的，就是通过相互间的横向合作，共同为各自的居民提供诸如中小学教育、水与垃圾处理、警务、消防、环保、运输等全面的服务。

（3）基于协议而形成合作

这种合作比上述第二种合作更正式一些。它是通过各地方政府为解决共同面临的问题或协调双方之间在某一领域上的关系，通过订立协议的方式形成合作关系。在美国，州与州之间的这种"州际协议"，是以立法的形式订立的，因而，不但为有关州的官员所承认，而且为美国国会所接受。纽约—新泽西港

---

① 陕西省为修建三门峡大坝付出了代价，而受益的却主要是黄河下游的省份。参见张华勇《三门峡水库存废之争：陕西河南的利益博弈》，《民主与法制时报》2006年4月16日。

务局就是一项州际协议的产物,它是纽约州和新泽西州间的协议。①当时美国各州有60多个教育、河流管理、港口、渔业和能源的跨州机构,它们都是从州际协议演化而来的。

(4) 以协议的形式形成合作关系

这种合作是通过地方政府间或地方政府某部门之间建立地方政府协会或有关部门的协会而实现的。英国就有各种地方机构的协会,如县议会协会、市自治团体协会、伦敦市常任联合委员会、城区议会协会、全国乡议会协会等。这些协会不仅能促进政府间的合作关系,而且能为各级政府提供许多交流和咨询的机会。②

宏观行政关系横向关系的发展将会影响纵向关系的发展,因为随着横向关系的发展,地方政府的经济利益会越来越明确,新经济利益的要求也会越来越突出,这就必然使地方政府产生要求改善纵向关系的政治要求和行政冲动,其目标自然是扩大地方自治权,提高地方政府的地位。这种趋势在单一制国家中表现得尤为明显。③

二、微观行政关系的基本构成

微观行政关系是一级政府内部的行政关系,包括某一层级的政府各内设机构之间的横向关系,以及包括本级政府在内的内部纵向行政关系。

行政组织的结构,既有垂直分化,形成层级化;也有平行分布,形成部门化。部门化也叫分部化,最简单的解释就是分工。形成分部化的主要原因,可以归纳为以下几个方面:

1. 由于机关工作的日益复杂及组织的日益庞大,促使机关组织必须按照工作的性质,分设单位,将复杂的工作分别分配到各个部门,才能适应事的需要。

2. 为求行政效率的提高,必须经由分部化的手段和过程,使各部门皆有明确的职掌及权责关系,才能职有专司,克奏其功。

3. 适应管理幅度的限制,也需分部化,使主管人员有效地指挥其属员从事分工和协调,以免因工作划分不当造成困难。

---

① 纽约—新泽西港务局成立于1921年,两个州的州长任命6名局长负责纽约和新泽西全部地区的交通。它有6000名雇员,是所有跨州机构中雇员最多的。参见尼古拉斯·亨利《公共行政与公共事务》,华夏出版社2002年版,第359页。

② 罗孟浩:《各国地方政府》,台湾中正书局1959年版,第152页。

③ 林尚立:《国内政府间关系》,浙江人民出版社1998年版,第24页。

4. 为实现工作专业化的利益，故需分部化，以便将工作性质相同的活动予以分类，并量才适用，发挥属员专才，妥善达成目标。

5. 为获得一个大小适度、便于管理的工作单位，并妥善地应用管理的技能，也必须分部化。①

分部化的方式，有按功能分部，即将同一性质的工作置于同一部门之下，由该部门全权负责该项功能的执行。如一行政组织，可划分为农业局、工商局、人事局、教育局等。根据行政功能来划分部门，是最普遍的分部化方式，行政组织尤其是这样。因组织扩大或工作量增加，为达专业化的目的，不得不在部门以下划分许多分支部门，从而形成部门的层级化。还有按程序或设备分部化、按地区分部化、按人（顾客）或物分部化等几种方式。这些方式在企业中比较常见。②

我国行政组织的分部化特征比较典型，不仅经过了几十次的调整，反反复复，部门众多，而且还形成了理不清、越理越乱的部门间关系。这主要是因为我国行政组织实行双重领导体制，政府职能部门既受上级对口职能部门的领导，又受本级政府的领导。在这种双重领导关系中，有的职能部门以本级政府的领导为主，有的职能部门以上级对口部门的领导为主，还有个别的职能部门只受上级对口部门一方的领导。但不可否认的是，即使职能部门不受本级政府的领导，也免不了要与同级地方政府或同级地方政府所属的其他职能部门打交道，所以本书所说的特定层级政府内部的关系作广义的理解，以上级对口部门领导为主，或只受上级对口部门领导的职能部门，与同级地方政府或同级地方政府所属的其他职能部门之间的关系也属于微观行政关系的研究范畴。

我国在新中国成立以来的多次行政体制改革中，形成了两种类型的职能部门：

第一种类型的职能部门分别是各级政府的组成部分，以本级政府的领导为主，以上级对口职能部门的指导为辅，如民政局、工商局、农业局等。这一类型中政府内部的部门间关系比较简单，也比较好处理。

第二种类型的职能部门一般是本系统上级职能部门的派出机构或分支机构。对于这类机构，其干部、工作人员、业务范围及工资福利归上级职能部门主管，下级政府只有协管的权力，有的党群关系归下级管理，有的连党群关系也归上级主管部门管理，下级政府基本上无权过问其任何工作。现在这类部门

---

① 吴定：《行政学》（一），台北空中大学印行1995年版，第198~199页。
② 吴定：《行政学》（一），台北空中大学印行1995年版，第199~202页。

或机构主要有监察、审计、国家安全、公安、统计、地震、地质矿产、气象、测绘、物资储备、银行、税务、烟草专卖、邮政、铁路、民航、电力、海关、商品检验等。

这一类型中政府内部的部门间关系非常复杂，容易出现职能部门与同级地方政府或同级地方政府所属的其他职能部门之间的矛盾。下级部门是上级部门的派出或分支机构，它和同级政府的关系就十分淡薄，人、财、物都没有关系。比如说国税局，它是上级部门的分支机构，与同级政府没有什么关系。但它要按期完成税收任务，同级政府要求减和免，或者拖欠税收，两者的冲突就发生了。这种矛盾和冲突往往需要上级政府或更高级政府出面协调，才能够解决，而且可能久拖不决，给双方的工作都会带来困难。国税局在上级部门的领导下，可以自行决定自己的编制、福利、奖金、住房和办公用房、用车，这对于同级政府来说，都可能引起攀比现象，使同级政府难以统一领导各部门，给机构改革、奖金福利控制、住房用车控制带来麻烦。少数垂直领导部门的存在是必要的，有利于完成一些特别的任务。但这种部门的大量存在，削弱了一级地方政府的功能，不利于政府功能的全面实施，对于一级政府的改革和发展都是不利的。①

从上面的分析中我们可以看出，受从中央到地方"上下一条线"的条条关系的影响，微观行政关系变得异常复杂，这不利于我国地方政府的改革和发展。所以，改善和理顺微观行政关系，一方面要减少中央政府部门与地方政府部门之间、地方政府上级部门与下级部门之间的垂直领导关系，多一点业务指导关系；另一方面要实行中央与地方的法律分权制，从法律层面明确中央与地方政府间职权分工。这两方面是相辅相成的，减少条条上的垂直领导关系，会扩大地方的自主权；扩大地方的自主权，也就会减少条条上的垂直领导关系。

第三节　中国行政关系的发展与展望

一、中国行政关系的传统模式

传统模式是指改革开放前的行政关系模式。在改革开放前，我国实行的是计划经济体制，传统的行政关系模式正是在这种经济体制下形成并为其服务

---

① 谢庆奎：《中国政府的府际关系研究》，《北京大学学报》（哲学社会科学版）2000年第1期。

的。下面具体分析这种传统模式的特点。

(一) 中央高度集权

两千多年的中央集权体制使得我国具有中央集权的传统，而新中国又是在战争胜利的基础上建立的，并且采用计划经济体制，因而在改革开放之前，中央控制了政治、经济、文化等所有领域，实行中央集权。具体体现为政治集权、行政集权、经济集权和财政集权。

1. 政治集权

政治集权主要表现在中央对地方的干部人事控制上。这种控制建立在党管干部的基础上。所谓党管干部，指根据各级政府和部门的干部所担任的职务，分别由中央、各地区和各部门的党委、党组或所在单位的党委负责管理。对干部的任免、提拔、调动、审查和干部问题的处理，都必须由党委集体讨论决定，并按干部管理权限，由主管党组织批准。① 这样，中央就能通过各级党委、党组控制各级各类干部，形成一个层层控制的干部体系。

2. 行政集权

从1954年的第一部宪法到1982年的宪法，在中央与地方的行政职权范围的规定上，都赋予国务院极其广泛的行政职权，而对地方各级政府的职权没有十分明确的划定，仅在地方政府组织法中规定地方各级政府必须执行上级国家行政机关的决定和命令，办理上级国家行政机关交办的事项，同时负责领导下级政府的工作。② 这就为中央对地方、上级对下级实行行政集权提供了充分的前提和条件。中央对地方、上级对下级主要是通过行政领导或业务指导，控制地方和下级编制，行政监督等形式来实现行政集权的。

3. 经济集权

这主要指在计划经济下，中央政府通过计划体制和行政手段在国民经济管理上实行高度集权。这种形式的经济集权主要表现为集中计划权，集中重要物资的分配权以及大型项目的审批、投资权。

4. 财政集权

虽然新中国成立以来我国的财政管理体制变化较大，先后出现了统收统支

---

① 谢庆奎：《当代中国政府》，辽宁人民出版社1991年版，第384页。
② 《中华人民共和国地方各级人民代表大会和地方各级人民政府组织法》第四章（地方各级人民政府）第五十九条（县级以上的地方各级人民政府行使下列职权）第一款、第二款、第十款。参见《中华人民共和国地方各级人民代表大会和地方各级人民政府组织法》，中国政府网，http://www.gov.cn。

模式、分类分成模式、总额分成模式和大包干模式，① 但这些模式的形成都不完全是中央与地方共同协商确定的，而是中央根据实际需要，以政策的形式确定的。而且每一种形式在不同的年份所确定的财政收支划分比例，有时也是不同的，中央掌握主动权。财政收支的划分不论是集中于中央，还是分散于地方，中央政府都基本上坚持"三个统一"，即中央的统一领导、国家的统一计划和统一的财经制度。②

（二）条块关系的矛盾

"条条"是指从中央到地方各级政府业务内容相同的职能部门系统，"块块"是指按行政区划所设定的各级地方政府，省政府是地方的第一级"块块"。改革开放前，我国的行政关系一直受到条块矛盾的困扰，表面上看是部门管理与地方管理之间的矛盾，但实质上还是中央与地方的矛盾、集权与分权的矛盾。在计划经济和中央集权的体制下，条块矛盾在行政关系中主要体现为以下三个方面：

1. 纵向集权与横向分权的矛盾

在行政体系中，部门的管理是以权力纵向集中为基础的，而地方管理是以权力的横向分散为基础的。在传统模式下，我国中央政府与地方政府的权限划分不是整体职权的划分，而是中央各职能部门与地方政府权限的划分。中央集权是各地方的权力向中央各职能部门集中，中央分权是中央各职能部门的权力向各地方分散。这种权力流动方式造成的结果是：中央集权时，权力就集中到具体承担人、财、物和产、供、销等相关业务工作的中央各有关部门，形成"条条专政"，地方的发展缺乏活力；③ 而中央分权时，权力就由中央各部门分别流散到各地方，形成"块块专政"，中央的宏观控制受到削弱。④

---

① 宋新中：《中国财政体制改革研究》，中国财政经济出版社1992年版，第5页。
② 田一农：《论中国财政体制改革与宏观调控》，中国财政经济出版社1988年版，第57页。
③ 薄一波：《若干重大决策与事件的回顾》下卷，中共中央党校出版社1993年版，第780页。
④ 权力分散中，对于各部门来说，它所分下去是本部门内的权力，对于地方来说，它从各部门所得到的却是人、财、物和产、供、销的综合大权。由于这一综合大权，各部门对地方的调控自然也就被削弱，基于各个主管部门而实现的中央集中领导自然也就显得十分软弱。参见林尚立《国内政府间关系》，浙江人民出版社1998年版，第310页。

2. 部门政策与地方政策的矛盾

在以条条集权为主的经济管理体制下，部门管理与地方管理实际上是相互分割的。中央职能部门往往会与地方相应职能部门联系，并形成毛泽东所说的"连成一线"的局面；然而，地方职能部门毕竟也属于地方政府，也得执行地方政府的政策和指令。在这样的情况下，地方职能部门就可能会面临不知是执行主管部门的政策和指令好还是执行地方政府的政策和指令好的两难窘境。

3. 地方收入与支出的矛盾

在计划经济体制下，国家的财政收入主要是由各项税收和企业上缴的利润构成。这两项收入分别占财政收入的45%左右，其中企业上缴的利润占总收入的比例略高些。① 中央和地方所属企业上缴的利润是构成中央和地方固定财政收入的基础。这就意味着，当中央向地方下放企业，给地方分权时，地方的财政收入也会相应地增加。但问题是，在统一的财经制度下，地方支配收入的权力并不一定扩大，这就使地方面临有钱却没有花钱权力的尴尬局面。

（三）地方政府间横向关系的阻隔

地方政府间的横向关系主要指同一层级地方政府及互不隶属的不同层级地方政府间的关系。在行政关系传统模式中，地方政府间横向关系的阻隔主要是因为"条条专政"。"条条专政"就意味着条条管理排挤块块管理，地方管理地位被削弱，地方政府间合作和协调的基础也就变得十分薄弱，而且合作与协调本身的价值与意义也就被冲淡。②

1. 地方完全服从中央的计划安排，地方政府的管理地位受到影响，地方所表达的地方利益难以实现，这就使得地方政府缺乏扩展横向联系的动力。

2. 经济与社会发展所需要的物质资源、财力资源等主要资源控制在中央各部手中，地方政府掌握的资源十分有限，这就使得地方政府缺乏进行横向联系的物质基础。

3. 中央主要职能部门为了便于管理，要求地方各级政府层层设置对口机构；地方政府为便于争项目、争投资、争物资，也愿意设置与中央各部对口的单位和部门，这样，地方政府实际上就被"条条专政"所肢解，地方行动只不过是地方各部门的行动，地方的整体行动和发展规划形不成，地方政府间的横向联系也就无从谈起。

---

① 《中国财政统计：1950~1991》，科学出版社1992年版，第20~21页。
② 林尚立：《国内政府间关系》，浙江人民出版社1998年版，第313页。

4. 地方政府功能萎缩。随着党政一体化发展，"条条专政"最终都归到了党的一元化领导之下，因为党政机构对口设置，党要过问、干预政府部门的活动。这样，对各级政府来说，它不仅可以依赖上级政府，而且可以依赖上级或同级党组织的领导，政府的行政功能也就因此萎缩了。功能不健全的地方政府不论在主观上还是在客观上，都不可能主动去发展横向联系。

二、中国行政关系的新发展

20世纪70年代末80年代初以来，我国进行了政治体制和经济体制改革，改革在总体特征上呈现出地方分权的倾向，使行政关系发生了根本性的变化。

（一）地方分权

1. 通过经济体制改革实现地方分权

党的十一届三中全会以后，中国的经济体制改革一直沿着政府向企业放权、中央政府向地方政府放权以及各级政府向下层层放权（即"简政放权"）的方向进行。

（1）财政权的下放

在财政权力方面，对财政管理体制进行了多次调整，逐步扩大地方的财政自主权。从1980年开始实行"划分收支、分级包干"的新财政体制（人们俗称为"分灶吃饭"的财政体制），到1985年的"划分税种、核定收支、分级包干"的财政体制，1988年实行的六种包干办法，① 再到1994年开始实行的分税制，我国的财政体制逐步向规范化、制度化的方向发展。在此进程中，地方发展的总体方向是更具有独立性和自主性。

改革开放之前，虽然中央也常向地方财政下放权力，但都是以"条条"掌握财政分配权为前提的，因而，中央向地方下放财权，不过是财政系统内部的逐渐放权而已，其他各经济主管部门仍然保持着对地方财力使用的支配权，地方财政仍然没有实质性的独立权。而从1980年开始的财政体制改革，逐步跳出了以"条条"为主支配财力的老框框，走上了以"块块"为主支配财力的轨道。"分灶吃饭"的财政体制规定，下放财权后，中央各经济主管部门对于已经明确划归地方自行安排的各项事业，不再归口安排支出，也不再向地方

---

① 六种包干办法分别是收入递增包干、总额分成、总额分成加增长分成、上解额递增包干、定额上解、定额补助。参见杨勤活《财税金融法律百科全书》，中国政法大学出版社1994年版，第896页。

分配支出指标，地方财力的分配和使用完全与各经济主管部门脱钩。1994年开始实行的分税制按照税种划分中央和地方的收入来源。它是按市场经济的客观要求处理中央与地方财力分配关系的一种财政管理体制。这种财政体制既能赋予地方较大的自主权，又能保证中央政府享有稳定的财政收入。

（2）经济管理权的下放

改革开放以来，中央将一些属于中央的经济管理权下放给地方政府，扩大了地方政府的经济管理权。如扩大了地方政府固定资产投资项目审批权、物价管理权、利用外资的审批权、外贸及外汇管理权，增加了地方政府统配物资的品种和数量，还将一些过去由中央部（委）直接管理的企业下放给地方政府管理。

2. 通过政治体制改革实现地方分权

经济体制改革引起的中央与地方经济关系的调整，不断影响着我国传统的中央高度集权的政治管理体制，推动着传统政治体制进行缓慢的调整和变革。

（1）在干部人事方面，中央下放和扩大地方的干部管理权限。从1984年起，将干部管理权限由过去的各级干部下管两级改为下管一级，这就减少了中央的干部管理层次，把原来由中央直接管理的一部分干部下放给地方直接管理，扩大了地方的干部管理权限。

（2）在行政权限方面，1982年通过的新宪法即"八二宪法"规定的中央与地方国家机构职权划分的总原则，扩大了地方政府的某些职权。"八二宪法"规定："中央和地方的国家机构职权划分，遵循在中央的统一领导下，充分发挥地方的自主性、积极性的原则。"（第三条）这为扩大地方政府的行政权限提供了宪法依据。

（3）在行政领导体制方面，由集体负责制改为首长负责制。行政领导体制的这一变化，在明确行政首长在行政活动中的责任的同时，也直接或间接地提高了政府行政在整个政治体系中的地位和作用。

（二）地方政府间的横向合作蓬勃发展

改革开放之前，由于实行中央高度集权以及"统收统支"的财政体制，地方政府不具备独立追求自我利益的动力和能力，地方政府间的横向经济联系主要是中央集权支配下的资源调度。改革开放后，我国进行了政治体制、经济体制、行政体制改革，地方政府在经济和行政权限上获得了一系列独立自主的权力，有了开展地方政府间合作的必要条件，出现了多种形式的政府间合作，如高层领导联席会议、城市政府联合体、区域内经济贸易协调会、跨经济区的地方政府联合等。

1. 高层领导联席会议

实行高层次领导对话，进行经验和信息交流是地方政府间合作的重要形式。以上海经济区为例，到1986年7月，上海经济区已包括上海、江苏、浙江、安徽、江西、福建五省一市。在这个经济区内，不仅有省级政府之间的联合，还有市级政府之间的联合。经济区于1985年成立经济区省长、市长会议制度。省市长会议由上海市市长、其他五省省长和经济区规划办主要负责人组成。会议每年召开一次，在区域内各省市轮流召开，由东道主的省长、市长担任主席主持会议。省市长会议实行民主协商一致的原则，形成的决议共同遵守。①

再以泛珠三角区域为例。泛珠三角区域包括福建、江西、湖南、广东、广西、海南、四川、贵州、云南九个省区和香港、澳门两个特别行政区（简称"9+2"）。它们于2004年签订了《泛珠三角区域合作框架协议》，确立了内地省长、自治区主席和港澳行政首长联席会议制度。每年举行一次会议，研究决定区域合作规划，协调推进区域合作的重大事宜。②

2. 城市政府联合体

这主要是区域内的各大城市之间在经济、行政和文化等方面的合作。例如，1984年12月14日，辽宁中部城市经济技术协作联合体在沈阳成立。联合体由沈阳、鞍山、抚顺、本溪、辽阳、铁岭、丹东七城市组成。③再以"长三角"区域内的旅游城市为例，2003年7月，"长三角"区域内的上海、南京、杭州等15个旅游城市及安徽黄山市签署了《长江三角洲旅游城市合作（杭州）宣言》，决定把"长三角"旅游区建成中国首个跨省市的无障碍旅游区，统一打造长三角旅游的整体品牌，使之成为世界级旅游目的地。该宣言为"长三角"旅游城市之间的横向合作奠定了坚实基础。④

3. 区域内经济贸易协调会

这是区域内地方政府进行交流和合作的重要组织，包括省际间的经济协作区和城市间的经济协作网络，前者如西南五省七方经济协调会，环渤海经济

---

① 张万清：《区域合作和经济网络》，经济科学出版社1987年版，第38页。
② 泛珠三角区域合作与发展论坛，www.people.com.cn。
③ 《鞍山历史上的今天》（1984年12月14日），鞍山档案信息网，http：//www.asar-chives.net。
④ 《旅游业进入区域合作时代》，《中国经济时报》2003年8月11日。

区，由中南六省（区）三市九方（粤、桂、湘、鄂、豫、琼、穗、汉、深）组成的中南经济协作区，淮海（苏、鲁、豫、皖）、中原（晋、冀、鲁、豫）、闽粤赣三边协作区等，后者如长江沿江沿岸中心城市协调会等。①

4. 跨经济区的地方政府联合

各地方政府间的联合不仅仅局限于经济区内相邻近地区的地方政府，还扩展到全国各地的地方政府，如东北经济区内5城市参加环渤海15城市经济协作圈；锦州、朝阳参加冀、蒙、辽边界7城市（地）经济联合体。②再如，上海经济区内的江苏省与陕西省进行干部交流合作，其宗旨是：东西互助、对口支援、沟通信息、外引内援、培养干部、发展经济。根据协议，江苏于1991年选拔73名熟悉经济工作的领导干部到陕西秦巴山区任职，陕西选派73名分管经济工作的领导干部到江苏有关市县挂职工作、锻炼学习。③

（三）地方政府间竞争激烈④

改革开放后，随着行政性分权、经济性分权的进行，地方政府成为了地方经济利益的代表，有了开展横向经济联系的必要条件，在地方政府间合作大力发展的同时，地方政府间的竞争也如火如荼地进行着。我国地方政府间的竞争有多种表现形式，如财政（税收）竞争、招商引资竞争（优惠政策竞争）、基础设施建设竞争、会展竞争、人才竞争、政府服务竞争、区域性竞争等。⑤

1. 税收竞争

地方政府之间为了吸引资本、技术等生产要素的流入，以税收为手段展开竞争，主要表现为税收优惠。地方政府通过减免税收、财政返还等各种优惠措施尽量提高本地在吸引外资方面的优势，吸引外地资源流入本地，从而扩大税

---

① 庞效民：《90年代区域经济合作政策效果分析》，《地理研究》1999年第3期。
② 方秉铸：《东北经济区经济发展研究》，东北财经政法大学出版社1990年版，第226页。
③ 余振贵、张永庆：《中国西北地区开发与向西开放》，宁夏人民出版社1992年版，第80页。
④ 这里的地方政府间竞争仅指没有行政隶属关系的地方政府之间的横向竞争，也即是说不包括具有行政隶属关系的纵向地方政府间的竞争，因为具有隶属关系的地方政府间虽然也会存在某种形式的竞争关系，但其竞争在很大程度上会受到行政力量的干预而产生扭曲，具有非公平性、非规范性的特征，这在单一制国家里表现得尤其明显。参见刘锡田《中国地方政府竞争的制度基础与创新》，江西财经大学2004年博士论文，第16页。
⑤ 刘锡田：《中国地方政府竞争的制度基础与创新》，江西财经大学2004年博士论文，第49~51页。

基，弥补因减免税而造成的收益损失，达到地方政府获利的目的。目前，我国地方政府税收竞争的主要问题在于：违反国家法令擅自和越权减免税。

2. 招商引资竞争（优惠政策竞争）

在整个转轨时期，地方政府为了吸引外部资源，最容易见效的手段便是优惠政策。通过给予更多条件优越的优惠政策，可以在短期内取得比较明显的收益，尤其是对基础条件、区域位置比较差的地方来说，优惠政策是最主要的竞争手段。① 在优惠政策竞争方面，主要有低价或免费提供土地、低价转让国有企业、承诺基础设施建设、无限制地实施税收和政府收费的让渡、主动协调银行融资等。

3. 基础设施建设竞争

除了比较原始的优惠政策竞争外，地方政府还进行城市基础设施建设竞争，因为地方政府越来越认识到，基础设施建设是优化投资的重要组成部分，对招商引资不仅具有明显的短期效果，还具有更为重要的长期效果；提供良好的基础设施还有利于民间经济的发展。为此，各级地方政府纷纷兴建汽车城、大学城、电子城、工业园等大规模投资项目，市政设施、路桥建设、园区开发等基础设施投资的扩张态势也达到沸点。

4. 会展竞争

会展竞争实际上属于基础设施建设竞争的延伸。通过会展，不仅可以快速扩大本地声誉，还可以吸引大量的生产要素向本地集中，大大增加本地区的商业发展机会，为此，地方政府便围绕着"会展"这个馅饼展开了激烈的竞争。

据报道，目前国内各类展览馆达230多个，已经超过德国而名列世界第二；与此同时，打造国内甚至是国际区域性经济城市已经成为很多城市所确立的新目标，这些城市大多提出建设会展中心城市，写入政府工作报告的已达几十个之多。② 而且，始于20世纪90年代末的城市展览场馆新建、改建、扩建热潮，到目前仍未停歇，并且这一波热浪开始从大城市向中小城市甚至乡镇扩散，在浙江、广东两地，10个以上的县级市和经济实力雄厚的乡镇，都已经兴建或即将上马两万平方米以上的新展馆，这使得原本独享展览业"蛋糕"

---

① 在我国经济转型过程中，各个地方为了促进当地的经济发展，采取各种正式和非正式手段，和中央政府进行讨价还价，以获取更多的优惠政策和特殊照顾。参见任勇《试论中国地方政府间的竞争及其规范》，《福建经济管理干部学院学报》2005年第2期。

② 《谨防"会展经济"不经济》，《中国工商报大潮》2006年4月27日。

的中心城市，不得不面临更多的竞争对手。①

三、中国行政关系的展望

(一) 走向相互依赖的中央与地方

中央与地方的相互依赖关系以彼此具有相对独立性为前提。在行政关系传统模式下，实行中央高度集权体制，地方政府完全依赖中央政府并形成"条条专政"。这种单向依赖关系的结果是，地方政府缺少积极性和主动性，它们只要完成中央分派的任务就万事大吉。改革开放后，中央政府对地方的放权让利改革，在一定程度上改变了地方对中央的单向依赖，地方政府在实质上获得了部分自主权，但由于缺乏有效的监督机制，地方政府在很大程度上可以为所欲为，结果形成了"块块专政"，导致"上有政策、下有对策"，在地方滋生了"打擦边球"的机会主义政绩观。

中央与地方关系要走出"条条专政"或"块块专政"的误区，就必须实行法律分权制。法律分权下的中央与地方都保持了各自应有的相对独立性，是相互依赖的关系，而非单向依赖的关系。由于各自的职权范围都有法律保障和相应的财政基础②，所以双方都不能随意破坏对方应有的独立性。尽管中央因其制度上的优势，负有对地方进行指导和监督的使命，但是当中央履行这一使命时，也应做到合法、合理，依赖制度和法律办事。这种有基础、有保障的中央与地方各自的相对独立性，是形成中央与地方相互依赖关系的基础。由于中央和地方在管理和社会中所处的地位、所承担的职能不同，所以各自有自己的优势，双方的优势互补是形成中央与地方依赖关系的动力。

这种相互依赖关系具体表现在以下几个方面：

1. 在财政上地方依赖于中央政府

在中央与地方实行分税制的制度安排下，为了确保中央政府的宏观调控能力，中央税收体系往往占主要地位，中央税收将重要税种和大部分税收收入都占有了，这就使得中央政府的财政收入一般都占全国财政收入的一半以上。虽然分税制下的地方政府也有自己的稳定收入，但由于地方直接承担社会公共事务的管理和中央政策在地方的执行事务，所以，这些基于地方税所得到的财政收入是不足以应付地方所需的财政支出的。在这种情况下，地方财政必须依赖

---

① 《会展城市展开新一轮竞争》，《经济日报》2003年11月7日。
② 因为在中央和地方之间实行分税制，所以中央与地方都有自己的财政基础。

中央政府的财政拨款和转移支付。中央财政补贴是填补地方财政缺口的重要来源之一，同时，也是促进中央与地方合作的重要手段。它可以纠正地方政府提供公共产品的利益外溢等外部性问题，可以纠正不同地方政府间的横向财政不平衡问题，可以矫正地方政府不积极支持中央政策的行为偏差，可以保证地方政府提供的公共产品符合中央政府确定的最低服务标准，并在政策上诱导地方政府提供中央支持的全国优效品（national merit goods）。①

2. 在政策的制定和执行上中央和地方政府相互依赖

中央政府是全国范围内重大政策的制定者，所以地方政府在重大政策的选择和安排上要依赖中央政府，但地方政府是政策的执行者，中央的政策要得到有效执行，必须依赖地方政府的支持和合作。在法律分权下，地方政府的主要职责是管理地方公共事务，提供地方公共产品，直接对地方居民负责。在这种情况下，无论是中央政策的制定还是中央政策的执行，都不能不依赖地方的支持和合作。一方面，在政策的制定上，要尊重地方的参与决策权，与地方政府充分协商，充分反映地方政府的利益要求，这样制定出的公共政策，地方政府才有动力和积极性去贯彻执行；另一方面，在政策的执行上，要注意充分通过利益引导寻求地方政府的支持和合作，如通过财政上的援助和转移支付手段来推动政策在地方的有效贯彻执行。

3. 在行政立法上中央与地方政府相互依赖

行政立法是现代政府管理社会的重要措施。中央政府的行政立法具有权威性，能够通行于全国，但形成的时间较长；地方政府的行政立法能尽快反映社会的变化和要求，而且针对性明确，但权威性和空间效力都比较有限。因此，中央与地方行政立法之间存在互补关系。在中央遇到新问题而没有出台具体的行政法规之前，可请地方针对新问题先行制定地方性法规或规章；另一方面，地方的立法原则上不能与中央的法规相抵触，所以，地方的行政立法必须有中央的支持和配合。

（二）地方的自治与发展②

改革开放后，我国行政关系模式有了很大发展，突出表现为地方政府在行政关系网络中的地位和作用突出起来，这在很大程度上归因于中央向地方的放权让利改革。但是，由于这种放权让利改革多是中央政策的产物，缺乏宪法和

---

① 樊勇明、杜莉：《公共经济学》，复旦大学出版社2001年版，第318~320页。
② 林尚立：《国内政府间关系》，浙江人民出版社1998年版，第358~359页。

法律的依据，地方政府的权力和地位处于很不稳定的状态中。如20世纪80年代中后期，经过几轮中央向地方放权让利改革后，地方政府掌握了经济管理、财政方面的大权，形成了"强地方弱中央"的局面，但是人们还是觉得有中央集权的存在，"强地方"是不可靠的，因为中央政府"一夜之间"就可以实现集权。人们的这种心态不是没有道理的。新中国成立以来中央的多次集权分权改革给人们的感觉就是"中央可以瞬息间放权，也可以瞬息间收权"。1994年开始的分税制改革以制度的形式划分了中央和地方的财权，给心理不安的地方政府吃了一颗定心丸，使人看到了以制度的形式处理中央与地方关系的希望。但实行分税制只是建立了一个新制度，并不等于分税制制度化，更不等于中央与地方关系制度化，还需要我们在熟悉、实践、完善的过程中使之制度化，其制度化标志是使这一制度在成文宪法中予以明文规定，并使其在实施过程中受到不容侵犯的保护。① 所以更重要的是，借分税制改革之东风，进一步推进我国行政关系改革。笔者认为，重要的是在中央和地方关系上实行法律分权制。在宪法和地方政府组织法中明确规定地方政府相对独立的利益主体地位，赋予其适度的地方自主权。当然，在实行法律分权制下，应辅之以完善的政府间监控制度。

法律分权制下的我国地方政府会朝着更具有独立性和自主性的方向发展。相对独立的税收体系（分税制）和有法律保障的职权体系（法律分权制），将会使地方政府逐步成为一个具有相当自主性的主体。经济和行政上自主性的提高将会使地方政府成为一个政治上的利益主体。在这个发展过程中，地方会逐步寻求自主地位的提高。从西方各国的发展经验来看，地方自主权增加是必然的趋势，但这种自主权的发展是在国家高度整合和中央宏观调控体系十分完备的前提下实现的。地方自主权的主要意义在于民主政治上的发展。就法国20世纪80年代的行政关系改革②发展出的地方自治而言，它并没有使地方与中央现有的经济和行政关系发生多少根本性的变化，它的意义主要在于使地方在政治上有更大的自主性，即能自行决定本地区的行政官员的选择、本地区的发展政策和管理方式。在中国未来的发展中，也必然会提出地方自主权问题。但

---

① 胡鞍钢：《正确认识和处理市场经济转型中中央与地方的关系》，载董辅礽等《集权与分权——中央与地方关系的构建》，经济科学出版社1996年版，第79页。

② 这里是指1982年法国《权力下放法案》颁布后引发的行政关系改革，这次改革使得中央不在政治上直接控制地方，但是，中央在行政和财政上对地方的控制和干涉还是十分全面和深入，显示出明显的中央集权特征。参见林尚立《国内政府间关系》，浙江人民出版社1998年版，第261页。

这一问题要成为现实，仅有地方自身的发展是不够的，它还需要国家整体发展和整个制度体系的完善。从这个意义上来说，法律分权制下的发展应是一种共同的发展；一方面是国家的整合和综合国力的发展，另一方面是地方利益的实现和自主地位的提高。当然，在这个过程中，离不开中央政府的有效指导。

（三）地方政府间竞争的规范化与地方政府间合作的制度化

改革开放以来，随着行政性分权和经济性分权的进行，地方政府成为地方利益的代表，它们围绕着地方经济、社会、文化的发展进行激烈的竞争。一定程度的竞争可以促进当地经济的发展，但由于我国正处于经济改革和社会转型时期，地方政府的竞争行为"如市场中公司之间的竞争一样，也许可能通过引致自我调节倾向产生实际利益，结果对于整个体制中运行有效率的解决方法产生压力"①。也就是说，地方政府间竞争如果超过了一定限度，就会产生消极作用。目前，我国出现的重复建设、产业结构趋同、地区大战与地区封锁等现象就是地方政府间不良竞争的表现。这恶化了地方政府间的横向关系，产生了一系列严重的政治、经济和社会问题，所以，问题的关键是规范地方政府间竞争。首先，要理顺中央与地方的关系，使中央政府成为超脱于地方政府间利益争端的公正裁判，从而在地方政府的利益博弈结构中充当信息沟通与冲突裁判的作用。其次，要促进地方政府间合作，以经济协作为基础的地方政府间横向合作，能够降低区域经济发展的交易成本，促进经济要素的自然流动和跨地区的经济技术合作，在一定程度上规避地方政府间的不良竞争。再次，要推动市场经济的发展和政府改革，理顺政府和市场的关系，建立政府干预与市场协调之间的平衡关系，促进地方政府之间走向良性合作。

改革开放以来，我国地方政府间开展了各种形式的合作，但目前我国地方政府间合作仍存在一些障碍性因素，如受地方保护主义思想意识的影响，地方政府不能做到积极主动地开展合作关系；再如，由于缺乏统一的战略规划、合作的组织形式制度化低、中央政府未能提供有效的政策或制度保障等因素的影响，我国地方政府间合作的有效性、稳定性难以得到保证。② 所以，问题的关键是促进地方政府间合作的制度化。首先，要制定和完善地方政府间合作的法律法规，应在宪法和地方政府组织法中，明确规定地方政府间开展合作的权

---

① 文特森·奥斯特罗姆：《美国联邦主义》，上海三联书店2003年版，第158页。
② 参见汪伟全《论我国地方政府间合作存在的问题及解决途径》，《公共管理学报》2005年第3期。

力，并对中央政府（上级机关）在跨区域事务中的权力，地方政府间合作机制的建立、权利与责任的分担等问题作出相应的规定。其次，要成立具有实质功能的管理机构，以此来维持和推动地方政府间的合作关系。再次，中央政府应依法设立区域管理机构，使之在制定科学的区域发展战略和发展规划、协调地方政府间横向关系中发挥积极作用。

另外，需要指出的是，地方政府间竞争的规范化需要地方政府间合作的制度化，反过来，地方政府间合作的制度化也需要地方政府间竞争的规范化，二者是相辅相成、相互促进的关系。

（四）地方政府的层级设置趋于扁平化

目前我国的地方政府层级以四级制为主，是自古以来地方政府层级设置最多的时期，也是当今世界大国中地方政府层级最多的国家之一。地方政府层级设置过多有利于实行垂直控制和层层节制，可以确保中央政府的统一指挥，但不利于降低行政成本，提高行政效率。随着我国市场经济的发展及行政体制改革的深入进行，地方政府层级设置过多的弊端越来越明显地表现出来。尤其是在改革之初起了积极作用的"市管县"体制越来越为人们所诟病。2002年浙江省对"市管县"体制的率先改革，虽然没有明确废除这一体制，但已在人事权、财政权上实现了省对县的直接管理。继浙江省之后，湖北、河南、福建等省也先后进行了此类改革。对"市管县"体制的改革在一定程度上反映出改革地方政府层次设置的要求，即取消"地级市"这一层级，使县与原来的地级市在法律地位上平行，实行省、县（市）、乡（镇）三级管理体制。

压缩地方政府层级是我国行政关系改革和发展的一个重要方面。原因如下：

1. 信息技术的发展改变了政府的生存环境，要求压缩地方政府层级

一方面，当今社会已进入后工业化的信息时代，各种信息与数据的收集、传递甚至分散都变得十分快捷，跨越等级制结构的政府组织间的联系已经具备了技术基础。也就是说，当今社会信息技术的发展使得压缩地方政府层级具备了客观可行性。另一方面，信息技术的发展加快了社会的变化节奏，增加了社会的不确定性，需要政府做出快速的决策反应，而层级过多的政府需要层层传递信息，费时费力，很难应对快速变化的社会问题，回应民众的意见和呼声。这也要求减少地方政府层级设置。

2. 实行法律分权制需要压缩地方政府层级

实行法律分权制，需要合理划分中央和地方政府间以及各级地方政府间的

事权，而把国家的行政事务合理地赋予各级政府的前提是国家的纵向地方政府间有一个合理的层级设定，只有这样，才可能把事权层次清晰地分配给相应的一级政府。目前我国一般还存在省、市（地、州）、县、镇（乡）一共四级的纵向地方政府体系，要把事权合理地分别分配给各级政府是非常困难的。

目前世界上大多数国家都是两级地方政府体制，这有利于政府事权划分的明晰简洁及施政的高效，因此，当务之急是依法调整地方政府间的纵向构成层级，以缩省、撤地、强县、合并乡镇为原则，根据中国地域广大、各地区发展不平衡的现实情况，分别建立两级或者三级的地方政府层级，为实行法律分权体制作必要的准备。

第八章
行政方法论

行政方法是指国家行政机关及其工作人员为了有效履行政府职能，实现行政管理目标而采取的各种方式、手段和途径等的综合。作为政府行政效率的决定性因素，行政方法是随着国家行政管理经验的丰富和积累而逐步产生和发展起来的。为了实现令行禁止，维护国家的权威和统一，国家的行政管理者们学会了应用行政指令、经济诱导、法律规范以及思想灌输等方式来贯彻既定的政策、方针，保证下属和社会公众对国家政策的遵从。在行政学一百多年的发展历程中，除了国家行政管理者经验的自身积累以外，诸如私营部门和第三部门等其他社会组织管理经验和管理方法的积累与发展，也为政府有效地开展行政管理活动提供了有益的启示。无论是来源于自身积累的行政方法，还是借鉴和吸收私营部门而来的行政方法，这两者都离不开科学技术和理论的发展，没有现代科技和理论做技术支撑，现代的行政方法就很难出现并应用于政府部门。行政方法按其应用的时限长短可以被分为传统行政方法和现代行政方法。前者主要包括行政手段、经济手段、法律手段以及思想教育手段等内容，这些行政方法几乎随着国家行政管理活动的产生而出现，它突出强调的是管理者对被管理者行为的约束和限制，以及被管理者对管理者要求的被动回应和满足；后者则涉及随着新公共管理运动的兴起而逐渐被引入国家行政机关的目标管理、标杆管理、全面质量管理、战略管理以及绩效管理等。现代行政方法主要是第二次世界大战以后随着科学技术发展而出现的产物，是在信息论、系统论、管理科学、心理学、经济学以及计算机技术等先进技术和理论的结合与应用基础上形成的一整套行政管理的方法和手段，具有技术性、定量性、柔性化等方面的特点，强调被管理者对行政管理活动的参与以及管理者和被管理者之间的互动。

第一节 传统行政方法

传统的行政方法主要包括行政手段、经济手段、法律手段以及思想教育手段等，它们具有各自的优点和局限性，在行政管理活动中需要配合使用。

一、行政手段

行政手段又称为行政指令，是指依据建立在组织层级基础之上的权力隶属关系，国家行政机关内部的上下级之间以及国家行政机关与社会公众之间形成的指挥和服从关系，采取从上到下层层下达命令和指令，从下到上层层上报、审查和批准的方式来实施行政管理活动。在契约论看来，国家和社会公众之间以及国家行政机关内部都可以看作是一种契约交易关系，在这种交易关系中，社会公众为了获取社会安全、福利和自由等方面的公共服务，通过订立契约的方式向国家让渡了部分权力，国家机关掌握了立法、行政管理和司法等方面的权力，由此形成了国家机关和社会公众之间的命令和服从关系，在一定的范围和限度内，社会公众将无条件服从国家机关发布的各项命令和指令，接受国家机关的领导。与此类似，社会公众一旦通过各种方式加入了国家行政机关，就与国家行政机关建立了契约关系。作为国家行政机关的成员，国家行政机关工作人员向国家行政机关以及国家行政机关的下级向上级让渡了关于自己行为的部分控制权和使用权，以此来交换国家行政机关对自己支付的各种报酬和给予的各种奖励，双方之间也形成了命令和服从关系。行政手段实际上就是基于这种命令和服从关系而形成的，是依据国家行政机关中的职务高低来进行管理，主要强调组织层级的非人格化特征，宪法、法律以及各种行政法规等明确规定了国家行政机关的活动领域、职责、职权等内容，这些都构成了命令服从关系的基础，使得行政手段具有了强制性、权威性、层级性以及无偿性等特点。

1. 强制性。行政手段通过行政命令等形式对管理对象实施指挥和控制，上级下达的命令，下级必须服从，不能与上级讨价还价，因而必然具有强制性。

2. 权威性。运用行政手段进行管理，发挥主要作用的是权威。因为行政手段的有效性，所发指令的接受率等在很大程度上取决于管理者的权威。

3. 层级性。在国家行政机关内部，行政手段注重层级节制，采取的是纵向直线传达指示和命令的垂直管理，下级行政机关只服从上级的领导和指挥。

4. 无偿性。行政手段适用于组织和层级原则，不讲究平等对待，上级可以根据管理的需要无偿调拨和使用下级拥有的各种资源。

行政手段是建立在对行政规律认识基础之上的，是在行政原理指导下处理各种行政关系的有效方法。行政手段有其严格的科学界定，也有严格的适应范围，但是由于行政手段更多的是与行政权力、部门利益等紧密联系在一起，具有集中统一、行动迅速、见效快等优点，使得行政手段成为较受国家行政机关偏爱的行政方法。这种对行政手段的偏爱无形中扩展了行政手段的应用范围，使得主观偏好而不是客观需求成为选择行政手段的主要理由，行政手段也被看作是包治百病的"灵丹妙药"了，从而会产生各种意料不到的负面效果。因此，对行政手段的选择，既要看到它的各种优点，又要预见到行政手段的使用会产生的各种弊端，在此基础上结合行政管理事务的特点来做出适当的选择。

二、经济手段

经济手段是指在行政管理过程中，国家行政机关及其工作人员按照经济规律要求，运用各种经济杠杆和经济政策来调节和影响社会公众和各种社会组织的经济利益关系，使其做出有利于行政管理目标实现的行为选择。经济手段的应用是以社会公众和社会组织的经济利益追求为前提，有着较为明确的适用范围，并不直接通过命令、指示等具有行政强制性的手段直接干预社会公众和社会组织的行为选择，而是注重通过价格、利率、汇率等经济杠杆以及国家宏观和微观经济政策的变动来对人们的利益产生的影响，使人们基于自身利益得失的计算来做出正确的行为选择。经济手段的特点包括：

1. 利益性。利益是社会主体行为的内在动力，行政管理活动则是以对社会主体利益需要，尤其是物质需要的满足为基础，通过物质利益引导和调控社会主体的社会行为，从而实现政府行政管理目标。

2. 间接性。与行政手段注重通过要求和命令等具有强制性的方式来实现行政管理目标不同，经济手段注重将社会主体的利益需要与经济手段的杠杆作用联系起来，通过经济手段的激励作用间接地激励、影响和调控社会主体的行为，使社会主体在满足自己需要的同时也实现行政管理目标。

3. 灵活性。经济手段具有多种多样的调节机制来影响社会主体的行为，而这些调节机制可以在不同的条件、针对不同的问题和社会主体，发挥同样的作用，因而可以依据不同的环境灵活选择。

政府在行政管理活动中使用的经济方法具有各种各样的表现形式，这些形式可以在不同的领域发挥作用，主要表现为：

1. 税收。税收是政府取得财政收入的主要来源，也是管理社会生活、调整社会主体行为的主要方式。政府可以依据经济发展的需要，制定不同的税率和税种，来影响和调节社会主体的行为，从而使其朝着政府所希望的方向发展。

2. 利率。利率通过影响社会主体占有和使用资金的收益和成本来发挥作用，政府可以在不同时期根据经济发展的特点，通过利率调节社会资金的流动，从而达到调控经济发展的目的。

3. 补贴。补贴是政府运用财政收入进行再分配的一种方式，是对于社会主体做出的符合某种政府意图的行为予以的鼓励和资助。

4. 汇率。汇率是将一个国家的货币折算成另一个国家货币时使用的比率。政府可以通过影响汇率的高低及其变动来促进国际间经济和贸易的发展，实现特定时期的经济政策目标。

5. 工资。工资是作为劳动报酬付给劳动者的货币表现，是社会劳动者收入的主要来源，也是社会劳动者向社会所作贡献而得到社会承认的反映。政府通过对工资水平的影响和工资政策的制定来保障社会劳动者应有的劳动权益，使其获得和维持应有的生活水平，进而达到维护社会稳定和促进经济发展的目的。

6. 发放奖金或罚款。政府还可以将发放奖金或罚款这样的微观激励机制运用到行政机关内部管理活动中，将政府工作人员报酬的高低与其管理绩效联系在一起，达到调动行政管理者积极性、提高管理效率的目的。

经济手段虽然对调动人们的积极性有着重要影响，但是经济手段在使用过程中也存在一定的局限性。它主要是通过对社会主体物质利益和经济需要的满足来发挥功效，而在非经济领域，经济手段发挥的作用极为有限，而且各种经济手段还需要讲究相互之间的协调配合，否则难以实现政府所期望的整体效果。不仅如此，经济手段作用的发挥还具有相应的时滞性，需要在一定时期后才能逐渐显现效果，不能有效满足那些注重时效性的行政管理活动的需要。除了上述一般性的约束外，经济手段在国家行政机关内部的应用也受到一定的约束。与私营部门不同，国家行政机关很少借助于诸如奖金、加薪、分红等与政府绩效挂钩的经济手段来调动和激发机关工作人员的动力。这是因为：

第一，国家行政机关的工作目标和结果较为含糊不清，很难精确衡量国家行政机关及其工作人员的具体工作表现，也就难以通过具体的绩效表现来确定薪酬。

第二，国家行政机关履行的行政职能和任务是多方面的，其中有些职能和任务的绩效能够较为明确地加以衡量，有些则难以精确地加以衡量；有些职能和任务的效果能够很快就显现出来，有些则需要较为长期的努力。一旦采取与绩效挂钩的经济激励方式，国家行政机关及其工作人员自然就会根据自身利益得失来有选择性地分配精力和时间，从而影响行政管理活动及其目标的协调与一致。

第三，国家行政机关在大多数公共服务的提供中都居于垄断地位，其工作绩效缺乏可比性，不能根据同行的绩效表现来衡量国家行政机关的行政效率的高低，而且国家行政机关的收入通常与生产脱节，主要是通过税收的形式筹集，不存在破产的危机和结果。

这些限制因素决定了经济手段和经济激励对调动国家行政机关工作人员的工作积极性只能发挥有限的作用，即使公共选择学者已经提出要通过分享预算盈余的方式来提高行政管理效率，节约行政管理成本，但是要真正全面落实这些建议还有待时日。要调动国家行政机关及其工作人员的积极性还需要借助于其他行政方法，尤其是思想教育方法。

三、法律手段

法律方法是指国家行政机关及其工作人员依据宪法、法律法规等法律制度规范和监督社会组织和社会公众的行为，以保障行政管理目标的顺利实现。与其他行政方法相比，法律方法主要有以下几方面的特点：

1. 规范性。法律是拥有立法权的国家机关依照法定程序制定和颁布的规范性文件。这些规范性文件，从国家统治阶级的意志和利益出发，有准确、严密、简洁的法律语言，明确规定什么是应该做的，什么是不应该做的。应该做而没有做，或不应该做而做了，就要受到一定的惩罚。这样，法律就为组织和个人规定了行为准则，并要求人们必须遵守，所有这些规定对任何人都是一视同仁的。

2. 强制性。法律不仅是国家统治阶级意志的反映，而且还要由国家强制力来保证其执行，否则，法律就只能是一纸空文。所以，国家法律一经颁布，就要用军队、警察、法庭、监狱等国家机器作为实施的保证，违法犯罪就要受到相应的制裁。法律方法既然是以法律为手段，则必然也要有同样的强制性。这种强制性一方面表现为对于违法犯法者要给予一定制裁；另一方面也表现为对于人们行为的强制约束。法律一旦颁布就具有普遍的约束性，任何社会组织和社会成员都必须在宪法和法律的范围内活动，国家行政机关及其工作人员行政管理活动的开展都必须以法律为依据，依法行政不仅仅是约束社会公众，更重要的是约束国家行政机关及其工作人员的行为，使其在法律的轨道上有序进行。

3. 预防性。国家制定法律规范的目的，不仅仅在于事后对于违法犯罪分子进行应有的惩罚，更重要的还在于事前对人们起到指导和教育的作用，使人们自觉遵纪守法，从而预防违法犯罪行为的发生。法律方法的这种指导性、教育性和预防性，具有普遍的意义。

法律方法的应用形式也是多种多样的，主要表现为：

1. 立法。行政管理活动中的法律既包括国家立法机关制定的各种法律制度，也包括国家行政机关出台和制定的法律和行政法规。随着行政管理事务的日趋复杂，立法机关逐渐通过授权立法的形式将大量的立法任务委托给国家行政机关来行使，行政机关也成为了立法的重要主体。不仅如此，国家立法机关出台的法律通常比较抽象，行政机关具有很大的自由裁量权，能够对立法机关出台的法律进行符合自身利益的解释。如果缺乏有效的制度约束，国家行政机关所具有的立法权和自由裁量权将可能给社会公众的利益产生不利影响。

2. 仲裁。也称公断，是指双方当事人在某一问题上争执不休、自身不能解决时，同意选定第三方（具有中立地位的机关）对争论的事项依法进行审理，并做出对双方当事人都具有约束力的、一般带有终局性的裁决的过程。仲裁虽然是司法权以外解决民事争议的一种形式，但它也要依法办事，仲裁的结果具有法律效力。

3. 普法教育。对于法律进行广泛的宣传教育，是法律方法所采取的一种重要形式。进行广泛深入的法律宣传教育，其目的主要在于强化群众的法制观念，增强群众遵法、守法、执法的自觉性。为此，它不但有利于充分发挥法律的事前引导和预防功能，而且还有利于及时揭露违法犯罪行为，做好执法工作。

法律方法虽然有助于推动经济建设和改革的顺利进行，是实现依法行政和法治政府的重要保障，但是法律方法要有效发挥作用首先就必须保障所制定的法律制度是符合社会发展规律和社会公众利益的"良法"，而不是以统治阶级利益为出发点，忽视社会公众利益的"恶法"；只有"良法"才能充当经济发展和民主政治建设的保护者。除此以外，法律程序和内容往往过于繁琐，缺乏灵活性，并不能立即反映和解决当前出现的管理问题，在过于强调法律制度的环境中，人们对法律的遵从通常会成为行为目标而不是实现目标的手段，这种"遵从法律程序甚于结果"的情况是不利于发挥人们的创造性和主动性的，这也是法律方法所具有的主要局限所在。

四、思想教育手段

思想教育手段是指在行政管理活动中，通过各种途径和方式对社会公众进行深入、细致的思想政治教育，影响他们的价值观、信念和行为动机，从而引导他们的行为，使之朝着有利于行政管理目标实现的方向发展。思想教育手段是以对人的思想活动发展规律的正确认识为客观依据的。人的思想活动规律可以从三个方面理解：首先，社会物质生活条件是思想形成和发展的基础，客观外界条件对人们的思想有重大影响。其次，虽然社会存在决定社会意识，但由于人的思想活动的内在机制，客观外界条件及其影响要通过人的主观因素起作用。再次，人的行为是在一定思想支配下进行的。正如管理心理学研究所表明的：需要引起动机，动机支配行为，行为导向目标。掌握人们思想活动的规律，有助于科学有效地开展思想工作。与其他行政方法相比，思想教育手段的主要特点是：

1. 间接性。行政手段和法律手段都是通过直接干预和规定的方式引导和制约社会组织和社会公众的行为选择，而思想教育手段则主动地通过宣传、教育和鼓动等方式影响社会公众的价值观、信念和行为动机，从而达到影响社会公众行为选择的目的。

2. 长期性。思想教育手段要发挥功效，就必须进行反复和长期的宣传教育工作，通过丰富多彩的宣传教育途径，使得教育对象将宣传教育的内容转化为自身的自觉行动。除了思想教育手段需要长时期的努力才能发挥作用以外，一旦思想教育活动对教育对象的价值观、信念等精神层面的动力产生影响，其效果也将具有长期性，教育对象会自动做出符合其价值观的行为选择，而不需要进行过多的考虑和比较。

3. 激励性。经济手段和思想教育手段都是间接性的调节手段，但是二者的动力是不同的。经济手段直接诉诸于经济利益的物质力量来诱导、推动社会公众的行为选择，而思想教育手段则借助于激励教育对象的精神动力，通过改变、维持和提升教育对象的精神实质达到调节和约束教育对象行为的目的。

思想教育手段的表现形式多样，大体可以分为以下几种：

1. 疏导。根据组织成员的思想和行为活动的基本规律，针对一定时期组织中的有关思想倾向，进行疏通和引导工作。

2. 灌输。通过主动性、经常性地从正面宣传国家行政机关的目标、方针和政策，使国家行政机关追求的价值观念和行为风尚为组织中各类成员所理解，形成有利于实现行政管理目标的组织文化氛围。

3. 感化教育。通过语言的劝导、形象的感染和行动的影响，激起受教育者产生同感，使其思想行为逐渐朝着教育者所要求的方向转化。

4. 典型示范。通过树立具有典型性的人物和事件，强调或反对一定的思想、作风和行为，吸引、鼓励和推动组织成员学习先进、帮促后进，反对各种错误倾向。

思想教育手段对现代管理发挥着重要作用，因为各系统的管理均离不开对思想的传播与引导，以激发人的工作热情，提高工作效率，促进管理目标的实现，而对思想的传播与引导，恰恰是思想教育的核心问题。思想教育要求科学性、启发性、有效性。科学性表现为实事求是，即从教育对象的思想实际出发，并根据情况采取不同的方式进行教育，以达到转变教育对象思想的目的。启发性表现为阐明道理，循循善诱，而不是放任自流，生硬训斥。有效性表现为注意思想教育的实际效果，即不是为教育而教育，搞形式主义，也不是大轰大嗡，摆花架子。

传统行政方法虽然对国家行政机关更好地履行职能，提高行政管理效率发挥了很大的作用，但是传统行政方法也日益表现出不足之处，这主要表现为：

1. 过于强调国家行政机关在管理过程中的主导地位，社会公众的需求和意见很难反馈到国家行政机关那里，从而不利于社会公众参与精神和民主政治的发展。

2. 过于注重通过法律法规来约束国家行政机关及其工作人员的活动，忽视了国家机关工作人员的心理需求，导致行政管理活动的本末倒置，不利于创新精神的培养。

3. 随着行政管理事务的日益复杂化，仅仅依靠强调定性分析为主的传统行政方法是难以有效处理全部行政管理问题的，许多问题需要借助于定量的分析方法和分析模式才能得以解决。

传统行政方法存在的上述局限推动了行政方法的创新和引进，在现代科学技术和管理实践的发展和推动之下，现代行政方法在行政管理活动中找到了发挥功效的舞台。值得注意的是，不管是传统行政方法，还是现代行政方法，它们都具有不同的特点和适用范围，需要遵循匹配性原则，按照需要解决的管理问题和实现的目标来选择适当的行政方法，避免因行政方法的错误选择而导致不良后果。

第二节　政府目标管理方法

随着社会环境的变化和科技的进步，官僚体制的弊端日益在私营部门和公共部门中显露出来，那种认为只要精心设计好组织的管理程序和管理原则，组织管理效率自然就能实现的美好设想并没有经受住时间和实践的检验。当官僚体制运行不畅通时，如何完善或替代官僚体制就成为研究者和实践者面临的共同问题。针对官僚体制过于强调程序控制、扼杀组织成员的参与精神以及注重通过组织成员的投入来评价其表现的弊端，美国管理学大师彼得·F·德鲁克在 20 世纪 50 年代中期提出了目标管理的概念，并在私营部门取得了很大的成功。目标管理方法在私营部门取得的成功也鼓舞了公共部门的实践者将其应用于政府部门，美国的《国家绩效评估报告》就明确提出政府管理应该从注重繁文缛节转向目标管理。

一、目标管理的内涵

组织的运作应该围绕目标而不是管理程序展开，管理程序只能告诉组织成员"做什么"以及"如何做"，并不能告诉其应该实现什么样的目标。目标是行动者期望通过一定的行动所实现的结果，它实际上是组织行动者的"灯塔"，为组织的运转指明了方向，使组织成员在实现组织目标的过程中清楚地懂得自己应该做什么，应该怎样做，并且能够准确地评价自己的绩效表现。对于组织管理者而言，目标也为其监控组织成员的行为以及掌握组织目标的完成情况提供了便利条件。一个有效的目标应该满足四个方面的条件，即行动者期望的行为结果是什么；这种结果应该能够用量化的指标表示；应该包括实现目标的时间表，借助于时间来掌握目标的进展情况；实现目标所需要的成本也需要考虑进组织目标的制定之中，超出了行动者承受能力的目标是很难实现的。目标的质量高低程度直接制约着目标管理的成败。为了保证私营部门成功地实施目标管理，德鲁克认为，以追求最大利润作为事（企）业目标的理论必须摒弃。他明确指出，新的事（企）业目标应是"任何企业都具有八个重要领域，必须为每个领域制定努力目标。这八个领域是：在市场上的地位、革新、生产率、物资及财产、盈利性、经营人员的能力及其培养、工人的能力及态度、对社会的责任"①。

---

① 转引自猿谷雅治、千田《目标管理体制》，中国农业机械出版社 1983 年版，第 24 页。

就目标管理的内涵而言，研究者对其有着各种不同的界定，"目标管理"乃是企业内上下级主管利用会谈，自我设立其重要工作目标，自我控制其工作进度及自我评价其工作效率，使员工于工作完成后得到满足感，以激励员工之责任心与荣誉感，发挥工作潜能，而增进企业效率。① 日本学者猿谷雅治等则将目标管理看作是一种为达到整个公司的目标，把所有部门的努力集中在一起，用最佳的方法，在最短的时间，花最少的费用来提高效益的管理方法。②

结合研究者对目标管理内涵的理解以及目标管理方法在行政管理活动中的应用，我们可以将"政府目标管理"界定为：国家行政机关为了实现行政管理目标而采取的一种以目标为导向，以人为中心，注重自我参与和自我控制，管理者和被管理者共同参与管理目标的制定、执行和评估的管理方法。

虽然研究者们对目标管理的内涵各有侧重，但是关于目标管理本质的看法却趋于一致。在他们看来，目标管理的实质在于：

1. 与传统管理方式不同，目标管理以 Y 理论、结果管理以及自主管理等为理论依据，强调对组织成员创造性的尊重和发挥，鼓励组织成员积极参与组织目标的设计和实现过程。

2. 目标管理强调依据目标的实现程度来对组织成员进行奖惩，而不是以组织成员对工作程序的遵守以及工作投入等带有主观性的指标来衡量组织成员的努力程度。所谓目标管理，根基就建立在这个注重成果的工作方式上。③

3. 注重授权，为了有效地实现目标，组织管理者必须通过授权的方式鼓励组织下属成员参与到目标的实现过程，通过观察目标的实现程度来控制和引导组织下属的行为。

4. 目标管理是一种自上而下和自下而上的目标制定和实现过程，强调组织目标、组织部门目标和个人目标的结合，在三者结合最为紧密的地方，目标实现的可能性就越高。依靠组织管理者的强迫和威胁来要求组织下属接受管理者设定的目标，违反了目标管理有关组织成员参与的精神。

二、目标管理实施的基本程序

尽管各种类型的组织实行目标管理的步骤和环节可能会有所侧重，但是，作为一种紧密联系实践的应用性理论，目标管理的基本内容主要包括四个方

---

① 中华征信所：《目标管理》，山西经济出版社 1995 年版，第 6 页。
② 猿谷雅治、千田：《目标管理体制》，中国农业机械出版社 1983 年版，第 11 页。
③ 猿谷雅治、千田：《目标管理体制》，中国农业机械出版社 1983 年版，第 9 页。

面：如何有效地制定目标；制定什么样的目标；如何实现目标；如何检验目标的完成情况。

（一）制定目标

与传统管理方式不同的是，目标管理强调组织目标制定过程中的民主参与，组织管理者强行要求组织成员接受的目标并不是目标管理理论所讨论和制定的"目标"。制定目标的基本条件如下：

1. 个人目标由每个人分别拟定，其方案必须由各自的直属上级决定。
2. 目标不是上级强加的定额，要分别根据个人意愿来制定，使每个人感到是在为自己制定目标。
3. 要把下级拟定目标草案同上级调整该草案的过程，作为上下级沟通关系的一个机会，要从创造良好的人与人之间的关系出发，来制定目标。
4. 根据上级需要制定自己的目标时，可要求下级成员参加，听取其意见。
5. 制定实现目标的可行方针。

成功地完成目标的制定过程需要组织拥有较好的民主参与氛围，组织管理者能够善于听取和接受组织成员提出的意见和要求，并将其反映到目标制定过程。

（二）确定目标的内容

组织管理经常需要处理方方面面的事情，并不是所有的工作内容都能够纳入目标管理的范畴，组织管理者需要将组织的管理目标以清晰和具体的方式表达出来，在这个过程中：

1. 有针对性地确定重点目标

倘若将所有与组织或部门发展的目标都纳入目标管理之列，就容易使目标管理丧失重点，组织管理者必须依据组织的性质和组织任务的重要性确定关键的组织目标，严格控制组织目标的数量。

2. 组织的目标必须与组织成员的能力相匹配

组织目标的实现最终有赖于每个组织成员的努力，组织成员需要完成的目标太高或太低都不利于目标管理的实施。目标过高容易使组织成员丧失信心，不能激发每个人的创造性。目标过低则容易失去实施目标管理的价值。毕竟目标是组织成员需要付出一定的努力方能实现的结果。

3. 必须考虑组织的短期效益和长远发展的协调问题

有效的组织目标需要考虑目标实现的时间问题，短期绩效和长远发展之间的矛盾一直都是组织管理者所需要解决的问题。

4. 用量化的方式来表示目标

作为实现自我控制的手段，用具体的数据指标来衡量目标及其进展情况，有助于组织管理者及时发现和解决问题。

5. 使用多样化的目标类型

组织整体目标的实现不仅有赖于每个组织成员自身的目标完成情况，而且有些任务的完成还需要借助于组织部门之间的联合和努力，这时就需要制定跨部门的共同目标来引导组织部门之间的合作。

(三) 目标的实现与管理

1. 放手委任每个人去执行目标

一旦完成了目标的制定，目标管理就进入了具体实施的环节。在实施过程中，组织管理者需要遵循授权的原则，目标制定过程中的民主参与能够减少组织目标的实施阻力，增强组织成员对组织目标的认同度，因而，组织管理者应该相信组织成员有能力完成由其参与制定的目标。

2. 目标确定后，上级就应放手把权力委托给下级成员，自己去抓重点的总括性管理。

当组织管理者将具体的目标履行职能委托给组织下属成员来完成后，组织管理者就能够从一般性的日常事务中摆脱出来，重点考虑组织发展的长远规划以及解决目标管理过程中出现的一些紧急和意外情况。

(四) 检验结果

1. 组织成员对目标完成情况的自我检查

组织成员应该根据目标完成的时间进度以及成本要求等方面的条件来衡量目标的完成情况，及时向组织管理者反映履行组织任务过程中遇到的问题。

2. 上级评定

在组织成员完成的自我检查的基础之上，组织管理者应该及时地对组织成员的综合表现做出评判，对完成目标的组织成员给予表扬，对没有完成目标的，则给予批评并帮助其查明原因和制定解决措施。

3. 绩效工资

在目标管理过程中应该将组织成员的报酬同目标的完成情况挂钩，避免出现平均主义的情况，否则，组织成员完成目标的积极性将受到挫伤。

三、目标管理方法在政府部门应用的适用性

虽然目标管理方法针对私营部门的不良现状提出了改革方案，但官僚体制运转不灵是政府部门和私营部门面临的共同问题，目标管理方法在私营部门的成功应用为其被引入政府部门打下了坚实的基础。不过，并不是任何政府部门都适合开展目标管理，政府部门应该结合自身的实际情况有针对性地从私营部门借鉴成功的管理经验和管理理论，政府部门在引入目标管理方法之前应该就如下问题做出肯定或否定的回答①：

1. 这个组织有没有明确的任务？对这种任务的存在，理由是否充分？
2. 管理部门是否有资产（资金、人员、工厂和设备）委托给这个组织？
3. 这个组织的管理部门是否对某人或权力部门负有从这些资产获取利润的责任？
4. 能否确定完成上述任务的重点？
5. 能否实行计划管理？
6. 即使是非营利性组织，管理部门是否认为必须实行有效的管理？
7. 能否确定关键人员的职责？
8. 能否把关键人员的努力协调成一个整体？
9. 能否建立必要的控制和反馈？
10. 能不能评价关键人员的工作？
11. 有否可能建立奖惩制度？
12. 不管什么类型的组织，管理人员的主要职责（计划、组织、指导等等）是否相同？
13. 管理部门是否能立即接受经过提高的管理方法？

如果政府部门对上述大多数问题都持有"肯定"的回答，则目标管理方法在政府部门成功应用的可能性较大，这一点已经在私营部门实施目标管理的过程中得到了验证。尽管如此，只有当政府组织坚持并满足目标管理对其他类组织和活动提出的要求时，目标管理方法才能在这些组织中得以应用。这些要求至少包括：②

---

① 代尔·D·麦康基：《如何实行目标管理》，化学工业出版社1985年版，第229页。
② 代尔·D·麦康基：《如何实行目标管理》，化学工业出版社1985年版，第239~240页。

1. 在所有关键职位上，要选择具有很高才能的经理、行政管理人员和专业人员。

2. 在做出任何应用目标管理的尝试以前，系统作深入的训练。

3. 建立成功的目标管理要 3~4 年时间。

4. 用尽可能让所有人员参与管理的办法来代替以前的那种少数几个人独断专行的主意。

5. 要全部改编成部分修改目标管理系统，以适应每个应用单位存在的个别问题或条件。

6. 要消除或减少由立法或执行行动所产生的许多障碍，这些障碍限制了目标管理发挥全部潜在的能力，这些限制为：强调努力而不强调结果，保护低效率工作人员的规定，扼杀个人主动性和习惯于允许做出有伸缩性的决定，以及对成绩不表扬和不奖励的制度等。

7. 建立目标管理以后要经常检查，使目标管理在执行过程中不断提高，以适应变化的条件。

四、目标管理方法在政府部门应用的局限性

目标管理方法的成功实行通常都需要组织成员共同参与到组织目标的制定过程中，按照目标的完成情况对组织成员给予及时的奖惩，然而，政府部门并不能全部满足这些条件，这就限制了目标管理方法在政府部门应用的前景。具体而言，目标管理方法在政府部门应用的局限性包括以下几个方面：

（一）政府部门所具有的政治属性使得政府部门目标含糊不清

私营部门的目标制定往往有着具体而明确的经济目标，追求利润或产出的最大化；而政府部门的目标却是在政治冲突和利益摩擦的过程中确定下来的，通常含糊不清，缺乏可操作性，是参与目标制定的双方互相妥协的结果。此外，政府部门目标的确定还过多地受到现有法律法规的限制，目标的内容和范围都受到现有制度框架的约束，政府部门的下属成员很少能够真正地参与到目标管理的过程之中。

（二）政府部门对程序的遵从甚于结果

政府部门通常注重通过主观努力和对程序的遵从来衡量组织成员的表现，强调资历和职位高低，这就使得政府部门很容易出现"目标置换"现象，组织成员的创造性会受到严重的抑制。

(三) 政府部门工作绩效的可衡量性差

相对于私营部门而言，政府部门产出的可衡量性差，很少能够通过量化的方式来表示政府部门的目标。

(四) 不能依据目标的完成情况采取相应的奖惩措施

政府部门的奖励形式受到法律法规的严格限制，不能按照政府部门成员的目标完成情况给予及时的奖惩。

(五) 环境的不确定性使得不容易确定未来的组织目标

目标管理的前提是有明确的目标，但是有些政府部门的变化太快，以至于目标难以确定，对这些部门来说，实行目标管理就很困难。

(六) 目标的制定趋于短期考虑而忽视了长远目标

政府部门的活动具有连续性、长期性等特点，其活动结果或效益可能需要很长时间才能实现。但是，目标管理的周期通常要短一些，这有可能使实施部门管理的政府部门将主要精力集中在短期目标上，而忽视了长远目标和利益。

(七) 过分强调少数目标的实现导致政府部门的协调配合比较差

以目标为中心，容易使政府部门关注管辖范围之类的任务，从而滋生本位主义的心理，不利于政府部门之间的协调和合作。

第三节　政府标杆管理方法

目标管理方法虽然为政府管理活动指明了方向，但是其成功与否在很大程度上取决于目标确立的科学性和合理性，兴起于 20 世纪 70 年代的标杆管理方法则是一种帮助政府正确制定行政管理目标和提高管理绩效的有效方法。英国的一次调查表明，英国有 60%~85% 的企业参与了标杆管理活动。参与标杆管理的企业大约占欧洲企业总数的 88%[1]，诸如福特、施乐这样的跨国公司都借助于标杆管理方法的应用取得了令人瞩目的管理业绩。美国、日本等政府部门也都纷纷引入标杆管理方法来改善部门绩效。标杆管理方法在政府部门颇为流

---

[1]《标杆管理法应用情况调查》，《世界标准化与质量管理》2005 年第 11 期。

行，它在政府部门的应用的确取得了不错的绩效表现，例如美国内华达州里诺的警察部门通过实行标杆管理，使得公众对部门绩效表现的赞同度由1998年的40%上升到现在的90%。① 在成功实施标杆管理后，美国克里夫兰荣军医院（Memorial Hospital）在三个月的时间内减少了9%的未预约病人的就诊率，病人信息资料的准确度增加了5%，并且每年的加班时间减少了200个小时。② 更为重要的缘由可能在于，标杆管理的引入能够使得政府部门向社会公众传达一种积极改善政府管理绩效、重视公众意见的信号，这种信号能够使政府部门摆脱缺乏动力、不思进取的坏名声。

一、标杆管理的内涵

"标杆管理"一词的本意及引申义都来自于土地测量员的术语，其中，标杆（benchmark）就是指在岩石、墙壁或建筑物上所做的特殊记号。标杆的功能就是选取一个参照点，以便确定观测者在地形勘察和潮汐观测中的位置或高度。20世纪70年代以后，随着标杆管理方法在私营部门的风行，"标杆"的含义就被比喻为"通过相互对比进行业绩衡量的过程"③。就此而言，标杆实际上可以被看作是一连串象征着绩效管理水平的指标，这些指标来自于相同行业、相同地区甚至组织内部中的佼佼者，他们实际上充当了被引导者——竞争对手——的指路明灯，减少了被引导者摸索和创新的时间。反过来，卓越的竞争对手又能保持和促进绩效最优者的创新精神，使其为了不被竞争者迎头赶上而不断革新，如此循环，保证了商业部门的繁荣和消费者的利益。因此，标杆管理被看作是指不断寻求最佳做法，并经过改造后在自身组织内实施以获得优异绩效的过程。④

标杆管理产生于20世纪70年代末80年代初，在美国学习日本的运动中，首先开标杆管理先河的是美国施乐公司。施乐公司将标杆管理定义为："一个将产品、服务和实践与最强大的竞争对手或是行业领导者相比较的持续流

---

① 克里斯托弗·博根、迈克尔·英格利希：《竞争性标杆管理》，经济科学出版社2004年版，第323页。

② 帕特里夏·基利等：《公共部门标杆管理》，中国人民大学出版社2002年版，第3页。

③ 克里斯托弗·博根、迈克尔·英格利希：《竞争性标杆管理》，经济科学出版社2004年版，第5页。

④ 克里斯托弗·博根、迈克尔·英格利希：《竞争性标杆管理》，经济科学出版社2004年版，第6页。

程。"标杆管理是一种动态管理过程,它要求组织始终关注绩效最优者的发展,洞悉其取得卓越绩效的原因,并有针对性地加以借鉴和吸收,以改善本组织的绩效。不妨认为,比较、辨别、借鉴和吸收构成了完整的标杆管理过程,标杆管理不因为实现了最优绩效而自动停止,绩效改善并没有终点,科技的发展、市场的竞争以及公众期望值的提高总是推动着组织不断审视内外环境的变化对组织绩效产生的影响,寻找各种可以提高组织绩效的途径。在标杆管理过程中,标杆的选择是制约标杆管理能否成功的关键因素,标杆过低或者没有经受实践和时间的检验都会对组织绩效产生恶劣的影响。

帕特里夏·基利等将标杆选择的标准归纳为以下七个方面[1]:

1. 成功地跨越时限。一种最佳实践必须有一个能被证实的跟踪记录。

2. 可量化的结果。一种最佳实践的成果必须是可量化的。

3. 革新性。一个方案或做法应被其同行认定为具有创新性或革新性。

4. 被认可具有积极意义的成果。如果可量化的结果是有限的,那么,可以通过其他明确的指标对一种最佳实践予以认可。

5. 具有可重复性。一种最佳实践应在修改的基础上重复再现。应该描绘一幅清晰的线路(流程)图,描述这种做法是如何逐步发展的以及对其他采用此做法的人可能产生什么益处。

6. 具有局部的重要性。最佳实践对寻求改进的组织是有显著作用的。然而,对引入这种做法的不同组织来说,其主题、方案、程序或条款并不需要完全一致。

7. 不要与特定的人口统计方式联系起来。一种最佳实践可能因为采用某种特定的人口统计方式,而使结果出现变化,但它经过修改后,应能应用到那些不存在此类人口统计方法的组织中去。

标杆管理可以依据其选择的内容大体上分为三种类型[2]:一是流程标杆管理。流程标杆管理主要是以离散的工作流程和运营系统为重点,例如,顾客抱怨处理流程、账单处理流程等。这类标杆管理试图从与自己公司具有类似工作职能的公司中,找到最有效的管理做法。二是业绩标杆管理。业绩标杆管理能够使得经理们通过产品和服务的比较来评估自己所处的竞争地位。业绩标杆管

---

[1] 帕特里夏·基利等:《公共部门标杆管理》,中国人民大学出版社 2002 年版,第 23~24 页。

[2] 克里斯托弗·博根、迈克尔·英格利希:《竞争性标杆管理》,经济科学出版社 2004 年版,第 11~12 页。

理主要关注价格、技术质量等具体和可量化的绩效指标。三是战略标杆管理。战略标杆管理很少局限于行业内部，主要关注绩效最优的组织是如何进行竞争的。在这三种类型中，流程标杆管理在私营部门中应用得最为普遍。①由于政府部门的大多数产出都是模糊不清的，不能用具体明确的绩效指标来显示政府管理质量的高低，而政府所处的垄断地位，又导致政府很难寻找到可供借鉴的发展战略，因而，流程标杆管理在政府部门的应用相对容易。

二、标杆管理的实施

(一) 标杆管理的实施环节

标杆管理是一个动态循环过程，其规划实施是一个复杂的系统工程，不同的组织在实施标杆管理的过程中都会形成一套可供推广的实施流程②，在综合这些不同标杆管理实践基础之上，标杆管理的实践可以归纳为以下几个方面：

1. 分析组织的管理状况，了解行业竞争对手的相关情况。标杆管理的实施首先在于标杆内容和对象的确定。在流程、业绩和战略等组织管理内容中，组织决策者需要在听取和借鉴包括供应商、组织成员、组织顾客等众多利益相关者的基础上，找出组织发展的瓶颈，明确自身的优劣状况。与此同时，组织决策者还需要通过各种渠道收集关于行业绩效最优者的分布情况，了解在流程、业绩和战略等方面各自处于领先位置的标杆对象的具体情况，认清组织的优势和劣势的分布情况，从中找到双方之间的差距。在这种对比分析的过程中，组织使用的绩效指标越详细越好，它能够提供关于组织真实情况的基本信息。

2. 进行过程分析。通过标杆的对比分析，组织了解自身的实力及其差距之后，就要深入到组织和绩效最优者具体的管理环节上，从中发现绩效差异的根源，究竟是由于人员素质、组织文化还是组织所处的外部环境所致，组织能否通过管理环节的改善来实现组织绩效的改善，成为行业的领导者。

3. 依据过程分析的结论制定详细的绩效改进方案。标杆管理的实施必然要对组织人员的利益造成不同的影响，甚至组织需要改变业已形成的组织文化

---

① 阿里·哈拉契米：《政府业绩与质量测评》，中山大学出版社2003年版，第149页。

② 参见帕特里夏·基利等《公共部门标杆管理》，中国人民大学出版社2002年版，第44~48页。

来实现管理风格和管理理念的变革，从而在激烈的市场竞争中脱颖而出。因而，组织制定的绩效改善的详细计划必须为组织各层级的管理者和组织成员所理解和接受，化解他们对标杆管理实施的顾虑和抵制情绪。

4. 具体实施绩效改善方案。一旦绩效改善方案进入实施环节，组织决策者就需要及时跟踪绩效改善方案的实施情况，掌握实施过程中出现的偏差，分析偏差出现的基本原因。组织要将方案实施的最终结果与标杆进行对比，以评估是否实现了绩效改善的目标。不过，绩效改善目标的实现并不意味着标杆管理的终结。在动态的环境变化中，绩效最优者的绩效状况并不是静止不变的，这就要求组织决策者实时跟踪绩效最优者的变化情况，并将这种变化及时反映到组织绩效改善方案中来。

5. 将标杆管理的过程制度化。标杆管理的动态循环过程决定了标杆管理需要通过制度化的形式将其实施的具体环节加以固定，通过各种手段使其成为组织管理的一种惯例行为，这样能够降低标杆管理实施的阻力。

（二）标杆管理实施中应重点考虑的问题

1. 标杆的确定。标杆是衡量组织绩效差距的关键指标，也是制约标杆管理成功实施的必要条件。在实施标杆管理之前，组织决策者就需要明确绩效对比的对象，是本行业的国际领先者，还是局限于国内公司的绩效最优者；是以组织内部绩效表现卓越的部门为标杆，还是在经营同类产品的绩效最优者中寻找学习对象。因此，标杆的选择要求组织决策者从组织的实际情况出发，既不能好高骛远，又不能图方便省事降低标杆的位置。

2. 标杆管理不是简单的绩效评估过程。标杆管理的实质不在于确定差距，而在于通过绩效指标的差距来发现和反思绩效差异的具体原因。对绩效最优者的管理实践的学习，也不能建立在简单模仿的接触之上，而是要对其进行适应本组织需要的调整和完善。

3. 绩效管理最优者是动态变化的，或许今天市场上的导航者，明天就会面临严峻的生存问题。环境的变化要求组织决策者能够及时了解绩效最优者的最新信息，准确地剔除或增补绩效最优者的名单，使组织的绩效改善方案能够随着环境的变化以及绩效改善目标的进展情况做出相应的调整。

4. 标杆管理重在执行。如何把具体的标杆转变成组织绩效改善的实际成果离不开组织全体成员的一致努力，组织决策者不仅要就标杆管理方案取得一致意见，提高组织成员对标杆的认同度，还要制定相应的备用方案来应对标杆管理中出现的意外情况。

三、政府部门标杆管理实施的障碍

标杆管理方法虽然在私营部门获得了空前的成功,如果将其移植到政府部门,就要考虑政府部门的特性及其对标杆管理在政府部门的实施造成的障碍。具体而言,政府部门在实施标杆管理过程中可能遇到的障碍包括以下几个方面:

(一)缺乏持续改善政府部门绩效的外在压力。相对于私营部门面临激烈的市场竞争,稍有不慎就可能在竞争中出局的境况,政府部门缺乏感受外在压力的敏感性。政府部门很可能将社会公众的抱怨和抗议看作是少数人的意见,而对政府部门的实际绩效持乐观态度。政府部门产出的不可衡量性或者政府绩效指标的不精确性也导致政府部门缺乏感受外在压力的具体显示器,从而延缓了政府绩效改善的时机。

(二)缺乏衡量政府服务绩效的客观标准。政府部门通常是公共服务的垄断提供者,往往具有相同的组织结构和管理程序,这使得政府很难确定"标杆",并发现政府绩效差异的真正原因。同时,公共服务的性质也决定了政府绩效的差异在大多数情况下都要建立在政府服务对象的主观感受基础之上,这种主观感受本身就要受到多种因素的影响。美国公众对政府及其服务的自相矛盾的态度就能较准确地反映这个问题。一方面,美国公众对政府的信任度急剧下降,使政府面临严重的信任危机,在美国地方和州一级,人民对地方政府表示相当信任的比例从1987年的73%下降到1995年的31%,而对州政府的信任度同期由73%下降到23%。①另一方面,美国公众又对政府服务表现出相当高的满意度。在美国一个对261次调查(涉及40个州中20余万人)的分析表明,公民对地方政府的服务"普遍感到满意"。②

(三)政府部门目标的多样性。私营部门只需要通过使用诸如利润、市场占有率这样的具体绩效指标的比较就能够发现绩效差距,并制定标杆管理方案。与私营部门不同的是,政府部门通常承担着多项任务,任务目标之间有时具有冲突和竞争的关系,这就使得政府部门很难针对某一方面的绩效差异实施标杆管理方法,由此导致在公共机构内部很少对机构目标取得过一致。③

---

① 尼古拉斯·亨利:《公共行政与公共事务》,华夏出版社2002年版,第7页。
② 尼古拉斯·亨利:《公共行政与公共事务》,华夏出版社2002年版,第9页。
③ 克里斯托弗·博根、迈克尔·英格利希:《竞争性标杆管理》,经济科学出版社2004年版,第321页。

（四）政府部门的保守天性也制约着标杆管理方法在政府部门的应用前景。政府部门的任职者在大多数情况下都甘于因循守旧，缺乏创新精神，不愿意组织和工作平衡因标杆管理的实施而被打破，并对标杆管理的实际效果抱有怀疑态度。

（五）政府部门的财政约束。标杆管理的实施是一项长期性的任务，要求政府在信息搜集、标杆确立、绩效比较等方面投入大量的资源，而政府预算的有限性又决定了政府部门领导人将按照政府工作任务对自身利益和偏好的影响来分配预算资源，这就决定了标杆管理的实施缺乏稳定的财政支撑。有时为了应付更紧迫的问题，公共部门会先将标杆管理放在一边。①

第四节　政府全面质量管理方法

20世纪70年代兴起的民营化浪潮打破了政府垄断提供公共服务的局面，政府只是公共服务供给的最后诉诸对象，当社会公众具有广泛的选择权的时候，政府就面临着如何维护与社会公众之间的关系，在与私营部门和第三部门等公共服务提供主体的竞争中脱颖而出，更好地满足社会公众的个性化需求问题。要想维护和提升自身的竞争优势，政府就必须学会倾听社会公众的心声，按照"顾客需要什么，我就提供什么"而不是"我提供什么，顾客就消费什么"的竞争理念来提供公共服务。这样一种按照顾客需求来提供公共服务的管理方法就是全面质量管理。全面质量管理（TQM）是一种行政哲学，一套原则和一系列的定量技术，旨在持续改善组织的运营，并且在必要时彻底变革之，以便顾客完全满意该组织的产品、绩效、程序和人员。②

一、全面质量管理的内涵

关注产品质量的想法并不新颖，很久以前就已经存在了。在市场交易过程中，购买者对产品质量的检验通常是市场交易完成的先决条件。随着社会进入机器化大生产时代，如何控制和保持产品质量就成为企业要面对的首要问题，于是，企业在20世纪20年代纷纷组建了质量检验部门。"严格把关，不放过不合格的零件和产品"就成为质量检验部门的工作宗旨。质量检验部门的这

---

① 克里斯托弗·博根、迈克尔·英格利希：《竞争性标杆管理》，经济科学出版社2004年版，第320页。

② 尼古拉斯·亨利：《公共行政与公共事务》，华夏出版社2002年版，第187页。

种事后质量控制活动虽然能够减少次品和废品的出现，提高产品质量，但也给企业带来了高昂的经营成本，传统做法的成本要占销售收入的25%。在它们生产的每4件产品中，也许要丢掉1件。① 在这种情况下，全面质量管理的经营理念就取代了传统质量管理理念，它主要是指为了能够在最经济的水平上并考虑到充分满足顾客要求的条件下进行市场研究、设计、制造和售后服务，把企业内各部门的研制质量、维持质量和提高质量的活动构成一体的一种有效的体系。② 全面质量管理是全面质量（产品质量、服务质量和工作质量）、全过程管理（从市场调查、设计、制造到销售和售后服务）以及企业全体员工参加的"三全"管理，是综合运用多种多样的科学方法和手段进行的科学管理。史蒂文·科恩等将全面质量管理的核心要素归纳为三个方面，即与供应商协同工作以确保工作过程中使用的供应品符合组织的要求；持续地进行员工工作过程分析，以改进他们的工作，减少不必要的返工；密切与顾客之间的交流，以明确理解他们的要求及对质量所下的定义。③

全面质量管理方法虽然最早由美国学者戴明（W. Edwards Deming）以及朱兰（Joseph M. Juran）等提出来，但最先实践该理念的是日本，戴明甚至被称之为"日本质量管理之父"。为了纪念戴明对日本质量管理的推动作用，日本于1951年创设了戴明奖。朱兰博士质量管理思想主要包括三个部分，即质量策划、质量控制和质量改进，他认为应该根据顾客的需求来判断质量的好坏。在引入全面质量管理以后，日本工业的竞争力得到了很大提高，相对于美国产品，日本的产品质量更受到消费者的喜爱，由此引发了美国工业界的反思，戴明和朱兰等的全面质量管理理念也开始在美国产业界推广开来。为了促进美国企业对产品或服务质量的重视，美国政府设立了马尔科姆·波多里奇（Malcom Baldrige）国家质量奖（简称MB奖），用MB奖的标准对企业进行审查。作为衡量的尺度，以1000分为满分，对取得700分（70%）以上优秀经营体系的企业，每年从制造业部门、服务业部门、中小企业部门中各选出两家，合计六家公司，由美国总统授予MB奖。④

全面质量管理在美国企业界应用的成功为其向政府部门推动创造了条件，

---

① 麦克唐纳：《成功的全面质量管理》，上海译文出版社1993年版，第7页。
② 菲根堡姆：《全面质量管理》，机械工业出版社1991年版，第4页。
③ 史蒂文·科恩等：《政府全面质量管理》，中国人民大学出版社2002年版，第16页。
④ 新将命：《全面质量管理》，上海文汇出版社2002年版，第28页。

美国质量改进总统政务会在1988年就成立了联邦政府质量学院，学院的主要任务是为刚开始采用和正在采用全面质量管理（TQM）方法的机构提供服务。克林顿总统认为，MB奖"反映了美国所有的组织机构所追求的管理的理想状态，它也是家庭应该学习的方法，是美国的慈善团体、宗教团体、学校等所有机构应该学习的研究方法，当然政府也应该身体力行"①。克林顿总统的建议在美国的《国家绩效评估报告》中得到了体现。该报告认为，政府应该给顾客更多的权利，提供激励联邦雇员提高服务质量的机制，并建议在政府部门设置统一的波多里奇（Baldrige）奖，依据项目绩效、成本节约、创新和顾客满意度来评价各部门、各单位的工作质量。②

二、政府全面质量管理的实施

政府全面质量管理的实施主要借鉴于来自私营部门实施全面质量管理的经验，史蒂文·科恩等将全面质量管理的实施步骤描述为八个方面，即：③

第一步：让工人们描述、测算他们的工作并找出所需改进的工作程序，通常以明确顾客及他们的需求作为开始。

第二步：描述完成这项工作所需的步骤（什么人、在什么时候做什么）。

第三步：查明工作过程中哪些地方易出现差错、延迟和返工。

第四步：查明造成差错、延迟和返工的原因，包括欠佳的配备或不清楚的指示、不达标的操作、不正确的指导和交流，或是没有培训成熟的工人和管理人员。员工们常被限制在管理部门所制定的体系之内，而这种体系似乎恰是为产生错误和缺点而设计的（因为它不断出现差错）。

第五步：为改进工作采取小规模的试点。

第六步：如果这种试点计划奏效，将推广到整个组织。

第七步：监控进程，以确保它能在整个过程中改进工作。

策八步：重复一至七步，进一步改进工作。

在此基础上，美国学者史蒂文·科恩等重点介绍了政府实施全面质量管理

---

① 新将命：《全面质量管理》，上海文汇出版社2002年版，第28页。
② 财政部财政科学研究所《绩效预算》课题组编：《美国政府绩效评价体系》，经济管理出版社2004年版，第180页。
③ 史蒂文·科恩等：《政府全面质量管理》，中国人民大学出版社2002年版，第6页。

的主要环节①：

（一）了解组织环境

史蒂文·科恩等认为，公共事业组织的工作环境是一种典型流动性的、高度政治化的环境——受到媒体的热切关注，不得不坚持许多刻板的规定，受到许多制约，并且常常为当权官员的观点和需要所左右。② 政府组织面临着不同于私营部门的外部和内部环境，立法机关、司法部门、利益集团以及政府组织内部的小集团和政府文化等都从不同的方面对政府组织施加压力，要求政府组织能够倾听他们的意见和满足他们的需求。作为一种变革策略，全面质量管理在政府部门的推行必然使部分人员的利益受到损害，由此会给全面质量管理的实施制造障碍。因此，政府组织在推行全面质量管理之前应注重分析和克服全面质量管理推行中可能遇到的障碍因素。

（二）工作分析的组织

全面质量管理的实施要求政府组织专门的质量改进小组，同供应商、顾客以及政府部门内部成员积极沟通，将他们的意见和要求反映到政府管理者那里，以便为政府部门实施质量改进计划提供帮助。史蒂文·科恩等将工作分析的组织划分为三个环节：

1. 实施人员培训

在实施全面质量管理之前，应该对政府组织成员开展有关全面质量管理方面的培训，使其理解和接受实施全面质量管理的必要性以及全面质量管理的核心概念，通过培训促使政府组织成员消除对全面质量管理的抵触情绪，将全面质量管理看作是一种新的工作方式，能够解决管理中遇到的各种问题。

2. 组建质量改进小组

政府全面质量管理是借助于质量改进小组来实施的，质量改进小组的建立应该随着政府组织文化和政府所要解决的问题的不同而有所差异。质量改进小组是通过质量改进计划来开展工作的，质量改进计划应该列明政府组织的工作现状、质量改进的对象及其目标等内容。质量改进计划要具备成功的潜力，而

---

① 参见史蒂文·科恩等《政府全面质量管理》，中国人民大学出版社2002年版，第53~120页。

② 史蒂文·科恩等：《政府全面质量管理》，中国人民大学出版社2002年版，第55页。

这种成功应该是迅速的、可以被看到和能够被衡量的。一旦开始了这项工作，质量改进计划就必须成为机构中日常工作的一部分。

3. 质量改进小组的成员选择和组成

TQM 培训之后，就可以建立质量改进小组，质量改进小组需要由那些确实在分析这件工作的人来组成，尽可能确保质量改进小组由来自尽可能多的层次和水平的人组成。质量改进小组的领导者可以从各个层次的成员中选择任用，而不必局限于现有的管理人员。质量改进小组的任务包括收集和分析工作进程中的资料以确定问题，并提出改进意见来供管理层参考指正。

（三）将 TQM 融合到管理架构中去

最初的质量改进小组应该被看作是思考和工作的正常途径，而不是某种个别事件。在回顾和指导工作时，管理者应该不断地问自己以下的问题：谁是顾客？顾客需要什么？为什么他们需要这些？谁是供应商？我们正在采取哪些措施和他们进行必要的交流？怎样以更适当的方式获得更好的供应？这项任务目前的执行水平怎样？你是如何试图改进工作进程的，相应的又是如何改进执行水平的？将 TQM 与管理构架融为一体，在一定意义上意味着训练组织成员不断地问这些问题，并且要建立激励机制来奖励那些在此方面做得出色的组织成员。

三、政府全面质量管理中的质量标准

如果说提供公共服务是政府的主要职能，那么公共服务的质量意味着什么呢？它又根据什么标准予以衡量呢？所谓公共服务质量，是指民众于第一次及每一次接受政府服务时，该服务均能满足民众的期望与需求。根据"联邦质量协会"的规定，政府的服务品质主要包括以下七项[①]：

1. 绩效。绩效是民众在接受政府部门所提供的服务时，首先考虑的最重要的方面。例如，民众在申请养老保险时，相关机关能够提供正确、清晰的信息和协助。

2. 专业特色。这是补充基本的政府产品与服务品质的第二项标准。例如，失业人员在申请就业指导时，劳动部门能够提供相关的就业信息作为参考。

3. 可信度。对于许多民众而言，最重要的品质标准是服务或产品应具有

---

① 张成福、党秀云：《公共管理学》，中国人民大学出版社 2001 年版，第 311~312 页。

的可信度。所谓的"可信度"系指一项产品或服务,在某一特定期限之内,能符合民众期望的可能性。

4. 持久性。所谓的"持久性"系指某一服务或产品给民众所带来利益的持续时间的长短。例如,一项就业培训是否能持续地帮助失业者找到一份满意的工作。

5. 一致性。系指政府所提供的产品或服务,其成效是否符合预先所设标准的程度。

6. 及时性。系指政府所提供的服务或产品,必须能够及时地满足大众的需求,或是政府能够及时地解决民众所遭遇的问题。

7. 变动性。系指政府所提供的产品或服务是否会根据时空背景的改变而发生相适应的转变。政府部门应随时掌握和了解民众的需求或愿望,从而提供符合民众期望的产品或服务。

四、全面质量管理方法在政府部门的应用原则

(一)顾客至上原则

顾客是政府部门服务质量好坏的重要判断标准,脱离顾客需要的服务并不能被看作是优质的服务质量,因而,政府部门应该学会聆听顾客的心声,了解顾客的真实消费需求,提供个性化的服务,以此作为政府行为的出发点,制定有效的顾客服务标准,为顾客服务需求的满足提供多种选择渠道。

(二)全员参与原则

按照全面质量管理方法,服务质量的保证并不仅仅局限于质量检验部门,包括设计、生产、市场营销以及售后服务部门在内的组织全体人员都应该成为服务质量的支持力量。对于政府部门而言,包括领导层、管理层和技术操作层在内的所有政府成员都应该参与到全面质量管理中来,他们应该了解本部门的顾客对象,确定他们的服务需求,探求本部门的服务还有哪些需要改进的地方并提出改善的建议。

(三)领导重视的原则

戴明认为,质量责任最终取决于上层管理者。事实上,他指出85%的质量问题归于管理者,而只有15%归于工人。只有管理者能够建立质量责任机制,提供使之得以发生所需的激励和支持系统。在政府部门,政府领导人要积

极向部门成员灌输与本部门职能有关的使命感和责任感，使其了解实施全面质量管理的必要性，并掌握相应的全面质量管理策略。只有领导者发挥带头作用，全面质量管理才能在政府部门卓有成效地推广开来。

（四）持续改进的原则

政府部门提供的服务是一个不断完善和提高的过程，持续改进意味着每一天都使事情变得更好。它意味着逐渐消除所提供的产品、服务中的错误和缺陷，消除生产过程自身的延误和低效率。除此以外，政府部门还需要及时跟踪顾客需求的变化，争取在最短的时间内满足顾客的新需求。

（五）预防的原则

为了保证"零缺陷"的服务质量，政府部门需要立足于"预防"而不是"治疗"，不能依靠事后的检验和控制手段来减少服务问题，而是应该将服务质量问题消灭于萌芽状态，这样才能达到提高效率和服务质量的目的。

五、政府部门实施全面质量管理的约束

（一）目标的明确性

全面质量管理的有效开展是建立在目标明确的基础之上的，质量管理的最终目的是通过满足消费者的各种需求来实现组织的生存和发展目标。就私营部门而言，企业利润和市场占有率等都是企业实施全面质量管理的终极目标。只有组织上下就实施全面质量管理的目标达成共识，组织的高层领导以及基层人员才会努力准备和实施全面质量管理。然而，对于政府部门来说，大多数政府部门的目标是含糊不清的，政府部门的顾客及其需求的界定充斥着各种矛盾，如何处理政府全面质量管理过程中的效率和公平问题更是困扰政府部门的难题。

（二）全员的参与性

全面质量管理追求全员参与，按照这种管理方法的基本精神，与其通过质量检验来控制和把握质量好坏，还不如从产品的生产投入着手来降低质量缺陷，而这就离不开全体组织成员的参与和合作。然而，与私人部门相比，政府部门在推行全员参与的过程中通常要面临着更大的困难，政府部门的层级控制更加森严，下级成员对组织管理活动的参与面临着较大的程序约束，政府部门

高层领导的频繁变动及其思维方式的差异进一步影响了全面质量管理方法在政府部门的应用前景。

（三）顾客的界定

全面质量管理要求以顾客需求作为持续改进质量的出发点，然而，如何界定政府部门的顾客？他们具有什么特征？如何满足不同顾客的个性化需求？诸如此类的问题是政府部门在实施全面质量管理之前需要解决的问题。与私营部门相比，政府部门的顾客更加难以清晰地界定，而政府部门对大多数公共服务的垄断提供也决定了政府顾客的服务需求很难借助于其他组织来满足。况且，与满足顾客的需求相比，公民权利的维护和保障对于政府部门来说更加重要，当政府部门的某类顾客与其他公民的权利发生冲突时，这类顾客的服务需求能够成为政府部门全面质量管理的出发点吗？

第五节 政府战略管理方法

"战略"一词最早源于中国古代军事家孙武的著作中，本属军事术语，是指实现战争胜利的目标。孙武在《孙子兵法》中提到的"上兵伐谋"的思想可以说是最早见于文字的战略思想，这个"谋"字就是谋略、战略的意思。在中世纪的西方，"战略"一词最先出现在拿破仑等一些军事领导者的军事著作中。"strategic"一词源于希腊文"strategos"，意思是"在战争中实行的一套克敌制胜的策略"。这个概念原指将帅本身，后来马基雅维利用这个词指代有计划地运用权力和影响贯彻国家目标的活动。

在"商场如战场"的理念指导下，私营部门也利用这一军事概念发展出了自己的战略观。私营部门的管理者将产品的市场份额与战争中的"攻城略地"联系起来，用"战略"来表示私营部门为了抢占市场份额而采取的各种策略。现代企业战略管理思想出现在20世纪60年代的美国，这个时期出现了钱德勒(A. D. Chandler, Jr.)的《战略与结构》(1962年)、安索夫(H. Igor. Ansoff)的《公司战略》(1965年)以及安德鲁斯(Andrews)等编著的哈佛商学院教科书——《商业政策:原理与案例》(1965年)——三部战略管理研究的开创性著作。安德鲁斯等在《商业政策:原理与案例》中提出了著名了"SWOT"[SWOT又称为态势分析法，它是由美国旧金山大学的管理学教授于20世纪80年代初提出来的，SWOT四个英文字母分别代表:优势(Strength)、劣势(Weakness)、机会(Opportunity)、威胁(Threat)]。战略管理模型，在他们看来，环境不断变化产生机遇和威胁,组织的优势与劣势将不断调整以避免威胁并利用机遇。对企业内部的优势与劣势的评估确定企业的独特能力,对外部环境的机会与威胁的分析可以确定潜在的成功因素。这两种分析构成了战略的基础。

战略管理的思想在20世纪60年代产生后就进入了"仁者见仁,智者见智"的发展过程,其间形成了许多战略管理学派。明茨伯格在其《战略历程——纵览战略管理学派》一书中将战略管理分为10大学派,设计学派把战略的形成作为一个概念化过程;计划学派把战略的形成作为一个受控的正式过程;定位学派把战略的形成看成是一个分析过程;企业家学派把战略的形成看成是一个预测过程;认识学派把战略的形成看成是一个心理过程;学习学派把战略看成是一个应急过程;权利学派则把战略的形成看成是一个协商过程;文化学派认为战略过程是一个集体思维过程;环境学派把战略看成是企业对环境变化的反应;结构学派把战略形成过程看成是一个转变过程。①

一、战略管理的内涵

"战略"一词虽然很早就出现了,但是人们并没有对战略的内涵取得一致意见。明茨伯格认为,"战略"至少应该有五种定义。②在他看来,战略分别可以看作是一种计划、模式、定位、观念和策略。安德鲁斯认为,战略是目标、意图或目的,以及为达到这些目的而制定的主要方针和计划的一种模式,这种模式界定企业的业务范围与经营类型。③钱德勒则将战略看作是企业长期目标的确定,以及为实现这些目标所必须采取的一系列行动和资源分配。④虽然研究者们对战略的定义难以达成共识,但是他们都认为,战略关注组织与环境之间的关系,强调组织战略应该随着环境的变化而做出相应的调整。

与"战略"的定义一样,对"战略管理"的理解也是多种角度的:

费雷德·戴维从过程的角度界定战略管理,他认为战略管理是一门制定、实施和评价使组织能够达到其目标的,跨功能决策的艺术与科学。⑤汉纳根则从战略与环境关系的角度出发,认为战略管理包括用于规划和执行战略的决策

---

① 亨利·明茨伯格:《战略历程——纵览战略管理学派》,机械工业出版社2002年版,第4页。
② 亨利·明茨伯格:《战略历程——纵览战略管理学派》,机械工业出版社2002年版,第7页。
③ 周三多等:《战略管理思想史》,上海复旦大学出版社2003年版,第24页。
④ 钱德勒:《战略与结构》,云南人民出版社2002年版,第15页。
⑤ 费雷德·戴维:《战略管理》,经济科学出版社1998年版,第18页。

和措施，它能使公司更好地适应环境，并能实现其目标。①波思从组织决策的角度将战略管理看作是制定、实施和评估跨部门互动决策的过程，这些决策能够让机构去确定和实现它的使命，并最终创造出价值。②

尽管人们对战略管理的内涵有着不同的理解，但是对于战略管理基本特征的认识却没有很大的分歧，战略管理的基本特征可以归纳为③：

1. 战略管理是未来导向的。战略管理为组织未来的发展设立远景，规划蓝图。从某种意义上讲，战略管理是在一个组织的现在和未来之间架起桥梁。通过战略管理，组织管理者及组织成员理解了组织的远景、使命和目标。

2. 战略管理着重于较长远的、总体的谋略。战略管理通常涉及或关注组织发展的总体格局，也就是说，战略管理关注全局而不是局部，关注长远利益而非眼前利益。

3. 战略管理是一个与组织内外环境互动的过程。由于环境的不确定性给组织的生存和发展带来了各种挑战，组织就需要通过实施战略管理来发现政治、经济和文化等外部环境给组织提供的机会和产生的威胁；并仔细辨识组织的竞争优势和劣势，从而采取有针对性的措施来化解威胁和劣势，积极利用各种机会和自身的竞争优势。

4. 战略管理是直觉和理性的结合，战略管理既注重实践经验、感觉和判断，又主张通过理性分析来进行决策，从中选择最优的决策方案。

5. 战略管理是动态循环过程。组织内外环境的不断变化决定了战略管理并不是一次性的、短期的组织行为，组织需要持续关注内外环境的变化，对外部环境的机会和威胁以及内部环境的优势和劣势不断进行调整，从而使组织的战略管理能够更好地与组织环境相匹配。

6. 战略管理是前瞻性思考和由外而内的管理哲学。所谓前瞻性思考，其特征为：向前看，寻找问题和机会；寻找重构问题的新方式，以便将反面的东西转为潜在的正面性，开启新的发展途径；把握形势和发展机会，使其能够实现。所谓由外而内的管理哲学，即脱离自我中心，从他人或外在环境的观点来看组织问题，而非从组织内部去诠释外在问题。

---

① 蒂姆·汉纳根：《掌握战略管理》，商务印书馆2004年版，第1页。
② 波思：《战略管理：跨部门互动的方法》，清华大学出版社2003年版，第2页。
③ 欧文·休斯：《公共管理导论》，中国人民大学出版社2001年版，第76~77页。

二、政府战略管理的实施

战略管理的核心是持续进行分析、决策和行动的过程。在实践中,战略不是管理者拘泥于刻板程序就可以制定出来的,而是需要老练的分析、制定适当的决策,并参与到执行所选战略的必要行动中。不过,它们相互之间是高度依赖的。战略管理最早是由私营部门实施的,将它应用到政府组织必然要进行适合于政府环境的调适,以保证政府战略管理的成功应用。保罗·纳特和罗伯特·巴可夫对此进行了颇有见地的分析。[①]在他们看来,政府战略管理应该由战略管理小组来实施,可以划分为六个环节,每个环节都具有不同于私营部门的特点。

(一) 历史背景分析

在该阶段,战略管理小组应该识别出那些反映了组织承受的压力的趋势、事件和方向,并在此基础上确定组织的理想。相对于私营部门而言,历史背景分析对于政府组织非常重要,政府组织面临着更加动荡不安的环境,需要对政治权威和委托人的服务需求做出回应,这使得政府组织必须定期对事件、趋势和方向做出评估,以便把握组织运作其中的环境向它提出的各种要求。

(二) 形势评估

在明了组织的历史背景后,战略管理小组应运用 SWOT 分析模式对组织面临的内外环境的优势和劣势以及威胁和机会展开分析,由此明确组织的发展战略。与私营部门不同,优势和劣势以及威胁与机会在政府组织的内外环境中都存在,形势评估要求战略管理小组从政府面临的各种威胁中发现机遇。

(三) 建立问题议程

政府的战略管理小组应该找出当前管理中要优先考虑的议题,从而创建一个问题议程。所谓的议题就是指政府面临的各种相反的力量,它们从各个方向推拉组织,使组织背离理想。构建问题议程是战略管理的核心阶段,它要求战略管理小组能够清楚地区分组织面临的各种张力和紧张关系,将问题议程分为不同的等级,在此基础上做出有效的取舍。与私营部门相比,政府组织面临着

---

① 参见保罗·纳特和罗伯特·巴可夫《公共和第三部门组织的战略管理:领导手册》,中国人民大学出版社 2001 年版,第 139~168 页。

更为严重的紧张和冲突关系，立法、司法以及利益集团等外部环境对政府组织施加了不同的压力，从而使得政府组织面临着更加复杂的问题议程构建环境。

(四) 确定备选战略

战略管理小组应该确定可行的战略行动，以处理议程中的每个议题张力，这一过程从要处理的最重要的议题张力开始。与私营部门通常采取诸如出售、横向和纵向合并的积极战略相比，政府组织更倾向于采取反应性的战略，通过采取渐进决策的方式，以便在机会与威胁之间取得平衡。

(五) 可行性评估

确定备选战略之后，战略管理小组应该进行可行性评估，确定组织面临的利益相关者，了解被选战略对利益相关者的影响以及利益相关者可能对战略实施做出的反应。此外，战略管理小组还需要对执行战略所需要的政治、经济、法律等方面的资料进行评估，了解资源的充裕情况以及资源分配的标准等内容。与私营部门相比，政府组织的战略更容易受到利益相关者的阻碍，每个人都可以看作是政府组织的潜在利益相关者，都可以向政府组织提出自己的需求，并要求政府组织给予满足。因此，政府组织必须对利益相关者阻碍战略实施的动机及其能力进行详细的评估。

(六) 实施战略

有效的战略如果得不到适当的执行也是没有价值的，战略的实施涉及资源和利益的分配和变化，因而会引起利益相关者的广泛关注，从而对战略的实施持支持或反对的态度。战略管理小组在实施阶段需要仔细分析每种战略的利益相关者的相关情况，了解他们的分布及其态度的相关情况，在此基础上，将利益相关者进行合理的分类，并选择应付每类利益相关者的策略。由于公开性方面的限制、政治影响、权限、监察以及普遍存在的所有权，公共部门战略管理的执行更为艰难。

三、战略管理方法在政府部门应用的限制

与目标管理、标杆管理等私营部门管理方法在公共部门的应用相似，战略管理方法在私营部门的成功应用并不能保证它同样可以在公共部门取得成功。与私营部门比较，政府部门可能会存在更多的制度约束和体制限制。纳特和贝克沃夫认为，政府部门的战略管理者在"采用私营部门的方法时，应审慎为

之,这种方法假定要有明确的目标、利润和经济目的、无限的行动权力、秘密开发、有限的行动责任,以及通过市场机制对产生出来的经济结果进行监测,等等",在公共组织里"许多类似的设想都是错误的"①。许多学者从不同的角度对政府部门开展战略管理所面临的问题和限制进行了归纳和总结,其中,托夫特(Graham S. Toft.)的归纳较为全面:②

1. 政府任期的短期性和行动取向。政府是有任期的,在2~4年的政治任期之内很难发展长期战略。

2. 公共管理战略的许多方面都是立法者所确立的。也就是说,法律确定了政府机关在什么时候、什么地点将如何做。战略管理的途径除了仔细研究执行的战略外,的确应该阐明立法意图。

3. 公共规则大部分是在组织内部进行的,而选民、媒介等要求参与,参与过程虽然可以改进普遍接受的程度,但是却冲淡了战略的焦点议题。

4. 可靠性分析通常是费力又费钱的。更重要的是,定量分析方法如成本—效益方法也不能抓住那些无形的东西。

5. 公共机构对问题解决的非正式群体过程不太熟悉,政府机构习惯于层级的、下达文件报告的过程。创造性、非正式性、弹性在公共组织文化中还不成熟。

6. 由于预算约束和短期观念,公共战略规划者的工作通常很难证明是合理的。

7. 与私营部门相比,公共战略通常是通过组织设计、预算和财务控制、人事制度和政策来实现的。

第六节 政府绩效管理方法

自行政管理作为一门独立的学科诞生和发展以来,如何提高政府管理效率就一直成为行政管理研究者和实践者关注的焦点问题。当建立在官僚体制和政治与行政两分法基础之上的传统公共行政管理模式难以满足社会公众对政府管理的高绩效要求的时候,如何摆脱政府的绩效困境就成为政府管理所面临的主要问题。在这种政府面临比较严重的合法性危机的情况下,美国1993年通过了《政府绩效与成果法案》。该法案明确指出,联邦项目中的浪费和效益低

---

① 欧文·休斯:《公共管理导论》,中国人民大学出版社2001年版,第181页。
② 张成福、党秀云:《公共管理学》,中国人民大学出版社2001年版,第86页。

下，不仅破坏了美国人民对政府的信心，而且削弱了联邦政府满足公众最基本需要的能力。为了有效挽回政府形象，该法案提出了包括启动项目绩效改革、关注成果等目标和措施在内的一系列改革内容。在当前的时代背景下，我国也面临着重塑政府绩效管理体制的问题，怎样设计有效和全面的绩效管理指标、如何确定绩效管理的主体和管理方法等问题都是重塑我国政府绩效管理体制所需要重点考虑的问题。

一、绩效管理的内涵

从单纯语义学的角度看，"绩效"表示"成绩、成效"。"成绩"是指"工作或学习的收获"，强调对工作或学习结果的主观评价；"成效"指的是"功效或效果"，强调工作或学习所造成的客观后果及影响。"绩效'则是对二者的综合。"绩效"概念最早在工商企业中使用。当今企业所面临的外部环境瞬息万变、组织规模日益庞大、组织结构日趋复杂，因此，早期科学管理时代的机械效率方法已经无法完全表征企业的表现、行为及成就。"绩效"概念实际上可以综合代表效率、财务指标、市场占有率、内部激励结构、企业文化等各种指标，并且可以通过一定的有效途径整合为可以衡量或评价企业行为的指标体系。通过这一指标体系，基本上可以反映出一个企业的整体表现和状况。因此，自20世纪80年代后期和90年代初期以来，"绩效"以及"绩效管理"开始成为管理实践中一个非常流行的词语。①对"绩效"的理解很容易与"效率"的内容混为一谈。实际上，效率通常代表简单的数量指标的比较，而"绩效"则关注项目或计划目标的实现情况，这实际上包含了尼古拉斯·亨利所说的"效率"和"有效性"或者阿米泰·埃特奥尼所指的"组织效率"和"组织效能"的意思。在阿米泰·埃特奥尼看来，特定组织的实际效能由其目标实现的程度所决定，而组织的效率则由单位产出所使用的资源的总量来衡量。②因而，绩效的内涵要远比"效率"丰富，是一个综合性的概念，它可以看作是"系统表征管理领域中的成就和效果"的一种概念工具，是一个比管理效率更为复杂的概念。

在管理学中，绩效管理的概念也众说纷纭。英国人力研究协会在对1000多家私人企业和公共部门的调查中发现，"即使是在那些宣称已经采用绩效管

---

① 理查德·威廉姆斯：《组织绩效管理》，清华大学出版社2002年版，第1页。
② 简·莱恩：《公共部门：概念、模型与途径》，经济科学出版社2004年版，第224页。

理的组织中，对绩效管理也不存在一致的定义"①。理查德·威廉姆斯在《组织绩效管理》中介绍了有代表性的三种观点：第一，绩效管理是管理组织绩效的一种体系；第二，绩效管理是管理雇员绩效的一种体系；第三，绩效管理是把对组织的管理和对雇员的管理结合起在一起的一种体系。国内研究者对绩效管理尤其是政府绩效管理的内涵也没有形成一致意见。有的研究者认为，绩效管理是对公共服务或计划目标进行设定与实现，并对实现结果进行系统评估的过程。②也有研究者认为，政府绩效管理是公共支出绩效管理的简称，是指政府根据财政效率原则及其方法论，以绩效目标的建立、实施、评价反馈为基本环节的公共资金管理制度。③政府绩效管理并没有形成统一的概念，其原因是多方面的：一方面，在实践中，绩效管理通常与各国政府的管理实践和改革策略有很大的关系，不同的改革策略可能会导致绩效管理框架的不同；另一方面，绩效管理并不是单一的事物，它是在集合了多种管理思想和方法的基础上形成的一个观念和系统。尤其在当代西方发达国家的行政改革中，绩效管理本身提供了一套"融合多种工具"的改善和评估政府管理绩效的框架。④

二、政府绩效管理兴起的影响因素

20世纪80年代以来，政府绩效管理的大规模兴起既有理论的支撑，也是对现实需求的积极回应；既是世界范围内的公共行政改革潮流的涌动方向，也反映了当代中国行政改革的走向。

1. 市场竞争日益激烈。20世纪80年代以来，市场竞争日益激烈，随着政府部门对公共服务垄断提供地位的打破，竞争机制也被引入了政府部门。在这种情况下，竞争被视为导致人们对政府绩效管理日益关注的主要影响因素。就公共服务提供而言，不仅政府部门与私营部门或第三部门存在竞争关系，而且中央政府和地方政府之间也存在着竞争关系。所有这些市场状况，都使得绩效和绩效管理在公共部门内部受到了关注。⑤

2. 私营部门的成功示范。与私营部门的卓越绩效表现相比，政府部门提供的公共服务质量却颇受公众非议，私营部门的成功实践为政府部门提供了借

---

① 理查德·威廉姆斯：《组织绩效管理》，清华大学出版社2002年版，第37页。
② 张成福、党秀云：《公共管理学》，中国人民大学出版社2001年版，第271页。
③ 马国贤：《政府绩效管理》，上海复旦大学出版社2005年版，第127页。
④ 马国贤：《政府绩效管理》，上海复旦大学出版社2005年版，第98页。
⑤ 理查德·威廉姆斯：《组织绩效管理》，清华大学出版社2002年版，第4页。

鉴。奥斯本和盖布勒的《改革政府》一书就是在借鉴彼得斯和惠特曼在《追求卓越》中总结的私营部门成功管理的八条经验基础之上写作而成,该书出版之后,就立即成为美国政府改革的宝典。

3. 技术进步。从某种意义上来说,技术是绩效管理的一个部分,也可以说是绩效管理的一种工具,产品和生产技术是一个组织取得竞争成功的传统基础之一。事实上,技术,尤其是信息技术,在很多情况下已经成为解决绩效问题的一个重要方案。政府信息管理技术在政府部门的广泛应用也为政府绩效管理提供了技术支撑。

4. 摆脱财政困境的现实选择。在西方国家,传统的自由主义思想在20世纪20年代末30年代初那场世界性的经济大危机中暴露出了自身的严重缺陷,为了解决国家的经济危机,凯恩斯的国家干预主义开始发挥作用。政府职能的不断膨胀、行政权力的不断扩张,机构、人员、经费自然也都水涨船高,这些都是国家干预主义带来的负面后果。从20世纪70年代开始,西方国家经济普遍陷入"滞胀",财政吃紧。为了解决政府的财政危机,政府要么选择强行征税,要么选择从改革自身开始,降低政府管理成本。

三、政府绩效管理的程序

政府绩效管理过程包括以下基本要素和步骤:明确组织的使命、战略和价值;制定绩效协议和绩效计划;绩效的监测、阶段性评估和反馈;绩效的正式评估与分析。

(一)明确组织使命、战略和价值

使命即组织所肩负的历史责任或工作要实现的最高目标;实现目标的主要途径构成了组织的战略;价值则是组织一切活动所遵循的行为准则,如质量、顾客满意、团队精神等。组织使命、战略和价值是组织管理活动的理念框架,绩效管理的其他环节和程序都应在这一框架内展开。因此,组织使命、战略和价值的明确化是绩效管理的基础和前提。它包含两层意思:组织首先要明确确定自己的使命、战略和价值,否则便不可能取得良好的绩效;组织还应该通过有效的沟通,使组织的使命、战略和价值成为每个成员的共同信念。

(二)签订绩效协议

绩效协议又称绩效合同,是上级和下级、管理者和雇员之间就职责、任务、目标、工作条件和行动计划等达成的具有约束性的契约或一致性看法。绩

效合同包括如下内容:

1. 工作任务和责任,即组织或个人应该做什么的简要说明。任务指的是相对稳定环境下从事的程序性的工作;责任是指任职者为实现组织目标所承担的责任,主要责任确定的依据包括部门设立的有关法规、任务书中关于职责的说明、职位说明书中的工作概述和工作标准等。

2. 绩效目标,即单位或个人履行职责应该达到的具体标准或指标。绩效目标的内容取决于组织的类型和工作性质,其表达方式有定性目标、定量目标和项目目标。绩效目标可以在四个层次上确定:组织层次、部门层次、小组层次和个人层次。

3. 绩效计划,即实现绩效目标的行动计划。其内容包括任职者为实现绩效目标所拥有的财政、物质、技术、权力等方面的资源,管理者和任职者就实现目标的具体措施达成的共识,任职者的发展计划即提高素质和能力的计划等。

(三) 进行持续的绩效管理

绩效协议签订之后,绩效管理就进入了持续性管理阶段。持续性绩效管理旨在及时发现绩效改进的事例并给予确认和强化,及时发现未达到绩效标准的事例并立即采取建设性措施,帮助任职者从失败中学习并拟订具体行动计划,改进工作。

1. 绩效状况的监测和反馈。对组织和个人绩效状况的监测和反馈是持续性管理的主要体现。实施绩效管理的组织不仅应该建立正式的监测机制和反馈渠道,而且要鼓励每个任职者成为有效的监督者和反馈者。负反馈能够帮助任职者发现工作中的问题并采取改正措施;正反馈有助于任职者发现并利用新的机会,把工作做得更好。

2. 绩效目标和绩效计划的调整。在绩效管理过程中,随着外部环境和组织本身的变化,随着新的社会需求和新管理技术的出现,预先确定的绩效目标和行动计划可能会出现不适应的情况,需要进行适时的调整。

3. 绩效改进的行动计划。它是管理者和绩效欠佳者之间就改进绩效拟订的具体行动方案。它以绩效差距的成因分析为基础:如果绩效差距的主要原因是环境因素,就应当调整绩效目标、保证资源或减少不恰当的干预;如果管理因素是绩效差距的主因,则应当改进管理者的行为方式;在任职者个人因素是绩效差距主要成因的情况下,则要提高任职者的素质,改变任职者的行为方式,或改进激励机制等。

(四) 绩效的正式评估

正式绩效评估的核心内容是任职者对组织目标的贡献。评估过程也就是绩效目标与实际工作结果的比较过程。与持续性绩效管理阶段的评估相比，正式绩效评估不是发现和确认某一方面的绩效差距，而是对绩效表现的全面性评价。

正式绩效评估的目的有三个：第一，激励。通过评估鼓励和帮助雇员改进和提高工作绩效。第二，沟通。评估过程可以成为一个双向沟通的有效渠道，帮助雇员和管理者更好地理解各自的角色、目标、相互关系、期望和工作中面临的问题。第三，发展。帮助雇员提高素质和发展与工作职责相关的技能，使之不仅能够适应当前的工作岗位，而且有可能承担更高层次的职责。

正式绩效评估是一个绩效管理周期的终点，同时又是下一个绩效管理周期的起点，在绩效管理过程中起着承上启下的作用。

四、政府绩效管理的限制因素

历史上，对绩效管理的重视早在20世纪初便已开始。在20世纪80年代以后，实施绩效管理，追求高绩效的公共组织成为公民与政府一致的目标。只有对政府绩效进行衡量，公众才能知道政府各部门的生产力如何，政府才能真正了解自己到底做得如何。但是，公共组织的绩效管理，特别是绩效衡量实属不易，许多学者皆认为绩效不易衡量为公共组织之特征。

学者林奇（Lynch）和戴伊（Day）在回顾了美国公共部门的绩效衡量后认为，要有效地衡量政府绩效并不容易，因为在实际上常常存在如下限制[1]：

1. 内部无能的反功能。每一个组织的绩效衡量理论上都应该量身定制，但公共部门内部缺乏具有分析背景的专业人才，使得绩效衡量的工作变得眼高手低。

2. 政府绩效的因果关系难以确认。公共部门的计划结果往往很难衡量，因为公共产品通常无法分割，所以公共输出不易描述，产出的价格和单位成本也不易衡量。

3. 公共部门组织很少能控制环境的因素，因此绩效衡量往往只限于直接的输出项。例如公务员无法控制与公共安全及公共健康有关的所有因素，所以要求公务员负责亦值得商榷。

---

[1] 张成福、党秀云：《公共管理学》，中国人民大学出版社2001年版，第280页。

4. 量化考核是资源配置的重要范畴，但要获取客观的绩效衡量并不容易。

政府部门面临的上述限制并不意味着绩效管理难以在政府部门推广，欧文·休斯认为以下原因可以说明继续运用绩效标准的理由。①

首先，公务员也许会把绩效指标或绩效评估的运用当成一种威胁，但是这种方法却能够表明谁有较好的实践和较好的绩效，而这两者都可能受到奖励，从而能够成为一种机会。

其次，在当前的形势下，任何公共活动都处在被削减或全面清除的威胁之下，因此，绩效标准欠缺的职能或职位更易于受到责难。

再次，如果没有一些能够用来监督实现目标进展情况的手段，设定清楚的目标或为既定计划提供相应资金都几乎没有任何意义。既然在其他方面的改革中已投入了许多资本，绩效测量将会得到进一步的运用。

---

① 欧文·休斯：《公共管理导论》，中国人民大学出版社2001年版，第215~216页。

第九章
行政规范论

作为一种公共权力行为，行政活动的运行应该被施以必要的约束和限制，具有一定的受限性，同时也要具有可预期性和相对稳定性。这需要实现行政行为的规范化。那么，究竟什么是行政规范？其基本构成如何？各自又有什么功能上的差异，相互关系又是如何？在行政实践中，各种行政规范的不同组合构成了不同的行政治理模式，这些模式各自的价值与功能定位又有何不同，应当如何选择？这些都是本章要介绍的基本内容。

第一节 行政规范的内容与作用

一、行政规范的含义与特征

（一）规范与行政规范

所谓规范，据《现代汉语词典》的解释，有两重含义：其一是作名词，意思是"约定俗成或明文规定的标准"；其二是作动词，意思是"合乎规范"。在《尚书·序》中有"所以恢宏至道，示人主以规范"之说。其中，"规范"就是统治的典范、标准或者说要使统治者的行为合乎"道"的规范的意思。由此可见，"规范"一词的实质就在于要对特定行为施加某种约束或限制。这种约束或限制就是所谓规范，接受其约束与限制就是合乎规范。当然，规范是通过一定的标准，而且是"约定俗成或明文规定的标准"，对特定行为施加约束或限制。因此，这种标准的存在与发挥作用是规范得以产生的前提和关键。要理解规范的含义，就必须把规范的实质与规范的依据与前提结合起来。因此，所谓规范，就是用以对特定行为施加约束与限制、约定俗成的或是明文规定的各种行为标准的总和。

相应地，行政规范就是对行政行为施加的约束与限制的行为标准的统称。不过，行政行为为带有较强的目的性，从行政实践来看，主要是要确保行政权力与行政行为的合法和合理运用。因此，具体而言，所谓行政规范，就是为了确保国家行政机关及其工作人员在行使国家行政权力的过程中遵守与实施国家宪法与法律，有效履行各项行政管理职能，完成行政任务与目标，约定俗成或明文制定的各种行为规范、准则的集合。

（二）行政规范的基本特征

具体而言，相对于其他类型的社会规范，行政规范这一行政管理基本现象具有以下特征：

1. 行政规范的实质是一种约束或限制。社会实践表明，任何一种公共权力，如果不受到适当的约束与限制，就会成为所谓的"绝对的权力"。绝对的权力导致绝对的腐败。行政权力作为一种公共权力，同样应该受到必要的限制与约束。行政规范就是提供这种约束与限制的各种社会制度性因素的集合。

2. 行政规范的约束对象是各种行政权力及其行使过程，也就是各种行政行为。行政规范的直接约束对象是国家行政组织及其工作人员。但是，一般而言，只有当这些组织或工作人员具体行使行政权力，实施某种行政行为时，才会受到相应行政行为规范的限制与约束。一旦不再履行职务行为时，他们一般无需再受到这些行政规范的约束。因此，从规范的本身存在价值来分析，行政规范的最终约束对象应该是行政权力及其行使行为。

3. 行政规范的存在有其明确的目的性。从根本上来说，行政规范存在的理由就是要确保行政权力得到合法合理的运用与实施。所谓合法合理，一方面是指要确保行政权力运用的合法性，就是要符合既定各种规范的规定要求，在合乎规范要求的职权范围内，运用合乎规范的行政管理手段，经由合乎各种规范的程序，确保国家法律法规与各项公共政策得到遵守和执行；另一方面，是指要确保行政权力运行的合理性，就是要符合科学原则与理性的要求，确保国家法律与政策的实施过程符合效率原则。

4. 行政规范的存在形式或曰表现形式是各种行为标准的集合。这些规范既可以是"约定俗成的"，也可以是"明文规定的"；既可以是通过国家强制力来保证实施的，也可以是通过行为承担者的自律行为来实现的。也就是说，行政规范具有多样性。事实上，现代社会公共行政行为可说是五花八门，其规范要求自然各不相同。随着社会的发展变迁，民众对行政系统的看法与要求也会不断发生改变，行政行为的合法合理性标准也一定会进行相应的调整。简言之，社会与民众要求的多变性又会使行政规范呈现出动态性特征，这会进一步增加行政规范体系的复杂性与多样性。

二、行政规范的内容与构成

行政规范是行政权力及其运行过程应该遵循的各种行为规范的集合。要分析行政规范的内容，说明其内在构成，首先就得选择一个适当的分类标准。其中，最能反映不同行政规范之间的差异性，也是最常见的分类标准应该是以行政规范的产生方式与运行机制相结合而形成的综合标准。根据这一标准，行政规范一般可以划分成行政法律规范与行政道德规范两种基本类型。行政规范正是由这两个基本类别所共同构成的一个规范集合。

（一）行政法律规范

行政法律规范就是由各种国家机关所制定的，由国家强制力保证实施的有关行政管理的各种法律规范的总称。具体而言，根据立法主体的不同，行政法律规范的基本构成如下。

1. 宪法。宪法是国家根本大法，也是一切公共权力行为的最基本依据。宪法中部分内容涉及行政权力及其运行规范，其中，一般包含以下内容：关于国家行政权力及其运行基本原则的规范；关于国家行政组织组成和职权的基本规范；关于公民在有关行政法律关系中享受的权利和应尽的义务的相关规范。例如，我国现行宪法中"国家机构"一章，尤其是其中的第三节和第五节对我国中央与地方各级行政机关的机构设置、职责权限和活动原则都作了原则性规定。

2. 法律。在这里，法律特指由国家立法机关制定的有关行政管理的各种法律规范的总和。在当代中国，这包括全国人民代表大会制定的相关基本法律和全国人民代表大会常务委员会制定的相关法律，其中，有些法律是全部属于行政法律规范，如《中华人民共和国国务院组织法》、《中华人民共和国地方各级人民政府组织法》、《中华人民共和国治安管理处罚法》等；有些则不仅包括行政法律规范，还包括其他部门法规范，如《中华人民共和国人民警察法》中有关人民警察职务犯罪和有关这种犯罪管辖的规范就分别属于刑法与刑事诉讼法范畴。当然，在主要是属于其他部门法规范的一些法律中，也有可能包含有行政法律规范，如《中华人民共和国婚姻法》中有关结婚登记的规范，就属于行政法律规范。

3. 行政法规与行政规章。在我国，宪法授予国务院以制定行政法规的权力，并授予国务院各部、委、署、办以及具有行政管理职能的直属机构以制定行政规章的权力。在其他国家，行政机关或者依据宪法拥有直接立法权或者经立法机关特别授权拥有委任立法权。在这里，所谓行政法规是从狭义意义上来用的，就是指中央行政机关制定的法律规范，而行政规章则指中央政府各职能部门制定的法律规范。在当今世界各国，行政立法在行政法律规范体系中占有越来越重要的地位。在我国，由行政部门制定的行政法律规范在数量上远远超过其他部门立法。

4. 地方性法规、规章、自治条例和单行条例。这包括根据宪法和相关法律，拥有立法权的地方代议机关与行政机关制定的各种关于行政管理的法律规范。在我国，根据宪法与地方各级人民代表大会和各级人民政府组织法的规定，省（自治区、直辖市）的人民代表大会及其常务委员会、省（自治区）人民政府所在地的市和经国务院批准的较大的市的人民代表大会及其常务委员会有权制定地方性法规；省（自治区、直辖市）、省（自治区）人民政府所在地的市和经国务院批准的较大的市的人民政府可以制定地方性规章；民族自治地方的人民代表大会有权制定自治条例和单行条例。所有这些地方性立法中，相当大的一部分涉及地方性行政权力及其运行方面的规范，属于行政法律规范的范畴。

5. 法律解释与国际条约。法律解释是指对上述行政法律规范具有法定解释权的有关国家机关对有关法律作出的、有法律约束力的立法性解释和说明。法律解释通常可以分为立法解释、司法解释与行政解释等几种，其权限范围、运行方式各有不同。但是，这些解释往往具有与所解释的法律规范同样的约束力，因此也是行政法律规范不可忽视的组成部分。此外，一国政府所签定、加入或承认的国际条约，其中许多涉及国家行政权力及其运行，如各种关税管理协定、有关行政管辖权以及行政公共关系的国际公约，等等。这些在该国国境之内同样具有法律规范功能，构成一国行政规范的组成部分。

值得强调的是，除了上述明显属于法律范畴的各种规范之外，还有一些行政规范，它们不属于正式法律范畴，但却具有与行政法律规范同样的功能与运行机理，如由不具有立法权的权力机关或行政机关所制定的各种规定、纪律、办法、实施方法等。这些常被国内学术界称为"红头文件"的政策规定大部分与地方行政管理活动有关，具有与正式法律规范相类似的，甚至往往是更为直接有效的规范功能。而且，目前在我国，这些规范赖以产生的抽象行政行为或者不具备立法权的地方性国家权力机关的准立法行为事实上享有与立法行为一样的法律或事实地位。比如，迄今为止，它们同样享有不可直接上诉的法律地位，同样具有普遍约束力。因此，把这些与行政管理有关的"红头文件"纳入行政法律规范的范畴既符合我国现实，也是实现行政管理规范化的必由之路。

（二）行政道德规范

行政道德，作为一种基本行政规范，学术界对其内涵的具体定义各有不同，但在基本内涵的认识方面却是普遍一致的，都认为它是一种职业道德。其中，比较有代表性的是《中国大百科全书·政治学》认为，行政道德"又称公务员道德或公职道德。国家公务员在行政活动中应遵循的、体现行政职业特征的、调节管理主体与客体以及各管理主体之间关系的道德准则和规范"。夏书章主编的《行政管理学》更是明确指出："行政道德是职业道德或行业道德的一种类型，是人们在行政管理活动中的道德观念和行为规范的总和，是一般道德在行政活动中的体现，是统治阶级的道德对行政管理活动的特殊要求。"① 其中，所谓职业道德，就是从事一定职业的人们在其特定的工作或劳动过程中，应当遵循的与其职业特征相适应的道德原则与规范的集合。相应地，行政道德也就是国家行政机关及其工作人员在行使国家行政权力，管理国家政治事务、社会公共事务与行政机关内部事务和提供公共服务过程中，应当遵循的具有行政职业特征的、调整行政管理主客体之间以及主体之间各种关系的道德准则与道德规范的统称。

在社会发展的不同历史阶段和不同国家，行政道德的内容构成都会有所不同，甚至存在本质性的差异。不过，就现代社会而言，随着公共行政及其相关理念的产生，各国行政道德尽管同样存在着或多或少的差异，但相同的成分日益增多。总体上，行政道德体系基本内容可以分成行政道德原则与行政道德具体规范两个部分：

1. 行政道德原则。行政道德原则是行政道德体系中最高层次的道德准则或者说根本准则。它是特定行政道德体系的实质与根本所在，体现了特定行政系统的基本价值追求。它既是行政道德体系的灵魂，贯穿于行政道德体系各个层面与运行过程，也是把特定行政道德体系与其他道德体系区分开来的关键与根本依据。在不同性质的行政系统，行政道德原则的构成一般不同。我国行政道德体系最基本的原则就是"为人民服务"，这是由我国行政系统的性质所决定的。我国一切国家权力属于人民，行政系统及其工作人员的权力是由人民赋

---

① 夏书章：《行政管理学》，中山大学出版社1998年第2版，第177页。

予的，行政人员必须为人民服务，做人民的公仆。为人民服务原则构成我国行政道德体系的基础与灵魂，占据主导地位，其他具体的行政道德规范都是这一原则的具体体现与展开。

2. 行政道德具体规范。行政道德具体规范是行政道德原则在行政管理过程中的具体体现，是用以调整各种具体行政关系与行政行为的道德规范的总称。行政道德具体规范的内容十分丰富，主要有以下几个方面：

其一是勤政。也就是要忠于职守，勤奋工作，尽职尽责。这是行政职业道德的核心规范，也是为人民服务原则的最基本要求。原因很简单，从最一般的意义来说，行政就是管理和服务，勤政就是要搞好管理与服务，保证行政系统的正常运行，确保行政效率的提高。具体地，就是要求行政机关及其工作人员做到：一要忠于国家，拥护政府；二要忠于职守，认真负责，努力工作；三是要确保行政质量，促成行政效率的持续提高。为此，就要求行政人员努力学习与钻研业务，不断提高自身素质，勇于创新，积极进取。

其二是廉政。也就是国家行政人员要廉洁奉公，清白行政。在古今中外行政史中，"廉政"始终是一条基本从政规范要求。宋代著名清官包拯曾说过："廉者，政之本也，民之表也；贪者，政之祸也，民之贼也。"①"廉者昌，贪者亡"也成为自古以来我国具有深刻伦理价值的古训。在现代中国，党与政府一直强调廉政建设的重要性，2006年1月1日正式生效的《中华人民共和国公务员法》更是把廉洁上升为公务员行为基本考核准则之一。具体来说，要实现廉洁奉公，就需要实现以下基本要求：一要严守法纪，不贪赃枉法。国家行政人员应该严格遵守国家法纪，不得利用职权，谋取个人私利，贪赃枉法。二要秉公执政，不假公济私。国家行政人员在履行管理职责过程中应当秉公尽责，在提供公共服务过程中要一视同仁，不偏不倚。三是要厉行节约，反对铺张浪费。国家行政人员要树立公仆与为纳税人服务的意识。在履行公务过程中，要本着为纳税人省钱的思想，勤俭节约，反对奢侈浪费，不得摆阔气，讲排场，铺张浪费，慷国家与人民之慨。

其三是遵纪守法，依法行政。法纪为国之纲本。国家行政机关及其工作人员肩负国家政策与法律的维护与执行、确保社会组织与民众遵纪守法的重任。为此，首先必须要求国家行政机关及其工作人员做到遵纪守法，依法行政，以身作则。具体来说，一是任何部门及其工作人员都不得"以言代法"、"以权

---

① 《乞不用赃吏书》，转引自王伟《行政伦理概述》，人民出版社2001年版，第324页。

凌法"。行政机关及其工作人员必须在法律规定与允许的范围内履行职责，执行公务，做到依法行政。二是国家行政机关及其工作人员都必须严格执法，不得玩忽职守。作为国家法律的执行者，行政机关和行政人员必须严格执法，敢于主持公正，维护法律的尊严。三是行政机关及其工作人员要严以律己，为人表率。孔子说："其身正，不令而行；其身不正，虽令不行。"① 他又说："君子之德风，小人之德草。草上之风必偃。"② 执政者德行高低不仅决定着政令通畅有效与否，而且决定着民风好坏。正所谓"己所不欲，勿施于人"，凡是要求人民群众做到的，法律的执行与维护者首先必须自己做到。

其四是实事求是，科学行政。实事求是，一切从事实出发，按照客观规律行使行政权力，从而实现科学行政，这是国家行政机关和行政工作人员在履行公务时应该遵循的一项基本道德规范。其基本要求包括：一要重视调查研究，尊重客观事实。无论是制定、执行法律政策，还是处理具体日常事务，国家行政工作人员都应该忠于事实。在工作中必须深入实际，进行周密细致的调查研究，在准确掌握相关信息资料的基础上，根据事物与环境的真实情况来采取相应的工作对策。二是要坚持真理，敢于修正错误。人无完人，孰能无过？国家行政机关及其工作人员作为人民的利益实现组织和公仆，其一切行政行为都应该合乎人民的公共利益。一旦发现自己的言行有差错，就必须敢于承认，勇于纠正。对于其他部门或行政人员的错误行径也要敢于采取适当的方式予以揭发，使其得到纠正。三是要正确处理意志力与科学的关系。尊重事实，实现科学行政，并不是要求行政机关和行政人员处于一种完全被动的地位，成为教条主义者。事实上，事实与真理永远是相对的，而我们的资源（包括时间、人力、财力、物力与智力等）总是有限的，这就要求我们要充分发挥我们的想像力与创造力，积极主动地行使行政权力，履行行政职能，而不能过于僵化，走形式主义。当然，我们也要反对主观臆断，更要反对完全脱离事实的主观唯心主义。

其五是热情待人，协调行政。行政系统是一个整体协作系统，行政职能的有效履行一般需要系统内外相关组织及其工作人员之间的相互配合与共同努力。行政效率的高低在很大程度上取决于行政系统内外关系能否实现协调一致。为此，热情待人，形成协调一致的行政组织关系与行政公共关系，构成行政道德规范的又一基本要求。其具体要求主要有：一要密切联系群众，尊重人

---

① 《论语·子路》，广西民族出版社1996年版，第302页。
② 《论语·颜渊》，广西民族出版社1996年版，第289页。

民的合法权益,形成良好的政群关系。行政管理最终是要为人民服务,这就要求行政机关及其工作人员既要热爱人民,尊重人民及其合法权益,又要相信人民,密切联系人民群众。只有如此,才能真正做到急人民之所急,想人民之所想,为人民办实事,进而形成良好的政群关系。二要宽厚待人,形成良好的组织工作关系。在一个组织内部,既要尊重上级的权威,自觉服从上级的正确领导,也要尊重下级和同事。在工作过程中,要以事业为重,顾全大局,认真听取不同意见,要团结所有组织成员,形成协调一致的内部人际关系与工作关系。三要协调友邻,形成良好的部门间关系。不同行政组织、部门之间虽然分工与职掌不同,但都是从不同角度履行行政管理职能,共同实现为人民服务这一最终目标。而且,行政系统是一个协作系统,一个部门职责的有效履行往往需要其他部门的协同配合。因此,在与其他部门及其工作人员相处时,决不能各自为政,以邻为壑,而要从整体出发,从全局出发来处理问题,相互之间既要分清职责,又要协同处事,共同推动行政管理职能的有效履行。

三、行政规范的地位和作用

行政规范是国家行政机关及其工作人员在履行各项行政管理职能,行使国家行政权力过程中应该遵守的各种行为规范、准则的集合。这些规范是行政系统得以正常运转的基本前提与保证。具体而言,行政规范的地位与作用表现在以下几个方面。

(一)行政规范有助于实现行政系统运行的规范化、有序化

行政规范通过正式的法律规范对行政系统的组织原则、结构体制、职责权限、机构设置、人员编制,以及国家公务员的考试、录用、晋升、任免、奖惩及福利待遇等各项行政管理活动予以具体、明确的强制性规定,使得行政系统的运行有章可循、有法可依、有法必依。另一方面,行政规范又通过行政道德规范增强行政机关及其工作人员的自我约束能力,运用道德良知与职业精神,确保行政机关和行政人员忠于职守、遵纪守法。所有这些都有助于实现行政管理过程的规范化、有序化,从而保证行政管理职能得到顺利履行。

(二)行政规范有助于实现行政权力的合法化

行政权力的合法化是现代行政管理的基本特征与要求。所谓合法化,是指行政权力应该来自于人民的授权,行政权力的实施与运行应该取得人民的认同。行政规范构成现代行政权力合法化的基本保证。首先,各种行政法律规

范，尤其是国家宪法与基本法律就是人民意志的正式体现。人民通过这些规范将行政权力授予各级行政组织及其工作人员，并同时规定其职权行使规则、程序与方式。行政法律规范构成现代各国行政权力合法化的基本途径与主要渊源。其次，行政法律规范还通过保证行政管理的民主化来促成行政权力的合法化。现代各国宪法以及政府组织法一般规定，作为国家的主人，公民有权通过各种途径和形式，参与国家事务管理，参与国家行政权力的运行过程。与此同时，行政法律规范还规定了行政机关及其工作人员因违法失职、滥用职权、侵犯公民合法权益所应负的责任和相应的救济、制裁措施。这就有助于确保行政权力的合法运行与行政行为合法化的实现。最后，行政道德规范还激励行政机关和行政人员遵纪守法，建立良好政群关系，廉洁奉公，勤政为民，全心全意为人民服务。这无疑又会增加民众对行政系统的认同感，提高行政权力的合法化程度。

（三）行政规范有助于实现行政行为的合理化

合理化也是现代行政的又一项基本特征与发展要求。所谓合理化，就是指行政行为要实现科学化、高效化。提高行政效率是现代行政活动的出发点和归宿，是检验行政行为与行政系统是否实现科学化与合理化的核心标尺。行政规范正是决定行政效率高低的关键性因素。首先，宪法、法律等行政法律规范通过对行政机构的职责、组织、人事、监督以及奖惩等方面的强制性规定，努力实现行政系统及其运行过程的规范化、有序化，为行政效率的提高创造了制度与组织保证。其次，行政法律规范与行政道德规范从多个方面鼓励行政机关及其工作人员要客观行政、科学行政，并不断提高自身管理与服务的素质与能力。这有助于促成行政机关及其工作人员能力与素质水平的提高，为提高行政效率提供基本保证。再次，不仅行政法律规范力求通过强制性规定实现行政系统组织与运行程序的协调一致性，行政道德规范也从道德规范的角度要求行政机关与行政人员要形成协调一致的行政组织关系与行政公共关系，最终实现协调行政。所谓协调行政就是要实现行政管理活动的高度一致性，为行政效率的提高创造行动上的前提与保证。

（四）行政规范有助于行政发展与改革成果的巩固

国家行政系统属于公共权力系统，为了维持系统的正常运行与有效存在，顺利履行行政职能，就必须不断进行调整与改革。行政规范是实现行政改革，确认与巩固改革成果的关键机制。一方面，现代行政改革活动的进行一般是一种法律活动，改革进程就是一个立法与执法的过程。行政改革的成果最终需要以行政法律规范的形式加以巩固与确认。行政发展实践表明，缺乏有效法律规范的巩固与确认，既会使改革失去应有的合法性与权威性，也往往会成为改革成果难以巩固甚至于丧失的重要原因。另一方面，行政道德规范要求行政机关及其工作人员遵纪守法，要求依法行政。既然是依法行政，同样也会要求改革过程的法治化；既然要求遵纪守法，必然也会要求对以法律规范形式出现的改革要求的遵守和对改革成果的尊重。事实上，缺乏认同与尊重的行政改革，即使是一个立法过程的结果，也同样难以取得真正的成效，也会走向失败。

（五）行政规范有助于促成良好的行政文化与社会风气

行政行为具有很强的社会示范性功能。行政行为运行的方式、行政机关的工作风气以及行政人员的道德水平，都会对社会风气与行政文化产生很大的影响。行政法律规范明文规定行政行为的运行程序、方式，规定对行政机关和行政人员违法失职行为的责任与惩罚措施，规定公民参与国家行政过程的渠道与各种行政管理监督方式。这些既有助于实现行政过程的法治化，养成行政部门依法行政的行为习惯与作风，也有助于公民养成法治与民主意识，促成合法化社会风气与参与型行政文化的形成。行政道德规范具有类似的但却更为明显的影响力。孔子说："政者，正也。子帅以正，孰敢不正？"行政机关风气的好坏与行政人员道德品行的高低既影响着社会民众对行政系统的态度与价值取向，影响着行政文化，也会对社会风气产生强烈的示范效应。在我国，以全心全意为人民服务为基本准则的现行行政道德规范要求国家行政机关和行政人员要廉洁奉公，清白行政，秉公执政，也要求他们要遵纪守法，依法行政。这些内在型行为规范与将得到进一步完善的各种强制性的行政法律规范相结合，将有助于我国社会形成良好的法治风气，也将有利于参与型行政文化的最终形成。

第二节 两种行政规范的功能构成与相关性

一、行政法律规范的特点与功能

（一）行政法律规范的特点

行政法律规范就是由各种国家机关所制定的，由国家强制力保证实施的有关行政管理的各种法律规范的总称。与其他行政规范相比，行政法律规范具有以下基本特点：

1. 制定主体的特定性。行政法律规范是由国家权力机关依照其职权范围，按照一定的立法与决策程序制定出来，具体表现为不同法律规范形式的成文性规范文件；或者是虽然未经国家制定，但已经实际存在并为人们所遵守的行为规则，经过特定国家机关予以认可后也成为具有法律效力的规范，如习惯法、司法判例等。简言之，行政法律规范必须是具有相应职权的国家机关，经过特定决策与立法程序予以制定或确认之后，才能形成。

2. 调整对象的特定性。行政法律规范的调整对象是行政法律关系，也就是国家行政机关在行使国家行政权力、履行行政职能的过程中所形成的行政主体与相对人之间的权利义务关系。其中，当事人一方必须是国家行政机关或经其委托的机关、组织与个人。也就是说，必须有一方是代表国家履行行政职能的行政行为主体。这是将行政法律规范与其他法律规范区分开来的基本属性。

3. 效力上的权威性、强制性与普遍适用性。行政法律规范具有法定权威性，对其调整对象——行政法律关系的主客体及其行为具有约束力。法律规范一经颁布，在法定生效期开始之后，在管辖范围之内，所有组织与社会个人都必须严格遵守，否则就会受到相应的行政与法律制裁。而且，这种约束力由国家强制力来保证实施，具有强制性特征。这就决定了行政法律规范具有必须履行和不可违背的性质。此外，行政法律规范同样具有普遍适用性这一法律特征。也就是说，它不针对某一个特定人或具体行为，而是对类似调整对象具有多次适用性。无论什么行政部门或是行政行为，只要在行政法律规范的管辖范围之内，都要受到同等的规范与约束，违反法律规范之后都同样要受到行政与法律制裁。

4. 行政法律规范类型的多样性与效力等级上的层级性。从宪法规范、普通法律，到行政法规，乃至于"红头文件"，行政法律规范类型多种多样，数量众多，内容极其庞杂，既没有像民法、刑法那样形成统一的法典，又有极其复杂的存在形式与制定主体体系。这使得行政法律规范具有复杂的存在与表现形式，在类型上呈现出多样性特征。而且，这些行政法律规范的效力并不一致，呈现出层级性特征。它们涉及法律规范的所有效力等级层次，从具有最高法律效力的宪法，到处于最低法律效力等级的地方性规章，甚至还包括没有纳入普通法律规范范畴的地方性政策规范。因此，就要求行政系统及其工作人员在日常的行政管理过程中，要严格确保更高法律效力等级的行政法律规范，首先是国家宪法与基本法律得到遵守与有效实施，要杜绝"上有政策，下有对策"等不良现象在行政执法过程中发生。

5. 行政法律规范的相对稳定性。行政法律规范的制定一般要遵循严格的制定程序，法律规范的出台相对来说是极为严肃与慎重的。相应地，行政法律规范的变更、撤销与废止一般也要经过严格的法定程序。同时，为确保行政政策与行为的连续性和稳定性，对于用作调整各种行政法律关系基本依据的行政法律规范，也要防止朝令夕改现象的发生。因此，行政法律规范一旦制定与颁布，就获得了一定程度的稳定性，不能随意修改。不过，相对于其他国家活动与公共关系，国家行政活动以及各种行政关系又具有较强的动态性与灵活性，尤其是在社会变迁频率加速的当今时代，行政活动与行政关系处于更为频繁的变革要求之中。这就要求行政法律规范适时通过法律规范的调整、变更，及时地对已经和正在发生变化的客观形势作出反应，确保与社会发展趋势相一致的行政法律规范体系的形成。因此，行政法律规范的稳定性只能是相对的、动态的稳定性。

除了具有上述特征之外，我们还应该注意到，在社会发展的不同历史阶段，以及在不同性质的国家，行政法律规范还具有明显的政治性特征。一般而言，行政法律规范只能是统治阶级主流意志的体现。在实现社会主义制度的现代中国，行政法律规范应该只能是全体人民共同利益与共同意志的体现。

（二）行政法律规范的功能

行政法律规范与行政有着密切的关系。行政构成行政法律规范的存在前提与基础，因为行政法律规范实际上是对先前发生过的行政实践经验的总结。失去了这个前提与基础，行政法律规范就会失去存在的现实依据。另一方面，作为一种内容极其复杂、强制性特征明显且往往具有自我扩张趋势的公共权力活动，行政又需要行政法律规范来规范其职能范围与行为方式，提供确保其活动合法化、合理化的保障与规范功能。作为一种特殊的规范类型，行政法律规范具有其特殊内在属性，在现代国家行政活动中有着不可替代的地位与作用。

1. 法制化功能。法制化功能又可以称为规范与控制功能，是行政法律规范最基本的功能。宪法、法律等不同层次的行政法律规范相互配合，在遵照法律效力等级原则的同时，对行政系统的职权、组织与运行原则、活动程序、方式和技术手段都做了规定，为国家行政职能的行使与实现确定了必要的准则。这些准则为各种行政关系与行政行为提供了运行的依据，使国家行政机关和行政人员在行使行政权力、履行行政职能的过程中有法可依。同时，相关行政法律规范还制定了对违法乱纪和破坏性行政行为的行政处分、处罚与法律制裁措施等有关规定。这既确保了行政活动有法可依，又保证了有法必依与违法必究，使得各级行政机关及其工作人员在行使国家行政权力、履行行政职能过程中知道自己应该做什么，不能做什么。也就是说，行政法律规范对行政实践发挥必要的规范与控制作用，确保行政系统及其运行过程走上法制化道路。历史实践证明，不受制约的权力，或者缺乏规范与控制的权力就是绝对的权力；绝对的权力导致绝对的腐败。为此，把公共行政纳入法制化轨道，正是近代以来各国政府发展的趋势所在。

2. 组织与调节功能。行政系统同时也是一个大型协作系统。这就需要各个组成部分之间具有明确、合理、规范化的专业化分工与合作体制。行政法律规范正是这种体制得以形成的制度前提与保障。一系列相互补充的行政组织法律规范明确规定了行政机关的组织设置原则与依据、职责权限结构、人员编制与法律地位以及机构的设置、变更与撤销程序；规定了国家公务员的选拔与任免、权利与义务、考核、培训与奖惩以及工资福利待遇等方面的管理规范。这些规范为建立一个组织与人员结构合理、精简高效的行政组织与人事系统提供了法律规范保障，为行政职能的正常履行提供了组织保证。同时，这些行政法律规范也为行政活动过程中常常出现的各种组织与人事关系纠纷的解决提供了调节依据，有助于形成协调一致的行政组织关系与人事、人际关系。

3. 民主化功能。行政民主化的基本内容包括：行政的公开性与透明化；公民参与行政过程；适当处理好中央政府与地方政府的权力划分关系；行政组织内部在维持领导权威的同时充分发挥下级的积极性、主动性，等等，其实质是行政权力在政府与公民、中央与地方、上级与下级之间的重新分配。随着社会经济文化的发展，社会自治与人民参与能力不断加强，当代各国政府纷纷进行行政民主化改革。尤其是20世纪70年代中后期以来，这一趋势为打着新公共管理运动或公共权力社会化旗帜的政府改革运动所强化。然而，权力的重新配置既要通过相关行政法律规范的出台来体现，又要经由相关行政法律规范来保证与推动才能最终得以实现。比如，我国宪法明确规定，人民有权通过各种途径和形式管理国家事务。这些规定进一步通过较低等级的各种行政法律规范的制定与颁布加以具体化，如通过城市居民委员会组织法、村民委员会组织法、行政诉讼法、行政许可法等相关法律规范的出台来落实和加强我国公民有关方面民主参与行政过程的权利。此外，行政法律规范一般还要通过一系列有关行政机关及其工作人员违法侵权行为的救济与制裁方面的规定来确保这些民主权利与推动行政民主化进程的实现。

4. 科学化功能。现代国家行政在内容上日益复杂，在管理能力与素质要求上呈现出专业化与综合化交叉的趋势，传统组织体制、领导方法与管理手段已经难以适应发展的需求。一方面，行政法律规范通过组织与调节功能，确保行政组织与人事体制的精干高效，通过科学合理的组织结构、运行程序、人员素质结构与良好的组织人事关系，为实现行政活动的科学化提供组织与制度前提；另一方面，行政法律规范还通过将那些经过实践证明行之有效的管理制度、方法与技术手段以法规的形式加以规范、推广，促成行政活动现代化、科学化。此外，行政法律规范一般还通过人才开发与培训、奖优惩劣的考核与奖惩等方面的制度规定，促成行政机关及其工作人员不断提升自身业务与能力素质，勇于开拓创新，这也会在相当大程度上不断推动行政系统组织与方法方面的现代化与科学化进程。

5. 改革与稳定功能。作为一种公共权力运行方式和基本政府职能活动，国家行政活动要随着社会环境与民众需求的变化而进行不断的调整。行政法律规范体系作为国家意志的制度化体现形式，一方面，它通过各种法律规定，要求行政系统及其运行过程要以国家与民众的利益要求为核心，要为确保国家与民众利益要求的实现而随时调整自身的职责权限与运行原则，实施与社会环境和国家意志变化相适应的行政改革。行政法律规范对必要的行政改革而言构成一种制度保障与推动力量。另一方面，一旦改革取得进展，它一般会以法律规范的形式予以制度化。通过制度化赋予改革以法律效力，既是各项行政改革取得合法化地位的一种必要的授权与确认机制，也是改革成果得到巩固的必要途径和手段。

行政法律规范还有一个重要功能，就是稳定性功能。当代行政系统以及行政过程随时面临着改革的需求和必要性，但是，作为一种国家权力体系，无论是其组织结构，还是其运行原则与过程，都需要保持必要程度的连续性与稳定性。否则，一旦行政失去应有的连续性与稳定性：首先，这不利于行政活动的专业化、规范化的实现，使得行政效率无从得以提高；其次，这不利于形成行政政策与行政行为的连贯性与一致性，使得政府多变，既易于失去应有的尊重与权威性，又不利于良好的行政公共关系的形成；再次，行政的变动不居，势必造成国家政局不稳，社会动荡，严重威胁着国家安全与公共利益的实现。事实上，行政法律规范所具有的相对稳定性特征正是近现代国家力求实现行政法制化的基本原因之一，而法制化也正是各国追求行政系统及其运行过程的连续性和稳定性的规范体现。当然，如何正确处理好改革功能与稳定功能的关系，成为行政法制化过程中必然面临的一个问题。这也正是现代各国行政系统面临的一个越来越棘手的难题。

二、行政道德规范的特点与功能

(一) 行政道德规范的特点

行政道德是国家行政机关及其工作人员在行使国家行政权力，管理国家政治事务、社会公共事务与行政机关内部事务和提供公共服务过程中，应当遵循的具有行政职业特征的、调整行政主客体之间以及主体之间各种关系的道德准则与道德规范的统称。作为一种特殊的社会职业规范，它具有以下特点：

1. 政治性。行政道德规范是国家行政机关与行政人员的职业道德规范。国家行政工作的自身属性决定了这种职业道德规范具有与其他社会职业道德规范不同的特征，其中，最根本的就在于它具有鲜明的政治性。原因在于：公共行政是行使国家行政权力、履行国家政治与社会管理职能的一种公共权力活动。行政活动要体现与服从国家意志，维护与实现国家民众的共同利益需求。为此，全心全意为人民服务构成现代民主国家行政道德规范最高道德准则；忠于政府，忠于国家与人民的意志和利益要求，勤政为民，也就构成行政道德规范的核心内容和最基本道德规范要求。所有这些使得行政道德规范必然具有鲜明的政治性特征。

2. 自律性与非强制性。行政道德规范不同于行政法律规范，它主要是行政行为主体在社会化过程中自发地形成与发展起来的，而且，规范的约束力与规范作用也主要是依靠人们的信念、社会舆论来实现和维持。一方面，它主要通过行政主体基于内心信念和道德评价来规范与约束自身言行的方式发挥对行政行为的规范作用，因此，行政道德规范的约束力是自我约束式的，具有自律性特征；另一方面，由于行政道德规范的信念性存在形态和社会自发性形成机制，更由于它的运行机制主要是依靠规范对象的良知推动与主观自觉，因此，与其他类型的道德规范一样，行政道德规范具有很强的非强制性特征。

值得注意的是，国内许多学者认为，尽管非强制性与自律性是行政道德与社会道德的共性，但行政道德规范还具有一定的强制性特征。除了行政职业权力特性的需要这一条之外，这种观点普遍引用的是这样一个事实证据，就是许多国家将行政道德规范以法的形式规定下来纳入法律规范之中，以保障行政道德的实现，等等。[①] 但是，一旦将原先属于行政道德规范的某些内容以法的形

[①] 参见王乐夫、许文惠《行政管理学》，高等教育出版社2000年版，第344页；许文惠《行政管理学》，红旗出版社1992年版，第138页；王益玲《行政管理学原理》，中国物价出版社1996年版，第200页。

式规定下来，那么这些规范的性质就发生了变化，不应该再属于道德规范范畴，而且道德规范不同于法律规范的最基本属性正在于其自律性与非强制性。正是这些属性赋予了道德规范不同于法律规范的存在价值。因此，尽管我们可以为了推动行政道德规范的优化而采取一些法律措施，但我们决不能也不应该赋予行政道德规范其本身不可能具有的属性。因此，行政道德规范范畴不会也不应该拥有法律规范所拥有的强制性特征。

3. 相对稳定性。作为一种国家权力体系，无论是行政系统的组织结构，还是其运行原则与过程，都需要保持必要程度的连续性与稳定性。相应地，各种行政规范都应该具有相当程度的连续性和稳定性。当然，这种稳定也不是绝对的。行政道德规范的政治性特征就直接决定了在不同历史发展阶段，政治结构的不断调整与变迁会带来行政道德规范相应的变革。事实上，即使是在同一历史发展阶段，由于民主政治的内涵、公共治理模式乃至于行政技术手段的发展演变，有时也需要行政道德规范进行与之相适应的调整。这些使得行政道德规范同时具有阶段性和动态性特征。因此，行政道德规范所具有的只是相对稳定性特征。

4. 示范性。行政道德规范作为一种职业道德，是在一定社会公共道德的基础之上形成与发展起来的。它具有普通社会道德的基本道德规范要求。一般认为，行政主体只有首先成为一个合格的社会道德人，才能进一步成为一个合格的行政道德人。但是，由于行政职业处于现代国家社会生活的中心地位，行政道德在整个社会职业道德体系中一般处于较高层次，对其他类型的社会道德规范的形成与发展会产生较为明显的影响和示范效应。正如古人所言："上好礼则民莫敢不敬，上好义则民莫敢不服，上好信则民莫敢不用情。"反之，则有"上梁不正下梁歪"或"上行下效"的通俗说法。行政道德规范这一示范性特点要求国家行政人员具有较高的职业道德修养，使得行政机关养成较好的职业道德风气。

（二）行政道德规范的功能

所谓行政道德规范的功能，就是行政道德规范在行政活动以及在整个国家社会生活中的影响与作用。作为一种道德规范，行政道德规范在确保行政职能得到合法、有效履行，维持良好的行政内部关系与公共关系，促成良好社会风气等方面都有着不可替代的功能。

1. 规范功能。行政道德规范为行政机关及其工作人员确定了行政行为的道德规范，使他们意识到哪些行为是符合道德要求的，哪些是不道德的。这就是行政道德规范的规范功能，或称为导向功能。行政道德规范主要通过行政主体基于内心信念和道德评价来规范与约束自身言行的自律方式来发挥其规范作用。相应地，行政道德规范不具有强制性。这就使得这种规范往往不具有立竿见影的规范与控制效果。但是，道德原则与规范一旦内化为行政主体的内在信念与行为模式，就会产生长期的自我约束能力，具有更为持久的规范力与影响力。事实上，只有当遵纪守法、依法行政转化为行政机关与行政人员的一种道德规范之后，行政法律规范才能更好地发挥其效能。这或许正是法制已经相当完善的一些现代国家转而强调行政道德规范，要求促成行政道德优化的原因之一。

2. 调节功能。在行政过程中，在行政主体之间、行政主体与其他主体之间总会产生各种矛盾和利益冲突。比如，在行政过程中，上级的命令与国家或人民的利益之间，个人的合法权益与组织的或国家的公共利益之间，常常会出现冲突。这时候，既有的法律规范规定往往无能为力，或者是相互冲突，或者是与明确规定的法律规范相一致却与更高层次因而也就更为模糊的政治法律规范（比如宪法精神）不相一致。在这些情形下，我们只有依靠行政道德规范来调节和解决这些矛盾与冲突。而且，相对于行政法律规范方式而言，行政道德调节还具有难以替代的优势。它是一种软调节，主要通过社会舆论与道德良知等内心信念机制进行调节，因而带有自愿性与自我调节性。一旦由他律转化为自律，往往会发挥主体的积极主动与奉献精神，使行政行为产生更为良好的效果。

3. 激励功能。通过树立道德榜样或建立理想的行政角色模型，经由教育等社会化途径，行政道德规范可以激发行政机关及其行政人员把这些榜样或理想模型作为实现自身价值的标准，进而促使行政机关与行政工作人员自觉地做到勤政为民，廉洁奉公。这就是行政道德规范的激励功能。在我国，焦裕禄式行政官员等正面榜样以及张青山、刘子善一类行政官员负面典型的树立，其目的正是为了发挥行政道德规范的激励功能。

4. 示范功能。行政管理道德在整个社会职业道德体系中处于较高层次，对其他类型的社会道德规范的形成与发展会产生较为明显的影响和示范效应。公共行政机关与行政人员由于在社会生活中的特殊地位，其道德风尚、所作所为，都会影响和感染其他社会组织与公民个人，对社会道德风尚起到潜移默化的作用。如果政府所倡导的行政道德规范，行政机关及其工作人员都能身体力行，以身作则，就能产生表率作用，带动社会改善民风，提高整体道德水平。这就是行政道德规范的示范功能。

三、行政法律规范与行政道德规范的关系

行政道德规范与行政法律规范是行政规范的两种基本类型或者说存在形态。二者之间既有共性，又有差异性，更具有相互依赖性。

（一）共性

行政规范是国家行政机关及其工作人员在行使国家行政权力的过程中应该遵守的各种行为规范、准则的集合。这些规范共同构成行政系统得以正常运转的基本前提与保证。从根本上来说，这些规范在调整对象、实质以及存在目的等方面都具有共同的特性。正是由于这些共性的存在，才使得它们共同构成行政规范这个重要的行政范畴。

1. 相同的本性。人类社会发展的实践表明，公共行政权力作为一种公共权力，应该受到必要的限制与约束。行政规范就是提供这种约束与限制的各种社会制度性因素的集合。行政道德规范与行政法律规范正是行政规范的两种基本存在类型。简言之，二者实质上都是一种约束或限制性因素，也就是对公共行政权力及其运行过程进行限制与约束的一种影响与支配力量。

2. 共同的约束对象与目的。作为行政规范的不同存在形式，行政道德规范与行政法律规范的约束对象是相同的，也就是各种行政权力及其行使过程或者说各种行政行为。与此同时，不同类型行政规范具有共同的最终目的。从根本上来说，行政规范存在的理由和原因就在于对行政权力及其运行过程施加不同形式的约束与限制，以确保行政权力得到合法合理的运用与实施。促成行政权力及其运行过程的合法合理性，是包括行政道德规范与行政法律规范在内的所有类型行政规范的共同目的与共同基本价值所在。

3. 相同的功能。行政规范有助于实现行政系统运行的规范化、有序化，有助于实现行政权力的合法化，有助于实现行政行为的合理化，有助于行政管理发展与改革成果的巩固，有助于促成良好的行政文化与社会风气。这些构成行政规范的基本功能。这些功能的实现正有赖于行政道德规范与行政法律规范各自功能的相互结合。换言之，这些都是两种具体行政规范类型所要共同实现的功能。

（二）差异性

行政道德规范与行政法律规范之间又具有相当程度的差异性。正是由于这种差异性如此明显，许多学者往往忽视了二者之间更为重要的共性的一面，把

它们看成是相互对立的事物。比如，马克斯·韦伯所建立与推崇的官僚制理想模型就要求完全把人性化的东西清理出去，他认为官僚制组织形态的两大最基本特征是契约化与非人格化，而非人格化就包括了去伦理化。具体地，行政道德规范与行政法律规范之间的差别主要体现在五个方面。

1. 形成方式的不同。行政道德规范作为社会职业规范的一种，是行政主体在社会化过程中逐步形成的。一些西方行政伦理学者把行政主体仅仅限于行政人员个人，但他们有关行政道德规范与行政法律规范形成方式的论述却是中肯的。美国学者特里·库珀认为，公共行政人员应该实现的责任有两种："通常它们被称为客观责任和主观责任。客观责任与从外部强加的可能事物相关；而主观责任则与那些我们自己认为应该为之负责的事物相关。"① 其中，所谓客观责任包括职责与应尽的义务，也就是由行政法律规范从外部所规定（强加）的行政人员应该实现的责任；而"履行行政管理角色过程中的主观责任是职业道德的反映，该职业道德是通过个人的经历而建立起来的"，是一种"我们自己的情感和信仰的（主观）责任"，这种"情感和信仰是在社会化过程中产生的"②。而且，"我们所建构的一套主观责任是那些从外部强加的客观责任的对立物。它是我们将自己的需要和习性与角色的要求融合在一起的一种方式"。更为重要的是，"这种内部伦理准则可能是也可能不是由业界共识的公共行政人员责任形成的。有时候……履行公共行政人员角色是建立在个人价值观基础之上的，而这些个人价值观可能与公众期待的相一致也可能不一致"③。由此可见，行政道德规范的形成途径尽管也是一个客观的社会化过程，但却是在行政主体经历一个内心选择与认同过程之后形成的。而行政法律规范则完全不同，它是行政主体所承担的职业角色本身所强制规定的"客观责任"；对于这些角色的承担者而言，这些规范或责任都是由各种外部力量强制施加的。只要承担这些角色，就得遵守与履行。

2. 存在形态的不同。所谓存在形态，在这里主要是指两种行政规范的表现形式。从最纯粹的意义上讲，行政法律规范是从外部强加的，一般也应该以成文法的形式存在，其具体规范是明确的、清晰的。有些国家存在所谓的

---

① 特里·L·库珀：《行政伦理学：实现行政责任的途径》，中国人民大学出版社2001年版，第63页。
② 特里·L·库珀：《行政伦理学：实现行政责任的途径》，中国人民大学出版社2001年版，第74页。
③ 特里·L·库珀：《行政伦理学：实现行政责任的途径》，中国人民大学出版社2001年版，第77页。

"不成文法",但这些不成文法其实也是成文的。尽管它们不存在正式与规范的立法文件,但也会以各种有案可查的文件形式存在,如案例判决书或法律效力认可文书,等等。相反,各种行政道德规范则通常存在于行政主体及其行为评价者的"情感与信仰"之中,往往以社会习俗、舆论与价值观的形式存在。而且,由于这些规范与个体的价值观混为一谈,常常因人而异。

3. 具体适用对象的不同。行政法律规范与行政道德规范的具体适用对象实际上存在着较大的差异性。行政法律规范主要适用各种羁束式行政行为。这一类行政行为的范围、方式、程序、手段等都由有关行政法律规范予以详细规定,行政主体必须严格依照法律规定对这种行政行为进行实施。但是,行政法律规范的作用范围有限。行政权力运行过程的许多环节和场合,都有行政法律规范涉及不到或无能为力的"空白地带"。这些空白地带正是行政道德规范存在和发挥作用的场合。首先,由于行政的复杂性和人类认知能力的局限性,或者是由于政治以及立法技术方面的原因,难以规定出"无缝隙"的法律规范,对行政主体的所有行为进行毫无遗漏的控制。其次,行政主体行为是相当复杂的,有些行为不宜或无法运用行政法律规范进行规范,比如,行政主体的个人道德意识问题、组织风气与工作作风问题等。最后,即使是在行政法律规范能够加以规范的范围之内,还大量存在着所谓的行政自由裁量行为。行政主体在依法采取某些行政行为时具有一定的自主选择余地。在所有这些领域,行政法律规范都无能为力。这时候,行政道德规范就发挥着基本的规范作用。

当然,行政道德规范与行政法律规范之间的界限其实并非绝对分明。行政道德规范包含有关行政主体遵纪守法的规范要求,一些行政法律规范也要求行政主体应该遵循社会公德与行政职业道德。在很多情况下,行政道德规范成为行政立法的依据,而行政法律规范的一些基本规范要求也在社会化过程中成为行政主体道德规范的组成成分。正因为如此,行政道德规范与行政法律规范在约束范围上一般有很大的重叠性。这也是值得我们注意的。

4. 运行机制的不同。从行政道德规范与行政法律规范的定义可以得知,这两种行政规范最为明显的区别在于运行机制完全不同。尽管也要受到社会舆论与习俗的支持和制约,但是,行政道德规范并不具有外在的强制性,主要是依靠行政主体基于内心信念和道德评价来规范与约束自身言行的方式发挥对行政行为的规范作用。因此,行政道德规范的约束力是自我约束式的,具有自律性特征,其运行机制主要是一个内在的心理运行过程。与之相反,行政法律规范主要是依赖外在的国家强制力作为保障,通过正式的国家法律过程,包括立法、司法与执法过程加以实施的,其运行机制其实就是一个正式法律过程。

5. 影响形式及效果的不同。行政道德规范的影响主要是通过主体的自觉认同与信念加以实现。但是，由于认知水平、道德修养、价值观等方面的差异，不同行政主体对同一行政事件或行为的道德认知情况，以及对同一道德规范的认同和接受情况，都可能有较大的差异。在这种情形下，行政道德规范的影响具有多样性或者说具体性。不过，相对来说，一旦行政主体对特定行政道德规范形成了自身的认同，就会变该规范为自觉行为准则，从而具有更为持久的影响力。另一方面，行政法律规范有着严格的强制性执行要求，强调有法必依和法律面前人人平等，行政主体一般必须按照统一的规范要求遵守和贯彻落实。相对而言，其影响力具有更强的稳定性与机械性，不能因人而异。行政主体只是法律规范的执行者，至于具体由哪个组织或人来承担这个执行角色，只要合乎法定程序与规则，在法律上是无所谓的；执法者对于法律规范认同与否等价值与情感问题也不在法律规范考虑的范围之内。

此外，还有一个更加值得注意的区别。行政法律规范只是为行政主体规定了较低层次的行为准则，其对行政主体的约束是较低层次的。也就是说，通过法律规范来调控行政主体的行为有其特定的局限性，即所谓法不善人。行政法律规范通常只是规定行政主体不得做什么，也就是规定行政主体行为的下限。这条下限就是行政主体的警戒线，低于这个下限就要受到制裁。但是，对于更高层次的要求，却是法律规范难以确立的。因此，这种规范所提供的只是一种消极制约，难以促使行政主体以更高的标准要求自己，做出更优异、更积极的行政行为。相反，行政道德规范可以从主观责任的角度，鼓励行政机关及其工作人员积极地、创造性地开展工作，更好地实现为人民服务的基本行政道德准则的要求。不过，行政道德规范缺乏应有的强制性，甚至难以确保一些低素质的行政主体达到最起码的规范要求。

（三）相互依赖性

行政道德规范与行政法律规范具有强烈的相关性，二者具有行政规范所共有的一些基本属性与基本功能，都是为实现行政权力及其运行过程的合法合理化而形成的约束性规范。二者之间也具有一些重要的差异性，这些差别是如此明显与强烈，以至于许多学者都忽视了二者之间在本质上的共性。不过，正是这些差异性的存在，使得行政道德规范与行政法律规范之间形成了相当强的相互依赖性。这一点在有关行政道德规范与行政法律规范的差异性分析过程中表现得非常明显。不难发现，在形成方式、存在形态、适用对象等诸多方面，二者确实都存在着明显的区别。但是，这些区别恰恰是行政规范整体相关方面属性的两种相互补充的表现形式或者运行方式。也就是说，行政规范的存在价值与存在目的正是而且也只能通过这两种行政规范形式的相互补充，才有可能得以实现。因此，行政道德规范与行政法律规范具有相互依赖性或者说互补性。

第三节 依法行政与以德行政

一、依法行政及其重要意义

依法行政，又称为行政法治，是近代民主国家与公共行政意识产生之后逐步形成的一种行政原则与社会管理模式，也是近些年来我国行政发展的基本价值模式与方向。如何理解依法行政并促成其尽快实现，成为当代中国行政研究面临的主要课题之一。

（一）依法行政的含义

依法行政相关的概念很多，先是"行政管理的法制化"或者说"行政法制化"。20世纪90年代最后几年，在党的十五大提出建立社会主义法治国家、实行依法治国这一政治发展蓝图之后，占主流的是行政法治概念，随着党的十六大明确提出要"推进依法行政，严格按照法定权限和程序行使权力、履行职责"之后，依法行政才成为一个常见的行政术语。张国庆教授认为，"依法行政的一般性解释是：在三权分立的国家政治体制格局中，公共行政权力主体即狭义的政府，应当依法设定和实施行政行为。至于对法的解释，则在不同的时期、不同的国家有不同的理论与实践。但法的规范性或约束性作用始终是依法行政的精髓所在"[1]；"依法行政是一种政治思想、政治理念，也是一种法律观点、法律制度，还是一种政治道德和社会价值标准"[2]。不过，大多数学者并没有停留在理论探讨层次，而是直接把依法行政作为一种行政管理原则或要求来理解，甚至往往不进行具体的界定，就直接加以运用。总体而言，依法行政这一概念包括以下几个方面的内涵：

1. 依法行政是一种民主宪政原则。作为一种原则，依法行政要求行政权力要在法律限定的范围内运行。法律是国家意志的体现，在现代民主国家，也

---

[1] 张国庆：《行政管理学概论》（第2版），北京大学出版社2000年版，第465页。

[2] 张国庆：《行政管理学概论》（第2版），北京大学出版社2000年版，第471～472页。

就是人民共同利益与意志的体现。这要求行政活动要符合人民的共同意志与利益要求。因此，近年来逐步形成的依法行政理念首先是一种民主原则。另一方面，行政权力作为一种国家公共权力，具有权力自身的扩展野心与趋势。思想与国家权力实践历史都表明，正如恩格斯所说的那样："政治权力能给经济发展造成巨大的损害，并能引起大量的人力和物力的浪费。"① 事实上，不受制约的权力必将导致绝对的腐败，公共权力一定要受到适当的限制与约束等类似观念已经成为当今世界各国主流的基本宪政原则。相应地，由于行政权力在整个国家权力体系中的地位，依法行政便构成民主宪政体制的一项基础原则。

2. 依法行政是一种行政模式。依法行政其实就是法治或依法治国模式在行政领域的具体体现。法治是相对于人治而言的一种公共管理模式。简言之，这是指国家行政机关与行政人员在管理国家事务、社会公共事务与行政机关内部事务和提供公共服务的过程中，其职责权限、工作程序、方法等都应该以法律规范作为依据、工具和保证，而不得擅自妄为的行政模式。

3. 法律规范的规范性或约束性作用是依法行政的精髓所在。无论是作为一种民主宪政原则，还是作为一种公共治理模式，依法行政的核心与精髓都在于法律规范的规范性与约束性作用。它必须遵循法律至上以及法律面前人人平等等法治原则。其实，这也正是法治不同于其对立面——人治原则与模式的本质特征所在。

综合以上含义，我们可以对依法行政的内涵作以下定义：依法行政是法治在行政系统及其运行过程中的体现，是国家行政机关和行政人员在行使行政权力、履行行政职能过程中，其职责权限、工作程序以及方法都必须以法律规范作为依据、工具和保证的一种民主宪政原则和行政模式。

（二）依法行政的基本内容

作为一种行政模式和民主宪政原则，依法行政是法治原则在行政领域的具体表现。一般地，它主要包括行政意识的法治化、行政职权法定化、行政编制法定化、行政程序法定化、行政责任法定化等几方面的基本内容。

1. 行政意识的法治化。这要求建立与依法行政模式相适应的行政文化环境与行政组织风气。行政活动是要通过具体的行政行为来加以实施的。行为主体是否具有法治意识，尤其是法律至上与法律面前人人平等等思想与行为意识，是依法行政得以实现的文化与思想前提。行政主体的思想与行为意识是在

---

① 《马克思恩格斯选集》第4卷，人民出版社1972年版，第483页。

行政文化的社会化过程中形成的，还要受其所在部门组织风气的制约与影响。因此，依法行政的首要内容就是要促成与培养相适应的行政文化环境和行政组织风气。

2. 行政职权的法定化。行政机关及其工作人员的职能范围、权限大小与关系都要有法律规范的明确授予与规定。一方面，行政主体的职能要有明确的规范。这包括该主体管什么、管辖范围、与其他主体之间的分工关系及界限等内容。另一方面，还要遵循事权一致原则，通过法律规范形式赋予行政机关和行政人员以相称的管理权力，包括一定的人权、物权、财权。其中，权限大小与管辖范围，以及各种权力关系都应该有明确的规定。

3. 行政编制的法定化。行政机关的设立、机构规模、人员定额等编制内容都应该有明确的法律规定。行政机关的设立必须有法定依据，一般是由宪法与政府组织法等效力等级很高的重要行政法律规范加以规定。与此同时，行政机关的规模大小、级别以及人员定额、岗位结构等，也要有相应的法律依据。当今各国主要是以行政编制法、国家公务员法等国家基本法律的形式加以规范。

4. 行政程序的法定化。行政程序是行政机关与行政人员在行使行政权力、履行行政管理职能过程中所遵循的一系列具有时间衔接性的行为步骤、方式与过程的集合。为确保行政行为的公开性与透明度，避免行政权力的滥用，同时促成行政行为的科学化、合理化，对行政程序予以规范化、制度化，构成依法行政的又一项基本内容和要求。

5. 行政责任的法定化。行政责任是指由于没有履行基于不同行政规范而产生的各种职责和义务，国家行政机关及其工作人员所应该承担的行政、法律、政治乃至于道义上的各种责任后果的统称。在这里，主要是指行政法律责任。权责一致是现代管理学的基本原则和要求。现代行政不允许只行使权力并享受相关权利而不承担相应行政与法律责任的现象发生。依法行政模式要求在法律规范上明确体现这一原则，通过各种行政法律规范的形式对行政机关及其工作人员由于没有履行法定职责和义务所应该承担的行政与法律责任作出明确、具体的规定。这就是所谓的行政责任法定化。行政责任法定化的实质是要建立起责任行政机制。这既是依法行政模式的基本要求，也是这一模式得以实现的根本保障机制。

（三）依法行政的作用与意义

作为一种宪政原则与行政模式，依法行政也是进入21世纪以来中国政府发展的基本方向。这一模式的建立与完善，对于现代国家民主和市场经济的发展，对于行政改革成果的巩固与完善，都有重要的作用与意义。

1. 依法行政是现代国家民主，尤其是行政民主发展的前提与保证。国家民主或者行政民主，其实质都在于要使公共权力的运行能真正体现人民的共同利益与意志要求。在现代国家，人民利益与意志的直接与集中体现形式就是各种法律规范。依法行政的核心就是要保持行政法律规范的规范性与约束力，确保行政活动在法律规范限定的范围内合法合理地进行。这就从制度层面确保了行政活动民主化的实现。与此同时，现代行政法律规范还规定了公民和社会组织直接参与行政过程的途径、方式与权利保障手段，这也构成行政民主化的一种重要渠道与推动力量。

2. 依法行政是市场经济发展的客观要求与保证。市场经济是一种法制经济，也是一种强调权利与义务相平等的经济形态。它要求政府作为公正的裁判来制定与维护社会普遍遵从的、以法律规范形式体现出来的各种"游戏规则"，如公平竞争、等价交换、第三者权威仲裁等。同时，它也要求在所有"游戏规则"的运行过程中实现"在法律面前人人平等"这一基本的法制规则[1]。正因为如此，市场经济的发展离不开"从社会中产生但又自居于社会之上并且日益同社会脱离"的国家政府，要求政府作为市场法律秩序的建立者与维护者，确保市场经济有序发展。对于作为政府的一部分，并且地位日益突出的行政系统而言，实现依法行政、公平行政，也就成为市场经济顺利发展的客观要求和保障。

3. 依法行政是控制行政权力膨胀趋势的必然选择。作为一种社会存在本身，权力具有强烈的扩张性、侵犯性、排他性、诱惑性、腐朽性、渗透性等不良特性[2]，如果没有法律规范的限制，就很有可能出现权力的滥用、腐败，乃至于独裁。而且，在与社会、与公民的关系上，公共行政系统是最直接、最经常、最广泛、最具体的，尤其是在现代社会，公民从生到死的全部生活都与公共行政系统履行的管理与服务密切相关[3]。从这个角度来说，社会与公民受到行政系统侵权的可能性也就最大。更为重要的是，由于法律规范的规定总是相

---

[1] 参见张国庆《行政管理学概论》（第2版），北京大学出版社2000年版，第475页。

[2] 王寿林等：《社会主义国家权力制约论》，东北财经大学出版社1993年版，第15~17页。

[3] 王名扬：《法国行政法》，中国政法大学出版社1989年版，第12页。

对抽象的、原则性的，法律的适用也经常是模糊的、有争议的。因此，作为执法机关的行政系统拥有了自由裁量的巨大空间，也就拥有了权力不断扩充的极大可能性。为此，如何控制迅速扩张的公共行政权力，就成为各国政府与社会面临的一个基本宪政问题。迄今为止，实行行政权力法制化，促成依法行政仍然是解决这一问题的必不可少的途径。

4. 依法行政是推进与深化行政改革的有效途径。自20世纪70年代中后期以来，行政改革一直是各国政府面临的共同问题。依法行政正是推动与深化行政改革进程的重要力量与有效途径。一方面，已有的相关行政法律规范要求行政系统及其工作人员能够不断调整自身的职责权限、管理与服务的程序、方式和方法，以便适时满足社会与公民不断变化的利益要求。这构成各国行政改革最基本的动力。确保行政合法合理化的各种法律规范是形成这种动力的制度与法律保障。另一方面，行政改革要想取得合法权威与地位，也需要实现改革方案的法制化和改革过程的合法化。行政改革过程的成果最终要依靠不断建立与健全行政法规体系来巩固与稳定。改革实践表明，一项成功的改革都是从制定与实施新的行政法律规范开始的。事实上，缺乏足够的法制化支持和应有的法律权威是长期以来我国政府改革方案往往难以得到有效贯彻落实、政府改革总体效果一般的重要原因。这正是进入新世纪以来我国政府把实现依法治国、依法行政作为一项国家政治与政府战略发展目标的基本动因。

二、以德行政及其意义

以德行政有着悠久的历史渊源，在依法行政日益完备但又日显不足的当代世界各国，其地位日益突出，成为各国政府促成行政合法合理化过程中越来越重要的一项战略选择。

（一）以德行政的提出

以德行政是以德治国这种国家治理原则和模式的一个核心组成部分。然而，德治作为一种治国模式并不是新鲜的事物。自人类社会形成国家与政府以来，德治观念就已经产生，并且在不同历史阶段和许多不同国家都有进行实践的尝试与经历。

在古代西方较为有名的是柏拉图的哲学王思想以及由他主持的在一些古希腊城邦国家进行实施的历史传说。不过，几乎是同时发生，但更为持久、更为系统化的理论建构与实践努力发生在中国。作为中国古代主流的治国理念，儒家的民本思想把国家安危、社稷兴衰看作民心向背的结果，而民心之向背取决于仁政、德治,即所谓君以仁施政,臣以德治国。这就要求治国者要以个人的人格修养来实现治国理想。孔子认为:"道之以政,齐之以刑,民免而无耻;道之以德,齐之以礼,有耻且格。"① 意思是说,以行政手段引导民众,以刑罚来整顿、约束民众,虽然可以使民众暂时免于犯罪,但却无法使他们树立以犯罪为耻的观念。如果用道德来引导民众,用礼仪来规范民众,民众就会树立以犯罪为耻的观念,自觉地端正自己的行为。很明显,孔子认为德治高于刑律,治国的过程应该是一个道德感化的过程。在他看来,君臣之间不是靠法制与权力,而是要靠礼、忠、信等德行来维持:"君使臣以礼,臣使君以忠。"② 孟子重在讲仁政,对礼治也很看重,荀子则基本是围绕礼来展开其政治思想的全部内容。这样,德治,既包括统治者自身如何受制于礼、为政以德,又包括如何对被治者齐之以礼、道之以德,以保证国家与社会秩序的有序运行,构成中国传统的主流治国理念。不过,在儒家思想真正成为中国古代主流思想之后,民本思想更多地让位于三纲五常的等级伦理思想,德治也就更多地体现出作为维护家族(王朝)统治的工具性手段的实质。

以德行政作为一个公共行政学概念的提出,则是相当晚近的事情。在西方,强调行政的道德化、伦理化主要是从20世纪70年代中后期开始的。由于行政系统职能规模及其对社会生活干预程度的不断深入,行政权力不断扩张,政府失败尤其是政治腐败的丑闻使得各国政府面临着严重的政府信任和道德危机,行政道德立法也列上各国立法议程。在这种情况下,加强行政机关及其工作人员的道德修养建设,实现行政活动的道德化、伦理化,成为这些国家行政系统及其工作人员不得不日益重视与采取的行政原则与模式选择之一。在当代中国,尽管有着悠久的德治传统,新中国成立以来也一直强调社会主义道德建设,但是,以德行政无论是作为一个政治与行政管理术语,还是作为一种治国原则与模式,都是随着以德治国这一治国方略的提出才逐渐得到国内行政理论与实践的重视。

从党的十三届四中全会开始,中国共产党与政府就确立了社会主义建设在抓物质文明建设的同时也要抓精神文明建设,而且两手都要硬的基本原则。经过不断的探索,在2000年6月召开的中央思想政治工作会议上的讲话中,江泽民首次正式使用了"德治"这个概念。他指出:法治以其权威性和强制手段规范社会成员的行为,德治以其说服力和劝导力提高社会成员的思想认识和

---

① 《论语·为政》,广西民族出版社1996年版,第24页。
② 《论语·八佾》,广西民族出版社1996年版,第62页。

道德觉悟；道德规范与法律规范应该互相结合，统一发挥作用①。随后，2001年1月在全国宣传部长会议的讲话中，他进一步明确提出了"以德治国"的战略决策。他强调，"我们在建设有中国特色社会主义，发展社会主义市场经济的过程中，要坚持不懈地加强社会主义法治建设，同时也要坚持不懈地加强社会主义道德建设，以德治国"。江泽民明确指出，对一个国家的治理来说，法治与德治，从来都是相辅相成、相互促进的，二者缺一不可，不可偏废。就这样，党中央逐步形成了关于"以德治国"的战略决策。

这里讲的以德治国，就是加强社会主义道德建设，建立与社会主义市场经济相适应、与社会主义法律规范相协调、与中华民族传统美德相承接的社会主义思想道德体系，并使之成为全体人民普遍认同和自觉遵守的行为规范。把依法治国和以德治国结合起来的重要思想，要求我们党和政府的各级组织和工作人员，不仅要在宪法和法律范围内依法行使职权，而且还要树立良好的道德形象。也就是说，党和国家工作人员特别是领导干部必须坚持立党为公、执政为民，身体力行社会主义道德和共产主义道德，以德修身、以德服众、以德行政，发挥道德示范的作用，以高尚的人格力量影响和带动广大群众。作为国家基本职能活动之一的行政机能自然也要纳入以德治国的战略规划之中。事实上，由于行政活动在整个国家政治社会生活中的地位，以德治国的核心就是以德行政，以德治国战略的提出也就意味着以德行政战略以及相关理念的形成。

（二）以德行政的含义及其基本内容

作为以德治国这一治国原则与方略在行政领域的具体体现，以德行政是指这样一种行政原则与模式：根据该原则或在该模式中，行政机关与行政人员以德修身、以德服众、以德行政，确保一切行政行为要在行政道德规范的约束与规范之下进行。简而言之，以德行政包含以下基本内容：

1. 行政机关和行政人员要以德修身。这就是要实现行政机关及其工作人员的"内圣"。中国古代德治思想就是儒家所谓"内圣外王"的治国理念，即以圣人之德行王者之政。具体而言，这包括八个方面的内容或者阶段：格物、致知、诚意、正心、修身、齐家、治国、平天下。其中，前面五个阶段讲的都是统治者实现自身完善或说内圣化的过程。很明显，"内圣"是"外王"的基础，是实现德治的前提、出发点与根本所在。也就是说，要实现以德行政，行政主体首先需要成为一个具有较高知识素养和道德水平的人。内圣化是个人修

---

① 王伟：《行政伦理概述》，人民出版社2001年版，第3页。

养与社会教化（社会化）过程的统一。就现代行政学观念来理解，行政主体道德修养水平的提高首先是一个个人问题。这就要求行政主体要主动加强自身知识技能与道德修养。但是，更为重要的是要促成制度化的行政道德生成机制。也就是说，现行的行政制度体系应该提供有助于良好行政道德发生的制度保障。比如说，在公务员选拔录用与晋升任用时要把选用对象的道德修养水平作为一个制度化指标，在对行政组织进行绩效考评时要确保组织成员整体道德水平与组织服务态度、工作风气等成为重要的制度化依据，在公务员培训过程中要加强行政道德修养与道德行为技术方面的训练，如此等等。

2. 行政机关和行政人员要以德服众。行政主体要在行政管理过程中身体力行行政道德规范，为人表率，树立良好的道德形象，成为先进思想道德的引导者和模范的实践者。孔子说："下之事上也，不从其所令，从其所行。上好是物，下必有甚者矣。故上之所好恶，不可不慎也，是民之表也"①；"其身正，不令而行；其身不正，虽令不行"②。他又说："君子之德风，小人之德草。草上之风必偃。"③ 一般地，如果行政主体能够做到勤政廉洁，表现出良好的道德风尚，尽管或许达不到孔子所说的良好效果，但是，从现代管理学的角度来看，这必定会增强管理者的道德权威与影响力，对行政职能的顺利履行产生正面影响。相反，如果行政机关政风败坏，行政人员道德素质水平低劣，不仅实现公正、合理、有效的行政不可能，也会对社会风气造成恶劣影响。

3. 行政机关和行政人员要以德行政，行德政。所谓行德政，就是要廉洁奉公，勤政为民，确保行政权力的行使和行政职能的履行围绕着为人民服务这一基本行政道德准则展开。"以民为本"的德政思想其实正是中国古代思想家与政治家几千年来追求的政治理想，其典型观点是孟子的"民为贵，社稷次之，君为轻"思想。当然，一般认为，这种民本思想的最终目的不在民，而在于维护君主的统治。原因很简单，在君主们看来，以民为本，就是应推行顺应民心的政策以争取民众的忠心拥护，取信于民。但是，在现代民主国家，人民才是国家的主人，行政活动的基本职责就是要制定与实施体现民意的政策与法律。也只有这样，行政系统及其工作人员才能真正取得民众的信任和支持。

4. 依法行政与以德行政要相互结合。历史实践证明，仅仅行德政不足以确保行政管理职能活动始终用于促成国家与民众利益的达成，甚至不能确保德

---

① 《礼记·大学第四十二》。
② 《论语·子路》，广西民族出版社1996年版，第302页。
③ 《论语·颜渊》，广西民族出版社1996年版，第289页。

政或者说德治的真正实现。法律和道德作为社会上层建筑的重要组成部分，都是维护社会秩序、规范人们行为的重要手段。只有将以德行政与依法行政相结合，才有可能促成行政权力运用合法合理性的实现。现代世界各国强调以德行政，并不是不再需要依法行政，更不是要与依法行政相对立，而是针对依法行政存在的不足之处，把它作为现代行政活动的进一步完善战略提出来的。这一点在下文将进一步分析。

5. 建立与形成良好的社会道德环境。公民道德建设是以德行政的基础。只有首先成为一个有道德的公民，才能进一步成为一个有道德的行政人员。公民道德建设的基本出发点，就是从全体公民的实际道德水平出发，运用切实有效的方法，引导公民树立正确的世界观、人生观、价值观，努力提高公民道德素质，培养有理想、有道德、有文化、有纪律的公民。为此，我们需要积极营造有利于良好德行养成的有利社会氛围。要充分利用行政、舆论、教育等手段，发挥大众传媒、文学艺术等对道德建设的特殊渗透力和影响力，传播先进文化，弘扬社会正气，塑造美好心灵，倡导科学精神，激励人们积极向上，追求真善美，抵制假恶丑。总之，行政主体的道德修养首先是在社会化过程中初步形成的，一个良好的社会道德环境既是良好的行政道德体系形成的基础，是行政主体具有较高水平道德素质的前提，也是以德行政国家政治与发展战略能够顺利实施的重要保障。

（三）以德行政的作用和意义

作为现代政府治理原则与治理模式战略的一个基本组成部分，以德行政具有其他战略选择所不具有的一些基本特点，对于克服传统行政体制的一些固有弊端，促成行政活动的进一步合法合理化发挥着重要的作用。

1. 以德行政有助于行政活动的规范化、合法化。与行政法律规范相类似，以德行政也可以通过特定类型的行政规范来约束行政机关与行政人员的行为，促成行政行为的合法化、规范化。不同于行政法律规范，行政道德规范主要通过行政主体自律方式来发挥规范作用。如同其他道德规范一样，道德原则与规范一旦内化为行政主体的内在信念与行为模式，就会产生长期的自我约束能力，具有更为持久的规范力与影响力。

2. 以德行政有助于行政活动的主动化。马克斯·韦伯的官僚机构理论巧妙地揭示了现代行政机构体系和行政权力运行的特征。根据这种理论，在现代工业化时代，政府官僚系统是一个庞大的机器，该机器按照一定的复杂规则组合而成，机器的运行依靠法律性规则予以保障，各部分之间的关系也是制度化的，不可随意变更。行政机构中的每一个机关与公职人员都是这个庞大齿轮上的一个轮牙，自身没有主动性和判断是非的能力，处在一种完全被动的状态之下。该理论是高度法律制度化行政系统的集中体现。但是，在实现高度强制性的规范化的同时，这种官僚体制也带来了一些明显的弊端。其中，不求有功、但求无过的思想和行为在行政过程中表现得极为突出。在行政过程中具体表现为被动行政和行政不作为。事实表明，依法行政解决不了被动行政问题。相反，以德行政通过激励功能的发挥，会使行政行为由被动变为主动。通过以德行政培养行政主体强烈的社会责任心和行政责任心，以勤政为民、廉洁奉公等行政道德规范严格要求自己，就会把自身融于行政权力的运行过程中，充分发挥自己的主观能动性，积极履行行政职能。

3. 以德行政有助于实现行政活动主观性的客观化。行政过程中的主观性主要表现在三个方面。一是行政机关和行政人员由于自身固有的道德判断与价值观而导致的主观性。行政主体一般都具有基于自身价值信仰而形成的各种关于行政责任的内在价值认知，也就是行政伦理学所谓的行政主体"主观责任"①。在行政主体形成行政行为动机时，这种主观责任意识与由行政法律规范等外部力量导致的所谓"客观责任"规范具有同样的影响力。二是大量行政自由裁量行为的存在。行政自由裁量是基于法律法规规定，行政主体在一定范围内依据实际情况对职权范围内的事务自主决定的情况。行政自由裁量行为原则上不在司法审查范围之内，只有由于滥用自由裁量权而构成违法时，才会受到司法审查制裁。因此，行政自由裁量行为具有较大的自由度和主观性，主要依靠行政主体的内心规范进行约束与权衡。三是行政主体和行政公职人员在行政过程中由于权威冲突、角色冲突与利益冲突等导致的主观性。在所有这三类主观因素中，只有极小一部分可以在法律范围内得到解决。不过，行政道德规范恰恰主要是通过行政主体的自愿性与自觉性发挥影响，而且，一旦成为个人行为准则，其影响力相对更为恒定和持久，成为可以预期的行为模式。通过这类规范的确立，人们可以实现促成法律规范所不能解决的各类主观性问题的稳定化、规范化，也就是所谓行政过程主观性的客观化。

4. 以德行政有助于行政活动的创新化。为了有效调动行政主体的积极主动性，促成行政效率的提高，行政合理化原则要求行政规范在对行政权力进行

---

① 特里·L·库珀：《行政伦理学：实现行政责任的途径》，中国人民大学出版社2001年版，第74页。

有效控制的前提下，必须给行政人员广泛的自由和发挥自己主观能动性的广阔空间。但是，法律和创新似乎是一对矛盾着的事物：法律规范提供约束行政权力与行政行为的种种规则，而创新性本身往往就是对既成规则或者是对既成规则确认的权利义务关系的革新或突破。然而，近年来我国一些地方在依法行政规则之外设立了一些由道德机制调整的东西，这些东西既使依法行政有所创新，又可以通过行政行为而有所创造。比如，有关文明执法的规则就是以道德准则调节执法过程，使执法具有较高的理性价值和道德价值；行政执法承诺制，即行政机关以和善的口气在法律规则之外为相对方当事人作出承诺，体现执法中的政府信誉，等等。事实上，在现代社会，以为人民服务作为最终道德准则的行政道德规范体系要求国家行政主体既要廉洁奉公，又要勤政为民；既要遵纪守法、依法行政，又要实事求是、科学行政。简言之，就是既要合法，又要合理，合乎提高行政效率的要求。因此，以德行政能够在一定程度上弥补依法行政创新性不足的弊端。在确保依法行政的同时，行政创新性的实现有赖于以德行政的实现。

5. 以德行政有助于社会风气的优化。为政者的道德及其作风对老百姓的道德和风气有很大影响。实践证明，"上行则下效"、"身教重于言教"是合乎道德运行规律的。这一规律古代适用，今天也适用。以我国社会市场经济建设的过渡时期来看，所谓道德滑坡、社会风气败坏，恰恰是从"官倒"、贪污腐化、以权谋私开始的。因此，党的十四届六中全会强调，加强精神文明建设首先要搞好党风。把搞好党风作为精神文明建设的关键和重点，这是邓小平同志一贯倡导并坚持的一个重要思想。他指出："为促进社会风气的进步，首先必须搞好党风，特别是要求党的各级领导同志以身作则。"他还强调："端正党风，是端正社会风气的关键。"行政道德与党风有密切的关系。行政道德是党风的内在本质要求，也是党风的重要体现。此外，行政道德还直接影响社会各个行业的职业道德建设，对纠正行业不正之风有着重大作用。行政主体直接掌握权力，处在一种直接支配社会资源配置状况的位置上，其道德行为和道德风貌不仅为社会大众所关注，而且直接对社会大众起示范效应和导向作用。因此，行政主体如果办事公道、尽职尽责、言行一致，就会带动其他行业的从业人员自觉遵守职业道德。反之，如果在行政主体中以权谋私现象盛行，廉洁自律成了一句空话，那么，上行下效，整个社会的职业道德必将受到严重践踏。因此，要纠正行业不正之风，必须加强行政道德建设，切实推行以德行政。

三、依法行政与以德行政的关系

依法行政与以德行政是现代行政领域的两种基本治理原则或管理模式。长期以来，对于这二者之间的关系，由于在具体内涵解读等方面存在差异，人们往往持有一种非此即彼的二分法式看法，也就是把它们看成是完全对立的两种治理体制。事实上，依法行政与以德行政只是两种不同的行政原则与管理模式，有着不同的内容与特点，但也有着一些根本共性，是实现现代行政基本价值与本质目标不可或缺的两种治理策略。

（一）共性

依法行政是法治在行政系统及其运行过程中的体现，是国家行政机关和行政人员在行使行政权力、履行行政职能过程中，其职责权限、工作程序以及方法都必须以法律规范作为依据、工具和保证的一种民主宪政原则和行政模式。以德行政则是以德治国这一治国原则与方略在行政领域的具体体现，是要求实现行政机关与行政人员以德修身，以德服众，以德行政，确保行政权力的行使要在行政道德规范的约束与规范之下进行的一种行政原则与模式。这两种行政模式具有以下基本共性。

1. 对行政权力以及行政行为的规范性或约束性作用是依法行政与以德行政的共同精髓所在。依法行政主要是通过行政法律规范来实现对行政权力以及行政行为的规范与约束；以德行政的实质则在于运用行政道德规范的约束与限制功能。无论是作为一种民主宪政原则，还是作为一种公共治理模式，依法行政与以德行政的核心与精髓都在于实现行政规范对行政权力的规范性与约束性作用。

2. 实现责任行政是依法行政与以德行政的共同目标。责任行政是现代行政活动基本原则之一，其实质在于行政权力及其运行过程应该处于一种对国家与人民意志负责的状态之中，实现权责一致。但是，现代意义的行政责任，是一种行政伦理学意义上的概念。它不仅仅包括传统行政法意义上的客观责任，还包括由于主体自身价值观和主观认知过程所形成的所谓主观责任，其中较为明显的就是在行使自由裁量权过程中行政主体所主观认识到与接受的责任意识。我们已经知道，依法行政主要是要从法律规范意义上实现行政权力及其运行过程的权责一致，而以德行政则主要是要实现在主观责任层次上的权责一致。二者的最终目的完全一致，就是要促成责任行政原则的实现。

3. 依法行政与以德行政具有一些共同的基本功能。功能层次的共性只不过是实质与最终目标层次共性的具体体现。具体而言，这两种行政模式与治理原则都具有对行政权力和行政行为的规范化、实现合法合理化、控制权力腐败、促成与巩固行政改革与创新成果等方面的具体功能。其中，最为关键的是它们所共有的行政权力规范化与合法合理化功能。这正是在行政过程中确保行政规范的权威性地位的出发点与归宿点。或者说，这是行政规范在行政过程中权威性地位得以维持与实现的原因与结果。依法行政和以德行政只不过是从不同角度运用这种权威性的两种不同行政原则与策略而已。

（二）差异性

作为现代行政活动中出现的两种管理原则和模式或者说策略，依法行政与以德行政具有许多明显不同的地方，存在着鲜明的差异。无论是作为现代公共行政领域的治国策略、原则，还是作为治理模式，以德行政与依法行政在许多具体层面呈现出很多的差异。

1. 形成的理论依据不同。纯粹的法治观念是建立在性恶论这一伦理哲学基础之上的。根据这一哲学理念，人性是不值得予以过多期望的。普通人不是天使，政府官员也不是圣人。因此，行政权力如果不受到法律规范的严格约束与限制，就必然会导致权力的滥用与腐败，甚至出现独裁。为了确保行政权力的合法合理化，就必须尽可能地实现法律规范化。为此，以韦伯为代表的近现代西方行政学者构建起了以法制化、去人格化为基本特征的现代官僚政府体制，其核心价值就是要实现依法行政。与此不同的是，现代行政伦理学，乃至于传统的德政思想却抱有更为乐观的人性观点。中国传统的德政、德治观正是建立在"人之初、性本善"这一性善论基础之上的，认为人具有自我觉悟、自我行善的可能性，认为道德教化可以比刑罚具有更好的效用。比如，孔子就认为："道之以政，齐之以刑，民免而无耻；道之以德，齐之以礼，有耻有格。"① 20世纪70年代以来方兴未艾的西方行政伦理学也认为，培养行政人员的道德素质与道德想像力②是实现责任行政，促成行政过程合法合理的基本途径。事实上，这两种理论依据都是不全面的。现代管理哲学一般认为，人是

---

① 《论语·为政》，广西民族出版社1996年版，第24页。

② 所谓道德想像力是指行政主体将主观责任的内部心理过程与外部要求得以联系起来，"将二者融为一体又不丧失各自完整性的必备技巧"。也就是说，这是行政主体自身对行政事件与行政行为进行道德评价的能力。参见特里·L·库珀《行政伦理学：实现行政责任的途径》，中国人民大学出版社2001年版，第78~79页。

复杂人,既不完全的善,也非完全的恶。因此,行政法律规范与行政道德规范的这些早期的所谓理论依据都是片面的。只有把这两种理论结合起来,才能形成较为全面的有关人性的认识。

2. 运行手段与内容不同。依法行政主要是依赖于行政法律规范的强制力来实现对行政权力及其运行过程的约束与控制。为达成这一目的,它主要包括行政意识的法治化、行政职权法定化、行政编制法定化、行政程序法定化、行政责任法定化等几方面的基本内容,尽可能地实现行政过程的法制化、规范化。与之相反,以德行政则试图运用行政道德规范来约束与调节行政主体的权力行为。为此,它主要是通过激励与建立有助于行政道德素质培养的各种行政组织制度这两个途径来培养与提高行政主体的行政道德素质。鼓励行政主体以德修身、以德服众、以德行政和促成良好的行政道德环境构成以德行政的基本运行内容。

3. 运行机制的不同。依法行政与以德行政的运行机制从根本上是由二者所运用规范手段的不同性质所决定的。依法行政的基本运行机制是一个立法、执法与司法的客观、外在的法律过程机制。完全不同的是,以德行政的运行机制主要包括通过鼓励与制度建设等外在途径培养与提高行政主体道德素质和道德想像力水平,创造良好的行政道德环境,促成行政主体自愿自觉地做到以德修身,以德服众,以德行政。由此可见,以德行政是一个外在行政道德环境创造与内在的主观责任意识培养和实现过程的结合。但从根本上来说,行政主体对主观责任的确认与自觉遵守、实现这一内在心理过程是以德行政原则、策略与管理模式的核心机制所在。

4. 运行后果的表现形式及效果不同。行政法律规范具有强烈的强制性与机械性特征,能够为行政机关与行政人员确立较低层次的行为准则,却不利于行政主体积极、主动、创造性地行使行政权力,更好地履行行政职能。正因为如此,依法行政能够确保国家法律与人民的意志得到最低程度的遵守与实现,但是,它也往往易于形成各种不求有功、但求无过的官僚主义作风与消极行政习气,不利于发掘行政主体的主动性与创造能力。而且,由于这种管理模式完全建立在外在强制基础之上,也难以形成良好的组织风气与自觉自愿的行政行为。近现代以来世界各国所建立的现代官僚制政府体制的运行现状就是纯粹依法行政模式的典型结果。另一方面,行政道德规范具有很强的个体化与自觉自愿性特征,能够激励行政主体积极地、有创造性地开展工作,不过,却往往难以确保行政主体实现最低层次的规范要求。相应地,以德行政或者说德治原则的实行能够为行政主体积极主动地履行行政职能创造前提条件,但是,由于缺乏真正有效的最起码的强制力约束，它也会导致贤人政治、清官政治所常有的"人存政兴，人亡政息"现象，其结局往往是政局动荡，乃至于专制独裁。这方面的最好典型就是中国自秦汉以来实行了近两千年的儒家德政体制。

（三）互补性

从行政原则或模式这个层次来说，依法行政与以德行政只是两种可以选择的类型。而且，这两种原则与模式并不是像通常所认为的那样是完全对立的。事实上，如同它们各自所运用的核心规范类型的相互关系一样，二者具有较为明显的互补性。二者在实质、最终目标与基本功能等方面基本上是相通的。它们只是为实现对行政权力及其运行过程的合法合理性约束、促成责任行政的实现而采取的两种不同管理原则与模式而已。另一方面，尽管在形成的理论依据、核心运行手段及内容、运行机制、运行后果的表现形式及效果等具体层次存在着明显乃至于根本性差异，但是，我们不难发现，同样明显的是，依法行政与以德行政的形成理论依据都是片面但却正好是互补的，二者在核心运行手段及内容、运行机制、运行后果的表现形式及效果等方面的差异性也是如此。因此，依法行政与以德行政应该是确保行政职能得到有效履行，实现行政权力与行政行为合法合理性的相互补充、不可或缺的行政原则、策略与模式。在现代中国，为适应社会主义现代化建设的需要，不断推动行政体制改革，实现行政现代化，就必须一方面加强社会主义行政法律规范的建设，确保依法行政，另一方面加强社会主义行政道德规范建设，促成以德行政。

第十章

行政发展论

行政管理活动是在一定的行政生态环境下进行的，与行政生态环境之间形成了相互影响和相互约束的关系，这意味着行政系统的存在方式是稳定性和变动性的统一，行政系统的稳定是相对的，行政生态环境的变化则对行政系统和行政管理活动提出了更高的要求。为了适应行政生态环境的变化，提升自己的行政能力是政府的必然选择。政府通常需要及时了解和掌握行政生态环境变化的动态信息，在此基础上对政府的组织结构、职能、人员配置等方面进行适当的调整和变革，以提升政府管理水平与实现行政管理目标的能力。

第一节 行政发展概述

一、行政发展的含义与特征

（一）行政发展的含义

发展理论最初主要研究第三世界国家是如何实现经济快速发展，实现从贫穷到富裕的转变的。早期的发展理论研究主要集中在经济领域，认为落后国家通过采取各种促进经济增长的措施，推动国民生产总值和人均水平的提高，就能够很快地实现国家发展，跻身于发达国家之列。然而，第三世界国家早期推动经济发展的结果却不令人乐观，经济的高速增长并不能带来人们意料之中的教育水平的提高、贫富差距的缩小、人均寿命和生活品质的提升，贫穷、混乱以及环境污染的状况与经济快速发展之前并没有多大变化。经济增长和经济发展之间的矛盾引起了研究者的反思，最终普遍认为不能将发展简单地看作是经济增长问题，发展实际上受到政治、经济、文化等多种因素的影响，其内涵较经济增长更为丰富，不仅包括经济发展，还包括社会状况的改善、政治体制和行政体制的发展等内容。发展必须被视为是一个既包括经济增长、缩小不平等和根除贫困，又包括社会结构、国民观念和国家制度等这些主要变化的多元过程。就其本质而言，发展必须体现变化的全部内容，通过这种变化，整个社会系统应当面向系统内的个人和社会集团的多种多样的基本需求和愿望，使大家普遍觉得原来不满意的生活条件已经在物质和精神两方面都向更好的生活环境和生活条件转变。① 随着对发展内涵的重新认识，发展问题的研究视角也趋向于多学科以及跨学科的研究路径，发展政治学、发展行政学以及发展社会学等逐渐被纳入了学术研究的视野。

发展行政学是将发展社会学、发展经济学和发展政治学等学科领域的研究方法应用于行政学领域而形成的一门新兴的交叉学科。最初采用"发展行政"一词的是美国管理人员 G·H·甘特和荷兰经济学家埃格伯特·德·弗里斯②，在此之后，"发展行政"一词就被行政学界采用了。行政发展的内涵则主要来自于美国行政生态学者里格斯对发展行政学研究对象的界定，在里格斯看来，发展的行政和行政的发展是发展行政学的两个研究对象，前者是指发展计划的行政，指大规模的尤其是政府所采用的方法，为达到它们的发展目标而设计的政策和计划，而后者则指的是加强行政能力。③我国学术界对行政发展的理解大多建立在里格斯理解的基础之上，将其看作是政府在与行政环境的相互作用过程中，为了加强与行政环境之间的调适，提高政府行政能力和管理绩效而对行政组织及其相关要素进行的改善和变革。例如，有学者从生态学的角度来界定行政发展的含义，将其看作是行政主体（政府）通过一定的方法和途径，创造、维持和加强行政能力，改变原有的传统的行政体系及其运行状态，使其沿着预定目标取向发展到更高一级形态。④也有学者认为，行政发展是指通过一定的方式改变既存的行政系统及其活动方式，使其过渡到一种新的状态，以期行政系统能够更好地与社会圈取得动态平衡，发挥更大的行政能量。⑤还有学者认为，行政发展通常是指行政系统为适应环境的变化，采用科学方法，健全行政体系，改善行政方式和行政关系，提高行政效率，以便更好地执行政治

---

① 迈克尔·P·托达罗：《经济发展》（第6版），中国经济出版社1999年版，第15页。
② 倪文杰、张成福等主编：《现代交叉学科大辞库》，海洋出版社1993年版，第687页。
③ 转引自卓越《行政发展研究》，福建人民出版社2000年版，第4页。
④ 卓越：《行政发展研究》，福建人民出版社2000年版，第5页。
⑤ 王沪宁：《行政生态学》，复旦大学出版社1993年版，第295页。

权威意志的过程。①

综合上述研究者的观点，我们不难看出，环境变化、行政改革以及政府能力提升可以看作是行政发展的关键要素，包括外部环境和内部环境在内的行政生态环境的变化是行政发展的前提条件，如果行政管理活动适应既定的行政环境要求或者行政环境的变化并没有对行政管理活动提出新的要求，那么现有的行政管理活动仍然可以按照既定的行政组织结构、权力分配以及人员配置模式等进行，只有当行政管理活动与行政环境产生矛盾和冲突时，才会产生行政发展问题。行政改革则是实现行政发展的主要途径，就行政改革与行政发展的关系而言，学术界也有着不同的看法。有的将行政改革等同于行政发展，认为两者没有实质性的区别，行政改革的过程也就是行政发展的过程。有的认为行政改革是实现行政发展的动力系统和主要途径，两者是手段和目的的关系，行政改革的成效有好有坏，并不一定就能够实现政府行政能力的提高和政府绩效的改善，而行政发展虽然是个"中性词"，但仍然侧重于从积极和正面的意义来理解行政发展的作用，强调的是行政能力的提高和政府绩效的改善。就此而言，行政改革并不必然地能够取得成功，即使成功也并不必然地促进行政发展。②此外，改革这个概念既可理解为局部的调整，也可理解为整体的变动，而发展则应主要理解为整体性、全局性的变动。③因此，行政发展比行政改革的内涵更加深刻和全面，产生的效果也比行政改革更为积极。行政能力和政府绩效的提高可以看作是行政发展的实质，其目的在于通过采取适应环境变化的行政改革措施使行政管理活动能够更加适应和满足行政环境的要求，提高政府的行政管理能力，促进政治、经济和社会的和谐发展。

有鉴于此，我们可以将行政发展理解为行政环境的变化打破了环境与行政管理活动之间的平衡，对政府的行政能力及其行政管理绩效提出了更高的要求，为了有效地适应和满足环境的要求，重新构建行政环境与行政管理活动之间的动态平衡系统，行政组织在组织结构、权力行使、人员配置、行政文化和行政关系等方面采取的一系列变革措施及其实现过程。与经济发展、政治发展等不同的是，行政发展的研究对象并不局限于发展中国家，西方发达国家自身也有适应环境变化而提供行政能力的现实需要，因而，发达国家和发展中国家

---

① 竺乾威主编：《公共行政学》，复旦大学出版社 2000 年版，第 265 页。
② 周志忍：《当代国外行政改革比较研究》，国家行政学院出版社 1999 年版，第 417 页。
③ 詹伟主编：《公共行政学教程》，中国人民公安大学出版社 2003 年版，第 413 页。

的行政发展内容共同成为行政发展的研究对象，发达国家的行政发展措施还为发展中国家的行政发展模式提供了借鉴和启示。

（二）行政发展的特征

行政发展具有如下特点：

1. 适应性

适应性是指行政发展往往是在行政管理活动已经不适应行政环境的要求，行政环境对行政组织满足社会需求、改善服务质量以及适应环境变化等方面提出更高要求的条件下，行政组织为了更好地实现自身的生存和发展而做出的必然选择。总体而言，行政发展体现了行政组织与行政环境之间的"不平衡—平衡—不平衡"的动态转换关系。

2. 计划性

计划性是从行政发展方案的设计角度而言的，它是指行政发展是一个有计划的，经过科学规划的过程，从环境变化的识别、行政管理问题的界定、改革措施和路径的选择以及发展效果的评价等方面都遵循严谨的程序和步骤。行政发展既要强调短期目标、局部目标和部门目标，又要看重长期目标、整体目标以及综合目标的实现，并强调前者对后者的服从，后者对前者的统率。

3. 多样性

多样性是指政府在地理环境、文化背景、经济发展水平、政治制度等方面的差异性决定了行政发展不可能遵循统一的发展模式，各国和各地方政府应该根据实际情况灵活选择有针对性的行政发展模式。

4. 进步性

适应性只是强调行政管理活动与行政环境之间的互动关系，这种互动关系并不总是意味着政府能力的提升，这符合发展是"中性词"的基本特征。然而，通常论述的行政发展包含着政府行政系统由低级向高级形态转变的过程和结果，意味着政府行政体系由一种运作形式向效能更高级的运作形式转化，因而排除了行政发展的负面效果。就此而言，进步性侧重强调行政发展是一种正面的、具有积极意义的发展。从长远看，行政发展最终会体现出行政系统不断完善的运动过程。

5. 整体性

行政体系内部各要素之间有着密切的联系，而且各要素之间既互相独立，又相互影响，在行政发展过程中，某一要素的变化都会相应地引起其他要素的改变。因此，行政发展虽然可以表现在具体的各项制度、各个层面的分别展开,但总体上是呈现出整体发展的趋势。

二、行政发展的目标与内容

(一) 行政发展的目标

政府行政活动的总目标依据它所服务的政治体系和社会公众对它的要求而定,总的来说,这两个服务对象的要求是辩证统一的,既要强调统治的长久性和稳定性,又要突出服务的回应性和责任性,因此,行政发展的目标可以概括为以下几方面的内容:

第一,建立一个高效的政府行政系统,它能够有效地制定政策、执行政策、平衡矛盾、综合利益差异,推动社会持续稳定地向前发展。行政效率是行政管理活动的出发点,也是行政发展的归宿。行政管理活动的性质决定了一个高效而廉价的政府是社会公众所期望的政府,也是统治得以长治久安的重要手段。高效的政府行政系统应当是高能量的、能够健康有序运转的行政系统。高效包括两个层面:纵向通达,横向贯连;能够令行禁止,灵活反应,把内耗减少到最小的程度。高效的政府行政系统应该能在最短的时间内,花费最小的资源,以最高的质量满足最大数量的社会需求。现代社会的政府行政系统总是呈现出扩张和膨胀的趋势,这种扩张和膨胀在一定限度内是符合社会发展需要的,是行政系统面对日益复杂的社会公共事务管理而进行的主动调整。但是,行政系统的扩展只是提高政府管理绩效、更好地满足社会服务需求的手段而不是目的,一旦扩张突破了必要的界限,行政系统就将变得冗员严重、效率低下和铺张浪费。高效的政府意味着行政人员的精简与廉洁、决策的科学化与民主化以及行政管理方式的科学化。

第二,建立一个公正的政府行政系统。公正的行政系统是指行政机关的活动以及相关的制度安排对任何人都一视同仁、不偏不倚,任何人都不应该因自身的地位、财富和学历等方面的差异而受到行政机关的区别对待。公正的行政系统至少应包括以下三方面:1. 行政行为的公正性。首先是决策行为应该公正。政府决策,尤其是高层次的决策具有较强的政治性,它决定着受其影响的当事人的权利和义务。公正化要求政府在制定政策的过程中应当平等地分配各种权利和义务。其次是具体行为的公正性。行政人员为社会服务,理应对社会成员一视同仁,既不能因亲而优待,也不能因疏而冷漠;既不能因公民行贿而提供"优质"服务,也不能因公民未提供好处而拒绝服务或提供劣质服务。这就要求行政人员的行为保持高度的道德感和廉洁性。2. 行政程序的公正性。

行政程序是行政机关行使权力和履行职能的过程中应该遵循的环节和步骤。行政程序的设定有助于保证行政权力行使的可预见性，将行政管理活动纳入正常的法制化轨道。3. 行政制度和措施的公正性。行政机关为了有效地进行行政管理，必然要确立一系列的制度和措施，而无论是作为行政主体的行政人员，还是作为行政管理对象的相对人，在这些制度和措施面前都应当具有平等性。

第三，建立一个开放的政府行政系统。现代的政府行政系统应当是一个开放的行政系统，政府行政系统只有与社会环境实现充分的能量交换，才能最有力地作用于社会。现代化的推进导致社会产生前所未有的矛盾、失衡、要求和倾向，社会的发展会加剧这种状态。政府行政系统要体现最优的、最为平衡的调控，就必须能够吸纳尽可能多的利益要求，做到最大的平衡。政府行政系统愈加开放，能够吸纳的利益要求愈多，其最后的平衡就愈具覆盖能力。一般而言，政府行政系统不可能满足所有的社会要求，理想的状态是用同样的利益资源满足最多的利益要求。要做到这一点，政府行政系统必须充分开放。

第四，建立一个法治化的政府行政系统。行政管理活动是以行政权力的行使为主要手段的，而行政权力具有的强制性和扩张性等特点使得如何约束行政权力，合理有效地分配行政权力和行政责任成为行政发展关注的主要目标之一。行政管理的高效只有建立在对行政机关自身活动的监督和约束基础之上才有实现的可能，因此，法治化的政府行政系统主要包括两个方面的内容：1. 行政权力的分配和行使以及行政责任的追究和承担都必须在法律规定的范围内进行；2. 行政机关对社会公共事务的管理必须遵循法律规定的程序和范围。将构建法治化的政府行政系统作为行政发展的主要目标是出于市场经济体制与现代法治之间的密切关系，处于市场经济体制下的行政管理活动也必须以相关法律为依据，按照法定程序实施行政行为。

(二) 行政发展的内容

行政发展是以提升行政能力，实现高效、开放、公正化和法治化的政府行政系统为目标的。为了实现这些目标，就必须适应社会的变化，调整行政活动的范围与内容，提升行政的能力。因此，对行政主体及其活动的调整、完善和变革就成为行政发展的核心。行政主体是行政权力的行使者，是行政活动的具体完成者。行政主体包括行政组织与行政人员，并以一定的关系构成一国的行政体制。行政活动是行政主体履行其行政职能的具体行为。国家对行政主体采取的行政发展措施，无疑集中反映在对行政职能、行政体制、行政主体采取的各种完善和变革行动上。

1. 行政职能发展

行政职能的内涵本身就具有职能发展的潜在含义：随着社会事务的变化、发展，行政管理机关应当承担的具体职责和应当发挥的具体作用，也必然会随之变化和发展，通常所讲的政府职能转变是对行政职能发展的具体描述。行政职能的发展需要依据社会的发展需要以及统治阶级的利益权衡来实现。

国家行政的根本目的在于通过行政来维护其政治统治。行政体制的设计、行政组织的安排、行政人员的配置和管理，都是围绕着行政职能目标的实现而进行的。国家需要推进行政发展的根本原因正是为了能更好地维护其政治统治，而这必然要通过行政职能的有效发挥来实现。因而职能发展在行政发展中居于首要地位，而且也是其他行政发展内容的依据和基础。只有在重新界定行政职能的范围、调整职能的配置和改变实现方式的基础上，才能恰当地推进行政体制与行政主体的发展。

2. 行政体制发展

政府行政体制包括两个层面，一是由一个国家所有行政机构按一定秩序组合而成的制度化体系，另一个则是指某一具体的行政机关的体系。理顺体制的关键是行政职权的明确划分和行为规范的确立。通常强调的理顺关系，实质是理顺体制中各构成单位之间的关系。行政体制发展的内容极为广泛，主要包括行政结构、领导体制和运作方式等方面的内容。其中，行政结构的发展具体表现为国家行政区划制度的发展以及一级政府内在部门、职位设置及层级安排上的变化。领导体制的发展则涉及各级政府相应主管部门之间是否存在领导关系。运作体制的发展包括行政的集权或分权体制、政府间的关系等方面的内容。

3. 行政主体的发展

行政主体包括行政组织与行政人员两个方面，行政组织是承载具体行政职能的实体，是行政体制的结构单元。行政组织发展通常表现为机构设置的调整与改革。推动行政组织发展要有充分的准备和设计周密的方案。行政人员是行政任务的具体承担者，是行政行为的执行者，因而行政人员的素质以及行政人员在行政活动中的表现，对行政效率与行政效益有着最直接的影响。人员发展包括两个方面，一方面要不断地提高行政人员的素质，另一方面要不断地完善对行政人员的管理。前者包括录用标准的制定、在职后的继续教育、出任新职前的考查与岗前培训等；后者表现为建立一个包含有能充分发挥行政人员工作积极性机制的人事管理制度，例如国家公务员制度。对于行政发展而言，政府公务人员的素质、技能和水平是关键要素。

4. 行政行为发展

行政行为是指国家行政机关及其人员为执行公务而采取的行为，行政行为表现在一系列行政过程中，是行政机关及其人员在特定的管理制度和机制下，依据自身的职责权限而采取的行动。行政行为可分为内部行政行为和外部行政行为。外部行政行为表现为对社会进行公共管理的行为。依法行政是对外部行政行为最根本的要求。行政发展中对行政行为的改善，主要是指内部行政行为。行政行为的发展，体现在行政主体内部管理体制、机制的完善上，具体表现在行政组织内部各项组织规章、工作程序、行政规范中。行政行为发展除必须把法制化作为首要目标外，还应当把公开化作为一个重要目标。行政行为公开化即要求行政机关内部的组织规章、工作程序和行为规范不仅应该是明确成文的，而且应该向社会公开，增加行政活动的透明度，以便接受社会的监督。在现代社会中，民众参与行政管理活动是确保行政能够符合社会公共利益的有力手段，也是民主政治发展的必然要求。

5. 行政技术的发展

这里所讲的行政技术，包括各种具体行政方法、手段和工具。行政方法是指为完成行政任务采用的各种具体手段，例如，在行政管理活动中应用的行政指令、经济手段和法律手段等。在行政管理活动中，除了上述手段外，随着现代科技和企业管理水平的提高，一系列的现代管理方法和手段也在行政管理过程中得到了广泛的应用，并取得了明显的成效。行政工具所指范围甚广，包括所有为实现行政任务而采用的工具，从办公器材直至交通工具。行政工具的改进，不仅对行政效率的提高有最直接的影响，而且也会影响到管理方式、管理体制的变化。例如，网络和通讯技术设备的发展使得政府网上办公成为可能，从而简化了行政管理的程序，提高了行政管理的效率。

6. 行政文化发展

行政文化发展是行政文化的发展过程和行政文化的社会化过程。行政文化涉及政府公务人员对现实行政生活的态度、观念、意识、精神、心理、价值观等方面，是他们在一定时期内应该共同遵守的行为模式、生活方式、价值观点等。一个社会的行政发展离开了行政文化的发展，是不可能奏效的。政府公务人员生活在一定的行政文化之中，并且通过行政文化的社会化过程培养自己的行政人格。所谓行政文化的社会化，就是将应有的行政价值、信仰、思想、感情、生活方式及行为规范等内容教导或传递给政治体系的成员，使之成为共同的行政作风、行为模式和工作模式，借以维护政府行政的协调，促进政府职能的实现。

三、行政发展的一般程序

行政发展是一项系统工程,通常应当遵循一定的科学程序,否则,行政发展的目标将难以实现。一般而言,行政发展大体要经过以下几个阶段:

(一)识别环境的变化,确认发展的必要性。行政发展的需要始于行政环境的变化,因此对行政环境变化的准确识别和把握是行政发展程序启动的初始环节。对行政环境变化的识别,可以设计不同的观测指标,通过不同的观测途径和方式来进行。例如,对经济环境的变化可以通过经济增长速度、国民生产总值、财政收支情况等经济指标来测定。对政治环境变化的识别可以借助于社会公众满意度、政府绩效目标完成情况、政府服务的回应性等指标来把握。

(二)界定问题的实质。在识别和把握环境变化之后,就要准确地界定环境变化对政府行政管理活动提出的更高要求,以及当前的行政管理状况与这种更高要求之间的差距,这种差距就是行政发展要通过行政改革来加以解决的问题。在界定问题实质的过程中,需注意以下要点:1. 问题的性质和特点如何? 2. 问题涉及的范围如何? 3. 问题的严重程度如何? 4. 改进的目标怎样? 5. 怎样评估改进的结果? 界定问题的实质是行政发展过程中的重要一环,诊断不足,凭一时冲动采取变革行为,可能会导致灾难性的后果。例如,对于政府财政收支状况恶化引起的经济环境的变化,就要仔细分析这种财政状况的恶化是短期性的,还是长期性的,这种状况对行政管理活动提出了什么样的要求,这种要求究竟是针对政府组织机构还是政府职能而言的,如果要扭转政府财政状况恶化的局面,需要采取什么样的行政改革措施,诸如此类的思考都是界定问题的实质和推动行政发展的深入进行所必需的。

(三)解决问题,提出并评估发展方案。问题澄清后,就要寻求解决问题的途径,既可以由专家学者提出,也可以由行政领导和行政人员提出。然后再对各种备选方案进行评估,评估的重点可以集中在方案的实施时机是否成熟、是否具备了必要的条件、将产生哪些阻力、能否有效地克服这些阻力、可能产生什么样的后果,等等。最后对其筛选择优,确定解决问题的方案。

(四)局部试验,完善方案。重大的行政发展计划必须经过局部试验,以在实践中检验发展方案的可行性,增强其科学性。在局部试验中,试点单位的选择不能带有任意性,被选定为试点的单位必须在全局中具有某些典型性的特征。当然,对于一些单项的并且涉及范围有限的发展计划,可以不必经过局部试验而直接贯彻实施。

(五)舆论动员,全面实施。在局部试验中得到检验并经过修正完善的行政发展方案，可以通过广泛的舆论动员，克服阻力，进入全面实施阶段。在方案实施过程中，应注意制定实施方法和实施步骤，并建立强有力的指挥和调控机制，使整个实施活动协调、连贯地发展。

（六）反馈评估，巩固成果。在整个行政发展活动告一段落之后，应当及时地将实施活动的结果反馈到行政发展的决策指挥中心，并对其进行恰如其分的评估，以总结经验。同时，应当将在行政发展实践中证明切实可行的成果以法律法规的形式加以确定，以巩固行政发展的成果。

第二节 行政效率

提高政府的行政能力是行政发展的主要目标，而行政效率是衡量行政能力高低的重要指标，作为行政管理活动的出发点和归宿，行政效率问题一直成为研究者和实践者关注的核心问题。早在1887年，行政学的创始人威尔逊在《行政学研究》一文中就指出，行政学研究的目标在于理解：首先，政府能够适当地和成功地进行什么工作；其次，政府怎样才能以尽可能高的效率和在费用或能源方面用尽可能少的成本完成这些适当的工作。自20世纪70年代以来，世界大多数国家在维持和提高行政效率方面不尽人意的表现，引发了社会公众的抗议和指责，也由此揭开了行政改革的大幕。

一、行政效率的含义

（一）两种基本的行政效率观

"效率"一词最早出现在拉丁文，属于哲学上常用的术语，通常是指"有效的因素"。直到19世纪末，"效率"还被看作是"效益"的同义词，牛津词典将"效率"看做是"实现或成功实现预期目标的适宜性或能力；充分的能力、效益、功效"[①]。19世纪末，效率的特定意义被引申到机械工程方面，特指在同一时间内机械输出功与输入功之比，机械在运转过程中所作的功，总有一部分要消耗在克服摩擦等阻力上，因此，机械运转过程中输出的能量总是小于输入的能量，即机械效率总是小于1。这种机械效率也被看作是投入与产出之比以及支出与收入之比。20世纪初以来，随着机器化大生产的普及以及资本主义企业价值观的兴起，效率问题开始在经济、商业等领域得到普遍重视，

---

① 赫伯特·A·西蒙：《管理行为》，机械工业出版社2004年版，第238页。

以弗雷德里克·泰勒、哈林顿·埃默森等为代表的科学管理学派也随之兴起和发展。科学管理学派主要关注如何通过生产方式、组织结构等方面的改进来提高企业生产效率。泰勒就认为企业生产效率低下的主要原因在于没有提高单位劳动生产力的产量，导致人浮于事，产量低下，并提出了自己的"效率"观和科学管理的原则。在泰勒看来，劳动效率应该是"真实绩效与标准绩效之比"，这种关于效率的界定是有别于自然科学对效率的认识。为了贯彻他的效率观，泰勒进而主张通过设定标准化的操作程序和挑选"第一流的工人"来提高劳动效率和产量。

企业界对效率的重视和追求也对行政管理活动产生了重要影响，威尔逊虽然在《行政学研究》中提出应该将如何提高行政效率作为行政学的研究目标之一，但是除了认为应该将行政管理事务从政治生活中分离出来，以此作为提高行政效率的保障之外，并没有就提高行政效率的技术细节进行更深入的论述，而威尔逊之后的古德诺也只是进一步深化了政治与行政二分的思想，科学管理理论则为提高行政效率和指导行政改革提供了具体的线索和方法。此后，韦伯、怀特、古利克等人又围绕如何提高行政效率各自提出了自己的行政组织设计和管理思想。不过，以泰勒、韦伯等为代表的传统行政管理思想的行政效率观都属于机械性效率观，继承了自然科学对效率内涵的界定，将行政效率理解为行政投入和产出之间的比例，强调的是以最少的投入获得最大的产出。这种机械性效率观虽然突出了机器化大生产时代的机械、精确、速度、稳定等方面的特点，将行政管理活动等同于企业的机器化大生产管理，但是这种"冷冰冰、缺乏人性计算"的机械性效率观受到了相当一部分行政学者的质疑。例如，马歇尔·迪莫克就认为，公共行政"不是毫无生命的工具，而是为了推进社会发展进行的设计、谋划、思考、训练和建设等活动"①。古利克将"效率"看作是科学最基本的"善"的看法还引发了沃尔多与其之间展开的关于效率观点的争论。沃尔多并不同意古利克从价值角度看待"效率"的观点，他认为，效率的高低必须依据所服务的特定目标才能得以判断。换句话说，我们必须考虑效率的对象，因为，我们不能假定有效地达到"任何"目的都是合乎需要的。②

机械性行政效率观将人看做是"经济人"，忽视了人的精神需求的缺陷在

---

① 罗伯特·B·登哈特：《公共组织理论》，中国人民大学出版社2003年版，第69页。

② 丁煌：《西方行政学说史》，武汉大学出版社1999年版，第222页。

以梅奥、巴纳德等为代表的行为主义管理学者提出的社会性行政效率观中得到了弥补。所谓社会性效率是指以社会价值观念为目标，规范地予以衡量的效率。社会性效率观强调人际关系的和谐对行政效率的重要影响，认为提高组织成员的士气和满意度是提高行政效率的主要途径，从而将行政效率的高低与人的行为紧密联系起来，而忽视了行政管理活动中的资源投入和消耗情况。社会性行政效率观虽然弥补了机械性行政效率观的某些缺陷，但自身也存在一些无法解决的问题，例如，在不考虑资源投入的情况下，人际关系的和谐是否真的能够提高行政效率，组织成员需求的满足是否真的能够充当行政效率提高的动力，等等。

（二）行政效率的内涵

行政效率的内涵虽然借鉴了企业管理对效率概念的界定，但是由于行政管理事务的复杂性和多样性，行政学界并没有就行政效率的本质达成一致的看法。总体而言，行政效率的内涵有广义和狭义两种理解。大多数学者是从广义的角度来理解行政效率的，他们将行政效率看作是国家行政机关和行政人员从事行政工作的质量和评价[1]或行政工作的效果与消耗之比，即国家行政机关和行政人员从事行政管理活动所投入的各种资源与所取得的产出或效益之间的比例。[2] 就狭义的行政效率内涵的理解而言，主要是延伸了效率在企业管理中的界定方式，将其看作是单位产出所消耗的资源或者是用投入产出之间的比率来衡量。

行政效率广义理解和狭义理解的主要分歧在于是否应该将行政管理活动产生的社会效益或效果也应该纳入行政效率的衡量之中。有研究者从理论和实践两个层面对这个问题进行了比较充分的解释。[3]就理论层面而言，行政产出主要是指行政管理活动为社会公众实际提供的某种公共物品或公共服务，例如，道路桥梁的修建或医疗保健服务；而行政效益或社会效益更侧重于指这种产出对社会公众的行为或社会发展产生的最终影响，例如，道路桥梁的修建吸引了更多的外来投资，推动了经济的发展，医疗保健服务使人们掌握了更多的医学和健康常识，节约了大量的医疗资源，通常这种效益具有一定的滞后性，并不能在行政管理活动结束后马上显现出来。与行政产出相比，这种具有滞后性的

---

[1] 许文惠主编：《行政管理学》，红旗出版社1992年版，第291页。
[2] 张康之等：《公共行政学》，经济科学出版社2000年版，第293页。
[3] 张国庆主编：《行政管理学概论》，北京大学出版社2000年版，第353~354页。

社会效益通常更容易受到多种因素的影响，如果道路桥梁的修建并没有吸引到意料之中的外来投资，我们能够直接否定提供这种公共服务的效率吗？此外，行政管理活动产生的社会效益是多个行政主体和多种行政管理活动互相配合与相互作用的结果，彼此之间并不具有直接的决定和被决定的关系，换言之，行政管理活动的社会效益好并不意味着所有的行政机关的活动都是有效率的，反之亦然。从操作层面而言，行政效率包含的范围太广并不利于在实践中比较和衡量行政效率的高低，行政产出与社会效益之间的非同步性，局部和整体之间的差异使得人们难以及时对两者都做出比较准确的统计和衡量，因而，用"行政效率"一词来统帅"效率"和"效益"通常超出了它本身的作用和意义，这种关于行政效率的广义解释途径缺乏针对组织目标的纵向系统分解和横向整合加工，从而导致一种"泛化"的倾向，实质上无助于推动组织活动评估方式的改进和完善。① 行政效率不能统帅"效率"和"效益"两方面的意思，并不意味着没有其他词汇可以代表这两种意思，实际上，大多数西方学者都用"绩效"一词来涵盖"效率"和"效益"两方面的意思。例如，芬维克认为，绩效测量包括了三个层面"经济、效率和效能"②。

有鉴于此，本书从狭义的角度来理解行政效率，将其看作是行政机关在既定的时间内，使用既定的资源投入与所生产出来的行政产出之间的比率关系。这里的资源投入既包括人力、物力和财力等有形资源的投入，也包括时间、精力等无形资源的投入。为了进一步理解行政效率的内涵，我们还有必要作两个方面的说明：

其一，行政效率与行政效益之间的关系问题。前面谈到行政效率和行政效益各自的意义是不同的，行政效率更侧重于行政投入和行政产出之间的关系，主要衡量的是在一定资源投入的情况下，获取尽可能多的产出或者是为了获取一定量的产出，花费尽可能少的资源投入。行政效益则是指行政产出对社会公众的行为和社会发展产生的影响。例如，政府制定出台的某项政策就是行政机关的产出，这项政策对公民个人、社会组织和社会的观念和行为产生的影响就属于行政效益的判断。由于行政效率和行政效益之间并不存在对应关系，即行政效率高并不意味着行政效益也高，行政效益好并不代表行政效率高，因而可以将行政效率和行政效益大体分为四种关系。

---

① 刘旭涛：《政府绩效管理：制度、战略与方法》，机械工业出版社2003年版，第95页。

② 张成福、党秀云：《公共管理学》，中国人民大学出版社2001年版，第273页。

	行政效益	
	好	坏
高	ⅰ	ⅱ
低	ⅲ	ⅳ

（左侧标注：行政效益 高/低）

在现实的行政管理活动中，组合 ⅰ 无疑是人们最乐意见到的情形，行政机关以很高的效率实现了行政管理目标，并产生了很好的社会效益。组合 ⅳ 则是人们不愿意接受的，也是最需要通过行政改革来加以改变的状况。组合 ⅱ 和 ⅲ 在行政管理过程中也不少见，我国各地方政府兴起的"政绩工程"大多数都属于组合 ⅱ，提供的行政产出并不能带来很好的社会效益。

其二，行政效率的可衡量性问题。与企业管理实践不同的是，行政效率的衡量问题一直是困扰行政管理学界的难题，许多行政机关的行政产出难以进行定量化分析，也缺乏可以具体比较的对象，这样就使得人们很难准确地判断行政效率的高低。美国学者詹姆斯·Q·威尔逊在《美国官僚政治》一书中依据行政机构投入产出的可衡量情况将行政机关大体分为四种类型[1]：

不同类型的行政机关决定了不能使用同一种方式来监测和比较行政机关的行政效率。

		投入	
		衡量性高	衡量性低
产出	衡量性高	生产性机构	工艺性机构
	衡量性低	程序性机构	应付性机构

二、行政效率的类型

按照不同的标准，行政效率可以划分为不同的类型。

（一）依据衡量的行政管理活动类型可以将行政效率分为生产效率和配置效率

行政管理主要是指对社会公共事务以及行政机关自身事务的管理。就对

---

[1] 参见詹姆斯·Q·威尔逊《美国官僚政治》，中国社会科学出版社1995年版，第194~214页。

社会公共事务的管理而言，行政机关是作为资源配置的主体之一在发挥作用，其主要作用在于弥补市场缺陷，按照不同社会公众的需要提供不同的公共产品和公共服务。因此，衡量行政机关提供公共产品和公共服务效率的主要指标就是配置效率。我们通常所说的市场失灵或政府失灵，实际上主要就是针对配置效率而言，市场或政府作为资源配置的主体不能有效地实现资源的优化组合。生产效率主要是针对行政机关内部的生产或管理活动而言，是指生产产品或提供服务的投入产出之比。衡量行政机关行政效率的高低，除了关注行政机关的投入产出之比外，还要考虑资源配置效率的高低，即使行政机关的生产效率比较高，如果其生产或提供的产品不能有效地满足社会需求的话，那么也不能就此认行政机关的行政管理活动是有效率的。依据生产效率和配置效率之间的关系，我们可以区分两者之间的四种组合情况：

	配置效率高	配置效率低
生产效率高	i	ii
生产效率低	iii	iv

（二）行政效率依据其测定涉及的时间段可以分为静态效率和动态效率

静态效率关注的是在特定时点上能否有效地利用资源进行管理和提供服务。测定静态效率也就是测定特定时点上投入产出之间的比率。动态效率指的是在不增加投入的条件下，在一定时期内提高管理、服务的能力和水平，即投入产出比率在一定时期的变动率。

（三）行政效率依据其所涉及的对象可以分为组织效率和个人效率

组织效率是指特定行政单位从事行政管理活动和提供公共服务的时效、办事速度、投入产出比率等。组织效率所涵盖的内容比个人效率要广泛得多，既包括生产效率和配置效率，又包括静态效率和动态效率。决定组织效率高低的不仅仅是组织成员的工作热情、办事能力、人际关系能力等，而且还包括组织之间的职能划分、组织内部的责任分工、组织结构、领导水平、工作程序等因素。个人效率指的是特定行政管理人员在履行职责过程中所体现的时效、办事速度等。个人效率的决定因素包括个人素质、人际关系状况、工作态度等因素。

(四）行政效率依据其实现程度可以分为计划效率和实际效率

计划效率是指行政活动开展之前预先估计或规定的行政效率。实际效率指的是行政活动结束以后实际产生的行政效率。将行政效率划分为计划效率和实际效率的意义在于：在测定行政效率时，将实际效率同计划效率进行对比，从而准确地掌握计划效率的实现情况，科学公正地考察行政组织的行政管理水平。

（五）依据行政管理环节，行政效率可以分为决策效率、管理效率和执行效率

决策效率是指决策层通过计划、决策、组织、协调等全局性工作所追求的系统效率。管理效率指的是职能管理层依据上级决策任务，通过分工合作、监督检查、指导等活动，确保行政管理目标全面实现所表现出来的效率。执行效率是操作执行层全面执行上层决策，力求以最少的人力、物力和财力以及在最短的时间内有效地完成工作任务所达到的个人效率。

三、行政效率的影响因素

行政效率是行政管理活动追求的主要目标，行政管理活动作为一种社会系统要受到多种因素的影响，这些因素通过作用于行政管理的各个环节而对行政效率产生影响。综合而言，行政效率的影响因素可以表现为以下几个方面：

（一）行政机构的设置是否合理

行政机构是对国家行政事务进行组织和管理的主体，设置任何一个行政机构，都应当有助于推动国家的方针、政策的执行，应当根据国民经济和社会发展的需要来设立，可设可不设的行政机构坚决不设。一般而言，组织结构过于简单，不利于按职能进行分类管理；组织结构庞杂臃肿，中间环节过多或分工过细，又会增加新的工作关系和工作量。目前，我国的许多行政组织中存在的主要是机构臃肿的问题。如果设置行政机构的目的不明确，或者是因人而设，则必然会出现一个机构同另一个机构的职责范围相近，而办事将会出现互相推诿、各不负责的混乱现象，这样，行政效率必然低下。

（二）行政职位的设置是否合理

任何一个行政机构，其行政编制应该是相对固定的。它取决于这个机构的

地位、任务、职责范围。每个行政机构内部的种种行政职位，都是围绕着完成本机构的职能而设置的，必须从系统的角度考虑如何使其产生最大效益。其中，行政机构的精干对于提高行政效率特别重要，各国的行政改革都把精简机构作为第一步，这并不是偶然的，精简机构除精简机构的数目以外，还要精简机构内部多余的职位。如果仅从个人感情出发，为尊重某人资历或者其他因素而任意增设行政职位，必然会妨碍整个行政机构效率的提高。

（三）行政管理方式是否科学

要使得管理方式科学，需要解决的一个重要问题就是明确、合理的上下级机关的权限。上级机关要信任下级，授权下级。如果下级有职无权，当然只能被动消极地工作，势必造成凡事须请示的低效率工作状态。其次，要取消不必要的控制系统，用行政法规的形式明确在哪一类问题上只有哪一个机构有控制权，如果行政机构中控制系统太多，就构成提高行政效率的一大障碍。

（四）行政人员的素质状况如何

行政效率归根到底是由人决定的。行政组织的行政人员与提高行政效率息息相关。一般来说，行政人员的素质高，行政效率也高，行政人员的素质低，行政效率也低。同时也要看到，行政人员的素质再好，管理不善也不能有较高的行政效率，这两者是互为因果、相互促进的。在通常情况下，较之运用科学的管理原则，提高行政人员的素质在时间上可能要更长一些，通过科学的管理，以充分发挥行政人员的积极性，提高行政效率，在短期内更容易见成效。

（五）行政管理活动所遵循的原则及运用方法

行政管理是由决策、执行、咨询、信息、监督等几个主要环节组成的。这些环节对于行政效率的影响都很大，其中最重要的是决策、执行两个环节。善于决策就是要提高行政决策效率：一是要缩小决策面；二是决策要有一定的速度。如果一个决策久而不决，或者什么问题都要决策，而不注意增加工作中的例行性，行政效率必然低下。至于执行系统，应该是雷厉风行，善于利用种种方法，激励起人们的积极性，使决策迅速转化为大家的行动。同时，还要有及时的反馈和严密的监督，使管理符合目标的要求。

（六）行政环境的构成及其影响

行政管理活动并不是在封闭的系统内进行的，诸如国家的政治体制、传统文化以及社会因素这样的外部行政环境也会影响行政效率的高低。首先，一个国家的政治体制决定行政体制，政治决策决定或制约行政决策，政治权威决定行政权威；政党政治决定一个国家政府的组成形式，决定政府的决策方式和政策执行过程。民主政治还是专制政治，分权制度还是集权制度，决定一个国家实行民主行政还是专制行政，这些政治体制因素对行政效率有决定性的影响。其次，不论一个政府以什么理论作为其指导思想，传统文化和传统观念仍然起着巨大的作用，这主要表现在两个方面，一方面是是否拥有民主文化传统，另一方面是传统的权力观念。这两者是一个问题的两个方面，它们对行政效率的影响是潜移默化的。最后，社会环境对行政效率的影响在于：一方面，社会的各种利益团体对行政效率的高低能够施加很大的影响。政府的行政管理活动并不总能够使所有利益团体的利益和需要都同时得到满足，那些利益受到忽视的社会团体必然会对行政管理活动施加各种阻力。另一方面，社会风气的好坏对行政效率的影响也很大。良好的社会风气能够造就良好的行政环境，有助于提高行政效率，而社会风气败坏必然侵蚀政府，使政府行为缺乏规范，甚至滋生腐败现象。

第三节 行政改革

行政管理活动是在动荡不安的环境下进行的，当环境的变化对行政管理过程提出了新要求时，行政改革便提上了政府的议事日程，行政改革既表现在行政管理体制的整体突破上，又表现为行政管理体制某部分的改进和完善。20世纪80年代以来，在财政危机、信任危机和管理危机等内外因素的推动下，大多数国家都先后进行了声势浩大的行政改革运动。

一、行政改革的动因

行政改革是指行政机关为了适应行政环境变化的要求，遵循一定的程序和方法对行政机关的职能、组织结构和人员管理等方面进行的改进和变革，以达到提高行政效率、与行政环境的要求保持动态一致性的目的。行政环境和行政机关之间是一种相互约束和相互促进的关系。为了推进行政管理活动，行政机关必须从行政环境中吸入必要的人力、财力和物力，经过一定的转换过程将其制成品输出到行政环境中。当行政机关的行政产出不被行政环境所接受时，行政环境就会及时通过各种"信号"和"指标"向行政机关"报警"，提醒行政机关关注这种行政产出和环境需要之间的不适应性，从而及时有效地对行政管理环节进行变革和调整。进入20世纪80年代以来，行政环境在大多数国家都拉响了"警报器"，使得具有不同历史背景、制度安排和处于不同发展阶段的国家都不约而同地采取了行政改革措施。很难发现有哪一个国家不就公共组织的重要变革作出努力的。这种情况对第三世界国家来说更为真实，作为接受世界银行一类组织援助的附加条件，它们被要求推行行政改革。①这种"预警装置"既表现在社会公众对行政机关的信任感、满意度和支持率方面，人们对政府的普遍不满增加了行政机关的绩效和责任压力，又表现在行政机关自身所面临的财政压力上。政治和经济因素在把行政改革引入行政机关议事日程方面发挥了主要作用。行政机关所拥有的僵化的行政管理体制、低效的行政管理表现以及臃肿的组织机构都严重地制约了行政机关的生产能力和服务能力，严重的财政赤字使得行政机关不可能有效地提供令人满意的公共产品和公共服务，与私营部门的绩效相比，行政机关的表现远远不能令人满意。具体而言，20世纪80年代以来，各国行政环境的变动性表现在以下几个方面：

（一）政府能力的有限性与公众需求的无限性之间的矛盾

政府能力是指国家将自己的意志和目标转化为现实的能力，主要是针对中央政府而言，它包括汲取能力、调控能力、合法化能力和强制能力。汲取能力即国家动员社会经济资源的能力，它是体现政府能力高低的核心，而中央政府财政收入和支出占GDP比重的高低则是衡量汲取能力高低的主要指标。汲取能力决定了政府提供公共服务的范围和满足公众服务需求的程度。从某种意义上说，政府能力是社会生产力的重要组成部分，政府能力的扩展不能脱离生产力的现实水平，也就是说，政府的能力是有限的。与政府能力的有限性相比，随着技术的发展和收入的增加，公众对公共服务的需求却是无限的，需求范围和要求也不断拓展，从只限于国防安全、交通设施等领域延伸到通讯、环境保护、社会保障和医疗服务甚至太空等领域；从追求单一的、标准的服务模式转变为注重服务的个性化和满足的及时性，这就造成政府财政支出的急剧增加和财政赤字日益严重。

（二）私营部门改革的成功对行政机关的触动作用

自行政管理学产生之日起，行政管理活动就深受私营部门管理实践和理论

---

① 盖·彼得斯：《欧洲的行政现代化：一种北美视角的分析》，载国家行政学院国际合作交流部编译《西方国家行政改革述评》，国家行政学院出版社1998年版，第64页。

的影响和促进，科学管理理论、行为主义管理理论等在私营部门得到成功实践后，都相继被移植和借鉴到行政管理活动之中，以至于有研究者认为，管理就是管理，私营部门和公共部门的管理在本质上是相同的。可以说，私营部门管理实践的每一次变革都对行政管理活动起到了示范和促进作用。20世纪70年代石油危机引发的经济萧条，使得私营部门面临比较严重的生存危机，中小企业的平均寿命大大缩短，平均寿命不到7年，而且其中1/3的寿命不到2.5年。大型企业的寿命虽然要长些，但也少于40年。①为了在竞争中求生存和发展，私营部门对建立在劳动分工和专业化基础之上的传统管理体制进行了变革，通过业务流程重组、引入新的管理方式和管理理念来提高企业的竞争力。通过改革，私营部门增强了灵活性和创造性，对顾客的回应更为及时有效，内部的管理流程更加合理化。

私营部门的革新和改革成果无疑对政府构成了现实巨大的改革压力。两位欧洲行政学教授对此作了比较客观的分析。他们指出，20世纪80年代初期，欧洲服务行业的竞争力不断提高，银行业和航空业管制的放松迫使公司为赢得客源展开竞争。这种竞争不仅仅体现在价格方面，而且表现在顾客服务方面。这种情况对公共部门产生了两个方面的影响：第一，它提高了公众对高水平服务的认识和期望。既然银行能够减少排队和顾客等候的时间，征税员有什么理由让我们在那里耐心等待？既然我们能够通过电脑终端及时买到机票，为什么领取退休金需要那么多的复杂手续和函件往来？第二，它向公众表明，服务的提供可以有更好的办法，没有必要依靠官僚们根据他们自己的意愿和便利来行事。②

（三）对传统行政管理体制的抨击

大多数西方国家的行政管理体制是建立在政治与行政二分法和官僚制基础之上的，总体而言，这种传统行政管理体制具有六个方面的特征，即政治中立的公务员制度、层级制和规则、永久性和稳定性、制度化的公务员制度、内部管制和平等。③西方国家的传统行政管理体制在给政府带来一段时期的高效和

---

① 迈克尔·哈默、詹姆斯·钱皮：《改革公司：企业革命的宣言书》，上海译文出版社1998年版，第2页。

② 转引自周志忍《当代国外行政改革比较研究》，国家行政学院出版社1999年版，第10页。

③ 盖伊·彼得斯：《政府未来的治理模式》，中国人民大学出版社2001年版，第5~15页。

稳定之后，日益暴露出其不适应环境对它提出的灵活性、个性化和创造性等要求。政治与行政分离只是一种设想，并没有完全落实过，职业文官日益卷入到涉及公共利益的重大决策中来，个人利益和部门利益成为他们决策的出发点，而为了维护公共利益和对职业文官的控制，代议机关不得不制定大量繁琐的法律法规来约束职业文官的行为，这反过来又严重地约束了职业文官的创造性，使之形成了一种对"遵从程序甚于管理结果"的行政氛围。西方传统行政管理体制产生的糟糕的绩效表现受到了社会的一致指责和抨击，引发了比较严重的管理危机和信任危机。罗纳德·里根曾直言不讳地指出："政府不是解决问题的办法，政府是问题的本身。"美国的民意测验表明，1958~1964年，美国人信任联邦政府的比率超过3/4，此后这个比率急剧下降，到了20世纪90年代中期，下降到不足14%。①

与西方国家相比，包括我国在内的转轨型国家的行政改革是计划经济体制与行政体制的内在矛盾的反映和必然要求。以计划经济体制为基础并为计划经济服务的行政体制具有全能主义的特征，这种全能主义行政体制主要表现为政府的权力可以随时地、无限制地侵入和控制社会的每一个阶层和每一个领域。这种强调政府统率一切的行政体制与市场经济体制建立所要求的有效、法治和透明的政府极不适应。时至今日，这种全能主义的某些表现依然存在并且在一定程度上影响着我国的行政管理活动，例如，"法治"精神仍然没有全面渗透到行政管理活动中，公民参与的空间和自主权仍然有待进一步扩大，政府在某些领域如国有企业的管理和发展、意识形态控制与管理等方面干预过多，在其他一些领域如医疗保障和义务教育的普及等方面又做得不够。中西行政管理体制之间的差异性决定了我国不可能全面遵从西方国家的行政改革路径，必须在有选择性地借鉴和吸收西方行政改革经验的基础上建立自己的行政改革模式和时间表。正如盖伊·彼得斯所言，采取任何一个特定的治理模式都必须考虑到与之相适应的背景。对中欧和东欧那些体制转换国家而言，也许韦伯式的非常有约束力的行政体制最有助于恢复其政府的合法性。②

(四) 财政状况的恶化

政府的机构膨胀和职能扩张产生的直接后果就是政府缺乏足够的财力来维

---

① 尼古拉斯·亨利：《公共行政与公共事务》，华夏出版社2002年版，第7页。
② 盖伊·彼得斯：《政府未来的治理模式》，中国人民大学出版社2001年版，第20页。

持行政机关的正常运转，政府的财政收入主要来源于公众缴纳的税收，公众的纳税意愿和能力在很大程度上又取决于政府的绩效表现和对社会公众服务需求的满足。当政府绩效表现不能令人满意时，社会公众就会通过游行示威和拒绝缴纳税收的方式来表示自己的不满。在这种情况下，政府除了进行自我改革以外，别无其他更好的选择了。因而有学者认为，席卷西方世界的行政改革主要是由严重的预算赤字所引发的，大规模地削减预算无疑构成了大多数行政改革的主要动因。①就美国而言，每个四口之家肩负的联邦债务 1900 年为 2600 美元，1950 年达 40950 美元，1992 年升至 62000 美元（都以 1992 年币值计算）。②

就我国来说，从新中国成立之初至今，几乎每隔五年就要进行一次较大规模的行政改革，财政支出压力是其中的重要缘由。据财政部统计，1980 年全国行政事业费开支为 404 亿元，到 1991 年已达 1400 亿元，增加了 2.5 倍，远远高于同期财政收入与支出的增长幅度。③即使到现在，随着分税制改革的推行，我国中央政府的财力得到了大大增强，但是地方政府尤其是县乡级政府仍然面临比较严重的财政危机，这意味着我国在行政职能转变、人员精简和机构裁撤等方面还有许多工作要做。

（五）全球化浪潮的推动

在通讯和网络等技术条件的推动下，全球化已经成为不可阻挡的客观历史潮流，全球化的推动不仅对经济领域产生了重要影响，而且对行政管理活动也产生了深远的影响，这种影响主要表现在政府能力上。全球化对政府的快速反应能力、创新能力以及利益整合能力等都提出了更高的要求。在全球化浪潮的推动下，世界银行、国际货币基金、世界贸易组织等超区域性治理组织加强，它们的决策和行为规范与民族国家捆绑在一起，影响了后者的行政体制。为了处理区域性和跨区域性事务以及在诸如全球环境预警、保持生态可持续发展等共同利益方面谋求合作，现代国家相互信赖程度不断增强。换言之，经济的全

---

① 瓦·基克特：《荷兰的行政改革与公共部门管理》，载国家行政学院国际合作交流部编译：《西方国家行政改革述评》，国家行政学院出版社 1998 年版，第 196 页。
② E.S. 萨瓦斯：《民营化与公私部门的伙伴关系》，中国人民大学出版社 2002 年版，第 20 页。
③ 张成福：《大变革——中国行政改革的目标与行为选择》，改革出版社 1993 年版，第 18 页。

球化形成了公共部门改革的压力,不仅要提高效率,而且要减少活动的范围。①

(六) 信息技术的发展

生产力是人类社会发展的根本动力,是社会发展中最活跃的因素,人类社会的每一次变革从根本上都应归结于生产力发展的结果。作为"第一生产力"的科学技术在社会的政治、经济和文化等领域都产生了巨大影响,行政管理活动也概莫能外。

20世纪70年代以来,随着微电子、光电技术以及人工智能等信息科技的发展,人类步入了信息科技时代,信息技术的出现极大地改变了传统的行政模式,"办公室"这个被韦伯认为是官员办公、保存档案以及与公众交流的地方,正在被信息技术打破。现在,基于网络为基础的"无纸办公室"和"电子政府"正悄然出现,金字塔式的组织结构将被扁平的网络式结构所取代,信息的传递和交流更加简便和高效。信息技术的发展使政府长期以来所拥有的收集和管理信息的专利权被剥夺,传统官僚机构垄断知识和信息的局面被打破,普通百姓取得信息的速度几乎和政府领导者一样迅速。

除了上述世界各国改革的共同动因以外,体制转轨的国家和第三世界国家还有着不同于西方发达国家的改革诱因,例如,国际援助性组织对这些国家提出的改革要求、西方发达国家的改革示范等。

总而言之,行政改革是在多种环境因素的影响下发生的,不同的国家受环境影响的因素各有侧重,哈佛大学肯尼迪政府学院的伊莲·修拉·卡马克经过对123个国家行政改革背景的考察,将不同国家行政改革的主要缘由进行了归类(参见表10-1)②。不同的行政环境使得不同的国家采取了不同的行政改革路径。以英美等国家为代表的发达国家采取的是调适型行政改革,这种改革是在不触及现有经济体制、政治体制和行政体制框架条件下对行政管理活动进行的"修修补补"。以我国以及中东欧等前社会主义国家为代表进行的是转轨型行政改革,按照体制改革的激进程度又可以划分为转轨型激进行政改革和转轨

---

① 转引自周志忍《当代国外行政改革比较研究》,国家行政学院出版社1999年版,第7页。

② 伊莲·修拉·卡马克:《全球化与公共管理改革》,载约瑟夫·S·奈、约翰·D·唐纳胡主编:《全球化世界的治理》,世界知识出版社2003年版,第194页。

型渐进行政改革。以经济水平还比较落后的第三世界国家为代表进行的是发展型行政改革。在这些不同类型的行政改革中，不同国家之间又存在着差异。盖·彼得斯就认为，尽管文化传统对改革的许多方面至关重要，北美的改革行动似乎与大西洋对岸国家及英国的改革行动有显著的不同。①

表 10-1　　　　　　　　各国进行公共管理改革的原因

经济危机或预算赤字	经济危机伴随政治领导的变革	期望达到欧盟要求的标准	期望达到国际开发组织要求的标准	民主转型	期望效率更高
爱尔兰、新西兰、贝宁、多米尼加共和国、瑞典、荷兰、秘鲁、加拿大、阿根廷、意大利、英国、法国、墨西哥、巴西、美国	约旦、尼加拉瓜、丹麦、赞比亚、葡萄牙、匈牙利、乌干达、委内瑞拉、韩国、西班牙、日本	匈牙利、希腊、意大利	马尔代夫、贝宁、肯尼亚、巴西、乌克兰	格鲁吉亚、赞比亚、匈牙利、捷克共和国、智利、肯尼亚、南非、波兰、俄罗斯	瑞士、奥地利

二、行政改革的理论基础

任何一项重大的行政改革运动仅仅有现实的需要是不够的，它还离不开一定理论的支撑和指导，当代行政改革的理论基础主要由公共选择理论、委托代理理论、交易成本理论和治理理论等构成。

（一）公共选择理论

公共选择理论通过将经济学的分析方法运用到政府管理中，开辟了研究政府问题和政府机构行为的新视角。公共选择理论其实是将有关微观经济学应用

---

① 盖伊·彼得斯：《欧洲的行政现代化：一种北美视角的分析》，载国家行政学院国际合作交流部编译《西方国家行政改革述评》，国家行政学院出版社1998年版，第65页。

于行政管理领域的经济思维的体现。该理论认为，政府组织与官僚并不像人们以前所认为的那样是充满公益心的，相反，他们和常人没有什么区别，都是个人效用最大化的理性经济人，追逐自己的私利，追求预算最大化和机构扩张，提供超过社会需要的产品和服务。因此，公共选择理论认为，市场缺陷并不是政府干预经济的理由，选择官僚主义解决的做法永远只应该是第二等的最好做法；只有在其他一切办法都被证明确实不能发挥作用的情况下，才有必要采取这种解决办法。在此基础上，该理论提出了自己的解决办法，即精简政府职能，将市场竞争机制引入政府内部，让多个部门就提供同一项服务展开竞争，将政府事务更多地采取合同外包的方式，提高服务质量和效率。公共选择理论运用到行政管理中，产生的效果较为复杂，并引起了很大的学术争论。尽管如此，公共选择理论在实践方面指出了行政管理体制方面的一些问题，并提供了一种可供选择的改革途径，它为肯定市场价值和缩减行政机关的活动提供了理论支持。

（二）委托代理理论

当个人将某些事务委托给他人处理的时候，委托代理关系随即成立，这种委托代理关系最早出现在法律领域，是一种民事法律关系，主要受相关民事法律的裁处。与法律意义上的委托代理关系不同的是，经济学领域的委托代理理论的发展建立在对股份公司的所有权和控制权的分离所引起的代理人"卸责"现象的关注基础之上。这种委托代理关系仍然被视为一种契约关系，即一个人或更多的人（即委托人）聘用另一人（即代理人）代表他们来履行某些服务，包括把若干决策权委托给代理人。委托代理理论通常用于分析组织中的科层关系。委托人赋予某个代理人一定的权利，一种代理关系就建立起来了。这个代理人受契约制约，代表着委托人的利益，并相应地获取某种形式的报酬。在委托代理关系中，即使代理人有按照自己偏好行事的动机，只要委托人能够完全掌握代理人的个人情况及其行为，并付出一定的监督和激励成本，代理人就不得不按照委托人的要求履行职责。然而，信息不对称的存在提高了委托人控制代理人行为的难度，使其不得不承受代理人造成的"代理成本"，从而降低了资源配置的效率。委托人和代理人的目标冲突与信息不对称是委托代理问题的核心。在有限理性和机会主义的经济人假设下，代理人的利益与委托人的利益未必一致，他可能去追求个人利益而把委托人的利益放在次要位置甚至以牺牲委托人的利益为代价，产生逆向选择和道德风险问题。委托代理关系的经济学理论主要关注在信息不对称和利益冲突的情况下，委托人如何推动代理人更好地对委托人利益负责，减少代理损失。

在公共选择领域，选民和政治家、政治家和官僚构成委托代理关系。官僚作为代理人负责公共服务的供给，必须忠实执行委托人的意愿。委托代理理论应用到行政管理的影响在于指出了行政管理体制的弊端，在实际的运作中，由于公共产品的非市场性质、利润激励的缺乏和官僚机构的实际垄断地位，政府机构存在严重的委托代理问题。委托代理理论为行政改革提供了新的选择，主张在公共服务领域打破政府垄断，引入竞争机制，充分发挥市场和社会力量在公共服务民营化中的作用。为了解决行政管理中的代理问题，委托代理理论认为应该加强监督，及时掌握有关代理人行为的信息，抑制代理人的机会主义行为和动机。此外，委托代理理论还提倡通过与行政代理人签订激励契约，采取绩效工资的方式有效地激励个人，将行政代理人的利益与委托人的利益紧密联系在一起。

（三）交易成本理论

交易成本理论以效率为研究出发点，主要关注个人之间或集体之间由于追求合作而产生的交易成本及其节约问题。科斯虽然提出了"使用价格机制是需要成本"的命题，并认为正是这种成本的客观存在才导致企业的出现，但他并没有解决如何度量交易成本大小的问题，这一工作是由威廉姆森完成的。威廉姆森认为，交易成本的大小需要考察包括资产专用性、不确定性以及交易频率在内的交易属性，在人的有限理性和投机心理的作用下，交易者若想从交易中得到收益，就必须计划、监督以及不断调整他们的行为和活动，而这些行为和活动都要求细心关注和密切合作。威廉姆森认为，之所以存在各种各样的组织形式，主要源于每种交易都具有不同的属性，只有将治理结构与具体的交易属性组合起来，才能实现交易效率。

交易成本立足于从比较制度分析的角度出发，认为各种治理结构都是不完善的，任何交易都含有未曾实现的效率的机会，这些机会提供了重组的激励。换言之，不能把所有的交易都由特定的治理结构来完成，只有与其他治理结构相比，能够最有效地实现交易效率的那种治理结构才能生存下来。由于科层制组织不可避免地会产生内部交易成本，因而，层级制形式应该成为最后不得不借助的交易治理结构，只有当市场以及混合形式都失灵后，才可求助于层级制的治理结构。

交易成本理论虽然来源于经济领域，但也可以被用于分析行政机关的交易情况的任何一种关系。威廉姆森认为，不论是经济关系还是其他关系，只要它表现为或者可以表述为签约的问题,就都能根据交易成本经济学的概念做出评价。况且,行政机关即使不以利润最大化为追求目标,对效率的追求也是公共部门和私营部门共同面临的问题,毕竟在稀缺资源的约束下,公共部门也要考虑如何尽量地以最少的投入换取更多产出的问题,效率问题在行政管理学创立之初就被列为研究的两个主要问题之一。交易成本理论对行政管理的影响主要表现在:将市场和政府都视为可以互相替代的治理结构,两者都各自具有一定的优势和缺陷,两者运行的效率可以依据所产生的交易成本来衡量。与市场机制相比,行政机关并非在所有的领域都毫无优势可言,应该根据所提供的交易的特点来选择不同的治理结构,从而达到节约交易成本和提高交易效率的目的。

(四) 治理理论

治理理论是20世纪90年代兴起的一种理论模式,虽然关于治理理论的定义和内涵缺乏明确的界定,但总体而言,治理是指各种公共的或私人的机构和个人管理其共同事务的诸多方式的总和。它是使相互冲突的或不同的利益得以调和并采取联合行动的持续过程。其基本主张强调治理的主体既可以是公共机构,也可以是私人机构,还可以是公共机构和私人机构的合作,其实质在于建立在市场原则、公共利益和认同之上的合作。也就是说,治理理论强调公共管理主体的多元化,既包括行使公共权力的政府部门,又包括私营和第三部门的参与,讲求市场效率和管理的灵活性。不仅如此,治理理论还强调治理是一个上下互动的管理过程,它主要通过合作、协商、伙伴关系等方式对公共事务进行管理。

三、行政改革的内容

在行政改革理论的指导下,尽管世界各国选择了不同的改革模式,但是改革的内容和对象却仍然大致相同,不同的学者对这些内容进行了不同的归纳和总结,只不过不同的国家将不同的意蕴赋予了大致相同的改革内容,例如,民营化改革、绩效评估等虽然在大多数国家都在进行,但是其内涵和行为方式等却显现出诸多不同之处。就我国而言,虽然处于不同于西方国家的行政改革阶段,行政改革的重点也有所不同,但是,西方国家的一些改革策略也同样在我国发生,只不过改革方式和重点有所不同罢了。我国的行政改革大体上可以划分为三个阶段:20世纪80年代以前的行政体制改革是在不触及经济体制和政治体制的背景下进行的,改革的内容主要限于机构数量的调整;20世纪80年代的行政改革是作为政治体制改革的组成部分进行的，强调党政关系、政企关系和中央与地方关系的改善，在对以前行政改革失败教训进行总结的基础上，提出了转变政府职能的改革理念，改革方式也由"单兵突进"转变为"整体突破"；20世纪90年代的行政改革是为适应社会主义市场经济体制而进行的，改革的重点仍然在于理顺政府与社会、政府与企业之间的关系，用法治的手段来进一步推进行政管理体制的改革和完善。①在综合关于行政改革内容的相关文献基础之上，我们将行政改革的主要内容归纳为以下几个方面：

（一）公共服务民营化改革

公共服务民营化改革的实质是打破政府垄断提供公共服务的局面，在强调"生产"和"提供"分离的条件下将市场力量与竞争机制引入到公共服务提供中，强调在资源配置过程中更多地依靠市场力量，更少地依靠政府力量。公共服务民营化改革成为20世纪80年代大多数国家改革的主要内容。新西兰前财政部长格雷厄姆·斯克特认为，在这个改革阶段，政府改革的主要内容是使政府退出航空、电信等商业领域。②人们通常认为，英国是最先实行民营化改革的国家。撒切尔政府上台后就大张旗鼓地推行民营化的改革措施，涉及宇航、航空、能源等领域，并且在电信、电力和供水等领域打破行业垄断，鼓励其他所有制企业进入。伊莲·修拉·卡马克经过对123个国家行政改革的考察发现，有74个国家进行了民营化改革，占60%；有49个国家没有进行民营化改革，占总数的40%。各国民营化的措施既包括国有企业的出售，又涉及公共服务供给的市场化。③

从实践来看，我国实际上也较早开展了民营化改革。我国的民营化进程和西方国家差不多同时开展，这主要表现为，在农村打破集体公社制度，推行家庭联产承包责任制，调动农民的生产积极性，使农村经济得到了飞速发展。此后，政府又在城市打破福利分房制度，推进住房市场化改革。现在，随着经济体制改革的推进，我国的民营化改革已经涉及国有企业出售、基础设施建设、教育、养老等领域。

---

① 参见黄小勇《现代化进程中的官僚制：韦伯官僚制理论研究》，黑龙江人民出版社2003年版，第325页。
② 伊莲·修拉·卡马克：《全球化与公共管理改革》，载约瑟夫·S·奈、约翰·D·唐纳胡主编《全球化世界的治理》，世界知识出版社2003年版，第190页。
③ 伊莲·修拉·卡马克：《全球化与公共管理改革》，载约瑟夫·S·奈、约翰·D·唐纳胡主编《全球化世界的治理》，世界知识出版社2003年版，第198页。

(二) 公务员制度改革

行政管理活动的低效在很大程度上被看作是由墨守成规、缺乏激情的官僚导致的,而以功绩制、政治中立和对公众负责为核心的公务员制度在很大程度上成为官僚低效的化身,因而,公务员制度改革不可避免地成为行政改革浪潮的重要组成部分,公务员的雇用制、设立非永久性职位、淡化公务员制度中的政治中立原则成为改革的主要内容。不同的国家和地区进行公务员制度改革的重点有所不同,伊莲·修拉·卡马克也对此进行了归纳,见表10-2[①]:

表10-2

清理人员名单、冻结雇用	更容易雇用和解雇文官	建立与绩效相关的薪水制度	在雇用和工作范围方面存在弹性	集体协议改革	职业化和引进奖励制度
哥斯达黎加、多哥、贝宁、保加利亚、韩国、南非、巴西	澳大利亚、荷兰、巴西	丹麦、中国香港、奥地利、赞比亚	爱尔兰、西班牙	新西兰、澳大利亚、加拿大、美国	葡萄牙、匈牙利、波兰

我国公务员制度改革实际上也可以大体分为三个阶段:第一阶段是改革开放之初,为了实现干部队伍的年轻化,中央做出了废除领导干部职务终身制的决策,提出根据"四化"标准来选拔和使用干部,确立了干部分类管理的思想,下放了干部管理权限,并制定了《国家行政机关工作人员条例》。第二阶段是从1993年《国家公务员暂行条例》的颁布实施开始的,在这一阶段逐步用制度化的措施来强化公务员的录用、考核和淘汰等机制,进一步加强公务员的责任观,拓宽了公务员录用的范围,提高了公务员管理的透明度。在此期间,西方公务员制度改革的一些比较成熟的经验也被引入我国公务员管理中,例如,政府雇员制、绩效工资制和竞争上岗制度的推行。第三阶段是以2006

---

① 伊莲·修拉·卡马克:《全球化与公共管理改革》,载约瑟夫·S·奈、约翰·D·唐纳胡主编《全球化世界的治理》,世界知识出版社2003年版,第201页。

年 1 月 1 日《国家公务员法》的颁布实施为标准，《国家公务员法》的颁布实施使得我国的公务员管理又迈向了新的台阶，公务员的内涵、职位分类制度、雇员制度、引咎辞职和上下级之间的责任等内容都在《国家公务员法》中得到了具体说明。

（三）放松管制

为了解决市场失灵问题以及更好地控制职业文官的行为，西方国家大多采取了比较严厉的管制制度，但是管制制度的推行又产生了"管制者俘获"、贪污腐败和体制僵化等问题，导致放松管制也成为西方国家改革的重点内容。1993 年，美国副总统戈尔领导下的国家绩效评估委员会发表了名为《从繁文缛节到以结果为本——创造一个工作更好而花费更少的政府》的报告。报告指出，美国政府的绩效不佳，"问题的关键不是职员的懒惰和无能，而是这些繁文缛节和规章制度令人窒息，抑制了每一份创造力和积极性"①。

对于我国而言，加入世界贸易组织（WTO）之后，放松市场管制的改革措施也在有条不紊地推进，行政审批制度改革就是其中的典型例子。然而，就政府内部管制而言，我国需要考虑的不是超越规则，而是如何加强制度约束的问题，西方国家进行的放松内部管制的改革是以其自身的"法治"精神深入人心、法律法规比较健全为依据，而这些恰恰是我国当前行政改革所需要加强的内容。

（四）分权化改革

分权化改革的实质就是正确处理中央（联邦）政府和地方政府之间的关系，其主要途径是权力下放和权力的非集中化。西方国家在这方面的改革措施主要表现在以下几方面：

1. 决策职能与执行职能的分离，成立半自治的执行机构。例如，英国在"下一步计划"的指导下，把整体的部委分拆成若干执行机构，这些机构在主管部门的政策指导下履行提供公共服务和有效管理的责任。

2. 将中央政府的职能转移下放到地方政府，这以法国最为典型。法国进行的非集权化改革要求中央集权的管理机构将更多的职能转交给各自的地区和地方办事处，法国还专门制定了关于对国家地方机构权力分配的法律。

---

① 财政部财政科学研究所《绩效预算》课题组编：《美国政府绩效评价体系》，经济管理出版社 2004 年版，第 98~99 页。

3. 下放人事权力，包括录用、薪酬、晋升和考核等权力。美国克林顿政府上台后提出的政府绩效评估计划，其中一项内容就是向基层单位和地方政府放权，改过去的控制命令模式为信任和责任模式，给一线管理者以更大的人事管理的实际权力。分权从根本上说是行政机关内部层级间权力平衡的需要，而且分权有很多好处，奥斯本和盖布勒在《改革政府》一书中分析了分权的作用，他们认为，相比于集权的权力过于集中状况，分权的机构有许多优越性：①比集权的机构有多得多的灵活性，它们对于情况和顾客需求的变化能迅速地做出反应。②权力分散的机构比集权的机构更有效率。③分权的机构比集权的机构更具创新精神。④分权机构产生更高的士气，更强的责任感，更高的生产率。[①]

我国自改革开放以来也围绕经济体制改革进行了以权力下放和分权为中心的权力结构调整。这种分权化改革主要表现在三个方面：

1. 行政机关内部的纵向分权和横向分权。前者是指中央政府和地方政府之间的职权划分，逐渐由高度集权的行政管理体制转变为分权的行政管理体制。后者是指依据经济体制改革的需要对行政机关之间的权限划分、机构设立和职能配置等方面的进行改革，使行政机关运转更加协调和顺畅。

2. 正确处理政府和企业之间的关系，转变国有企业的经营机制，使政府对企业的管理由微观干预转变为宏观调控，赋予企业较大的决策空间和自主权。

3. 政府与社会之间的分权，大力培植和发展各类社会中介组织，放宽民间参与市场活动的限制，大力鼓励包括私人企业在内的各类非公有经济的发展。我国的分权化改革虽然也取得了不错的成绩，但如何将分权化改革纳入制度化的渠道仍然是行政改革需要考虑的问题。

（五）借鉴和吸收私营部门的管理方法

管理的相通性使得私营部门成功运用的管理方法也为世界各国政府的行政管理实践所借鉴和吸收。诸如目标管理方法、全面质量管理方法和绩效管理方法等在私营部门管理实践中行之有效的管理方法先后被运用到政府的公共行政管理实践之中，并且在一定范围内取得了十分明显的成效。鉴于我们在第八章讨论现代行政方法时已经对相关问题有所阐释，因篇幅有限，故在此恕不赘述。

---

① 参见奥斯本和盖布勒《改革政府》，上海译文出版社1996年版，第235~236页。

参考文献

张金鉴：《行政学新论》，台湾三民书局民国七十三年（1984年）再版。
罗孟浩：《各国地方政府》，台湾中正书局1959年版。
亚里士多德：《政治学》，商务印书馆1965年版。
《马克思恩格斯选集》第4卷，人民出版社1972年版。
张润书：《行政学》，台湾三民书局1980年版。
汉密尔顿等：《联邦党人文集》，商务印书馆1982年版。
法约尔：《工业管理与一般管理》，中国社会科学出版社1982年版。
猿谷雅治、千田：《目标管理体制》，中国农业机械出版社1983年版。
雷格斯：《行政生态学》，台湾商务印书馆股份有限公司1985年版。
代尔·D·麦康基著：《如何实行目标管理》，化学工业出版社1985年版。
希尔斯曼：《美国是如何治理的》，商务印书馆1986年版。
达尔：《现代政治分析》，上海译文出版社1987年版。
古德诺：《政治与行政》，华夏出版社1987年版。
阿尔蒙德等：《比较政治学：体制、过程与政策》，上海译文出版社1987年版。
张万清：《区域合作和经济网络》，经济科学出版社1987年版。
黄高智：《参与式行政与内源发展》，中国对外翻译出版公司1988年版。
田一农：《论中国财政体制改革与宏观调控》，中国财政经济出版社1988年版。
斯蒂尔曼：《公共行政学》，中国社会科学出版社1988年版。
黄达强：《行政学》，中国人民大学出版社1988年版。
詹姆斯·M·布坎南：《自由、市场和国家：20世纪80年代的政治经济学》，北京经济学院出版社1988年版。
傅明贤：《行政管理学概论》，武汉大学出版社1988年版。

林德布罗姆:《决策过程》,上海译文出版社1988年版。

王沪宁:《行政生态分析》,上海复旦大学出版社1989年版。

布坎南:《自由、市场和国家——80年代的政治经济学》,上海三联书店1989年版。

张永桃:《行政管理学》,南京大学出版社1989年版。

王名扬:《法国行政法》,中国政法大学出版社1989年版。

王沪宁:《行政生态分析》,复旦大学出版社1989年版。

阿尔蒙德等:《公民文化》,华夏出版社1989年版。

安德森:《公共决策》,华夏出版社1990年版。

方秉铸:《东北经济区经济发展研究》,东北财经政法大学出版社1990年版。

黄达强等:《行政管理学》,高等教育出版社1990年版。

蔡定剑:《国家监督制度》,中国法制出版社1991年版。

李以章等:《系统科学——基本原理、哲学思想与社会分析》,华中师范大学出版社1991年版。

夏书章:《行政管理学》,中山大学出版社1991年版。

余谋昌:《生态学哲学》,云南人民出版社1991年版。

西蒙:《管理行为》,北京经济学院出版社1991年版。

谢庆奎:《当代中国政府》,辽宁人民出版社1991年版。

菲根堡姆:《全面质量管理》,机械工业出版社1991年版。

余振贵、张永庆:《中国西北地区开发与向西开放》,宁夏人民出版社1992年版。

张金鉴:《行政学典范》,台湾"中国行政学会"1992年版。

宋新中:《中国财政体制改革研究》,中国财政经济出版社1992年版。

彭文贤:《行政生态学》,台湾三民书局1992年修订版。

许文惠等著:《行政决策学》,中国人民大学出版社1992年版。

许文惠:《行政管理学》,红旗出版社1992年版。

张成福:《大变革——中国行政改革的目标与行为选择》,改革出版社1993年版。

崔垣余:《财政学》,中国经济出版社1993年版。

邓小平:《邓小平文选》第3卷,人民出版社1993年版。

薄一波:《若干重大决策与事件的回顾》(下卷),中共中央党校出版社1993年版。

麦克唐纳：《成功的全面质量管理》，上海译文出版社1993年版。
杨勤活：《财税金融法律百科全书》，中国政法大学出版社1994年版。
葛剑雄：《统一与分裂：中国历史的启示》，三联书店1994年版。
吴定：《行政学》（一），台北空中大学印行1995年版。
威尔逊：《美国官僚政治：政府机构的行为及其动因》，中国社会科学出版社1995年版。
中华征信所：《目标管理》，山西经济出版社1995年版。
谢庆奎等：《中国政府体制分析》，中国广播电视出版社1995年版。
李景鹏：《权力政治学》，黑龙江教育出版社1995年版。
董辅礽等：《集权与分权——中央与地方关系的构建》，经济科学出版社1996年版。
徐颂陶、徐理明：《走向卓越的中国行政》，中国人事出版社1996年版。
戴维·奥斯本等：《改革政府：企业精神如何改造着公营部门》，上海译文出版社1996年版。
马克斯·韦伯：《经济与社会》，商务印书馆1997年版。
彭和平、竹立家：《国外公共行政理论精选》，中共中央党校出版社1997年版。
林尚立：《国内政府间关系》，浙江人民出版社1998年版。
张正钊、韩大元主编：《比较行政法》，中国人民大学出版社1998年版。
国家行政学院国际合作交流部编译：《西方国家行政改革述评》，国家行政学院出版社1998年版。
李兴山：《现代管理学：观念　过程　方法》，现代出版社1998年版。
哈罗德·孔茨、海因茨·韦里克著：《管理学》（第10版），经济科学出版社1998年版。
曾繁正等编译：《行政组织管理学》，红旗出版社1998年版。
夏书章：《行政管理学》（第2版），中山大学出版社1998年版。
姜明安：《行政法与行政诉讼法》，北京大学出版社1999年版。
道格拉斯·斯诺等：《西方世界的兴起》，华夏出版社1999年版。
文森特·奥斯特罗姆：《美国公共行政的思想危机》，上海三联书店1999年版。
周志忍著：《国外行政改革比较研究》，国家行政学院出版社1999年版。
程效：《权力的制约》，江西人民出版社1999年版。
林子英、黄启乐：《简明行政管理学》，华南理工大学出版社2000年版。

梁琴、钟德涛：《中外政党制度比较》，商务印书馆2000年版。
卓越：《行政发展研究》，福建人民出版社2000年版。
竺乾威：《公共行政学》，复旦大学出版社2000年版。
王乐夫、许文惠：《行政管理学》，高等教育出版社2000年版。
周三多：《管理学——原理与方法》，高等教育出版社2000年版。
张国庆：《行政管理学概论》，北京大学出版社2000年版。
傅明贤：《行政组织理论》，高等教育出版社2000年版。
弗莱蒙特·E·卡斯特，詹姆斯·E·罗森茨韦克：《组织与管理政治：系统方法与权变方法》（第4版），中国社会科学出版社2000年版。
张国庆：《行政管理学概论》（第2版），北京大学出版社2001年版。
王伟：《行政伦理概述》，人民出版社2001年版。
薄贵利：《集权分权与国家的兴衰》，经济科学出版社2001年版。
保罗·纳特、罗伯特·巴可夫：《公共和第三部门组织的战略管理：领导手册》，中国人民大学出版社2001年版。
特里·L·库珀：《行政伦理学：实现行政责任的途径》，中国人民大学出版社2001年版。
罗纳德·克林格勒、约翰·纳尔班迪：《公共部门人力资源管理：系统与战略》，中国人民大学出版社2001年版。
刘京焕等：《财政学原理》，中国财政经济出版社2001年版。
赵曙明：《人力资源管理研究》，中国人民大学出版社2001年版。
樊勇明、杜莉：《公共经济学》，复旦大学出版社2001年版。
张成福、党秀云：《公共管理学》，中国人民大学出版社2001年版。
盖伊·彼得斯：《政府未来的治理模式》，中国人民大学出版社2001年版。
帕特里夏·基利等：《公共部门标杆管理》，中国人民大学出版社2002年版。
史蒂文·科恩等：《政府全面质量管理》，中国人民大学出版社2002年版。
莫吉武：《当代中国政治监督体制研究》，中国社会科学出版社2002年版。
张康之：《公共行政学》，经济科学出版社2002年版。
尼古拉斯·亨利：《公共行政与公共事务》，华夏出版社2002年版。
E.S.萨瓦斯：《民营化与公私部门的伙伴关系》，中国人民大学出版社

2002年版。

欧文·E·休斯：《公共管理导论》（第2版），中国人民大学出版社2002年版。

詹姆斯·W·费斯勒等：《行政过程的政治》，中国人民大学出版社2002年版。

威廉·N·邓恩：《公共政策分析导论》，中国人民大学出版社2002年版。

斯蒂芬·罗宾斯：《管理学》（第4版），中国人民大学出版社2002年版。

罗伯特·登哈特：《公共组织理论》，华夏出版社2002年版。

彭和平：《公共行政管理》，中国人民大学出版社2002年版。

马建川、翟校义：《公共行政原理》，河南人民出版社2002年版。

亚当·斯密：《国民财富是性质和原因研究》（下卷），商务印书馆2002年版。

罗森布鲁姆等：《公共行政学：管理、政治和法律途径》，中国人民大学出版社2002年版。

尼古拉斯·亨利：《公共行政与公共事务》（第8版），中国人民大学出版社2002年版。

亨利·明茨伯格：《战略历程——纵览战略管理学派》，机械工业出版社2002年版。

理查德·威廉姆斯：《组织绩效管理》，清华大学出版社2002年版。

薛刚凌：《变化时代的行政法思考》，学苑出版社2002年版。

费雷德·戴维著：《战略管理》，经济科学出版社1998年版。

李贵鲜：《公共行政概论》，中央党校出版社2002年版。

新将命：《全面质量管理》，上海文汇出版社2002年版。

钱德勒：《战略与结构》，云南人民出版社2002年版。

周三多等：《战略管理思想史》，上海复旦大学出版社2003年版。

李琪：《中国公共行政管理学》，上海人民出版社2003年版。

波思：《战略管理：跨部门互动的方法》，清华大学出版社2003年版。

陈振明：《公共管理学》，中国人民大学出版社2003年版。

龚祥瑞：《比较宪法与行政法》，法律出版社2003年版。

阿里·哈拉契米：《政府业绩与质量测评》，中山大学出版社2003年版。

斯塔林：《公共部门管理》，上海译文出版社2003年版。

乔治·弗里德里克森：《公共行政的精神》，中国人民大学出版社2003年版。

文特森·奥斯特罗姆：《美国联邦主义》，上海三联书店 2003 年版。

陈振明：《公共管理学：一种不同于传统行政学的研究途径》，中国人民大学出版社 2003 年版。

黎民：《公共管理学》，高等教育出版社 2003 年版。

约瑟夫·S·奈、约翰·D·唐纳胡：《全球化世界的治理》，世界知识出版社 2003 年版。

黄小勇：《现代化进程中的官僚制：韦伯官僚制理论研究》，黑龙江人民出版社 2003 年版。

刘旭涛：《政府绩效管理：制度、战略与方法》，机械工业出版社 2003 年版。

罗伯特·B·丹哈特：《公共组织理论》，中国人民大学出版社 2003 年版。

张永桃：《行政管理学》，高等教育出版社 2003 年版。

孟广均等：《信息资源管理导论》，科学出版社 2003 年版。

张建东、陆江兵：《公共组织学》，高等教育出版社 2003 年版。

朱国云：《公共组织理论》，南京大学出版社 2003 年版。

财政部财政科学研究所《绩效预算》课题组编：《美国政府绩效评价体系》，经济管理出版社 2004 年版。

克里斯托弗·博根、迈克尔·英格利希：《竞争性标杆管理》，经济科学出版社 2004 年版。

蒂姆·汉纳根：《掌握战略管理》，商务印书馆 2004 年版。

江美塘：《制度变迁与行政发展》，天津人民出版社 2004 年版。

叶富春：《利益结构、行政发展及其相互关系》，社会科学出版社 2004 年版。

赫伯特·A·西蒙：《管理行为》，机械工业出版社 2004 年版。

丁煌：《西方行政学说史》（修订版），武汉大学出版社 2004 年版。

中国"三农"形势跟踪调查课题组：《小康中国痛——来自底层中国的调查报告》，中国社会科学出版社 2004 年版。

斯蒂芬·罗宾斯、玛丽·库尔特：《管理学》，中国人民大学出版社 2004 年版。

珍妮特·登哈特等：《新公共服务：服务，而不是掌舵》，中国人民大学出版社 2004 年版。

詹姆斯·莱斯特、小约瑟夫·斯图尔特：《公共政策导论》，中国人民大学出版社 2004 年版。

简·莱恩：《公共部门：概念、模型与途径》，经济科学出版社 2004 年版。

叶皓：《西方国家权力制约论》，中国社会科学出版社 2004 年版。

应松年：《公共行政学》，中国方正出版社 2004 年版。

应松年、马庆钰：《公共行政学》，中国方正出版社 2004 年版。

滕玉成、俞宪忠：《公共部门人力资源管理》，中国人民大学出版社 2004 年版。

马国贤：《政府绩效管理》，复旦大学出版社 2005 年版。

胡象明：《行政管理学》，高等教育出版社 2005 年版。

尹钢、梁丽芝：《行政组织学》，北京大学出版社 2005 年版。

吴锡泓、金荣枰：《政策学的主要理论》，复旦大学出版社 2005 年版。

吴琼恩等：《公共行政学》，北京大学出版社 2006 年版。

德鲁克：《管理的实践》，机械工业出版社 2006 年版。

Waldo, Dwight, *The Study of Public Administration*, New York: Random House, INC., 1955.

Keith M. Henderson, *The Study of Public Administration*. Boston: University Press of America, Inc., 1983.

Dwight Waldo, *The Administrative State*, 2d ed. New York: Holmes and Meir, 1984.

John A. Rohr, *Ethics For Bureaucrats: An Essay on Law and Values* (second ed.). New York and Basel: Marcel Dekker, INC., 1989.

Jay M. Shafritz, et al, *Classics of Public Administration*，中国人民大学出版社 2004 年影印版。

后　记

很长一个时期以来，或许是由于教学工作需要的缘故，我一直都在考虑编写一本真正意义上的《行政学原理》教材，因为每当我为学生开设"行政学原理"课程时，都不得不面对并思考这样一些问题："行政学原理"在行政管理专业的课程设置中究竟应该如何定位？"行政学原理"与行政管理专业的其他课程本质上是一种什么样的关系？"行政学原理"这门课程到底应该包括哪些基本内容？现有的行政学教材能否真正满足这门基础课程的教学需要？也正是带着这样一些问题，我和我的同事先后申请了《行政学原理》（20033063）、《公共行政理论与实务》（TS2004045）、《行政案例分析方法及其应用》（20033066）以及《行政管理案例教学方法研究》（20023030）等武汉大学教学研究课题并有幸获准立项，进而为我们深入地探讨行政管理专业的教学改革问题，尤其是系统地研究行政学的基本原理提供了保障条件，本书正是我们进行上述教学改革课题研究的一项主要成果。

本书由我担任主编，陈世香副教授担任副主编。首先由我提出本书的总体构想和基本框架并拟定写作大纲，再分别由各位作者写出各自所承担章节的初稿，然后我根据本书的总体构想对各章的初稿提出改进意见并返交给各位作者进行完善，最后再由我对全书进行统一修改、定稿。

客观地讲，本书是集体智慧的结晶，这不仅因为每一章的具体内容都是在我提出的基本框架和写作大纲基础上经过大家讨论后确定的，而且除导言之外的每一章初稿都是由两位以上的作者经过相互沟通、彼此磋商而写成的。

本书各章撰写的具体分工情况如下：

导言：丁煌

第一章、第二章：陈世香、王志华

第三章、第四章：丁煌、刘媛

第五章：丁煌、定明捷

第六章：刘重春、丁煌
第七章：程香丽、丁煌、陈世香
第八章：丁煌、定明捷
第九章：陈世香、王志华
第十章：丁煌、定明捷

说来惭愧，本书本应更早一点儿完成，只因近一个时期以来一直杂事缠身，再加之多人合作，各位作者的写作进度难以做到完全一致，而且对不同作者撰写的章节初稿进行统一修改和定稿也需要一定的时间，故拖至今日才交稿。感谢武汉大学出版社教育分社社长王雅红女士对我在时间上的拖延所给予的理解和体谅，更要感谢她及责任编辑为本书的编辑和出版所付出的宝贵心血。

最后应当指出的是，本书是在广泛吸取国内外公共行政学教材和论著之精华的基础上编写成的一本教材，书中既有我们自己的探索，更有对他人成果的借鉴。对于本书编写过程中参考和引用的文献资料，我们尽可能以脚注的形式或在书后参考文献中列出，但仍难免有所遗漏，在此，我们谨向所有被参考和引用文献资料的作者和译者一并表示衷心的感谢。同时，由于时间关系，再加之作者的水平有限，我们现在写就的这部书稿与我原来的构想和我们所追求的目标尚存在着很大的差距，而且书中讹误之处恐难避免，敬请读者不吝赐教，待修订时进一步完善。

丁　煌

2007 年 7 月 4 日

于珞珈山